子どものまちのつくり方　明石市の挑戦◉目次

を開きたい、そう思ってもらえるまちになったからです。子どもたちを応援することは、子どもたちやその親のためだけではありません。まちの未来のため、すなわち、「まちのみんなが幸せになる」ためでもあるのです。子どもたちに寄り添えるまちは、高齢者や障害者や犯罪被害者をはじめ、すべての市民に寄り添えるまちでもあるのです。

この本のタイトルは、『子どものまちのつくり方　明石市の挑戦』ですが、私の思いとしては、「みんなが幸せになるまちのつくり方　全国のどのまちでもできること」と、まったく同義です。

お読みいただければ幸いです。

主体は、「まちのみんな」です。子どもをその親任せにしたりはしません。行政も地域も一緒になって、まちのすべての子どもたちを支えるのです。何度も言いますが、子どもはその親の持ち物ではないのです。親が自由にしていいものでもなく、また、親だけに責任を負わせていいものでもありません。親任せにしてしまっているから、不幸な事件が繰り返されてしまうのです。明石市では、こども食堂も、28ある全小学校区ですでに立ち上がり、里親も、どんどん増えていっています。子どもたちを支えるのは、まさに「まちのみんな」なのです。

姿勢は、「本気で応援」です。日本社会は、子どもたちにあまりにも冷たすぎます。子どもの貧困とは、子どもたちに対する政治の貧困です。子どもをネグレクトしているのは、その親だけではありません。社会そのものが子どもたちをネグレクト、すなわち放置しているような状態です。明石市では、私が市長に就任してから、子どもに関する予算を2倍に増やしました。子どもを担当する職員数も3倍に増やしました。児童相談所も明石市独自でつくり責任を果たします。明石市は、子どもたちに本気で向き合っているのです。

効果は、「まちのみんなの幸せ」です。人口減・少子化・財政難の時代に、明石市は今、6年連続の人口増、4年連続の出生数増です。税収も貯金も増えていっています。地域経済も潤ってきました。それは、明石市が「すべての子どもたちを、まちのみんなで、本気で応援する」まちだからです。そんな明石市に住みたい、そんな明石市なら二人目も可能だ、そんな明石市でお店

はじめに

すべての子どもたちを
まちのみんなで
本気で応援すれば
まちのみんなが幸せになる

その思いで、市長として、明石のまちづくりをやってきました。

対象は、「すべての子どもたち」です。誰ひとりとして置き去りにはしません。戸籍がなく暮らしている子どもも含め、99％ではなく、１００％です。たった一人の子どもも見逃しません。ましてや見捨てたりはしないのです。また、所得制限という名のもとに、親の収入の多い少ないによって、子どもたちを勝ち組と負け組とに分けたりもしません。子どもは親の持ち物ではないのです。子どもをその親によって判断したりはしません。対象は、あくまでも一人ひとり顔も違うまさにその「子ども」なのです。

子どものまちのつくり方

明石市の挑戦

泉 房穂

明石書店

はじめに

◆物語の端切れ

いつの世にも、大著と呼ばれる長編物語や小説はいくつもある。書店には「あらすじで楽しむ○○」や「すぐに分かる○○」といった、それらのガイドブックの類も数多く並んでいる。それを手に取れば確かにストーリーが手早く分かり、その作品にふれたことには一応なる。訳知り顔で誰かにその作品について語り、それなりの感想を加えることも可能だろう。とはいえ、本当にそれで作品を読んだことになるのだろうか。それで済むのであれば、なぜ長編の物語や小説は実に長々と、ともすれば冗長ともいえる叙述を抱えながら編み上げられているのだろうか。ときには余分にも感じられるそうした部分には、実のところ、人間の生にとって欠かすことのできないエッセンスが詰まっているのではないだろうか。

文学はあらすじに乗らないところに味がある、と学生時代の筆者は教わったが、物語や小説においてあらすじだけを知りたい人にとっては切り捨てられてしまう端切れのような部分も、本当は大切な意味合いを持っているように思う。文学によって自分の生き方や考え方に何らかの影響や変容がもたらされることを望むのであれば、なおさらである。

◆つぶやきが生む物語

物語や小説を読む中で、登場人物が何となく口にした言葉がいつまでも心に残ることがある。もちろん、物語や小説の中に無数に散らばった言の葉の数々は、前後の文脈があってこそ意味をなすのであるが、文脈という衣を取り去った後に残るむき出しの言葉の断片は、読者の生きる〈今・ここ〉に解き放たれて、ときに人を導き、ときに人を励ます。ストーリーの展開にほとんど貢献しなかった半端者に目をつけ、そこから取り出して我々の生きる時間に蒔いてみれば、それが新たな水を注がれて芽を出し、予想もできなかった美しい花を咲かせることもあるだろう。それは、物語の端切れが読者を触発し、そこで新たな物語を紡ぎ始めたということである。

源氏物語が長編であることは今さらいうまでもない。その構成の巧みさや、そこに描かれる平安貴族たちの雅やかな世界が注目されることも多い。しかしそんな中にも、物語のメインストリームからはみ出しながらも、角度を変えて光を当てればそのときだけ輝くような比較的短い言葉の数々が、物語の谷間にたたずんでいる。ストーリーを追う中で素通りしてしまうにはもったいない原石が、そこにはいくつも眠っているのである（ノート❶〔源氏物語のジャンル〕参照）。いわばそれは、源氏物語の「つぶやき」である。登場人物が独り言を言っているという意味ではない。誰に伝えるともなく、源氏物語がひっそりとつぶやいているのである。それは何も、光源氏の言葉とは限らない。ほんの少

しだけ登場し名前すらもはっきりしない端役であっても、彼らが発する言葉は源氏物語という作品の言葉であることに変わりはない。脇役だからこそ、主要な人物が気付かない真実を言い当てることもあるだろう。あらゆる階層の人物が声を発するからこそ、様々な物事が多面的に象られる。多様な声色が一つの作品の中で交響し、ときに変奏し、そうしたもののるつぼとしてこの物語はある。

それらの「つぶやき」は応用がきく。とはいえ、格言や教訓というほど大げさでなく、あの『徒然草』のような押しつけがましさもない。「つぶやき」の内容を無条件に「善きもの」として、この物語を聖典化することに意味はない。あくまでも、読者の生にヒントを与える「つぶやき」であり、正解や模範例ではない。源氏物語には、時代を越えてあらゆる人々の生にヒントを与える控えめな言葉たちがひしめいている。ストーリーの胎動が情感豊かに語り尽くされる一方で、それに付随するように、様々な作中人物の口を借りた数々のメッセージが息をひそめている。そうした「つぶやき」のフレーズを抜き書きしたのが本書である。それらを集めて我々の日常に注ぎ込むならば、そのひび割れに潤いを与えることにもなるだろう。後にも挙げるが、例えば松風巻には、「なずらひならぬほどを思しくらぶるも、わるきわざなめり。我は我と思ひなし給へ」(比較にもならない人を相手にしてお考えになるのも、よくないことです。自分は自分と思っていらっしゃい」(松風・二・一九九頁、3-382)というフレーズがある。源氏(31)が紫の上(23)をどうにかしてなだめようとする言葉である。詳しい説明は後に譲るが、このフレーズは現代の読者である我々にも多くの示唆を与えるものである。大仰

ない方にはなるが、それによって日々の暮らしに何らかの変化がもたらされるのであれば、それは、源氏物語によって新たな言葉を獲得し触発された読者が、新たな自己の物語を創造したということでもあるのだろう。

◆本書の仕組み

改めて説明すると本書は、分かりやすくカラフルな入門書やガイドブックでは真っ先に割愛されてしまいそうな源氏物語の「つぶやき」のフレーズを一つひとつ集め、抜き書きし、テーマごとに整理したものである。もちろんそこには筆者の恣意の介在が避けられず、遺漏や偏向が当然あり得ることを断わっておく。本文の引用には角川ソフィア文庫を用い、原文と訳文の頁数をそれぞれ添えたので、参照も容易であろう。掲出するフレーズは基本的に原文で味わうことを旨としている。極めて感覚的なもの言いが許されるのであれば、原文は当時の社会で共有されている空気や諸条件に支えられて内容が緩やかに暗示され、様々な要素が凝縮されている。その一方、現代語訳の文となると、そのあたりの緊張感がどうしてもばらけてきて説明的かつ分析的になり、何とも散漫で間延びした言葉遣いになってしまう。翻訳は再現ではない。こうしたことから、やはり原文を第一に掲げたいと思う。ところで、中学校や高等学校で学習する「古文」の範囲は奈良時代から江戸時代までであるが、それを読み解くための古典文法は、源氏物語の成立した平安時代中期の日本語を規範としている。そのため本

書は、古典文法の生きた例文集としても最適であろう。また、小学校での古典の学習における、意味や文化の理解をともなった音読や暗唱などの活動に際して、源氏物語の素材集として活用することもできる。

そして、抜き書いたフレーズの補足説明もある程度丁寧に付し、どのような状況でどんな登場人物がその言葉を吐いたのかが分かるように心がけている。引用するフレーズごとに物語の時間が絶えず行ったり来たりするため、一つの指標として、そのフレーズに関係する人物がそのとき何歳だったのかを、人物名の後ろにカッコ書きで添えた。また、ときにはエッセイめいた内容を筆者の教職経験などから書き添え、ときには現代批評や関連諸科学の知見を参照し引用もした。これらはできる限り源氏物語と現代との接点を探るという意図によるものであり、掲出したフレーズに様々な角度から光が当たるように腐心した結果である。中には説明過多となっている箇所もあるかもしれない。

他にも、必要に応じて「ノート」のコーナーを設けている。掲出したフレーズに関連する事項について一歩踏み込んだ解説を行ったつもりである。

◆もう一つの源氏物語

本書は、時代小説や恋愛小説とは違った、もう一つの源氏物語像を提示するものでもある。抜き書きするフレーズに様々な典拠や引き歌があることは承知しているが、本書はそうしたものをすべて指

摘しつつ読んでいく立場をとらない。どのような先行言説を借りてそのフレーズが成り立っているにせよ、それらはもはや源氏物語の言葉として我々の目の前にあるということを重く見るためである。本書は源氏物語の言葉についてその過去や来歴を振り返るのではなく、我々の〈今・ここ〉と掛け合わせることで、それをありのままに享受しようとするものである。そうして物語の言葉はストーリーのくびきから解き放たれ、場面や巻を隔てて交響し合い、多声的な意味を生成するはずである。切り離されることでつながるものもある。

古典文学作品と現代社会とを安易に接続することついては、若干の抵抗を覚える向きがあるかもしれない。格調高い古典が我々の卑近な日常生活に関与するとは思えないかもしれない。古典文学を職業的に扱う者であれ、愛好家であれ、特に興味を抱かない一般人であれ、様々な事情を抱えつつ勉強する中高生であれ、日常の言葉で特に問題なく読める近現代文学と、そうではない古典との間には、意識の上で取り去りがたい大きな壁があることは間違いない。しかしその発想の枠組みは、昭和の中ごろに制度的に作られたものに過ぎない（ノート❷〈国語＝現国＋古典、という観念〉参照）。両者は本来的に連続するものである。当たり前のことであるが、それを読む読者がいてこそ、文学は成立する。源氏物語と我々の生との接点を求めることによってのみ、血の通った享受は結実するはずである。

note ノート❶ 源氏物語のジャンル

文学作品は、その形態＝ジャンルによって分類されるのが一般的である。「文芸の世界を時間という座標軸に沿って縦に切ると文学史になり、二次元空間の座標軸に沿って横に切ると、文芸作品のさまざまなかたちすなわちジャンルが現れる」（小西甚一『古文の読解』ちくま学芸文庫、二〇一〇年）。源氏物語のジャンルは物語ないしは作り物語とされるのが通例である。とはいえ、源氏物語の中には物語という枠組みではとらえきれない要素が多数見受けられるのも確かである。源氏物語の執筆と編集は公的な文化事業であり、後宮の複数の人々による文学史上初めての公的なフィクションの制作であった。そのため、そうした環境で制作された源氏物語は従来のジャンルとしての物語を超えるものであったという見方もある（土方洋一「『源氏物語』は「物語」なのか？」、助川幸逸郎他編『新時代への源氏学1　源氏物語の生成と再構築』竹林舎、二〇一四年）。

本書の方針は、「はじめに」のところで縷々述べてきたが、それは源氏物語を物語ならざるものとして読むという試みでもある。鎌倉時代において源氏物語が女訓書（女子への教育書）として享受されていたことはある程度知られているが、それに加えて昨今では、源氏物語の中に「権門子弟の教育論、作り物語論、女子教育論、返書論、音楽論、内侍論、結婚論、継母論」といった「現実の宮廷生活に生きる人々に、実際に必要とされていた教訓」についての「評論的語り」が見られ、「物語がそも

目次

凡　例

一、引用本文は、玉上琢彌訳注『源氏物語』第一巻～第十巻（角川ソフィア文庫、一九六四年～一九七五年）によるが、表記や句読点などを適宜改めている。

一、訳文も玉上琢彌訳注『源氏物語』によるが、小学館『新編日本古典文学全集』をも参考にしつつ、適宜改めている。

一、引用本文には巻名とともに、玉上琢彌訳注『源氏物語』の巻数と頁数を漢数字で示した。また、訳文には巻数と頁数を算用数字で示した。

一、解説の内容には小学館『新編日本古典文学全集』の注を参照している。それ以外の参考文献や引用はその都度示した。引用文中の中略は「…」で示した。

一、引用本文は部分的な抜粋がほとんどなので、その末尾の句読点の有無は統一されていない。また文末が適切な活用形になっているとは限らない。引用本文の末尾が終止形でなくとも、訳文では終止形にして整えたものもある。

本書に関係する主な登場人物

正編

光源氏《ひかるげんじ》——桐壺院《きりつぼいん》の第二皇子として誕生。前代未聞の美しさと才能に恵まれ、人々に光る君と呼ばれた。物心つかぬうちに死別した母の桐壺更衣《きりつぼのこうい》に似るという藤壺中宮に恋心を抱く。

朱雀院《すざくいん》——桐壺院の第一皇子。源氏とは母親違いの兄弟の関係。冷泉院《れいぜいいん》に譲位した後はのんびりと暮らしていたが、次第に病気がちとなり、溺愛する娘の女三宮を源氏に降嫁させた。

頭中将《とうのちゅうじょう》——左大臣家の長男。源氏とは特に親しく交わる一方、ライバルでもあったが、常に追い越されていた。呼称は、活躍し始めた帚木《ははきぎ》巻で蔵人頭《くろうどのとう》兼近衛中将《このえのちゅうじょう》であったことによる。

夕霧《ゆうぎり》——源氏と葵《あおい》の上の子。祖母の大宮《おおみや》から大切に育てられる。幼なじみの雲居雁《くもいのかり》と結婚したが、後に落葉《おちば》の宮に心を移した。まめ人との評判をとり、本人もそれを自覚している。

柏木《かしわぎ》——頭中将の長男。妹と知らずに玉鬘に思いを寄せた。自分も望んだが身分の低さからかなわず源氏の正妻となった女三宮と密通を重ね、不義の子をなす。夕霧の親友だった。

藤壺中宮《ふじつぼのちゅうぐう》――桐壺院の中宮。亡き桐壺更衣に酷似していたため桐壺院から切望されて入内し、寵愛を一身に集める。母の面影を求める源氏からも恋慕され、密通により冷泉院を産んだ。

紫の上《むらさきのうえ》――母と早くに死別し、祖母の北山の尼君に育てられた。藤壺に似ているところから源氏に引き取られ、実質的な正妻として厚遇される。明石の姫君を養女とし世話に励んだ。

明石の君《あかしのきみ》――明石入道と明石の尼君の一人娘。父の思惑から結ばれた源氏との間に明石の中宮が生まれ、それによって一族は栄えることとなった。絶えず謙虚な身分意識を持ち続ける。

明石の中宮《あかしのちゅうぐう》――源氏と明石の君の娘。紫の上から親身の養育を受けた。今上帝の東宮時代に入内して若宮を出産。姫君、女御《にょうご》、中宮と呼称が変わる。源氏の死後は匂宮や薫に目をかけた。

玉鬘《たまかずら》――頭中将と夕顔《ゆうがお》の娘。幼時を筑紫で過ごす。源氏の養女となり六条院で多くの貴公子から求婚された。源氏からも恋情を訴えられる。結局髭黒《ひげぐろ》と結ばれ三男二女をもうけた。

女三宮《おんなさんのみや》――朱雀院の最愛の娘。幼く、思慮に欠ける。源氏の正妻となるが、柏木に押し切られて密通し、自身の不注意で源氏に露見する。運命を嘆いて出家し、仏道修行に専念した。

続編

薫《かおる》――源氏の正妻である女三宮と柏木との不義の子。体から自然と芳香が漂う。自らの出生を疑い道心を深める。宇治の大君を恋慕し、その面影を中の君、浮舟へと求め続けた。

匂宮《におうのみや》――今上帝の第三皇子で、母は明石の中宮。源氏の孫。薫をライバル視して衣装に香を焚きしめる。薫に話を聞いた八の宮の姫君らに興味を持ち、宇治へと引き込まれていく。

大君《おおいぎみ》――八の宮の長女。沈着冷静で気高い。自分は独身を貫き、妹の中の君と薫との結婚を望んだ。結局中の君は匂宮と結ばれ、その生活が上手くいかない嘆きから病床についた。

中《なか》の君《きみ》――八の宮の娘で、大君の妹。おっとりしていて可憐。妹の身代わりとして薫から恋慕され、匂宮からはその仲を疑われる。薫から逃れるため、姉によく似た浮舟を紹介した。

浮舟《うきふね》――八の宮と中将《ちゅうじょう》の君の娘。大君、中の君の異母妹。薫の世話を受けながらも匂宮に求愛され、板挟みに苦悶する。入水を決意するが横川《よかわ》の僧都《そうず》に救われ、後に出家を遂げた。

＊「姫君」とは貴人の娘、あるいは長女の意味で、「大君」も同じ。次女は「中の君」という。また、天皇のキサキのうち最もランクの高いのが「中宮」（＝皇后）であり、次いで「女御」、さらに「更衣」と続く。

うだろう」と弱気になる紫の上（本文には37とあるが、他の人物との整合性をつけると実際は39）を、源氏（47）が慰め励ます場面でのセリフ。来世への安心材料であり心の救いとなる出家を、源氏に許されない紫の上にとって、「病は気から」というこの励ましはどう響いたのだろうか。それはあまりにも浮薄な言葉として受け取られたはずである。むしろ、「気から」の「気」を悪くさせているのは誰なのかと、紫の上も、語り手の女房も、そして読者も源氏を問い詰めたくなる。

さて、こうしたいわゆる精神論の不毛さは、現代にも通じるものである。そもそも「心」というマジックワードは、ある種のごまかし材として利用されやすい。掲出のセリフからは少し飛躍するが、松下良平『知ることの力』（勁草書房、二〇〇二年）は、「気持ちの問題」や「心を豊かに」といった、「心」を育もうとする心情主義的な道徳教育論が説かれれば説かれるほど、人々の発言と行動は乖離していくという。するとまた、それを埋めるものとしての「心」の重要性が一層説かれることになる。これは絵に描いたような悪循環である。

ひたぶるに思ひなせば、ことにもあらず過ぎぬる年月なりけり。

椎本・八・一四三頁

一途に覚悟してしまえば、何でもなく月日は経っていくものだ。　8―376

八の宮（60ぐらい）が娘たちに決心と覚悟の大切さを説いている。覚悟してしまうまでが大変で、腹をくくれば話は早い。この一言には八の宮の人生観がにじみ出ている。その人生は壮絶なものであった。桐壺院の第八皇子でありながらも政略事件によって不利な立場に置かれ、世を忍ぶ存在となった後、北の方は姫君二人を残して他界、自邸は焼失する。失意のうちにやむなく宇治の山荘に移り、仏道に仕えることとなった。そんな八の宮の歩みを思うとき、掲出の一言は一層の重みを増す。前掲の源氏のセリフと似た感じの一言だが、その意味合いは大きく異なる。

おのづからこのほど過ぎば、見なほし給ひてむ　若菜下・六・一六四頁

いつかこのときが終われば、お分かりになるでしょう　6―343

容態の悪化した紫の上（37、実際は39）のもとへ向かう際、自分と一緒にいた女三宮を説得する源氏（47）の言葉。「これが最後になるかもしれない」などとも言った。

ここでは少し、記憶ということについて考えてみたい。そもそも、何らかの出来事が起こった後からその出来事を想起する主体としての自己（物語る自己）は、出来事が起こった時点の自己（物語られる自己）とは異なるものである。それゆえ、出来事の意味付けも、想起する時点の状況によ

ってその都度変化する。起こったときは自分にとって何ともない出来事であっても、後から振り返れば大きな意味を持っていたと気付く。そのときは何気ない日常の一コマでも、後から思い返せば何と楽しい時間だったかと痛感することは、誰しも経験があるのではないだろうか。一般的な常識とは少し異なるかもしれないが、記憶は想起する際の状況や文脈に応じてその都度内容が変化するものであり、その構築に際しては、現在の状況を説明し正当化するために過去の出来事が「解釈」される（片桐雅隆『過去と記憶の社会学』世界思想社、二〇〇三年）。記憶の構築は、過去の出来事を特定の観点から位置付けることを意味しているので、そこには出来事同士を結び付ける順序付けや筋《プロット》としての「物語」が不可欠となり、その意味で想起することは物語ることと同義である。極言すれば、物事のとらえ方としての記憶は、後からいくらでも変えることができる。

こうしたことを考慮すると、現在の時点における、出来事に関する認識を絶対化してしまうのは何とも危うい態度だといえそうである。掲出の源氏の言葉にあるように、振り返ってみればこそ、出来事が本当の意味で分かる。後にならないと分からない。物事を長い目で見る大切さが改めて確認される。

心に堪へぬもの嘆かしさのみうち添ふや、さはみづからの祈りなりける。

胸におさめきれない悩みばかりついて回るのは、それが私の身のお祈りだったのですね。　若菜下・六・一四八頁　6―328

紫の上（37、実際は39）によるこの一言については、訳出ができたとしてもその真意を理解するのは難しいといわれている。悩みが「みづからの祈り」であるとは、どういうことなのか。ここでの「祈り」とはどのような行いのことなのか。

諸説ある中で筆者の腹にすとんと落ちたのは、物語の中でこの一言より前の箇所にある「祈り」の語と照応しつつ、文脈が独特の意味合いを生成しているとする説である。すなわち、かつて紫の上が女の重厄と考えられていた三七歳になったとき、源氏（47）は、「さるべき御祈りなど、常よりもとりわきて、今年はつつしみ給へ」（若菜下・六・一四六頁、6―327）といたわっていた。そのセリフは紫の上の耳に残り、長い時を経て、それへの応答として掲出の一言にある「みづからの祈り」という言葉が口をついて出た。つまり紫の上は、かつての源氏のいたわりを否定的に受け止め、自分が生きていく力の源となるものは、「祈祷《いのり》」などではなく、苦悩する心そのものだと切り返しているのである（鈴木日出男「言葉の照応」『文学』岩波書店、二〇〇六年九・一〇月）。当時の女性が否応なしに背負わされていたものが凝縮されたかのような紫の上という存在は、ここで精一杯

の抵抗の姿勢を示していたことが分かる。実にいじらしい。

君が住む故にはあらで、ここら年経給へる御住みかの、いかでか忍び所なくはあらむ。

真木柱・五・一三五頁

恋しい方が住んでいるからではなく、この長年住み慣れなさったお住まいが、どうして名残の惜しまれないことがあろうか。 5—316

住居への思いを語る一節。我々の身体は日々生活する空間に応じてそこでの振る舞いを記憶し、染み込ませているという。もはやそのとき、住居は拡張した身体の一部である。

この語り手は、自分の過ごした邸を今後二度と見ることはあるまいと心細く思う「髭黒の北の方」の声を代弁していると思しい。事の経緯は次の通りである。髭黒という無骨の象徴のような男が玉鬘に求婚し、既に正妻として暮らしている「髭黒の北の方」は狂気じみた発作を起こすようになる。玉鬘のもとへ向かう髭黒に後ろから火桶の灰をかけたりもした。やがて、玉鬘を訪ねたまま戻って来なくなった髭黒に腹を立てた、「髭黒の北の方」の父である式部卿宮《しきぶきょうのみや》は、娘（髭黒の北の方）やその子どもたちを自分の邸宅に引き取り、髭黒には対面も許さなかった。

転居に際して「髭黒の北の方」の娘は、いつも寄りかかっていた東座敷の柱を他人にやってしまうような気持ちになるのも惜しく、「今はとて宿離れぬとも馴れきつる真木《まき》の柱は我を忘るな」（今は限りとこのお邸を離れて行ってしまっても、これまで慣れ親しんできたこの真木（ひのき）の柱は、私を忘れないでおくれ）という歌を詠み、それを柱のひび割れの隙間に差し込んだ。この歌は菅原道真による「東風吹かば匂ひおこせよ梅の花主なしとて春を忘るな」（『拾遺和歌集』・雑春）に基づくものである。この親子にこれまで仕えてきた人々も、普段ならさほど気にもとめない庭先の木や草の風情を、この上なく名残惜しく感じていた。

ここでの柱や庭先の風景は、フランスの歴史家P・ノラの唱える「記憶の場」として機能している（浜日出夫「歴史と記憶」、長谷川公一他『社会学』有斐閣、二〇〇七年）。子どもの頃に過ごした場所やよく聴いた音楽、以前嗅いだ匂いなど、我々が日常生活で何かを思い出すとき、「過去」は公共的な手がかりの中に保持されている。換言すればそれは、物質や空間に「過去」が保存されているということである。掲出の一節に戻れば、そこに語られているのは、建物への愛着を通り越して、自分自身を構成し成り立たせる「過去」への愛着である。それゆえそこから引き離されることは、自分自身が分断されてしまうような悲しみを生むのであろう。

◆しなやかに生きる

なほ下には、ほのすきたる筋の心をこそとどむべかめれ。もてしづめ、すくよかなるうはべばかりは、うるさかめり。
初音・四・一六八頁

やはり心の中には、遊びの方面のことも心得ていなければならないようだ。表向き澄まして、真面目にしているだけでは、困ったものだろう。　4—332

六条院での男踏歌（足を踏み鳴らして歌い舞う男の集団舞踊が儀式化したもの）を終え、息子である夕霧（15）の声を気に入った源氏（36）。夕霧をこの上なく可愛らしいと思いつつ、掲出の言葉を心に思った。満足げな父としての横顔をのぞかせている。物語の中には他にも、これに似た次のようなフレーズも見られる。

よろづのこともてなしがらにこそなだらかなるものなめれ。
篝火・五・五七頁

何事もやり方一つで穏やかに済むものなのに。　5—241

大っぴらに自分の娘として引き取り、人々に見せびらかしていた近江《おうみ》の君のことで、内大臣（か

つての頭中将）が世間の好ましくない噂の種になっている。それもひとえに近江の君の早口で羞恥心のない性質によるところが大きい。源氏（36）は、事情も詳しく調べないままにひっぱり出してきて、しかもその人物が感心できない者だったからこんなことになっているのだろう、と述懐し、あいつ（内大臣）は何でもはっきりさせ過ぎるたちだから、とも思っている。実際、物事の「遊び」のような部分が内大臣にはないようである。そもそもこの近江の君も、源氏が玉鬘を得たことを妬む内大臣の呼び掛けに応じて、娘と名乗り出た。いつも源氏に追いつけない内大臣の姿がここにもある。

さて、掲出の一言は、事を荒立てないスマートなやり方がどんな局面にもあるのだと、我々に教えてくれる。大雑把なものいいになるが、この物語に見られる、他者との直接的な対決を好まず、できる限り穏便に物事を進めようとする平安貴族のメンタリティは、現代社会のそれにも通じるものであるように思う。それは特に、対座して話す場面に表れている。源氏物語はときとして長大な対話の場面をそのまま載せるが、そこでは、自分の主張をのぞかせつつ相手の胸中も絶えず推し量り、それに応じて少しずつ自分の言い分を加えるという流れが繰り返されている。

げにあぢきなき世に、心のゆくわざをしてこそ、過ぐし侍りなまほしけれ。

いかにもこのつまらない人生は、何か満足できることをして、日を送りたいものでございます。

乙女・四・八四頁 4―257

乙女巻において、源氏（33）の方針により猛勉強を強いられて引きこもりがちな夕霧を、気の毒に思った内大臣（かつての頭中将）が、「ときには笛などの音楽で気分転換でもしてみたらどうか」と勧める中での一節。その直前には「あなたの父である太政大臣（光源氏）も音楽に熱心で、忙しい政治からは逃げてしまうのですよ」と、源氏の秘密の暴露までしていた。源氏は息子のことで肩に力が入っているが、内大臣は少し退いたところから夕霧に助言している。実のところこの一節には、内大臣の日々の苦悩も含み込まれている。

実の子でないからこそ、こうした落ち着いた働きかけもできるのであろう。親の過大な期待に文字通り押しつぶされそうな、あるいは既に押しつぶされている子は、筆者の勤務校でこれまでたくさん見てきた。そうした子らは一様に自信がなく、何かにつけて自分自身で判断することを知らない、もしくは判断してよいということが理解できない。そして、学業成績の面で親の期待に応えられなければ見捨てられ、自分の存在そのものが許されなくなるという恐怖を、いつも持ち続けている。

掲出の一節を裏返せば、何か満足できることでもない限り人生はつまらないままだ、という冷

況が透けて見える。この当時、漢文の読み書きができることこそ教養と見なされていた。そうした方面に通暁しているのは賞賛されるべきことであるが、そうした女性は当時の男性官人に必ずしも歓迎されなかったようである。そこには嫉妬も混じっているのだろう。

ちなみにこの女学者は、風病《ふびょう》という重度の神経疾患（現代でいうところの風邪の一種）のために服用したにんにく臭さを理由に左馬頭との面会を拒むなど、どこか滑稽でもあるのだが、女性ながら漢学の才能に恵まれたこの娘は、紫式部による自身の戯画化であり、いわゆる自虐的なネタであるともいわれている（陣野英則「藤式部丞と紫式部＝藤式部」『文学』岩波書店、二〇一五年一・二月）。そして、この女学者と対極にある人物像の紫式部が『紫式部日記』には描かれている。

さて、掲出のセリフを我々の日常に押し広げてみれば、周囲の環境からの「吸収力」とでもいうべきものについて、今一度の見直しを迫っているように思える。同じ環境におかれていても、多くのことを吸収しようという姿勢があれば、得られるものは変わってくるはずである。例えば、自分と関わる多くの人の言動について、「この人は自分に何を教えようとしているのだろう」と絶えず問いかければ、それらはすべて教訓として自分に取り込まれ、様々な物事を学ぶことができる。その人の感受性が鋭ければ鋭いほど、世界はたくさんのものに出会わせてくれる。人は自分の認識に応じた世界を生き続けるのである。

ノートnote❸ 源氏物語を書いたのは誰か

源氏物語を書いたのは誰か。もちろんそれは紫式部だという答えが返ってくるだろう。教科書にもそう記してあるし、各種試験でもそのように答えて正解となる。その意味は非常に重い。試験の正解となるからこそ、小・中・高等学校で教える教科内容の権威は保たれているともいえそうである。しかし、今日の我々が手に取る源氏物語を書いたのは、必ずしも紫式部その人と断言できるものではない。

活字化され製本された源氏物語は、そのまま平安時代に存在していたわけではない。源氏物語に限らず、当時の本は基本的に転写本であり、天然素材で作られた（それゆえ紙魚《しみ》が食べたがる）貴重な紙に書き写して生産され、伝えられていった。その過程では誤写もあり、省略や増補、よりよい（と思う）表現への意図的な書き換えもあった。そのため、書写する者の違いによって、数種類の本文《ほんもん》が生まれることになる。源氏物語であれば、代表的なものとして次の二つがある。まず、藤原定家が校合《きょうごう》（いくつかの写本を比べて本文の異同を確かめたり、誤りがあれば正したりすること）し整定した、その表紙の色から「青表紙本」と呼ばれるもの。そして、定家の父俊成の弟子である、河内守《かわち》の源光行《みつゆき》と親行《ちかゆき》父子による「河内本」と呼ばれるものである。これら二つの本文の違いは、例えば桐壺巻において次のように表れている。すなわち、帝が桐壺更衣を回想する場面で、青表紙本では更衣について単に「なつ

かしうらうたげなりし」〈親しみやすくいかにも可憐なという感じであった〉とだけある一方、河内本ではそれに続いて「ありさまはをみなへしの風になびきたるよりもなよび、なでしこの露にぬれたるよりもらうたくなつかしかりしかたちけはひ」〈女郎花《おみなえし》の風になびくよりしなやかで、撫子《なでしこ》の露に濡れるより可愛らしかった〉とある。この箇所についていえば、河内本の方が詳しいのである。

大学入試センター試験の後継とされる大学入学共通テストの試行調査（二〇一七年一一月実施）「国語」第4問では、そうした事情をふまえた問題が示され、初めに「『源氏物語』は書き写す人の考え方によって本文に違いが生じ、その結果、本によって表現が異なっている」と但し書きがされていた。その上で、文章Ⅰとして青表紙本の本文、文章Ⅱとして河内本の本文、文章Ⅲとして源親行らによる源氏物語の古注釈書『原中最秘抄《げんちゅうさいひしょう》』〈河内本の本文を使用し、河内方学派の源氏物語研究の特徴が出ている〉が提示され、それぞれを横断しつつ読解する設問が組まれていた。平均点は惨憺たるものであったそうだが、出題の方針はよく伝わったように思う。そもそもの大前提として、古典文学作品の本文が流動的なものであることが理解できていなければ、受験者は戸惑ったのではないだろうか。

他にも、源氏物語の諸本における本文の違いとしては、柏木巻の巻末の例がある。青表紙本で柏木巻は、「秋つ方になれば、この君は、ゐざりなど」と終わっている（「君」は薫のこと）。途中で言いさした、余韻を残す筆致である。その一方で河内本には、それに続いて、「し給ふさまの、いふよしなくをかしげなれば、人目のみにもあらず、まことにかなしと思ひきこえたまふ。つねに抱きて、もてあ

そびきこえたまふ」とある。やはりこの例でも河内本は文意の伝わり方を重んじ、語を適宜補っていることが分かる。そのため詳しくて分かりやすい。簡潔で余韻のある青表紙本とは異なる。ただし、こうした特徴は、本文の異同が見られるどの箇所でも同様に当てはまるというわけではない。

鎌倉時代における青表紙本と河内本によって、現在流布している源氏物語の五四帖は確定された。それ以前は、現在まで伝わる五四帖には見られない「巣守」・「桜人」巻、さらには「かがやく日の宮」巻などの様々な伝本があり、それらが混交する中で読む立場があったとされる。読むことと書き写すことが同時であった可能性もある。ただし、紫式部の手になるオリジナルの最終原稿としての原本がまずあり、それをもとに人々が書写を繰り返していったというわけではない。伝わったものがすべて紫式部の著作なのか、後人の手になるものなのかは、確かめようもない。青表紙本と河内本の本文が考証によって原本に回帰した結果なのか、平安朝以来、標準的に読まれていた巻々の集積であるのかも、分からない。そこに紫式部の意向が関与しているのか否かさえも、知りようがない。青表紙本の本文は、定家の美的基準から底本を選択し、語句の校訂をしたものである。河内本の本文は、先にも述べたように読みやすさという合理化を図ったものである。とすれば、ここに鎌倉時代の新たな〈源氏物語〉が出現したといった方が自然である（伊井春樹「源氏物語本文の再検討」、小町谷照彦編『源氏物語を読むための基礎百科』学燈社、二〇〇四年）。

ただし、大雑把ないい方になるが、先に挙げたような一部の違いはあるものの、両本は「さほど」

変わらない。異なっているのはそれぞれの箇所で数文字、多くても二、三行程度の微妙な違いであり、筋書きも変わらない。『平家物語』などと比べれば、それほど有意な差異でない、といっていいだろう。今日の我々は、紫式部の自筆本など到底無理で、同時代である平安時代の写本でさえ手にすることはできず、定家が書写した青表紙本（しかも書写は複数回に及んでいて、そのたびに微妙な違いがあり、複数の定家本を生んだともいわれる。つまり青表紙本は、単一の定家自筆本から派生したものではないということになる）の姿を忠実に残すといわれる大島本（室町時代中期の一四八一年に、飛鳥井雅康が書写し、それが一九三〇年頃佐渡の旧家で出現し、蔵書家の大島雅太郎が購入した）を「標準」的な青表紙本と信じるしかない（ただし、花散里・柏木・行幸・早蕨の各巻については、定家自筆といわれて青表紙本の原本と目される四帖がある）。しかし、大島本を基本にした校本《こうほん》（基準とする一本を定め、それと異なる本文のバリエーションを整理して示したもの）作りを行った池田亀鑑の『校異源氏物語』・『源氏物語大成』は、初音巻について大島本の本文は青表紙本の本文と異なると判断している。ちなみに池田は初め七年もの歳月をかけて、宮内庁書陵部所蔵の河内本系統の一本を現段階で最も標準的な本文だとして、源氏物語の校本作りをしていたが、それが完成した直後にこの大島本が発見され、それまでの本文をすべて捨て、新たに一〇年をかけて大島本による校本作りを進めたという。

本書もここまで源氏物語の一節を角川文庫本や小学館『新編日本古典文学全集』から無批判に引用してきたが、源氏物語を取り巻く状況は以上のような具合である。もはやそれは本文の乱れといって

もいいであろう。そこには物語というジャンルの宿命も関係している。当時の物語は現在でいうところのサブカルチャーであり、文学の正統としての和歌とは書写するときの態度が全く違った。子女の暇つぶしの材料ぐらいにしか見なされなかった物語を書写する際には、原本に忠実になろうという意識など皆無であったとされる。加藤昌嘉（『『源氏物語』前後左右』勉誠出版、二〇一四年）がまとめていうことには、「現存『源氏物語』のうち何パーセントを紫式部が書いたのかは、わからない」。「平安時代~鎌倉時代に読まれていた『源氏物語』と、現存『源氏物語』とは、巻数においても、巻の数え方においても、本文においても、イコールではない」。そして、この一点だけは確認しておきたいとするのは、「平安時代の物語は、写本として伝わる。作り物語の写本に、作者名が記されることは、ない。著作権も、ない。既存の物語に新しい巻を加えたり、既存の本文を書き換えたりすることは、自由であった」ということであり、源氏物語以外の物語の研究では皆このことを心得るが、源氏物語研究だけは事情が異なると指摘している。

本文をめぐる混乱は、『土佐日記』を除いたほとんどの古典文学作品に見られるものである。『土佐日記』が例外的なのは、紀貫之の自筆本を藤原為家が字形まで忠実に模写した写本が現代に伝わっていることによる。

そして、さらにそもそもの話として、本書のノート❶でも少しふれたが、一番初めの原本も実は紫式部が一人で書いていないのではないか、という見方もある。すなわち、源氏物語の執筆と編集は当

時の公的な文化事業であり、後宮という安定した制作の場における共同作業として、複数の人々の手によって行われていた、ということである。それは文学史上初めての、フィクションの公的な制作であり、どこまで仮名文表現の可能性を広げられるかという、書く方法の徹底的な追求であった。そうした態度のもとで制作された源氏物語は、従来のジャンルとしての物語を超えるものであり、以後の歴史物語の制作へとつながっていく（土方洋一「『源氏物語』は「物語」なのか？」、助川幸逸郎他編『新時代への源氏学1　源氏物語の生成と再構築』竹林舎、二〇一四年）。そう考えれば、源氏物語のジャンルは「源氏物語」ということになろう。ただの暇つぶしのサブカルチャーどころではない。

事実、一〇〇八年一一月の『紫式部日記』の記事「御冊子づくり」によれば、「物語の本ども」の制作を紫式部が監督のような立場でリードしている様子があり、その「物語」とは源氏物語である可能性が高い。そこには少なからぬ人々が書写担当として豪華本の作成に関わっていて、非常に大がかりであったこともうかがわれる（陣野英則「藤式部丞と紫式部＝藤式部」『文学』岩波書店、二〇一五年一・二月）。また、中宮彰子付きの女房である伊勢大輔と紫式部との贈答歌には、源氏物語摂取の状況が見られるが、そこでは、作り手圏内の人ならではの高度な引用が見られ、それは作り手圏内の人々の「内輪意識、連帯感」であると考えられる（中西智子「紫式部と伊勢大輔の贈答歌における『源氏物語』引用」『日本文学』二〇一二年一二月）。

本書で挙げていく数々の源氏物語のフレーズも、当時の人々のそうした共通の認識や観念の連帯に

よる産物なのではないだろうか。そしてそれは、これまでいわれてきたような語り聞かせるという趣向のものでなく、書きものとして成り立たせようとする意識によるものである。源氏物語の中でも特に関屋巻の末尾に、夢浮橋巻のそれに似て、「なぞはべるめる」とあり、これは「関屋」という名の冊子が既に書かれたものとして存在していたことを示唆する。そこには、口承文芸的な側近の女房たちの語り（物語音読論）というよりも、書きものとして物語文学をいかに工夫していくかという実験的な姿勢が見られる。これは新たな物語生成の試みとしての「語り」のあり方である（陣野英則「『源氏物語』のつくられた「語り」」「日本文学」二〇一七年四月）。

すべて男も女も、わろ者は、わづかに知れる方のことを残りなく見せ尽くさむと思へるこそ、いとほしけれ。

帚木・一・七五頁

すべて男も女も、未熟な者は、わずかばかり知っていることを全部見せ尽くそうと考えるのが、困りものです。　1―259

これもまた「雨夜の品定め」における左馬頭の発言である。ここには、先にも述べたような、漢学の教養をひけらかす女学者についての揶揄も含まれているが、「すべて男も女も」と一般化され

ている。

これを我々の時代に引きつけていえば、昨今は毎月たくさんの新書が出版され、もはや雑誌の代わりになりつつあるともいわれる。本来新書というものは、十の知識を持つ人が一の内容を書くから面白い、とどこかで聞いたことがある。昨今の新書はその逆になってしまっているものも多少見受けられるように思う。掲出の発言中の「わろ者」（未熟者）は、新しく知ったことを誰かに誇示したくて仕方がないのであろう。「知る」ということについて、筆者はよく「氷山の一角」の図を思い浮かべる。水面から出た氷山には、見えない大きな下支えがある。知識が確かなものになるのも、しっかりとした基礎があってのことである。ましてそれを人に教えるとなればなおさらである。小学校の先生は、小学生向けの教科書に記載された内容だけを知っていればよいというものではない。以前、インターネット上の百科事典であるウィキペディアをずっと見ながら授業準備をしている新任教員がいて大変驚いた。今井むつみ『学びとは何か』（岩波新書、二〇一六年）によれば、最も役に立つ「生きた知識」とは、客観的な事実としての断片的な要素が塗り重ねられて膨張していくものではなく、常にダイナミックに変動するシステムであり、新たな要素が加わることで絶え間なく編み直され変化していく存在であるという。掲出の発言の中の「わづかに知れる方のこと」とは、断片的な情報であろう。知識とも呼べないようなパーツをただ脈絡もなく並べ立てて得意になっている「わろ者」の様子が目に浮かぶ。

このバリ社会の例における儀礼が宗教的なものであることを考慮すると、それは、出家を所望する源氏の仏道への専念と通じるものがあるのかもしれない。源氏も働かないからといって、何もせず遊んでいたいわけではない。

かなり巻は隔たるが、平安貴族の後ろ向きな仕事観といえば、手習巻に、紀伊守《きのかみ》（大尼君の孫）が、「公務がとても多く、わずらわしいことばかりでございましたのに」（10―385）と言う場面がある。仕事を面倒に思うところは現代人と変わらず、微笑ましくもある。世間ではよく、源氏物語のクライマックスで主人公に感情移入し、千年の時をタイムスリップするなどといわれるが、筆者はこういった至極些細な日常の一コマによってこそ、作品の中の人物を身近に感じる。

常の世に生ひ出でて、世間の栄花に願ひまつはるる限りなむ、所せく捨てがたく我も人も思すべかめることなめる。

手習・一〇・一八七頁

この世に生まれてきて、世間の栄華を願い執着している限り、不自由で世を捨てがたいと誰も誰もお考えになるようです。10―379

ここでの「捨て」るとは、社会的な自己としての「世」を捨てるということであり、つまりは出

家をするということである。執着心を捨てたとき人は楽になれる、ということなのだろう。次の第2章の序文で紹介する、自由を求める限り人は不自由に苦しむ、という内容に通じるものである。

note ノート❹ 短いフレーズをいくつか

先にふれた「大和魂」以外にも、我々になじみのある言葉や表現が源氏物語に見られることがある。それをいくつか紹介する。

・負けじ魂

源氏物語の中には三例見られる。まず、玉鬘巻。玉鬘に不気味なほど熱心に求婚をする田舎者、肥後の大夫監《たゆうのげん》という人物が登場し、彼によって上手く味方につけられた、乳母の息子たちの一人が、「逃げ隠れをしても仕方がない、あの人が「負けじ魂」〔負けぬ気〕を起こして怒り出したら何をしでかすか分からない」と玉鬘を脅す。

次に、同じく玉鬘巻。玉鬘一行がその大夫監から逃れるため、筑紫を脱出して都に帰ろうとする際、「逃げ去ったことが監の耳に入ったら「負けじ魂」〔意地〕になって追いかけて来るに違いない」と気が気でない玉鬘の様子の叙述に見られる。

さらに、総角巻《あげまき》。大君に迫る匂宮の好色な性質について薫が言及する中で、「いったん申し出た

からには後に引けないという「負けじ魂」（意地ずく）からではないか」という叙述に見られる。

これらの三例を総合すると、どれも女に迫る男について用いられていることが分かる。

・琵琶法師

『平家物語』でなじみ深い琵琶法師だが、源氏物語でも明石巻において、初夏の月夜、源氏が琴を弾き入道と語る場面にて、「入道、琵琶の法師になりて、いとをかしうめづらしき手一つ二つ弾き出でたり」とある。

・今の若者にしては珍しい

たいていは現代の若者のあり方に失望する「非」若者が用いる表現だが、源氏物語でも橋姫巻において、八の宮が薫に対し「例の若人に似ぬ御心ばへなめるを」と評している。そのようにいう「非」若者自身が若者のころも、当時の「非」若者から同じようなことをいわれていたのであろう。

・死ぬほど残念がる

現代ではやたらと死という言葉が比喩的に用いられるが、源氏物語でも蜻蛉《かげろう》巻において、薫が巧みな和琴の演奏を中断したとき、最後まで聞きたかった音楽に熱心な女房らの様子が「消えかへり思ふ」（死なんばかりに残念がっている）と描かれる。物語の中には他にも何例か同様の表現が見られる。

また、ほとんど我々になじみはないが、源氏物語に見られる特徴的な比喩やことわざをいくつか紹介したい。

・斧の柄が朽ちる

松風巻において、源氏が何かと理由をつけて明石の君に会いに行こうとするとき、紫の上は「斧の柄さへあらためたまはぬほどや」〔斧の柄まで朽ちてお取り替えになるほどの間でしょうかしら〕と不満顔に言う。これに対応するかのように、同じ松風巻において、明石の君が千年の間でも見ていたいほどの容姿なので、「斧の柄も朽ちぬべけれ」〔斧の柄も朽ちてしまうであろう〕ほどここにとどまっていたいと源氏が思う。これらの「斧の柄が朽ちる」という表現は、ほんのしばらくと思ったのに意外と長くなることのたとえである。漢籍の『述異記』に見られる、晋の王質が山の中で童子の打つ碁を見ているうちに斧の柄が腐ってしまったので、驚いて帰ってみると、七世の孫に会った、という故事による。これは当時の平安貴族の常識だったようで、同様の比喩表現は『古今和歌集』や『後撰和歌集』にも見られる。

・羊の足どり

浮舟巻。浮舟は二人の男から迫られ、その二人の衝突は必至である。心の行き場を失った浮舟は、最後の逃げ道として、入水することを決意した。夜になると誰にも知られないように家を抜け出す方法を思案し続け、気分も悪く、正気も失せてしまった。そして夜が明けると、川の方に目をやっ

ては、「羊の歩みよりもほどなき心地す」〔屠所《としょ》へ引かれていく羊の足どりよりも死が近い気持ちがする〕。もともと大般涅槃経《だいはつねはんきょう》に見えるこの言葉は、当時、人生のはかなさをいう常套句であった。

・底まで澄んでいない水に宿る月

常夏巻で、内大臣（かつての頭中将）が外腹の娘を尋ね当てて大切にしていることを耳にした源氏が、「底清くすまぬ水にやどる月は、曇りなきやうのいかでかあらむ」〔もともと底まで澄んでいない水に宿る月は、曇らないことがどうしてあろうか〕とつぶやく。かつて内大臣は好き放題にあちこち忍び歩いていたので、素性の知れない情人の腹では生まれた子が優れているはずはない、ということを暗示して言った。この娘とは近江の君である。朱に交われぱなんとやらの源氏物語版であろうか。現代ではなかなか受け入れがたい内容であるが、何やらことわざめいてもいる。

2　生の果てに待つもの

◆長生きは

ながらへば、心のほかにかくあるまじきことも見るべきわざにこそは。

総角・八・一八〇頁

8—408

生きながらえると、思いがけずこんなとんでもない目にあわなければならないものだ。

大君（26）が、父である八の宮の遺戒を思い出しながら述懐する一言。「とんでもない目」とは、自分が今直面している恥ずべき事態のことを指している。すなわち、八の宮の一周忌が近づく中、宇治を訪れた薫（24）が喪服姿の大君に言い寄り、実事がないにもかかわらず、周囲からは大君と薫が関係を持ったと見なされている現状のことである。これが八の宮の遺言に反するものであることはいうまでもない。当時、世間の噂は「真実」を形作っていた（石井正己「生霊事件と噂の視点」「日本文学」一九九九年五月）。噂でささやかれることが世間で本当のこととして広まり、次第に人々の間に定着していく。

心にかなはぬ世には、ありふまじきものにこそありけれ。

東屋・九・一七一頁

思い通りにならない世の中には、長生きなどするものではない。　9―335

まずはこのセリフの背景から説明する。浮舟（21ぐらい）の母である中将の君は、当初、身分違いを危ぶんで敬遠していたものの、匂宮（27）や薫（26）の高貴で優美な姿に圧倒されてからというもの、浮舟が薫と結ばれることをひたすら願っていた。ただしこれは娘の幸福を願う純粋な愛情と

いうよりも、以前浮舟が婿の左近少将という男に婚姻を一方的に破約されたのを、見返すためでもある。いわばここで浮舟は、意趣返しの道具にされている。いったい浮舟という女は、いつも何かの材料や身代わり（形代）にされてしまう存在である。

そんな中、母である中将の君は、匂宮が浮舟に言い寄ることに不安を感じ、浮舟を三条のあたりの小家に移すことにした。中の君の夫である匂宮に言い寄られることは不名誉の極みであり、そんなことが起これば人に軽々しいと思われてしまうからである。中将の君は、人目を避けて小家に滞在するよう浮舟に告げ、早々に帰ってしまう。その際、中将の君が言い残していったことの一部が、掲出のセリフである。「思い通りにならない」とは、浮舟の世話に自分があれこれと悩まなければならない状況をいっている。長生きをすることによって辛い目にあってしまうのだから、生きてなどいないほうがよいという発想は、この物語にしばしば見られるものである。

そのような状況のもと、浮舟は庭の草を見るだけでも気分が滅入っている。そこには気晴らしに眺める前栽もない。生きていく場所もない我が身なのだと、しょんぼりするばかりである。

昔の例《ためし》を見聞くにも、齢《よはひ》足らで官位《つかさくらゐ》高くのぼり、世に抜けぬる人の、長くえ保たぬわざなりけり。

絵合・三・一七八頁

昔の例を見たり聞いたりしても、年若くして高位高官に昇り、世に抜け出たような人は、長生きできないものなのだ。　3―363

源氏（31）の心内語としての一節。そのことを確認した後、「さて自分は」と思い及んだ源氏は、既に官位も人望も、身の程に過ぎるものとなっていると気付いた。自分は栄華の頂点に達したと実感している。とはいえやはり、今より後の栄華は寿命が伴わず危ぶまれる。それゆえ、静かに引きこもって後生のための勤行をし、また齢《よわい》を保ちたいと願う。以後源氏にはこの思いが伏流するが、この青写真を歪める出来事が、本書56頁でもふれた、薄雲巻における太政大臣の薨去である。

話は相当飛躍するが、一日に四回も五回も大量に給餌し続けると、金魚は瞬く間に巨大化するが、その個体は短命に終わるという。これは金魚に限ったことではないはずである。生き急ぐことは濃密な人生を送ることでもあるが、張りつめたゴムほど裂けやすい。ちなみに冬の寒さを知らずに温室育ちをしたメダカも短命の傾向があるそうである。

世のはかなく憂きを知らすべく、仏などの掟《おき》て給へる身なるべし。それを強ひて知らぬ顔にながらふれば、かく今はのゆふべ近きするゑに、いみじきことのとぢめを見つるに、

宿世のほどもみづからの心のきはも、残りなく見はてて心安きに、今なむ露のほだしなくなりにたるを、これかれ、かくてありしよりけに目ならす人々の、今はとて行き別れむほどこそ、今ひとときはの心乱れぬべけれ。いとはかなしかし。わろかりける心のほどかな。

幻・七・一七七頁

この世ははかなくつらいと悟らせようと、仏などがこういう運命をお授けになった身なのであろう。その仏の御意向を無理に知らない顔で俗世に生き長らえると、このように死期の迫った晩年に、悲しみの極み（痛ましい結末）を抱き取らされてしまったのだから、自分の運命の拙さや至らなさも、すっかり見極めがついて気が楽になったから、今はもうこの世に少しの心残りもなくなったが、皆々、こうして前よりも増して親しくなった一同が、いよいよこれでと別れ別れになるときこそ、もう一段心が乱れるに違いない。まったくたわいないではないか。我ながら何と思い切りの悪い心というものよ。　7―350

晩年に達観する源氏（52）の長い述懐。末尾では、人と人との関わりを「いとはかなし」といっている。また何より、運命を無視した報いとして現在の悲しみがあるととらえ、至らない自分を悔いてもいる。とはいえ、そのことが分かった今、ずいぶん気が楽になったという。ここにおいて源

千野帽子（『人はなぜ物語を求めるのか』ちくまプリマー新書、二〇一七年）は我々の持つ「コントロール幻想」を指摘し、「多くのものを操作しようとすればするほど、うまくいかないできごとの数が増す」と説く。その結果として生じる大きなストレスは、何かを操作できて思い通りになったという快感を優に上回ることであろう。つまるところ千野の言は、積極的な受動性の勧めである。また、「支配欲が不幸のもと」とする小池龍之介（『しない生活』幻冬舎新書、二〇一四年）は、自分の思い通りにしたい内容が「多少狂っても、ほとんど実害はないのに、そんなことでイライラすると心の害は甚大」であると述べる。少し話はそれるかもしれないが、タンザニアの都市住民にとっては、仕事や事業のために計画的に資金を貯めたり知識や技能を高めたりしていく姿勢そのものが非合理的であり、危険でさえあるという（小川さやか「「仕事は仕事」アフリカ諸国におけるインフォーマル経済のダイナミズム」、中谷文美他編『仕事の人類学』世界思想社、二〇一六年）。何かの実現に向けて計画を練って努力することが無条件に善とされるのは、我々を取り巻く社会の常識といえようが、タンザニアでは、好機の訪れるタイミングによって、実現のための努力が無駄になることが多々ある。計画を立てても本人の努力ではどうにもならない危機的な生活状況に置かれていれば、従来の手段や関係を反省することなく、常に新たな機会や手段、人に身を開いていき、そこに逃げることで対処するという姿勢は理にかなっている。それは無計画で堕落した生活というわけではない。現代の日本でも、台風などによって収穫を目前に控えた商品作物が全滅した農家の人は、放心状態で生きる気力を失っているかのように見え

るが、恐らくタンザニアの人ならばけろっと次の仕事へと向かうだろう。

　さて、千野のいう「コントロール幻想」におけるコントロールの対象には、「自分」も含まれる。「自己コントロール幻想」である。巷に数ある自己啓発書のほとんどは、自分というものは自分によってコントロールができ、変えることができるという大前提のもとで組み立てられている。しかし、人はそれほど万能なのであろうか。そして、自己は他者や環境と関係なく成り立っていて、同じくそれらから切り離された自己によって変形や修正を加えることは本当に可能なのだろうか。性格や人格を含めた自己は先験的な実体としてあるのではなく、現実や他者との関係から相対的に立ち上がってくるものであるというのは、もはや今日において常識のはずである。

　さて、源氏物語の中では何人もの登場人物が運命を自覚し、さらには目の前の相手に自覚させる言葉を吐いている。それらは千年の時を経て、現代の読者の生き方に疑問を投げかける。そして、直面する世界をよりよく生き延びるための処世の言葉として、我々の身に響いてくる。本章ではそれらに静かに耳を傾けることにしたい。

1　運命に漂う

◆良くも悪くも運命は

人の御宿世宿世《すくせ》、いと定めがたく。

人それぞれの運命は、誰も到底定められないのだから。　4―267

乙女・四・九五頁

雲居雁が父の内大臣（かつての頭中将）に引き取られることとなり、これまで共に暮らしてきた祖母の大宮と別れを惜しんでいる場面で、大宮が発したセリフ。これは諦観でもあり、現実との折り合いのつけ方でもある。神ならぬ人間が生きていく中では、すべての物事をコントロールできるはずもなく、このような形で納得ができるのは良いことなのかもしれない。

すべてあしくもよくも、さるべき人の心に許しおきたるままにて世の中を過ぐすは、宿世宿世にて、後の世に衰へあるときも、みづからの過ちにはならず。

若菜上・六・二六頁

総じて良い悪いに関わらず、しかるべき人が考えておいた通りに世の中を過ごすことは、その人その人の運命次第であって、後に衰えたとて、本人の過失にはならない。　6―222

朱雀院（42）が娘の女三宮（14か15）の将来を心配しながら口にした一言。今の世の中は身分に

よって運命など予測できないため、立派な家で大事にされた姫も身分の低い浮気男連中に騙されてしまうことがある、という例を挙げた上での発言である。「さるべき人の心に許しおきたるままにて」というのは、言葉を変えれば上位者への帰属である。そうした態度は自分で自分の運命を切り拓かないというものであり、現代でいえば消極的であるとマイナスに評価されることにもなろう。

が、果たして、その是非やいかに。そもそも、積極／消極という二分法の枠組みが、どのような社会を背景として成立し存続しているのかを、ここで考えることは、無駄でないだろう。合わせて、その枠組みと価値判断を堅持し続けることで、本当の意味において人に「幸ひ」が訪れるのか、ということも。古語である「幸ひ」は、動詞「咲く」に、あたりに這うように広がる意味の接尾語「はふ」が付いた「さきはふ」という動詞が名詞化したものであり、「植物の繁茂があたり一面に這い広がるように人に幸福をもたらす意」であるという（大野晋編『古典基礎語辞典』角川学芸出版、二〇一一年）。人間の積極性を是として発展する社会が、この素朴で、しかし根源的な幸福感に沿うものであるかは、今一度検討されてよいはずである。

いでや、さればこそ、様々例なき宿世にこそ侍れ。

若菜上・六・八九頁

おやまあ、それ（明石の女御や源氏から有り難い言葉をいただく）だからこそ、喜びも悲しみも二

つと例のない私の運命なのです。　6―277

明石の尼君（65か66）の万感の思いが込められた一言。世の中が願い通りになったら、若宮（明石の尼君のひ孫）が東宮に立つときには、明石の尼君にも長生きしていてほしい、と源氏が望んでいることを知り、感に堪えず口にした。この運命は自分だけに与えられたものであると、それを噛みしめて喜ぶ姿がここにはある。運命に従っている点において受動的であり主体性を欠いてはいるが、他の人とは違う自分だけのものがここにはある、という尼君の充実感がにじみ出ている。このような尼君の心がけは、後に思いがけない未来を導くことになる。

さるべきにて、もとよりかくにほひ給ふ御身どもよりも、いみじかりける契り、あらはに思ひ知らるる人の御有様なり。　若菜下・六・一二二頁

そうなるのが当然の宿運から、もともと生まれながらにして栄華をほしいままになさるご身分の方々よりも、たいそうな果報に恵まれた運勢が、はっきり分かる尼君の御様子である。　6―306

前掲の一言の後、果たして若宮は東宮に立ち、人々は明石の尼君を幸運の人の象徴として称える

ようになる。そこでの語り手の言葉。抜きん出た宿世（前世からの因縁）の持ち主の尼君であるが、具体的にどのような「御有様」なのかというと、かつて住吉に立てた願いの願解《がんほど》き（神や仏に懸けた願いが叶った後、その報告とともに行うお礼参り）を行いに源氏（46）が出かける際、紫の上や明石の女御、そして明石の君らに比べて源氏との関係が薄い明石の尼君が、一緒に参詣している様子のことである。紫の上ら三者には、源氏と関わって栄えるような前世からの因縁があったのだが、それよりもさらに抜きん出た宿世を明石の尼君は持っていると、この物語の語り手は強調している。

2　運命という諦念

◆諦めたその先に

今は、なほさるべきなめりと思しなして、はればれしくもてなし給へ。

手習・一〇・一五九頁

今では、やはりこれも運命なのだと諦めなさって、晴れやかにお振る舞いなさい。　10―355

浮舟（22前後）に対して小野の妹尼（50ぐらい）が告げた一言。妹尼の以前の婿であった中将が現れ、浮舟に言い寄ろうとしている状況でのものである。浮舟は本当に気乗りがしていない。他者

から翻弄され続けることに耐えかねて身を投げた浮舟は、今、勇気を出して妹尼に心を開き、状況の打開を頼んでいるが、妹尼は浮舟の思いを汲み取ろうとはせず、掲出の言葉を投げかける。やはり浮舟は絶えず他者から一方的に意味付けられる存在として造形されている。悲劇のヒロインといっても過言ではない。

何事にもあるに従ひて、心をたつる方もなくおどけたる人こそ、ただ世のもてなしに従ひて、とあるもかかるもなのめに見なし、すこし心に違《たが》ふ節あるにも、「いかがはせむ、さるべきぞ」なども思ひなすべかめれば、なかなか心長きためしになるやうもあり。

椎本・八・一六〇頁

何事につけてもあるがままにまかせて、自分を押し通すこともなく鷹揚な人は、ただ世のならわしのままに、どんなふうなのも適当に我慢し、少し気に入らないことがあっても、「仕方がない、これも因縁だろう」などと諦めもするので、かえって長く添い遂げる場合もあるものです。　8―391

薫（24）が大君（26）に語りかけた言葉。これまで挙げてきたいくつかのフレーズと同様に、運命というものを甘受するあり方が肯定的に示されている。この文脈は夫婦仲についてのものである

が、視野を広げて汎用すれば、このような柔軟な姿勢はかえって何ものにも対応できる生き方であるといえよう。運命を受け入れるというのは、捨て鉢になることとイコールではない。

掲出の文中の「おどけたる人」は、目標を持ったり、それに向けて努力をしたりする人ではない。すると、それは上昇志向がなくモチベーションも低い人だと否定的に評価されそうであるが、そんな人であればこそ、しなやかに時代を泳いでいくことも可能となるのだろう。現代はリスク社会であるといわれる。リスク社会とは、価値観が変動し、共同体から放り出された個人が自分に降りかかるリスクをマネジメントしながら、不安を抱えつつ生きていかなければならない社会のことである（三上剛史『社会の思考』学文社、二〇一〇年）。ここでいうリスクとは、自然災害といった危険一般とは区別され、何らかの人為的な操作や選択によってもたらされる将来的な損害のことを指している。このような新しいリスクは、個人に直接降りかかる（リスクの個人化）というのが大きな特徴である。ドイツの社会学者ウルリヒ・ベックは、その著書『リスク社会』において、リスクの個人化には三つの段階があるとする。まず第一段階として、伝統的な社会集団から個人が解放される。次の第二段階では、個人の行為を導く伝統的な知識・信仰・規範の確実性や安定性が喪失される。最終の第三段階では、経済・社会的圧力が労働や家庭といった「中間集団」によって緩和されることなく、個人を直撃する。

現代の我々は、好むと好まざるとに関わらず、そんな時代を生きている。短絡的な発想かもしれ

ないが、そんな状況下では、掲出の言葉に表れた薫の信念こそが、一番スマートな生き方といえるのかもしれない。

◆主体を越えて

かばかりの宿世なりける身にこそあらめ、と思ひなしつつ、ありがたきまで後ろやすく、のどかにものし給へ

薄雲・四・二一七頁

これぐらいの運に生まれついた自分なのであろう、と考えることにして、珍しく心配のない人で、ゆったりしていらっしゃる　4—208

何事にも控えめで奥ゆかしい花散里の、鷹揚でゆったりとした様子を評した言葉。物語世界において複雑な人間関係が絡み合う中、読者をほっとさせる緩衝材のような花散里という人物。これぐらいの運の自分と思えばこそ、心配のない人生を送ることができる。絶えずメリットや最大限の利潤を求めてあくせくする人間と、どちらが幸せだろうか。

現代でもしばらく前までは、メリットばかりを求める損得勘定は避けるべき恥ずかしい考えとされていたはずである。しかし昨今ではそれが当たり前になり過ぎて、損得勘定という言葉もあまり

第3章　世間を泳ぎきる

「世間」という社会の形態は日本に独特のものであるといわれる。そのため外国語に翻訳しづらく、その発想も理解されにくい。我々がよく耳にする「世間様に申し訳ない」や、「世間を騒がせたことをお詫びする」といったセリフも同様である（阿部謹也『「世間」とは何か』講談社現代新書、一九九五年）。昨今は特に芸能人や著名人の不祥事があるたびに謝罪が要求され、誰に対して謝っているのかが分からないという見方もあるが、その対象は、おぼろげながらも大きな存在として横たわっている世間であろう。

ところで、二〇一四年以降、岸見一郎らによる『嫌われる勇気』（ダイヤモンド社、二〇一三年）がベストセラーとなり、アドラー心理学が大ブームになった。目に見えない幾重もの共同体を想定し（共同体感覚）、そこで他者に貢献していると思うことによって自己の価値に気付き、幸福になれるのだという。また、人は共同体にとって自分の行動が有益であるとき自分に価値があると思うことができ、そのときにだけ勇気を持つことができるそうである（岸見一郎『アドラー　人生を生き抜く心理学』NHKブックス、二〇一〇年）。筆者は、その共同体とは、我々が親しんでいる世間のことに過ぎないの

ではないかとも思う。さらにいえば、目に見えず実体がなくとも、自己のアイデンティティの根源となるような何らかの共同体を強く意識し、それに貢献することを尊ぶ思想は、かつて日本にも似たものがあった。それは、「お国のため」という言葉に代表される、戦時中の軍国主義である。それは人々に多大な自己犠牲を強い、国家と個人とを同一視する思想であった。なだいなだ『心の底をのぞいたら』（ちくま文庫、一九九二年）に、逃げることについての考察がある。それによれば、逃げることを卑怯とし、逃げないことを勇気として賞賛の対象とするのは、社会を維持し機能させるためのある種の洗脳であり、危険があれば回避するという人間の本能を抑圧するものだという。そして、逃げることを知らないために命を落とすのはあまりにばかげているが、勇気というものは我々にしばしばそうしたことをしでかさせるという。そこにはなだいなだの軍隊経験が反映されているそうだが、筆者にはなだのこうした論考がアドラー心理学への痛切な批判に聞こえてならない。アドラーが「勇気を持って一歩を踏み出せば、万事が上手くいく」と説くとき、その背景には共同体感覚なるものが想定されているのであった。この勇気とは、まさに共同体の中で都合よく、また望ましくある価値観である。

心理学というよりもむしろ哲学、あるいは宗教に近いかに思えるアドラー心理学であるが、これが大ブームとなったのは、当時の社会状況に上手く合致していたからであろう。教科書的な記述になるが、近代社会は一九七〇年代から脱産業社会・情報化・消費社会などを要因として変質を始め、さらに二〇世紀末からは新たな要因としてリスク・個人社会・個人化が登場した。こうした社会において

人々は、状況主義的に流動化しつつ、常に再帰的に自己をモニターし、自分自身を「編集」し続ける。そして、情報化された消費社会の中で状況に合わせて柔軟化しつつも、それぞれの個人が明確に「私」（自己意識とナルシシズム）を保持し、自らを再生産し続けようとしている。個々人の意識は次第に内的複合性を高め、「閉じ」の度合いが激しくなるため、そこでの個人はもはや社会と同じ程度に自律したシステムであるとさえいわれる（ルーマン）。すると、自分が自分であることの根拠は社会でなく自分自身にあり（自己言及・自己準拠）、自らの判断や選択の根拠もまた自分自身にあることになる。つまり現代人は、社会に対して「閉じつつ開いている」（三上剛史『社会の思考』学文社、二〇一〇年）のである。

以上のような社会の状況を背景として、「個人の心理学」と要約されるアドラー心理学は多くの人々に歓迎されることとなった。アドラーの教義を紹介しつつ事件を解決していく刑事ドラマも放映されたほどである。それはまさに、感覚的な共同体をほのかに夢想しつつ日々を個人として生き抜くためのバイブルとしてあったはずである。

とすれば世間とは、既に解体寸前であるにもかかわらず人々が抱いている幻想である、といい得るだろうか。唐突の極みではあるが、ここで筆者が飼っているメダカと金魚を見ていて感じたことを語りたい。恐らくあまり知られていないと思うが、メダカは強力な縄張り行動をする小魚である。筆者が高校生になってすぐ科学部に入り、研究テーマとして選んだのがメダカの縄張り意識であった。岩松鷹司『メダカと日本人』（青弓社、二〇〇二年）によれば、メダカが流れのないところ（止水域）で群

れているときには、口での突っつき、尾ヒレでの「打ち合い」、各ヒレを縮めての逃避行動が見られるという。それは稚魚であっても同様である。主な目的は餌やメスを奪い合うためとのことであるが、実際に池を泳ぐメダカを見ていると、実に活発に闘争を繰り広げている。しかし面白いのは、ゆらゆらと不器用に泳ぐ、およそ野生では生きていけそうもない金魚（でっぷりとしたいわゆる「丸もの」）は、そうした縄張りの存在に一切関知せず、争い合うメダカとメダカの間をよろよろと通過して行くということである。闘争中のメダカはそれを避ける他ない。当たり前といえば当たり前の話であるが、メダカがなぜ縄張りに左右されるのかといえば、縄張り意識を持つからである。それを持たなければ、金魚のようにゆらゆらと自分の生きたいように生きていける。飛躍を恐れずにいえば、世間と人間もこれと同じではないだろうか。つまり、人間が生きていくとき、自分を取り巻く枠組みを意識し続けてその中でよりよく生き抜く道を探る以外にも、その意識自体を変えるという方法もある。金魚は悠々と泳いでいる。もっとも、メダカが野外で生活している場合には、あまり縄張り行動は見られないという。しかし、容器で飼育され、全体の水量に対してほどほどの個体数のときには著しい縄張り制が見られ、縄張り内に他の個体が侵入してくると闘争行動を始める。結果的に、縄張りを持つ一匹と、縄張りを持たない他の個体とに分かれる（岩松鷹司「行動」『新版メダカ学全書』二〇〇六年、大学教育出版）。どこか人間の社会を思わせるところがないだろうか。

さて、前置きが長くなったが、源氏物語でも世間というものは否定的に叙述される傾向がある。例

えば須磨巻の冒頭で、源氏は「世の中いとわづらはしく」（須磨・三・二一頁、3―215）と須磨へ向かった。また、「世の中はあぢきなきものかなとのみ、よろづにつけて思す」（世間というものは嫌なものだと、何につけてもお思いになるばかりである）（須磨・三・三八頁、3―231）姿もあった。それでも源氏は、そんな世間を諦めなかった。その結果帰京を果たし、やがて昇進も許された。一旦都から追放された者が後に政界に復帰するなど、例のないことであった。この章ではそんな源氏や他の登場人物の言葉から、世間をゆらゆらと泳ぎ抜く方法を学んでいきたい。

1　人間関係の不協和音

◆上手くいかない

よそよそにてこそ、はかなきことにつけて、いどましき御心も添ふべかめれ。

行幸・五・九〇頁

離れていればこそ、何でもないことにでも、競争心もつい起こるのだろう。　5―273

久しぶりに源氏（37）と内大臣（かつての頭中将）が顔を合わせる場面において、二人の間柄を分析する語り手の一言。いくら対立し競争していても、そこは旧知の仲。会って話せば、その仕草

や身のこなしからかつての楽しい思い出が次々と蘇ってきて、少しのいざこざなど消えてしまう。なまじ相手との交流がないと、相手への感情が小出しにされることもなく蓄積していき、互いを敵として競い合ってしまうが、実のところそれは、相手に自分の存在を気付いてもらいたがっているだけなのかもしれない。

人は何の咎《とが》と見ぬことも、わが御身にとりては恨めしくなむ。

竹河・八・九〇頁

他人が何の過ちとも思わないことでも、御自身にとっては恨めしいものでして。 8―330

老いた玉鬘（56）から、その長女（25）の不遇についての愚痴を聞かされた薫（23）が言ったセリフ。長女は冷泉院との間に男宮をもうけて周囲の嫉妬を買い、心労が休まらないという。せめて心を休めてもらおうと、長女には里下がりをさせているが、それはそれでまた新たな陰口を呼び起こしているらしい。しかも冷泉院までこの里下がりを感心しないと思っているようだ。そこで玉鬘としては、冷泉院の寵臣である薫からそれとなくこの苦衷を冷泉院に伝えてもらえれば、と思っている。

しかし薫は、「宮仕えに出すのであればそのくらいの嫉妬反目があるのは当然で、悩むほどのこ

とでもない。こちらに悪意がなくても恨まれてしまうものだ。ただ穏やかにふるまって見過ごすのがよい」とそっけない。そこには、後宮における女性間の葛藤は院の私生活上のことであり、公的事務に携わるべき男子官僚が関係すべきでないというロジックがある。そんな中で掲出の薫のセリフはある。

それにしても、老いた玉鬘は苦労している。思えば玉鬘という人物は、幼少時代から流浪を重ね、六条院における求婚物語の女主人公として若き日々を過ごし、後には髭黒大将との結婚生活と、どこまでも心の休まることのない不安定な身の上の女君である。

掲出のセリフを含めた玉鬘への対応は、まじめを絵に描いたような薫らしい考え方である。とはいえそのセリフの内容は、ほとんどの人に当てはまるものであろう。他人は気にしないが、自分は気になる。自分には自分の感じ方がある。先にも述べたことだが、人は、自分の認識に応じた世界が展開する。それは思い込みであり、とらわれであるといえばそれまでだが、自力でその世界の外に抜け出るのはなかなか難しい。社会の現実は人々の意識や感情の中で作り上げられたものであり、人の心の持ちようがその世界を形作る、という立場を社会構成（構築）主義というそうだが、掲出のセリフもその例外ではない。薫の人生もまた、ひたすら「恨めしい」世界を生き続けるものだった。そこには、どのような他者も入り込む余地はなかった。本人が考えを変えない限り、その世界は永遠に続いていく。

人人しくたてたる趣異にて、良きほどに構へぬや。　蛍・五・三三頁

一人前に各自の主義が違っていて、具合よくいかないのだ。　5―218

長雨に降りこめられた六条院にて、源氏（36）が玉鬘を相手に物語を論じた。別の日、その物語論の付説のような形で、源氏と紫の上は物語の功罪を論じ合い、紫の上は『うつほ物語』に登場する女君（藤原の君。貴宮《あてみや》。多くの求婚を退けて東宮に入内し、他の求婚者は哀れな結末に至った）について、分別があってしっかりしているが、その愛想のない返事や仕草がいけないとコメントした。それを受けて源氏は、現実の世界にまで話を広げ、物語の登場人物でない実際の人間にもそれが当てはまるとし、掲出のセリフに至る。これらは、娘の教育という観点からなされている会話である。現実といっても、あくまで物語の中の現実ではあるが。このあたりは源氏物語の子女教育書としての性質が強く出ているといわれる。

「人人しく」（人人し）とは人並だ、一人前だという意味の形容詞である。そこには個性を持った一人ひとりの人間が認められていると思しい。やはりこのような叙述を目にするにつけ、当時の厳格な身分社会にあって、源氏物語には個としての人間のあり方が追求され、人間に中心が置かれて

いることに気付かされる。しかし、それ一辺倒ではない。それらのバランス感覚については、本書224頁でもふれている。

心に身をもさらにえまかせず、よろづにたばからむほど、まことに死ぬべくなむおぼゆる。

浮舟・一〇・三八頁

自分の思うようにまるでならないで、何もかもごまかす工夫をしているうち、本当に死んでしまいそうな気がする。10—246

浮舟（22前後）に恋情を燃やす匂宮（28）の一言。「死んでしまう」のは自分の心であろう。「恋ひ死に」という言葉は文字通り恋い焦がれて死ぬことを意味するが、このときの匂宮はまさにそんな状況である。匂宮のように色めいたことでなくとも、本来他者に向けて行われるはずの嘘やごまかしが自分自身に向くというのは、我々にも思い当たるところである。それが積み重なれば、本当の（と自分が思っている、あるいはそう思いたい）自分とは違った自分になっていくことは必定である。自己疎外という言葉も想起される。とはいえ、その一つひとつがすべて自分というものなのであろうが。

それに対して、出題者が用意した試験問題に取り組む学習者（児童・生徒）はというと、文学教材（問題文）の登場人物に自分との類似性が見当たらない場合には、その心情の推論に際して「理論」の方法を採用し、ステレオタイプを当てはめることになる。しかし学習者は、学年が下れば下るほど、大人の想定する道徳性などの知識を持ち合わせていない可能性が高い。当てはめようとするステレオタイプが、大人のそれとは内実の異なったものであることも予想される。すると、出題者が「理論」の方法に基づいて推論した心情とは異なった内容の心情を導くことになり、設定された「正解」にはたどり着けないこととなる。また、出題者が「シミュレーション」による心の推論を行っていたとしても、それは大人のそれまでの経験や社会の感情規則、大人たちの最大公約数的な客観性によって推論されたものであり、学習者が導く心情とは必ずしも一致しないのが自然であろう。

他方、学習者が登場人物に自分との類似性を発見できた場合には、「シミュレーション」による心の推論が行われる。その際には、大人に比べて圧倒的に少ない経験に基づいて、子どもである自分の思いを標準とし、それを最大限に参照することになる。出題者も「シミュレーション」によって登場人物の心情を推論していれば、繰り返しになるが、大人が持つ人生経験や、それに基づく最大公約数的な客観性によって推論された心情と、学習者が導く心情とはずれを生じるだろう。学習者がいかに自分の気持ちに正直に、あるいは自分が信じている人間というものの心のあり方に基づいて解答をしようとも、大人の出題者が推論した登場人物の心情とは異なったものを導くことになり、設定された

「正解」にはたどり着けないこととなる。心情を問われる登場人物が幼ければ、つまり学習者との年齢が近ければ近いほど、こうした現象は起こりやすい。つまりそこでは、大人の立場や視点から子どもの登場人物の心情を形成し、それを「正解」として権威的に子どもである学習者に突きつけることが行われているのである。また、出題者が「理論」による登場人物の心情の推論を行っていたとしても（学習者が登場人物との類似性に基づき「シミュレーション」による推論を行う場合、出題者がその登場人物との類似性を見つけることはそれほど多くないであろう）、「子どもとはこうあるもの」といった大人の目からのステレオタイプにより心情が導かれ、やはり学習者が導く心情とは齟齬《そご》をきたすことになるだろう。

逆にいえば、大人の世界のステレオタイプや社会の感情規則についての知識もない、ある意味で純真無垢な学習者が「正解」にたどり着くために必要なのは、そうした事柄をあらかじめ意図的に学習しておくことである。しかし、そうすることが文学作品・教材の本当の意味での読解という行為を保証し得るのかはおぼつかない。篠崎美生子（『弱い「内面」の陥穽』翰林書房、二〇一七年）のいうように、「読むこと」の学習指導は「「内面」読みのトレーニングの場として機能する」が、「「内面」とは…他者がある人物の行為や出来事を理解しようとして、事後的に読み込む解釈に過ぎない…。今日一般に流通する規範の下では、〔内面→選択→言動〕の公式に沿って、「内面」をオリジンとみなし、それに見あった言動が導かれ、出来事が起こるとされているが、それは「内面の発見」によってもた

らされた極めて近代的な思考習慣にもとづく公式なのだ。おそらくそれは、出家には「機縁」があるはずだという平安の共通認識と同様、歴史的な一つのパラダイムに過ぎない」。

ところで、本人の意識の上で、他者の心について単に「理解（心の状態を推論）すること」と、「共感を自覚しつつ理解をすること」とは、どのような位相にあるのだろうか。先の社会心理学の知見によれば、本人が共感を自覚していない理解の際（いわゆる、理解はできるが共感はしない場合）にも、「シミュレーション」に基づいて心の推論がなされていれば、暗黙裡に自己を参照するというある意味共感的な働きが作用していた。しかし、あくまでも本人が意識している範囲のことでいえば、共感を自覚しない理解、すなわち「単なる理解」（認知的）と、相手の心情を追体験し共感する理解、すなわち「共感的理解」（情緒的）の二者があることになる。国語教育における物語や小説などの読解では、ひとまず前者のみを要求することになっている。他方、ストーリーのある一まとまりの文章を教材として用いて行われる道徳教育においては、後者を求めているはずである。なぜなら、他者の主観的な喜びや苦しみに対して共感できることが道徳的な配慮の基盤となり、それによって生じる罪悪感や後悔などの道徳的感情が、他者への加害を抑制する働きを持つと考えられるからである。

ただし、国語教育における読解においても、後者は求められがちである。登場人物について共感的な理解ができてこそ「深い」読解が遂行されたと見なす指導者もいる。それだからこそ、特に義務教育課程における文学教材には、人格を育みつつある学習者が共感しても社会的に問題のない、あるい

は社会にとって都合のよい内容を持つ文章、つまり道徳的に「正しい」ものが選ばれやすい。
ここで、指導者と学習者双方の意識の上において、登場人物の心情に関する「単なる理解」と「共感的理解」の二者が明確に区別されれば（とはいえ「シミュレーション」による心の推論が行われていれば、この二者はどちらも暗黙裡に共感的理解をしているのであるが）、長らく混乱を極めている国語教育と道徳教育との線引きも可能となるのではないだろうか。

◆仲間の条件

おぼろけの昔の世のあだならぬ人は、違ふ節々あれど、一人ひとり罪なきときには、おのづからもてなす例どもあるべかめり。さしもあるまじきことに、かどかどしく癖をつけ、愛敬なく人をもて離るる心あるは、いとうちとけ難く、思ひぐまなきわざになむあるべき。

若菜上・六・九五頁

並々ならぬ昔からの仇敵ではない人は、意見の相違はいろいろあっても、お互いめいめいが本当に悪い点がない場合には、いつしか考え直すこともそれぞれあるだろう。それほどでもないことに角をたてて難癖をつけ、無愛想に人にそっけなくする性質の人は、仲良くなりにくく、同情しがいのないことだろう。6—283

明石の君（32）と、その子である明石の女御（13）を前にして、源氏（41）が紫の上（33）の人柄を賞賛し、育ての親である紫の上の親切をあだやおろそかに思わないように、と説く中で示された人間観。この直前、源氏は世間によくある継母と継子とのいざこざを紹介し、「内心悪意を持っている継母でも、…素直に慕っていくなら、これまでとは反対に可愛いと思ってくれるようになり、こんな子をどうして憎めよう、そんなことでは罰も当たろうという気になって、考えを改めることもあるでしょう」と話している。それは掲出の一節に通じるものである。

はかなきことにて、物の心得ずひがひがしき人は立ち交じらふにつけて、人のためさへ辛きこともありかし。

若菜上・六・九六頁

ちょっとしたことにでも、ものの分からないひねくれ者が仲間に入ると、はたの人にまで迷惑をかけることがあるね。　6—284

源氏（41）が明石の君（32）に言ったセリフ。このセリフを取り巻く人物関係はやや複雑である。前掲の一節にもあったように、明石の君の娘である明石の姫君の養育は、養母として紫の上が

引き受けていた。明石巻においても、明石の地で明石の君は源氏と結ばれ、その後源氏が京へと帰ってしまったため見捨てられたかに見えたが（そのときの父である明石入道の嘆きが相当なものであったことはいうまでもない）、その後源氏はきちんと明石の君を都に迎えた。そんな源氏と明石の君との間に生まれたのが、明石の姫君である。紫の上は自分と身分のかけ離れた明石の君も一人前として扱うが、明石の君が実母顔をして慢心することもない。そんな、穏やかに体裁よく物事を運ぼうとする明石の君について、気がかりがなくうれしいと源氏が述べた後に続くのが、掲出のセリフである。小学館『新編日本古典文学全集』頭注は、こうした明石の君の様子を「生涯をかけた卑下忍従の徳」と評している。その正当性を源氏が確認した。

巻をさかのぼった明石巻において、明石の君（18）が源氏（27）の姿をほのかに見たとき、即座に「身のほど知られ」たという。「れ」は自発の意味を表す助動詞である。「身のほど」とは社会的な身分のことであり、境遇に直結する。受領階級の娘である自分の立場を即座に痛感しているのである。明石の君に限らず、自分より身分の高い人物に思いを寄せる多くの人物にとって、「身のほど」は大きな苦しみとなって立ちはだかる。もちろんそれは永遠に乗り越えられない壁である。

さらに巻をさかのぼれば、それは物語の初めで空蟬《うつせみ》によって示されている。何度も出てきている「雨夜の品定め」であるが、そこで「中の品」（中流階級）の女性への関心を触発された若き源氏（17）は、伊予介の後妻である空蟬に迫って逢瀬を遂げた。空蟬は源氏の甘美な訴えに自分を見

失いそうになっていたが、しかしどこまでも自制し、その心を源氏に開こうとはしない。以前とは異なり、老受領の妻へと転落した「身のほど」である現在の自分とその今後を、強く意識しているのである。わびしく捨てられるのは必至。それならば、拒むことによって誇りを持する他ない。空蝉は、弟の小君に手引きをさせて再度来訪する源氏にも決して応じようとはしなかった。

心ならぬ人少しも交じりぬれば、かたへの人苦しう淡々《あはあは》しき聞こえ出で来るわざなり。

鈴虫・七・八〇頁

本当の決心がない者が一人でも入ると、まわりの者が困るし、言動が浮ついているとの評判が出ることにもなる。　7―259

尼になった女房たちに源氏（50）が説いた言葉。仏道に入ることについての言である。やる気のなさが周囲の者たちの士気を著しく下げることは、私たちの誰もが日々経験していることであろう。

2　噂との付き合い方

◆噂とは何なのか

さらぬはかなきことをだに、疵を求むる世に、いかなる名のつひに漏り出づべきにか。

紅葉賀・二・六〇頁

何でもないちょっとしたことでさえも、あらを探す世の中であるから、とうとうどんな評判が世に漏れ出るであろうか。　2―236

藤壺（24）は過去の自分の過ちを責めている。それは、桐壺帝の中宮でありながら、その子である源氏（18）と初夏に密通し、子を成したことである。「罪」はこの物語の主旋律ともいえる。その意識、とりわけ心的因果には組み込まれない罪の意識のあり方については、拙著『文学テクストをめぐる心の表象』（武蔵野書院、二〇一七年）の第4部第2章でも扱っているので、興味があれば参照されたい。

掲出の一節からは、平安貴族の閉鎖的な世界観が垣間見られる。平安貴族は、その親族を含めてもたかだか二～三〇〇人ほどであったという。そうした世間をフィールドとして生成する噂は、あっという間に広まってしまう。何より人は噂好きである。それは源氏物語の世界でも何ら変わらない。例えば夕霧巻には、夕霧の言葉として「さしもあるまじきをも、怪しう人こそものいひさがなきものにあれ」（何でもないことでも、奇妙に世間というものはおしゃべりなものでして」（夕霧・七・一

三九頁、7―314）とあり、若菜上巻には「世の中の人もあいなう、かばかりになりぬるあたりのことは、言ひ扱ふるものなれ」（世間の人も困ったことに、これくらの地位になった方々のことは噂したがるものである」（若菜上・六・六八頁、6―259）とある。物語世界の人々は、噂に非常に敏感である。世間に何と言われ噂されるかを、四六時中気にしている。噂を支える動機は、「知りたい」と「言いたい」、そして「つながりたい」であるという（松田美佐『うわさとは何か』中公新書、二〇一四年）。日常的なおしゃべりを通じて噂は伝わるのであり、人間関係を築く上で噂は役に立つ。しばしば「ここだけの話だけど」という言い回しで始まる噂を共有することは、気持ちを共有することであり、互いのつながりという関係性をもたらしてくれる。

さて現代、世間は弱体化する一方のようだが、それは形を変えてネットの世界を足場としつつ生き延びているように思われる。もはやそこが現実の社会のような感もある。掲出の一節はネット上の噂を恐れる個人や企業にも通じるものがある。

人の御名をよさまに言ひなほす人は、かたきものなり。　夕霧・七・一〇九頁

人の噂を良い方に言い直してくれる人は、めったにいないものです。　7―286

▼ノート6 紫式部像の生成

紫式部と聞いて、どんなイメージが浮かぶだろうか。津島知明「国語教育と源氏教育市場」（助川幸逸郎他編『新時代への源氏学10　メディア・文化の階級闘争』竹林舎、二〇一七年）に導かれながら、人々の抱く「紫式部」像と、それを生みだす「場」の力学について以下に整理してみたい。一九〇〇年（明治三三年）の女子教育用教科書『小学新読本　女子用』には紫式部が取り上げられており、『紫式部日記』をふまえつつ若干の改変・加工が施された①「一といふ文字」、②「二夫に見えず」、③「日本紀の御局」という三つの逸話が載せられている。

①は次のような内容である。子どもの頃、弟（兄といわれたこともあったが、近年は弟とするのが主流）が漢文を読んでいたとき、弟はなかなか読むことができず、また忘れてしまう箇所でも、自分（紫式部）は不思議なほど理解が早かった。それを見た父親が、この子が男子だったらと嘆いていた。それほどの実力があるにもかかわらず、「男でさえも学識をひけらかすのはよくない」と人が言うのを聞きとめてからは、最も簡単な「一」という漢字でさえ書くこともしないでいた。また、かつて読んだ漢籍などは目にとめないようにしていた。

②は、夫亡き後の身の処し方について、再婚することもなく中宮に仕えた、という内容。道長の懸想をつれなく拒んだ貞節が強調されている。

③は、帝が当時の源氏物語を誰かに読ませて聞いていたとき、「この作者はあの難しい『日本書紀』を読んでいて、学識があるに違いない」と言ったのを耳にしたある女房が、紫式部に「日本紀の御局」というあだ名をつけた、という内容である。この教科書には特にふれられていないが、実はそこには、作者が持つ漢籍の素養を羨む女房の悪意がある。それにはふれないことでその悪意をそぎ落とし、世に稀なる名文である源氏物語の作者紫式部が、天皇の賞賛に浴した話に仕立て上げられている。

ちなみに『紫式部日記』は、③のあだ名をつけられたという出来事の直後に、①の弟のエピソードと自分の謙虚さが記され、それに引き続いて、そうした心がけにもかかわらずあのようなあだ名のことを耳にしたため、ますます気が引けて、屏風絵の上の文言さえも読まない顔をしてきた、という展開にまとめられている。『紫式部日記』におけるこうした作者自身のエピソードの叙述について津島は、「ここにあるのは、今まで「隠してきた」とされる情報を、「才がる」と受け取られないための配慮を尽くして、着々と明かしてゆく書き手の高等戦術である」と分析している。控え目な人柄である自分をアピールしつつ、同時にそれは、隠してはいるが能力がきちんとあることのアピールにもなるのである。

明治時代の女子教育用教科書が作るこうした紫式部像は、当時の文学史研究をふまえたものであった。それは中世における紫式部像とは異なっている。中世において紫式部は、伝説として地獄に落とされたり、観音に祭り上げられたりしてきた。紫式部堕地獄説に伴って「源氏供養」の法会が行われ、そこでは紫式部が信仰の対象となり、観音化身説が生まれる。ちなみにその際紫式部の図像が掛けら

れ、その図柄は石山寺で源氏物語を構想する姿であった。また謡曲「源氏供養」にも石山寺が登場する。これらのことによって、江戸時代前期に否定的な言辞が登場しつつも、「石山寺起筆伝説」は脈々と受け継がれることとなった（安藤徹「〈紫式部〉と石山寺起筆伝説」、助川幸逸郎他編『新時代への源氏学10　メディア・文化の階級闘争』竹林舎、二〇一七年）。

しかし明治時代の文学史研究では、中世のそうした紫式部像とは決別して、紫式部が「才徳兼備」の人として顕彰されている。また、紫式部は清少納言と比べられ、それは清紫対比などといわれるが、才能をアピールする清女に対して、柔和で謙遜することを知る紫女が優位に置かれ、あるべき婦人像が暗示されることになる。そこには、人々が源氏物語に抱く誨淫の書といったイメージを、紫式部の人徳によって制しておきたいという意図が見え隠れしている。こうした研究成果をもとにして、源氏物語それ自体にはふれず、作者像の方に飛びついてそこに目を向けさせるというのが明治の教育市場であった。

その後、一九二五年にアーサー・ウェイリーによって源氏物語が英訳され、海外で高い評価を得てからは、教科書の作品紹介において世界からの評価を持ち出し、翻訳されて世界に紹介されている「世界の古典」という錦の旗印を手に入れ、それを端的で効果的な宣伝文句とするようになる。それは、紫式部の人徳の吹聴の代わりとしてある。

ところが昨今、明治期の紫式部像が検定教科書に復活した。それは二〇〇八年版学習指導要領にお

ける古典重視の方針の賜物でもある。具体的には、中学校二年生用の国語科教科書『新しい国語2』（東京書籍、二〇一六年）における三角洋一「清少納言と紫式部」である。そこには紫式部の「一」という文字の逸話が復活している。そのエピソードをふまえて教科書は、「豊かな才能に恵まれていただけでなく、細やかな心遣いのできる人物でもあったようですね」と結ばれている。そこには謙遜の人たる紫式部像がはっきりと見られる。この教科書記述をもとにして有働裕（「古典教材と向き合う」『日本文学』二〇一六年一月）は、「ステレオタイプの女性観を賛美する文章に結果的になってしまったことは一目瞭然である」と断じ、紫式部や清少納言を評価するとき不可避に混入する「女性のあるべき姿」を前提とした道徳的な価値観を鋭く指摘している。ちなみに、国語教育における「読むこと」の学習と道徳的な側面との密接な関連については、拙著『文学テクストをめぐる心の表象』（武蔵野書院、二〇一七年）の第5部第3章第3節において諸説を整理した上で検討しているので、必要があれば参照されたい。

人の答《いら》へは、ことに従ひてこそは思し出でめ。

若菜上・六・六五頁

人の返事というものは、相手の言うことによって自然とお考えが出てくるものだろう。6―256

源氏が女三宮（14か15）に紫の上（32）との対面を勧めた際、「いったい何を話せばよいのか、気

詰まりだ」と言う女三宮に、源氏（40）が返した一言である。ここには、突然降嫁されることになった女三宮と、以前から源氏に寄り添ってきた紫の上との関係に対する、源氏の浮薄な態度が表れているともいえる。訳文は文末の「め」（終止形は「む」）を推量の意味で訳しているが、それを適当の意味にとれば、「人の返事というものは、その場その場に応じてお考えになるのがよい」といった訳になる。この場合、源氏が幼稚な女三宮の受け答えを心配していることになる。助動詞の意味の取り方一つで解釈が変わることを示すよい例である。

　ひとまず前者のように解し、会話というものについて源氏が教示している文脈だとすると、源氏の言う「自然と」というのは大切なポイントであり、流動的に進行するはずの会話について、その一言一句に意識を張り巡らせ、考え過ぎてしまうのは困りものである。そんな事態について、鷲田清一（『「聴く」ことの力』ちくま学芸文庫、二〇一五年）は次のようにいう。「会話のなかで呼吸があわないとき、ひとは相手のことばじりに過敏になる。ことばを確実にとらえようとして、ことばの意味に拘泥する。ことばは表現されているもののひとつの局面、ひとつの間欠的な凝集点にすぎないが、聴くほうは語られたことばへと注意を収斂させ、微視化してゆく。相手が語ることば、わたしの受け答えとともにゆらゆら揺らぎ、つまずき、ころがりもするその不安定なことばが、一本の連続的な線でいわば論理的に、一義的につながれてゆく。こうしてことばの受けとり方が、相手の語りから逸れてゆく。そしてますます呼吸があわなくなってゆく」。我々が自然に会話をしている

ときにはこうしたことなど気にもとめないが、昨今よくある、電子メールなどの通信手段での一言から誤解が始まりトラブルに発展してしまうケースは、案外こうした事情によるのかもしれない。

世の中はいと常なきものを、ひとときはに思ひ定めて、はしたなくつききりなること、なのたまひそよ。

若菜下・六・一五七頁

世の中は無常なものなのに、一方にだけ決めてしまって、無茶な言い切り方をなさるものではない。

6―336

小侍従をどうにかして説得しようとする柏木（31か32）のセリフ。内容は、女三宮（21か22）への手引きの依頼である。ここで世の無常を持ち出してくる柏木の飛躍ぶりは、その必死さを物語っている。何としても小侍従を言いくるめたいのであろう。

やや強引であるが、背景を切り取ってこのセリフだけを見れば、本書81頁でふれたリスク社会の生き方にも通じる。価値観が多様化し、絶対的な基準や「大きな物語」が失効したリスク社会は、まさに「いと常なき」世界だといえよう。

うらめしげなる気色《けしき》など、おぼろけにて見しり顔にほのめかす、いと品後れたるわざになむ。

若菜下・六・一九一頁

いかにも恨めしそうなそぶりなど、通り一遍のことで心得顔にほのめかすのは、ひどく品のないものです。　6—366

朱雀院（50）が娘の女三宮（21か22）に、源氏（47）への嫉妬を表に出してはいけないと手紙で伝える中での一言。これは教戒である。もちろんそこには、無理をいって娘を源氏に託したといういきさつが関係している。現代から見れば化石のような内容の一言だが、自己主張を禁ずることで奥ゆかしさが生まれるという美意識がそこにはある。得意になることも戒めている。

わざと深からで、花蝶につけたる便りごとは、心ねたうもてないたる、なかなか心だつやうにもあり。

胡蝶・四・一七八頁

特に深い思いでもなく、花や蝶に寄せての便りは、じらすように返事せずにいる、するとかえって熱心になることもある。　4—341

源氏（36）の一言。これは会話ではなく男女間の手紙のやりとりについての内容だが、関連するので掲出した。言葉は少なく、あるいはまったくない方が、人の心を動かすときもある。

酔ひの進みては、忍ぶることもつつまれず、ひがごとするわざとこそ聞き侍れ。

竹河・八・六二頁

酔っ払ってしまっては、隠している心の内もつつみきれず、つまらないことを口にするものだと聞いております。　8―304

正月に薫（15）が玉鬘（48）の邸を訪れ、少将らと小宴を催した際、簾の中から差し出された盃《さかずき》をすぐには受けなかった薫の一言。その後逃げ帰るところはいかにも「まめ人」である。

さて、薫は「隠している心の内」が漏れ出してしまうのをマイナスのこととらえているが、ドイツの哲学者で社会学者のジンメルもまた、他者との関係における「秘密」は重要で、それはむしろ人間関係に奥行きをもたらすという。菅野仁（『ジンメル・つながりの哲学』ＮＨＫブックス、二〇〇三年）はそれを次のように解説する。「たとえば私を理解してくれる人はだれもいないといった

絶望は、〈私のすべてを受け入れ、すべてを理解してくれる〉他者を求める過剰な期待による場合が多い。むしろ〈私のすべてを受け入れ、すべてを理解してくれる他者〉なんてどこにもいないことをしっかり自覚して、適度な距離があり、お互いの「秘密」を前提とした人間関係においてこそ互いを慮ったり、想像力を働かせることで〈相互の関係を深く味わう〉ような親密な社会関係の形成が可能になるといった発想の転換が必要なのだ」。

つまり、「隠している心の内」は、隠し通した方がいい。胸襟を開くことは必ずしも善ではない。意図的に知られないままにしておくことも、ときには必要である。が、お酒はそうした「秘密」を打ち崩してしまう。内向的でなかなか他者に心を開こうとしない薫の口を借りて、源氏物語はそんなアドバイスを読者にささやいているかのようである。

◆配慮と行儀

手習・一〇・一七六頁

ことなしび給ふを、しひて言ふもいとこちなし。

穏やかにお断りになるのを、無理に勧めるのも気が利かない。 10―370

浮舟（22前後）に対する尼たちの言動を、語り手が軽く咎める一言。なるべくなら穏やかなまま

君はこの世を去っている。拒まれつつも大君を追い求めていた薫の悲しみはいかばかりか。話すことで心のモヤモヤに言葉が与えられ、社会の誰もが理解できるものとなる。苦しみが自分だけのものではなくなり、相対化される契機となる。そのことを身体的に表現した「胸の隙《ひま》あく」という語感が実に新鮮である。まさに心の風通しがよくなったのであろう。後藤秀爾『心の物語と現代の課題』（ナカニシヤ出版、二〇一二年）は、セラピストが「きく」とは、深い水準で「効く」行為の実現を求めて共感の姿勢をとることだとする。そして、「言葉にならない、無意識の裡に表出される「ことば」に目を向け、光を当て、自分の身の内を通して「効く」ことによって、「言葉」へと高めていく作業が、心理面接である」という。これは、掲出の一言の場面をよく説明しているように思う。

しひてこのことを思ひさまさむと思ふ方にて、あながちに難つけ奉らまほしきにやあらむ。

若菜下・六・一八四頁

無理に自分の恋慕の情をさまそうとするあまり、むりやりにあちらを悪く申し上げたいのでしょうか。

6—360

ここまでに挙げた以外にも、源氏物語には話すことの意味や効用がいくつか語られており、掲出

の一文もその一つである。柏木が禁断の相手である女三宮の欠点を強引に指摘することについて、語り手がコメントしている。言葉にして口から出し続けることで、外側から自分の認識も変わっていくことがある。自己のコントロールセンターとしての内面が人間の何もかもを左右しているわけではない。

第5章　人間の諸相

源氏物語に登場する人物は、主要な展開を担う者から端役まで、実に数が多い。この物語は様々な状況設定を通して、多種多様な人間のありようを浮き彫りにしている。人間、極限の状況に置かれると、普段は見せることがなく場合によっては本人も自覚していないような性質が顔をのぞかせることがある。そんなとき「その人の本性が現れた」などといわれるが、それがそのままその人の根幹に位置する本質というものでもなさそうである。例えばここに「優しい」人がいるとする。そのような人は、事前に十分な準備をしたにもかかわらず失敗してしまった人に対して、言葉を尽くして慰めるといった行動を取ると予測される。しかしその一方で、その失敗してしまった人を嘲笑するような人に対しては、厳しく叱責するとも予測される。つまり、「優しい」という特性を持つのであれば常に「優しい」行動を取るわけではなく、状況や相手に応じて発現する行動は変わる。文脈に応じて何らかのパターンに従い、行動自体がその都度変化するのである。昨今では人間のパーソナリティのとらえ方として、このように状況ごとの変化に着目し、それに応じて行動がどのように変化するかという「状況‐行動」のマトリックス形式で示される概念が提案されている。それは、「もしこういう状況なら、

その特性（または動機や意図）の持ち主はこのように行動するだろう」という、場面や状況に応じて現出する振れ幅のある特性である（唐沢かおり『なぜ心を読みすぎるのか』東京大学出版会、二〇一七年）。

源氏物語の入門書やガイドブックというと、人物名というタグに向けて物語に見られる様々な要素を投げ込み、それを要約して静的で固定された人物像を仕立て上げ、それを軸として物語の全体を解説していくものが主流であるように見受けられる。その根本にあるのは、いわゆる作中人物論である。しかしそれは、先の唐沢の知見をふまえるならば、貧弱な読みといえる。本来、作中人物について論じたり説明したりするならば、他の人物との相互関係にも注目し、その言動の動的な振れ幅をつぶさに観察するべきであろう。この物語のその場面だからこそ顕在化する人物の一面、というものが確かにある。それら一つひとつが人間というものの抱え持つ要素や条件であり、状況が異なれば異なるだけたくさんの個性や特性が析出されることになるだろう。状況が人を作る。源氏物語はそれを意図的に描き出そうとしているはずであり、いわばそれは源氏物語の人間学である。

そして、そうした人間の諸相は、他ならぬ登場人物によって批評的に語られることもある。そうした叙述は物語の展開に貢献するとはいい難いが、多様な場面や状況の中で悪戦苦闘する人間がいればこそ生まれてくるものである。人物の生きざまに添えられるかのように、それに対するやや抽象度の高まった語りがなされる。飛躍を恐れずにいえば、源氏物語では誰もが人間に関する専門家のようである。それは時代を越えて我々読者の心に響くものも少なくない。本章ではそうした叙述をシーン別

に分類し、広く見渡していくことにしたい。

1　こんな人あんな人

先述の内容とも重なるが、この物語では人物を叙述する際、どんな人なのかを単に描くだけでなく、わりと筋道立てて、こういう事情だから「こんな人あんな人」なのだといった具合に読者に提示している場合が多い。これは源氏物語の一つの読みどころかと思う。そして、結局のところどんな人が理想的なのかも明確に述べられている。千年以上前の人間観察に耳を傾けてみたい。

◆環境は人をつくるか

人の品高く生まれぬれば、人にもてかしづかれて、隠るること多く、自然《じねん》にそのけはひこよなかるべし。

帚木・一・五三頁

高い身分の家に生まれると、皆に大切に世話されて、欠点の隠れるところが多く、自然とその様子がこの上なくよく見えるのだろう。　1―239

「雨夜の品定め」の口火を切った頭中将が、女性の出自について独自に考察したセリフ。頭中将

の女性に関するあまりの詳しさに、源氏（17）も興味をひかれて質問を重ねることになる。現代の読者としても多少なるほどと思う。今でいうところの差別的な言説というよりも、そのような結果に至る仕組みを冷静に分析しているようである。女性に限らず、人が生まれつき持っている様々な因子は、生育環境によってその発現の度合いが異なることも分かってきている。あまり好ましい例とはいい難いが、原田隆之（『サイコパスの真実』ちくま新書、二〇一八年）は、サイコパス特性の発現を、池の水位と杭の関係でたとえている。杭は、サイコパスに関連する遺伝的な異常を表す。水は、それを取り巻く環境に当たる。池に水が満たされているとき、杭は外に現れない。つまり、満々とたたえられた水のように、周りの環境に愛情や教育、福祉などが潤沢であれば、サイコパス特性は発現しないのである。特性の内容は異なるが、掲出のセリフに少し通じるものがある。一方、愛情などが枯渇し望ましい環境でないときには、水が枯れて、杭が露わになる。サイコパス特性が姿を現すのである。このように、生まれ持った本人の生物学的脆弱性は環境のストレスと組み合わさったときに問題として発現しやすくなり、これを「ストレス脆弱性モデル」と呼ぶそうである。

世の人のありさまを見聞くに、劣《おとり》まさり、いやしうあてなる品《しな》に従ひて、かたちも心

もあるべきものなりけり。　　東屋・九・一七四頁

世間の人の様子を見聞きすると、優劣というものは、低いあるいは高い身分に応じて、器量でも気立てでも定まるものであったことだ。　9―338

巻は離れているが、前掲のセリフの帰結にあたるような一言。中将の君が、娘である浮舟（21前後）をどうにかして人並みに縁付けてやりたいと願い、薫（26）に思いが及んでいる。が、薫は血筋も尊く、その妻は今上帝の女二宮である。この上どれほどの女だったら薫が心をとめるのか、想像もつかない。このように考えが至った後、一般則のような掲出の一言に思案は落ち着いた。文末にあるのはまさに、今まで見過ごしてきた眼前の事実にはっとする、気付き（詠嘆）の「けり」である。そして、薫から浮舟を見れば論外に違いなく、気が引けて恥じ入るばかりで、上の空の心地となった。これぞ身分意識である。結局はこのようなのだよと、物語は静かに、そして淡々と語っている。

◆人間のあれこれ

あまり世のことわりを思ひ知りもの深うなりぬる人の、澄みすぎて、かかるためし心うつくしからず、かへりてはあざやかなる方の多く薄らぐものなり。　柏木・七・四九頁

あまり世間の道理に通じ思慮深くなった人は、迷いがなく悟り過ぎてしまい、そんなふうでは素直さがなくなり、かえってその人らしさが見えなくなってしまうものだ。　7―232

夕霧が柏木を諫めたときのセリフ。柏木の死後、弔問に訪れた夕霧(27)は在りし日の柏木を回想し、不思議なほど出来のいい人であったが、この二・三年はひどく沈み込んでいたため、掲出のセリフのように忠告したと、一条御息所に語っている。しかし夕霧の印象では、そのときの柏木は自分を考えの浅い者としか思っていなかっただろうという。夕霧と柏木は無二の親友。夕霧と雲居雁が会うことになったのも、柏木の手引きによる。夕霧にとって柏木の女三宮への恋はいかにも危うく見えていた。今、悲しみに暮れる夕霧は、庭先の桜が美しく咲くのを見て、「今年ばかりは」という言葉を心に浮かべている。それは「深草の野辺の桜し心あらば今年ばかりは墨染に咲け」(『古今和歌集』・哀傷・上野岑雄)という和歌の一部である。「墨染」とは喪服の色。夕霧には今の景色が自分の悲しみにそぐわなかった。

掲出のセリフの「心うつくしから」(心うつくし)とは、可愛らしく素直で親しみがあること。「あ

ざやかなる」（あざやかなり）の語には、はっきりと目立つ、てきぱきしているという二つの意味がある。ここでは前者をとったが、角川文庫本は後者の意味で訳している。また、訳文の「世間の道理に通じ思慮深くなった」とは、いい方を変えれば悟ったということである。柏木は自分が自分にまなざしを向ける自己の迷路に入り込んでしまったのだろうか。先に本書133頁で引いた鷲田清一の論考と同じようなことが、ここでの柏木にも当てはまる。「人を救えるのは人だけ」とどこかで聞いたが、夕霧の声はさ迷い歩く柏木に届かなかった。あるいはこれは、たくさんの情報に囲まれながらも閉塞化する現代人の末路を遠くから照らし出しているのかもしれない。

おきて広きうつはものには幸ひもそれに従ひ、せばき心ある人はさるべきにて高き身となりても、ゆたかにゆるべる方は後れ、急なる人は久しく常ならず、心ぬるくなだらかなる人は長き例《ためし》なむ多かりける。

若菜下・六・一五四頁

心の広い人物には幸福もついてくるし、料簡の狭い人は運命によって高い身分になったところで、ゆったりと余裕があるふうにはいかず、性急な人は長く持ち続けず、おっとりして穏やかな人は寿命も長い例が多い。6—333

夕霧（29）の言葉。花散里と語らう中で雲居雁（31）の話題になり、まるで鬼みたいな「やかまし屋」だと評した後、このようにまとめる。夕霧は今、本妻である雲居の雁の嫉妬に辟易している。つまり、ここで夕霧が求めているのは、夫が浮気をしても嫉妬して事を荒立てないような穏やかさである。

よきやうといひながら、あまり心もとなくおくれたる、たのもしげなきわざなり。

若菜下・六・一八五頁

おおらかなのがよいとはいうものの、あまり気がかりなほど分別のおくれているのは、何とも頼りないことだ。　6―361

前掲の言葉もそうだったが、この物語では穏やかな人柄が称揚されることが多い。とはいえ、あまりにのんびりし過ぎていてはいけないようである。これは、源氏が日々頭を悩ませている、あまりにうかつな女三宮のことである。

昔も今も、もの念じてのどかなる人こそ、幸ひは見果て給ふなれ。

浮舟・一〇・三〇頁

昔も今も、じっと物事に辛抱して我慢して気長にしている人の方が、結局は幸福におなりになるものです。10―238

女房同士が雑談している中での一言。これは当時の女性たちに共通していた理想像なのであろうか。明石の一族を挙げるまでもなく、源氏物語は我慢し続けるこういった女性に優しい。この一言は、これまで挙げてきたフレーズと同様、のんびりとした穏やかな人柄を称揚している。単におっとりとしている人ではなく、あえてゆったりと構えている人である。事を急がない生き方の勧めであろう。

2 年齢は重なる一方

当然のことながら、年齢は毎年積み重なっていく。中年の源氏（47）は物語の中で次のように吐露している。「さかさまにゆかぬ年月よ。老いはえのがれぬわざなり」（逆さまに進まない年月さ。年をとるのは逃げられないものだよ）（若菜下・六・一九九頁、6―374）。源氏は老いを感じている。「さかさまに

ゆかぬ」というのは、時間を不可逆で直線的なものとしてとらえたということであり、ひいてはその有限性に気付いたということでもある。あの光源氏も時代に取り残されていくただの人だということを、物語は正面から突きつけている。

◆年齢を重ねて分かること

この世はかばかり、と見果てつる心地する齢にもなりにけり。　若菜下・六・一一九頁

私はこの程度、と分かった気がする齢になりました。　6―304

源氏（47）に対し、自身の出家を所望する紫の上（37、実際は39）のセリフ。これは紫の上自身の諦観なのか、あるいは、源氏に自分のありのままを受け入れてほしいのか。またあるいは、源氏に自分のことを諦め、早く自分を自由にしてほしいのか。

さて、若い頃はどんどんと先に伸びていくような感覚や意識があり、ある種怖いもの知らずである。それが年月も経ち、根拠のない自信にはどこかで一区切りがつく。それは諦めなのか折り合いなのかは定かでないが、自分というものを知って心が落ち着くのは確かである。

現代は平等・個人主義の時代。親は自分の子に期待をかけ過ぎてしまう。たとえば小学校一年生

の親は、自分の子に無限の可能性があると信じ込んで、教師にこの上ない無理難題を要求するのだとか。皆が錦鯉になろうとするが、黒々とした普通の鯉ではいけないのだろうか。そうした鯉は真鯉とよばれる。期待し尽くされた子は、いつか掲出のセリフのようにありのままの自分を自覚するときが必ず来る。そのとき、素直にそれを受け入れられるように仕向けておくことの方が、よほど大切なのではないだろうか。それができずに悪い方へと転べば、自分を諦めてしまうことにもなろう。世の中には夢がかなった成功体験があふれている。人々はそれを信じる。しかし、最終的に生き残った一部のものだけを見て期待したり、自分の信念を形成したりするのは、あまりにも危険である（生存者バイアス）。

◆高齢を生きる

もうもうに耳もおぼおぼしかりければ、「ああ」とかたぶきてゐたり。さるは、いとさ言ふばかりにもあらずかし、六十五、六の程なり。

若菜上・六・七九頁

老いぼれて耳も遠いので、「あああ」と言って首をかしげている。とはいえ実のところ、そんなに言うほどの老齢でもなく、六十五、六歳ぐらいである。 6―268

明石の尼君（65か66）についての描写。この人物は歳をとっていると自分で思い込んでしまっているのか。「もうもうに」という語の響きが何だかユーモラスである。「もうもう」に漢字を当てると、あまりよいものではないが、「耄耄」。当時この年齢がそこまでの高齢でもないと思われているのは少し意外である。たいした老齢でもないのに老いぼれているところが、滑稽な人物描写であるといえる。このように滑稽な人物を描写する際、弁護の言葉も一言添えるのがこの物語の流儀のようである。その理由を、読者の反感を封じるためだと小学館『新編日本古典文学全集』は教えるが、そこには、冷徹になりきれない語り手の女房の人間らしい側面も垣間見えるのではないだろうか。

他にも、この物語では年寄りについて、「老いたる者は、すずろに涙もろにあるものぞ」（年をとった者は、わけもなくすぐに涙を流すものだ）（東屋・九・一八四頁、9－346）や、「老いぬる人は、むつかしき心のあるにこそ」（年をとった人はやっかいな性質があるものです）（浮舟・一〇・三〇頁、10－239）などといった叙述が見られる。

隔てて、今は誰も誰もさし放ち、「さかしら」などのたまふこそ幼けれ。

若菜上・六・九二頁

わけ隔てして、このごろは誰も彼もが私をのけ者にして、「やかましい」などとおっしゃるとは浅はかな。 6―280

源氏（41）のセリフ。ここに至るまでの経緯は次の通りである。源氏は冗談で、紫の上（33）が独り占めしている若宮（1）を明石の女御（13）のもとで育てたらどうかと言った。それに対し、若宮の祖母にあたる明石の君は、そんな「隔てがましきこと」、すなわち紫の上と明石の女御との関係を隔てるようなことを、変に気をまわして言わないでほしいと、強くたしなめた。この若宮は今上帝と明石の女御との間の男子であり、将来は帝となる。明石の女御は源氏の娘であり、若宮は源氏の孫にあたる。それを主に紫の上が世話している。つまり、源氏と明石の君とのこのやりとりは、互いの微妙な本心を隠しながらの危なっかしいものであり、源氏が紫の上に非難がましいことを言っているのは、自分がさも明石の君の味方であるかのような芝居である。明石の君がそのようにたしなめた後、源氏はさらなる冗談口として、「若宮はお二人の間にお任せして、私はお構い申さない方がよいというわけですね」と返し、掲出のセリフに至った。

これは源氏の戯れの言葉であるが、この時点では冗談であったとしても、今後の源氏の人生を予言しているかのような内容である。源氏物語第二部では、あの光源氏でさえもが物語の背景へと強制的に退かされ、これまで舞台の脇にいたような若者が話の中心となっていく。それまでは神のよ

うな存在感を持っていた源氏も、結局は一人の人間であった。そして本人は、そうした現状を受け入れられないでいた。

似たような状況は現代でもそこかしこに見られる。以前、今の日本で「社会」人になることは「会社」人になることに等しい、と聞いてなるほどと思ったが、そんな社会（会社）の第一線にいた人も、いつしか過去の栄光を自慢とともに語る以外することのない暇な人となる。職場の若手にしてみれば、自分の成功体験のみを延々と語り時間を浪費する大ベテランの存在は、何ともいえないものがあるだろう。また、定年退職後に新たな活躍の場を求めて町内会の役員として活躍したがる人は、他の人たちに重宝される反面、仕事を増やして困るとささやかれもするそうである。自分の存在理由が仕事にしかなかった人間は不幸なのかもしれない。ある退職した校長は、駅で電車を待ちながら近くにいた人に「自分はどこそこの小学校で校長をしていたんですよ」と語りかけずにはいられなかったという。

人の上にてももどかしく聞き思ひしふる人のさかしらよ。身にかはることにこそ。いかにうたての翁やと、むつかしくうるさき御心そふらむ。

若菜下・六・一九三頁

他人のことでも厭なものだと聞き思っていた老いの繰り言。それを自分で言うようになってしまっ

た。何と嫌な老人よと、不愉快にうるさくお思いになることだろう。6―368

女三宮（21か22）にあれこれと訓戒する源氏（47）が、自分自身を恥じている。前掲のセリフとほぼ同じ内容だが、今度は冗談口ではない。恋愛小説の主人公ではあり続けられない源氏の姿も、この物語には存分に描かれている。源氏の嫌悪していた「ふる人のさかしら」とは、例えば次に挙げるような内容のものであろう。

若き人々は、もののほど知らぬやうに侍るこそ

橋姫・八・一一三頁

若い者たちは、物事のほどあいを心得ないようでございますのが困ります　8―350

老女が若者について語っている。若者が調子に乗ってしまうというのは、今も昔も同じなのか、あるいは、若者の所作を気にいらない「非」若者の愚痴や文句が、今も昔も同じなのか。立場によって答えは異なるだろうが、長い目で見れば正しいのは恐らく後者であろう。逆にいえば、「非」若者は世の中の道理や加減、そして結果的にどうなるかをほぼ把握できてしまうからこそ、調子に乗ることもできず、保守的になっていく。損得や時間を考えず、ちょっとしたことで楽しく騒げる

若者が羨ましく映るのかもしれない。何でもすぐに笑い飛ばせる若者は幸せそうである。そんな些細なことで盛り上がれるのか、と思うこともしばしばである。筆者が高校一年生のとき、恩師である古典の先生が夏休みの前、「皆さんは何もしなくても楽しい時期だから」と仰っていて、そんなものなのかな、と思っていたが、今ならその意味がよく分かる。

◆他方、若者自身は

ただ翁びたる声に額《ぬか》づくぞ聞こゆる。起居のけはひたへがたげに行ふ、いとあはれに、朝《あした》の露にことならぬ世を、何をむさぼる身の祈りにか、と聞きたまふ。

夕顔・一・一二二頁

ひどく年寄りじみた声で仏前に額づく声が聞こえる。立ったり座ったりするのも苦しそうにお勤めをしているのが、本当にしみじみと哀れに思われるので、朝の露と変わらぬはかないこの世なのに、何を欲張ってわが身の利益を祈っているのか、と思いながら聞いていらっしゃる。1―300

まだ若い源氏（17）が夕顔（19）を廃院へといざなう際、ふと目にした光景の感想。「額づく」とは額を地につけて礼拝すること。読経をする老人に対して、源氏はこのような冷ややかな見方をし

法師はひじりといへども、あるまじき横さまのそねみ深く、うたてあるもの

薄雲・四・三六頁

法師というものは聖僧といわれる者でも、けしからぬねじけた嫉妬心が深くて、嫌なもの　4―216

冷泉帝（14）の心内語。長年藤壺に仕えてきた七〇歳ほどの僧都《そうず》が、冷泉帝の出生の秘事を本人に告げようと決意する。が、僧都はなかなかそれを言い出せない。「まことに申し上げにくく、申し上げてはかえって罪にもなりましょうかと憚られる点が多いのでございますが、あなたがご存じでないゆえに、罪も重く天の照覧も恐ろしく存じられますことを、心で泣きながら死んでしまいましては、何の役にも立ちませせぬ」と言いかけてはみたものの、そこから先に進めない。このように何やら深刻かつ辛そうに語り始める僧都に、冷泉帝はまったく内容の見当もつかず、掲出の言葉を心に思う。

ここで冷泉帝が知ることになるのは、自分が罪の子だということ、すなわち自分は桐壺院の子ではなく、源氏と藤壺との不義密通によって生まれた子だということである。冷泉帝は動揺のあまり起き上がれなくなった。

ところで、「法師」といえば人々に一番よく知られているのは兼好法師、そしてその手になる随

筆『徒然草』の一話、中学校の国語科教科書にも長きにわたって採録されている「仁和寺の法師」ではないだろうか。「吉田兼好」という通称が後に捏造されたものであることを喝破した小川剛生『兼好法師』（中公新書、二〇一七年）によれば、兼好は仁和寺内部の者ではなかったが、仁和寺に日常的に接しており、距離を置いて「仁和寺の法師」を観察できる環境にいたという。

いったい源氏物語において法師は、仏道に従事する出家者としていわばスタンダードな意味で登場するが、『徒然草』の中では、出家していても在俗者と変わらない、愚かで欲の深い人物として描かれている。そこには、仏教が民衆の間に流布することによってその数も増え、本来の役目から次第に遠ざかっていく法師の姿がある（大野晋編『古典基礎語辞典』角川学芸出版、二〇一一年）。また小松英雄（『古典再入門』笠間書院、二〇〇六年）は法師と僧の違いについて、法師は僧侶としての地位も社会的モラルも低く、その呼び方には軽侮が込められているのに対して、僧は仏道に精進する正統の僧侶であると説く。

そうしたことに関連して興味深いのは、源氏物語の中に見える「法師まさり」という語である。それは本節のテーマにも通じる事柄を含んでいる。辞書でその意味を調べると、辞書〔A〕（林巨樹他編『古語林』大修館書店、一九九七年）には、「法師になってからその人柄が以前よりもすぐれてくること」とある。別の辞書〔B〕（松村明他編『旺文社古語辞典　第八版』旺文社、一九九四年）には、「法師になって、人柄が以前よりもまさってみえること」とある。挙げられている用例はいずれも、

源氏物語の若紫巻に見える、「なかなか法師まさりしたる人になむ侍りける」である。これは明石の入道のことを指しており、源氏の供人である良清が、世間話として源氏に語っている。今挙げた二つの辞書には、〔A〕のように、実際に人柄そのものが良くなっているのか、あるいは、〔B〕のように、良くなったように見えるのか、という違いがある。

各種の注釈書に目を向けると、柳井滋他校注『源氏物語（二）』（岩波文庫、二〇一七年）の注は「法師になってかえって立派に見られている」とし、〔B〕と同じ方向性である。小学館『新編日本古典文学全集』には「かえって人柄が円満になったとする」とあり、〔A〕の方に近い。また、玉上琢彌訳注『源氏物語』第三巻（角川文庫、一九六六年）の注には「法師になってよくなる、男をあげる」とあり、これもまた〔A〕の側である。ここには明石入道という人物の性質も関係する。ただしこれはいずれにしても良清の語りであって、あくまで良清がどのようにとらえているか、という大前提があることを忘れてはならない。

中身（＝本物）については問わず、場面の産出結果として、さらにいえば演じられるものとして人柄をとらえる〔A〕と、外見とは異なる中身（＝本物）があって、それについては変化したと認めがたいとする〔B〕。これらの区別をあいまいにしてしまうようなマジックが「法師」というラベルにはあるのかもしれないが、ここで再び、「役割期待」という概念を想起してもよいだろう。この節の序文の繰り返しになるが、人は社会における「役割期待」を無意識に感じ取ることで、「私

とは誰か」を認識する。明石入道の場合でいえば、他者からの法師という「役割期待」が、明石入道の人柄そのものを変えたのである。

明石入道の人生は簡単には説明しきれない。本当に謎多き人物である。近衛中将という身分を捨てて播磨守となり、さらにその受領という身分さえも捨てて出家し、土着する。住吉神へ帰依しつつ、一人娘である明石の君に自家繁栄の夢を託す。その実現をひたすら願い、ついには山の中へ消えていく。

明石入道の描写として印象深いのは、須磨・明石の地に流れ着いた源氏が、京へ戻っていってしまった後の様子である。いよいよ茫然自失となり、昼は一日中寝てばかり、夜はしゃんと起きて座り、数珠がどこへ行ったか分からないと手をすり合わせ、本尊を仰ぐ。風流な岩の角で腰を打って患って寝た間だけは、少しは気が紛れるのであった、とある。その場面について小学館『新編日本古典文学全集』頭注は、偏屈者が徹底的に戯画化され、平俗な叙情ではなく人の真情を写す、と評価する。源氏物語に限らず、物語文学は伝統的に愚かで滑稽な笑いの対象としての「をこ」話を取り込んできた（『竹取物語』の求婚者たち、『平中物語』の平中、源氏物語の末摘花・近江の君・博士たち、など）が、この明石入道はそれと異なるようである。

時は流れ、明石の女御が若宮を出産したことを伝え聞いた明石入道は、最後の消息を都に送り、弟子たちを残して深山へと入って行った。仏道に専念する入道について、その娘である明石の君を

前にした源氏は、「世の中によしあり賢しき方々の人とて見るにも、この世に染みたる程の濁り深きにやあらむ、賢き方こそあれ、いと限りありつつ及ばざりけりや」（世間でも奥ゆかしい立派な名僧といわれる人々を見るにつけても、俗世に執着する煩悩が深いのであろうか、学問の方面は優れているが、それも限度があってとても入道には及ばないな）（若菜上・六・九三頁、6―281）と評する。貴僧高僧は才学が優れていても、ゆるぎない悟りという点では遠く入道に及ばない、というのである。「濁り」とは仏教でいうところの五濁の一つであり、欲望や迷いなど心が乱れた様子を表す。

僧侶に対する源氏の目は厳しい。名僧であっても、人間である限り、誰もが煩悩からは逃れられない。そんな中でも高く評価される明石入道という人物の存在はあまりに重い。明石入道はまさに「法師まさり」の人なのである。

◆賢人と師匠

賢《さか》しき人といへど、身の上になりぬれば、こと違ひて心動き、必ずその報い見えゆがめることなむ、いにしへだに多かりける。

若菜上・六・一九頁

いかに賢人といっても、自分自身のことになると話は別で、筋道を踏み違え平静を失って、必ず仕返しをしてみせ道を踏み外す例は、聖代の昔でさえ多かったものだ。6―216

病に苦しむ朱雀院（42）は出家を願うが、その最大の懸念材料は娘の女三宮（14か15）の身の上であった。女三宮には母もなく、有力な後見人もいない。この娘が自分の死後どうやって生きていくのか、朱雀院の心配は尽きない。もはや、委ねる相手を探す他ないという結論に達した。そこで誰が良いかと苦慮を重ねるが、ある日、源氏（39）の使者として自分の見舞いに訪れた夕霧（18）に、その意中をほのめかそうとする。

朱雀院はまず、源氏が自分に抱いているかもしれない恨みについて、夕霧に話す。それは、朱雀院の后候補の朧月夜と密会した源氏が官位を剥奪され、須磨への流離を余儀なくされたことに関する恨みである。表面上、源氏はその一件を根に持っている様子ではなかった。それでも掲出の一文のようなこともあるので、世間でも警戒していた。が、源氏はついに抑え通した。そのことに自分は感謝している、という話の流れである。

ことほどさように、自分のことを客観視するのは難しい。「客観はもう一つの主観」といわれれば、もはやなすすべもない。そもそも真の客観など存在するのだろうか。

物の上手は、いづれの道も心安からずのみぞあめる。

常夏・五・四二頁

上手といわれる人は、どの道でも自重してばかりいるようだ。　5—227

源氏物語版「能ある鷹は爪を隠す」。源氏（36）が和琴について論じる中でのセリフである。和琴の名手が六条院を訪れることもあるが、手を惜しまずに隠さず演奏してくれたことはまずないだろう、と玉鬘（22）に語った直後、このセリフを口にした。

ものの師などいふものは、ただわが立てたることこそあれ、いと口惜しきものなり。

若菜下・六・一九七頁

専門家（師匠）などという連中は、それぞれ専門とするところをやりはするが、どうも至らないところがある。　6—372

子どもたちの舞の面倒を見てやってほしいと柏木（31か32）に頼む源氏（47）が、師匠と呼ばれる人々に苦言を呈している。ある一定の事柄に没頭する人々への、いつの世でも見られる批判である。

◆博士たち

「かくばかりのしるしとある某を知らずしてや、おほやけには仕うまつりたうぶ。はなはだをこなり」などいふに、人々皆ほころびて笑ひぬれば、また、「鳴り高し。鳴りやまむ。はなはだ非常《ひざう》なり。座をひきて立ちたうびなむ」など、おどし言ふもいとをかし。

乙女・四・七四頁

（博士たちは）「これほど著名な拙者を御存じなくして、朝廷にお仕えしていられるのか。まことになっておらん」などと言うので、人々が皆こらえきれずに笑ったら、また、「やかましい。静まりなされ。実に以ての他じゃ。退席していただきましょう」など、居丈高に言うのもおもしろい。

4―249

いささかもの言ふをも制す。なめげなりとても咎む。かしがましうののしりをる顔どもも、夜に入りてはなかなか、今すこしけちえんなる火影《ほかげ》に、猿楽《さるがう》がましくわびしげに人わろげなるなど、さまざまにげにいとなべてならず、さま異なるわざなりけり。

乙女・四・七五頁

（博士たちは）ちょっとものを言っても叱りつける。失礼であるとまで言って咎める。やかましく叱

りつけている連中の顔も、夜になると昼よりかえって一段と明るい燈の光で、こっけいじみ貧相で不体裁で、それぞれになるほど普通でなく、一風変わっているのであった。　4—250

夕霧（12）の字《あざな》をつける式での一コマ。大学の文章道《もんじょうどう》に入学するので、中国風に字をつけることになった。字とは、実名を略した二文字のニックネームのことである。上達部《かんだちめ》や殿上人《てんじょうびと》といった多くの見物人の集まる中、無理に平静を装ってわざと儀式ばっている博士たち。語り手はその様子を揶揄したくて仕方がない。儀式の最中に少しでもものを言うと咎めるのは、博士に自信がないからなのか、あるいは自信がありすぎて理想が高いからなのか。どうにかして自分の権威を保とうと、また自分に権威があると思い込もうとする小人物ぶりが、それとなく強調されている。

ところで、玉上琢彌の現代語訳の口調はいかにも「博士」らしくなっているが、金水敏『ヴァーチャル日本語　役割語の謎』（岩波書店、二〇〇三年）によれば、こうした「博士語」は「老人語」の一種であり、現実の博士や老人がしゃべる言葉そのままというわけではないという。実際にこのような話し方をする博士を見たことがあるだろうか。金水は、現実に存在するか否かにかかわらず、いかにもそれらしく感じてしまうこうした言葉遣いを「役割語」と名付ける。少年小説や少年漫画といった子ども向けのメディアに「博士語」や「老人語」が受け入れられ、その読者であった少年は大人になって次世代の新しい作品の作り手となり、再び同じような「博士語」や「老人語」

はおっとりとしていてこそ可愛げがある」と悪口を言った。それを中の君がたしなめて言った一言である。

少将の君が悪く言うのには理由があった。この童女は、浮舟から中の君に宛てて書かれた手紙を、匂宮の眼前で中の君に渡してしまった。当然匂宮もその文面を知るところとなり、秘密にしていた浮舟の居所が匂宮に分かってしまう。そうした事情があった上でのことである。

現代でも一般論めいて口にされるこの一言は、この物語の説く子どもへの接し方の一法であろうか。そこには子どもの「野性」を認めるかのような余裕がある。せっかくなので、社会における子どものとらえ方について、ここで少し整理しておきたい。子どもの実態や内面が大人の想定からずれていた場合における子どもへのまなざしには、時代順に次の（1）から（3）のパターンがあると元森絵里子『「子ども」語りの社会学』（勁草書房、二〇〇九年）は論じている。それはまず、（1）ずれを問題や逸脱と見て、再水路付けを試みるもの。これは曖昧に内省する子どもへと差し戻そうとする立場であり、従来の教育的関係性に再回収しようとするものである。掲出の一言の直前に少将の君が悪口を言っているのはこれに当たる。次に、（2）ずれを「子ども」なるものに本質的な「何か」であるととらえるもの。掲出の一言の内容に当たる。そこで扱われるのは大人の社会から根本的に隔絶した「何か」であり、それを記述することは不可能である。回収しきれなさを語ることで、理解可能なものへと逆説的に回収しようとしている。よく知られた本田和子『異文化として

の子ども』に代表される見方である。最後に、（3）ずれを、現実の子どもが「子ども」という観念から乖離している表れと見るもの。そこには、近代社会が発見した「子ども」が社会変動により現実的に消滅しつつあり、再び中世のように「小さな大人」に戻る傾向が見られる。そこでは子どもと大人の差異が消滅している。これは現代の状況に相当するだろう。

親にもひとふしもてかしづかれぬる人こそ、やがておとしめられぬ初めとはなれ。

薄雲・四・二一一頁

親からひとかど大切にされた人こそ、そのままそれがもととなって、世間に出てからも軽んぜられない存在となるのである。　4―203

明石の尼君（55か56）が、娘の明石の君（22）に教示する中での一言。源氏（31）が、明石の君の娘である明石の姫君（3）を、紫の上の養女にと望む。しかし、ここで手放しては今後心配でたまるまいと、明石の君の心は乱れに乱れ、苦悩する。それも無理はない。母子の別れも辛いが、娘が引き取られて紫の上に育てられれば、自分と源氏との唯一のつながりが失われてしまうことにもなるからである。

そんな明石の君に対して、母である明石の尼君は、「結局この子にとってのよい将来を考えよ」と諭し、母方の事情によって地位に差がついたり人に軽んぜられたりした事例をかんで含めるように話していく。明石の尼君は皇族の出で都に住んだこともあり、宮廷や貴族の内情に詳しい。明石の君らが明石を離れて大井へ移るのも、この掲出の一言によるところが大きい。子どもの行く末の幸福をいつも第一にせよ、というこの言葉は、明石の君の人生の指針ともなるものである。

をんなごをおほし立てむことよ、いとかたかるべきわざなりけり。宿世などいふらむものは目に見えぬわざにて、親の心にまかせがたし。おひ立たむほどの心づかひは、なほ力入るべかめり。

若菜下・六・一八八頁

女の子を育てあげるということ、これはまことに難しい仕事だ。前世の約束事などというようなものは目に見えないもので、親の考えのままにはならない。それでも、大きくなっていく際の親の心遣いは、やはり力を入れなくてはならないだろう。 6―364

これを言ったのは源氏（47）で、紫の上（37、実際は39）を相手にその「来し方」を語っている。念頭にあるのは朝顔の姫君のようである。娘の未来が前世からの約束事、すなわち運命によって決

まっていたとしても、親の教育の余地も多分に残されている、という考えがここには打ち出されている。運命とのバランスの取り方がこの物語らしい。

子の大人ぶるに、親のたちかはり痴れ行く

乙女・四・七七頁

子が大きくなる一方で、親が代わって馬鹿になっていく　4―252

源氏（33）は息子である夕霧（12）に数々の試練を与え、夕霧はそれを乗り越えていく。『史記』の難解な巻を取り上げて読ませたところ（これは大学寮の入試である寮試の予行演習である）、その出来は非常によかった。周りにいた人々は感動のあまり涙を流す。それを見た源氏が思わず口にしたのが、掲出の一言である。源氏も人の親となった。こうして世代は交代していく。

第6章　男の理想と女の現実

源氏物語のあらゆる場面では、作中人物の口を借りて様々な男性観や女性観が吐露されている。そこに見られるのは、ある程度一般化された「男」論であり「女」論である。作者は女性なのだからそれらはすべて女性の視点からのもの、という見方が早計であることは、ノート❸〔源氏物語を書いたのは誰か〕で整理した通りである。ただし、この物語の語り手が女房として設定されていることは確かである。その語り手の語りには敬語が用いられている。これは近現代の小説ではほとんど見られない、厳格な身分社会ならではの現象である。それによって語り手の身分も相対的に定位されることになる。つまり、語り手が敬語を用いて待遇する人物とそうでない人物とがおり、それらの中間あたりが語り手の身分であろうと推し量られるのである。例えば物語の冒頭では、「女御、更衣あまたさぶらひたまひける」と、「女御、更衣」の二つの身分には敬語が用いられているが、別の箇所で「更衣」のみが主語のときに敬語は用いられていない（ただし桐壺更衣には例外的に用いられる）。つまり語り手は、女御と更衣の狭間に位置する身分ということになる。それは、中級貴族の娘である紫式部の身分とは異なる。加えて、語り手が女房であることから、「女は口出しできないことなので省く」と断って政治的な話題

の語りが省かれることもある（省略の草子地《そうしじ》）。こうした語り手を生身の人物として実体化するか否かは難しいところであるが、書かれたものが読者の中で声として響くことによって語りは成り立つとすれば、それは虚構の主体と見なすのが望ましいだろう（ノート❼〔語り手とは何か〕参照）。ちなみに、平安時代において敬語の使用が最も頻繁なのは、上流貴族でもなく僧侶でもなく、もちろん庶民でもなく、宮中の女房であるという（浅田秀子『「敬語」論』勉誠出版、二〇〇五年）。日本の歴史上、人々の身分や地位の隔たりが最も小さい時代である現代からは想像もつかない言語状況がそこにはある。

さて、登場人物の口を借りて展開される「女」や「男」に関する言説は、主体や対象となる人物の違いによって次の四パターンに整理ができる。すなわち、〔A〕女性の登場人物が「女」について、〔B〕女性の登場人物が「男」について、〔C〕男性の登場人物が「男」について、〔D〕男性の登場人物が「女」について、それぞれコメントするという四パターンである。そしてその内容は、理想を述べるものと現実を述べるものとに大別できる。本章ではこの〔A〕から〔D〕までのうち、まず〔B〕と〔D〕に関して、それぞれを「理想篇」と「現実篇」とに分けて、〔D〕の方から見ていくことにしたい。その後に〔A〕を扱う。〔C〕については、あくまでも管見の及ぶ限りであるが、物語の中にほとんど見られなかったため、ここでは扱うことができない。源氏が頭中将の言動について批評するフレーズはいくつかあるが、それらは「男」一般としてのものではないため、除外する他なかった。

以下に挙げていくフレーズは筆者による恣意的な抜粋によるものなので、その数の多寡についてあ

れこれ論じることは意味を持たないが、一応の目安としていえば、この物語の中には〔D〕が圧倒的に多く、それに次いで〔B〕が多かった。このことは、〔C〕がほぼ見られなかったことと合わせて、この物語の性格を象徴しているのではないだろうか。また〔D〕については、男性による上位者からの意識が露骨なものも多かった。現代的な視点から見れば実に白々しく感じられるのも事実である。

▼note ノート❼ 語り手とは何か

昨今広がりを見せる「語り手」という術語の意味するところは、古典文学における物語と近現代文学における小説とで前提とするものも異なり、やや混雑しているように感じられる。ここに多少の整理を試みることとしたい。

・作者と語り手の機能と概念

まずは似たものである作者と対比することで、語り手の意味するところを浮き彫りにしてみたい。物語を物語っているのは語り手として想定される機能的な概念である。物語や小説の語り手を実体化できるか否かという問題があるが、それについては否と答えるべきであろう。語り手とは虚構の主体であり、生身の存在とは異なる。それを統括するのは作者ではなく、別に話者という概念が用意されている（三谷邦明）。源氏物語においても、語り手は女房のようでいて、それは生身の人間

そのものではない。語り手は言葉の実体化を防ぐ仮の概念である。それゆえ、例えば「語り手による描写」などという言い回しは、描写されるべき実体を念頭に置いており、成り立たない（篠崎美生子『弱い「内面」の陥穽』翰林書房、二〇一七年）。物語言説でもなく物語内容でもなく、物語行為を担う表現主体としての語り手は、特に近代小説においては、活字の文字面に幻のように現れる、作者とは区別された虚構の発話主体である（小森陽一「語り」、石原千秋他『読むための理論』世織書房、一九九一年）。それは透明化した地の文の表現主体であり、方法的な概念としてである。

その一方で作者とは、読者が作品の外部に想定する抽象的な概念である。このようにいうと語り手に似通うが、土方洋一（『物語のレッスン』青簡舎、二〇一〇年）はいくつかの相違点を挙げている。まず、作者は作品の外部に属するが、語り手はその内部に属する存在である。また、語り手は作品ごとに固有であるという原則だが、作者は複数の作品を共有できる。さらに、語り手は一つの作品の中で複数存在し得るが、作者は作品ごとに単一のものである。

さらに、作者とは別に作家というものがある。それはこの世界に実在する生身の歴史的個人としての存在である。

イーザーの受容理論における「現実の作者」・「現実の読者」・「想定された作者」・「想定された読者」（内包された読者）という四分類によれば、ここで見てきた作家とは「現実の作者」、作者とは「想定された作者」に相当する。語り手はこの中には入らない。

・古典文学の場合の特例

ただし、対象が古典文学、特に源氏物語だと、主に敬語という待遇表現によってこの腑分けにヒビが入り、語り手がどんな存在なのか、さらにいえば生身のどんな人物なのかが浮かび上がりやすくなってしまう。先述の通り、物語文学では語り手が敬語を用いる。このあたりは近現代小説との大きな違いであり、そこで用いられる敬語が語り手の身分を相対的にあぶり出してしまう。源氏物語であれば年配の後宮女房だと思しい語り手は、更衣クラスの人物には敬語を用いていない。つまり目上か対等ということであろう。すると、後宮の女官長にあたる尚侍以上の、相当高い身分の女官であると分かってしまう（土方洋一『物語のレッスン』青簡舎、二〇一〇年）。

しかも、語り手自身による、生身の人物であることを強く連想させるような自己言及的な語りも見られる。光源氏の人生についての語りが始まる帚木巻の冒頭などは、口さがない語り手の人柄と、その語りが伝達される仕組みが非常に丁寧に説明されている。その部分の生き生きとした現代語訳が島内景二『源氏物語に学ぶ十三の知恵』（NHK出版、二〇一七年）にあるので、以下に紹介したい。

これから私が皆さんにお話ししようとしているのは、「光源氏」とか「光る君」などと、その名声だけは何とも大げさに世の中に鳴り響いているお方の、知られざる実像なのです。…私のお話というのは、…これまで世間にはまったく知られていない、とびっきりの色恋なのです。それを、私に教えてくれた人も、教えてもらった私も、こんな大切な秘密の話を自分一人の胸に

はない。　1―319

女は、ただやはらかに、とりはづして人にあざむかれぬべきが、さすがにものづつみし、見む人の心には従はむなむあはれにて、わが心のままにとりなほして見むに、なつかしくおぼゆべき

夕顔・一・一四四頁

女は、ただ優しくて、うっかりすると男に騙されそうでいて、それでも慎ましく、男のいうことをきくというふうなのが可愛いもので、自分の思う通りに教え仕立てて妻としたら、情も深まるに違いない　1―319

これら二つのフレーズは、若き日の源氏（17）の好みを述べたものである。これにぴったりな女性が夕顔その人であったが、この時点ではもうこの世にいない。源氏は、かつて夕顔と過ごしたときの騒々しかった砧《きぬた》の音をさえ、恋しく思い出している。

女は、身を常に心づかひして守りたらむなむ良かるべき。心安くうち捨てざまにもてなしたる、品《しな》なきことなり。さりとて、いとさかしく身かためて、不動の陀羅尼《だらに》よみて

印つくりて居たらむも憎し。うつつの人にもあまり気遠くもの隔てがましきなど、気高きやうとても人にくく心うつくしくはあらぬわざなり。

常夏・五・四八頁

女というものは、自分をいつも注意して守っているというのが良いのだ。気を許して投げやりなふうにしているのは、品のないことだ。かといって、ひどく利口そうに堅くなって、不動の陀羅尼を読んで印を結んでいるような感じなのもいやらしい。目の前の人にもよそよそし過ぎて遠慮が過ぎるのなども、上品なようであっても可愛げがなく素直でないことだ。　5―233

内大臣（かつての頭中将）が、娘である雲居雁（17）の昼寝を叱って言った長いセリフである。

いたく面やせてもの思ひ屈し給へる、いとどあてにをかし。

若菜下・六・一九一頁

すっかり面やつれなさって物思いに沈んでいらっしゃるのは、ますます上品で美しい。　6―367

源氏（47）の目から見た女三宮（21か22）の様子である。

少し濡れたる御単衣《ひとえ》の袖をひき隠して、うらもなくなつかしきものから、うち解けてはたあらぬ御用意など、いと恥づかしげにをかし。

若菜上・六・五二頁

涙で少し濡れた御単衣の袖をそっと隠して、何のお恨みもなく優しくていらっしゃるものの、といって言いなりになるでもないなさりようなど、いかにも深みがあって立派である。 6—243

女三宮（14か15）のもとで過ごす源氏（40）の夢に紫の上が現れたため、源氏は早朝に慌てて紫の上（32）のもとへと帰った。そのときの紫の上の様子を評した一言。源氏はついさっきまで会っていた女三宮と引き比べ、改めて紫の上の美質に感じ入っている。ただし、それは包容力でもあるが、源氏にとっての都合のよさでもある。

いかではたかかりけむ、と思ふよりたがへることとなむ、あやしく心とまるわざなる。

帚木・一・五五頁

どうしてまあこんなところにこんな人が、と予想に反した点、そこに不思議と心が惹きつけられるものです。 1—240

「雨夜の品定め」における左馬頭の体験談に見える一言。意外性がもたらす魅力であろう。これに似た構図は、既に『伊勢物語』の中に見える。初段の冒頭に、「昔、男、初冠して、奈良の京、春日の里に、しる由《よし》して、狩りに往にけり。その里に、いとなまめいたる女はらから住みけり。この男垣間《かいま》見てけり。思ほえず、ふるさとにいとはしたなくてありければ、心地惑ひにけり」（本文は小学館『新編日本古典文学全集』によるが、一部改めている）とあるのがそれである。鄙びた土地で魅力的な女性に出会う昔男。こんなところにこんな洗練された姉妹がいたとは、という驚きと喜びの展開である。

こうしたギャップが生まれる背景には、当時の大前提として、都会風で上品で洗練された「宮＝都」と、田舎風で粗野で無知な「鄙」（田舎）との対比的な構造がある。前者にとって後者は侮蔑の対象としてある。「雅《みやび》」という言葉は、人間として洗練されているということであり、「みやぶ」という動詞からできている。「みやぶ」とは宮廷風に倣うということである。宮廷の生活をこの国土で最高のものと見て、その生活を模倣していくことが人間として洗練されることだ、という発想が根底にはある。そして、源氏物語は「雅」の具体的な手本としての側面がある。その知識を持つことが人間として誇るべきことであり、その生活を学ぶことが人間として高級なものになるための道だという考えが持たれていたのである（西村亨『王朝人の四季』講談社学術文庫、一九七九年）。極端にいえば、平安貴族は自分たち以外を同じ人間とは思っていない。『枕草子』の第八七段は、農作業やそれに従事する人々をいかにも卑しいものとして蔑んでいる。日々の清少納言の食事が可能

となるのは、そうした農作業を行う人々のおかげであるのだが。

◆現実篇

女の、これはしもと難つくまじきはかたくもあるかなと、ややなむ見給へ知る。

帚木・一・五二頁

女で、これならばと非の打ちどころのないようなのはいないものだと、だんだんわかって参りました。

1―238

同じく「雨夜の品定め」にて、源氏（17）を前にして頭中将がしみじみと語った言葉。まさに現実を悟ったのであろう。

人のありさまの、とりどりに口惜しくはあらぬを見知りゆくままに、まことの心ばせおいらかに落ちゐるたるこそいと難きわざなりけれ、となむ思ひはてにたる。

若菜下・六・一四八頁

女の人は、それぞれに取り柄のあるものだと分かってゆくにつれて、生まれつきの性質がおだやか

で落ち着いている人はなかなか居るものではない、と思うようになった。6―329

紫の上（37、実際は39）と婦人について論じる中で、源氏（47）がしみじみと語ったセリフ。前掲の言葉に引き続き、源氏もまさに現実から声をかけられたのであろう。

すべて女は、たてて好めること設けてしみぬるは、さまよからぬことなり。玉鬘・四・一五四頁

総じて女というものは、とくに気に入ったことを見つけてそれに凝ってしまうのは、みっともないことだ。4―319

先に掲出した、源氏（35）が紫の上（27）を前に展開する女性論の中に見られる一言。かつて源氏は、末摘花の父親から歌学書（和歌の奥義や神髄を記した書物）を贈られたが、面倒に思い返送してしまったという。それについて紫の上が、書き写しておいて姫君である玉鬘（21）に見せればよかったのにと反論すると、そんなものは勉強に役立たないと言い放ち、掲出の一言を発するに至った。

実はこの前提には、末摘花への軽い侮蔑がある。この場面の直前には末摘花からの返歌があったが、例によってそれはむやみに古風なものであった。歌学に通じた父の娘とは思えないと、嘲笑し

ているのである。そうしたことをふまえて掲出の一言はある。

あまたの人の親になり給ふままに、思ひいたり深く、ものをこそのたまひなりにたれ。　横笛・七・六八頁

あなたも大勢の子どもをお産みになったものだから、お考えが深く、立派なことをおっしゃるようになられたものだ。　7―249

雲居雁(30)に対する夕霧(28)の一言。実のところこれは皮肉である。女性は母になる。

◆男親の立場から

すぐれたる人の山口は、しるかりけれ。　松風・三・一九〇頁

すぐれた美人となる兆しは、幼いときからはっきりしていることだ。　3―374

「山口」は山の入り口から転じて、物事の始めや兆しの意味。「しるかり」は基本形「著《しる》し」(は

っきりしている）が語形変化したもの。明石の姫君（3）を見た源氏（31）の言葉である。入道を除いた明石の一族を大井の地に迎え、そこに初めて源氏が訪れる場面で、源氏は姫君の可愛らしさに心打たれた。離れて暮らしていたこれまでの月日を自分でもあきれるほど悔しく思う。それほど明石の姫君は源氏を引きつけた。

女は心たかくつかふべきものなり。　須磨・三・五八頁

女は気位を高く持つべきものである。　3—249

どうにかして娘を貴人に縁付けたい明石入道（60ぐらい）が、その計画を妻（51か52）に話している中での一言。妻はあまり乗り気でないが、明石入道はひたすら主張し続ける。そしてついに、長い年月をかけてその願いは叶うこととなる。明石の一族は光源氏の物語が展開する傍らにずっと付いて回り続けた。

女は、心よりほかに、あはあはしく人におとしめらるる宿世あるなむ、いと口惜しく悲

しき。　　　　　　　　　　　　　　　　　若菜上・六・一七頁

女というものは、不本意ながら、思慮の浅いものと他人から見下げられる運命にあるのが、誠に残念で悲しい。　6―214

朱雀院（42）が娘たちの将来を思って漏らした一言。男である朱雀院も愛娘のこととなれば、当時の「女」が置かれた状況に不満を感じる。先に174頁でもふれた、親子の情に重きを置く源氏物語の特徴が、ここにも見出せよう。

2　女の語る「男」論

◆理想篇

男は、口惜しき際《きは》の人だに、心を高うこそつかふなれ。　　　　　　　　乙女・四・一〇五頁

男は、身分のずっと低い者であっても、気位だけは高く持てという。　4―276

初恋の相手である雲居雁（14）との仲を、その父である内大臣（かつての頭中将）に引き裂かれ、

この芦花ホームで、人生の残る日々をゆっくり下っていただいて、いずれ来る最後の日には、「ああ、これでよかった」という思いで旅立っていただきたいのです。見送るご家族もまた、「よかったんだ、これで」とご自分の看取《みと》りを受けとめていただきたいと思っています。それは、私自身の願いでもあります。

十三年前にここへ来ることで、私は人間としてひと皮むけました。今も日々学ばせてもらっています。かつて外科医だった頃には、「病《やまい》は人生途上のピンチ、一緒に乗り越えましょう」と患者さんを励まして、いや、今にして思えば煽《あお》ってきました。

そんな私が、今は、自然の摂理《せつり》である老衰《ろうすい》、その逃れようのない現実を見据《みす》え、ほどほど、そこそこ、ぼちぼちの、下り坂容認です。看護師も、介護士も、管理栄養士も、理学療法士も、歯科衛生士も、生活相談員も、そしてご家族も、ここで暮らす方々が人生の残る時間をゆっくりと下っていかれる幸せを心から願っています。

芦花ホームが看取りをおこなう特別養護老人ホーム（特養）として知られるようになったのは、私が『「平穏死《へいおんし》」のすすめ』（講談社）を書いてからです。本を書くきっかけをくれたのは、「ここでやっている看取りは広く世間に知らせるべきじゃない

白衣を着ない医者

私は八十三歳になる元外科医です。平成十七（二〇〇五）年から特別養護老人ホーム・芦花《ろか》ホーム（以下、ホーム）で常勤医師をしています。ここで生活されているのは、日常的に介護が必要な方々で、平均年齢はほぼ九十歳、ほとんどが女性で、男性は一割以下です。男性の中には私より若い方もいらっしゃいます。

私は白衣を着ていません。ふだんは聴診器も持ちません。ホームにいらっしゃる方と同じふだん着です。私を知らない方から見れば、入所者と見分けがつきません。こうして同じ仲間のような気持ちで毎日接していると、たとえ認知症で意思《いし》表示がむずかしくなった方であっても、自然とその気持ちがわかります。

私は、常勤の医師とは言っても、ここは病院ではありません。患者さんを診《み》る視点ではなく、同じ人間として、おひとりおひとりの人生をゆったり見せてもらっています。「しっかり食べて、いつまでもお元気で」なんて、取りつくろったことは言いません。長生きさえすればいいわけではないことくらい、ご本人はとうにわかっておられるはずです。その気持ちが、今の私にはよくわかります。

第1章　芦花ホームが終の住処になるまで

穏《おだ》やかな死のために

●終《つい》の住処《すみか》 芦花《ろか》ホーム物語

穏《おだ》やかな死のために

終《つい》の住処《すみか》 芦花《ろか》ホーム物語

JN134747

特別養護老人ホーム常勤医
石飛幸三
Ishitobi Kozo

さくら舎

生まれてくる赤ちゃん、お金、まちの活気、この五つが下げ止まり、増加に転じたのです。

さらにこれらが相乗効果を生みました。人に光を当てたソフト施策をさらに加速することで、まちに好循環を生み出し、拡大が続いています。

２　五つのV字回復～人口も、出生数も、税収も～

（１）定住人口

明石市の人口の伸びは全国有数で、兵庫県内ではダントツで増加しています。

２０１７年は２３８０人増、増加人数は前年の３倍以上です。十数年続いた減少期、停滞期を脱し、６年連続で増加しています。転入超過が多い市区と比べても、増加割合は関西1位、全国６位。過去最高の総人口を約20年ぶりに突破し、今も増え続けています。直近の人口は29万８５１１人（２０１９年１月現在）と、節目の30万人が目前に迫ってきました。

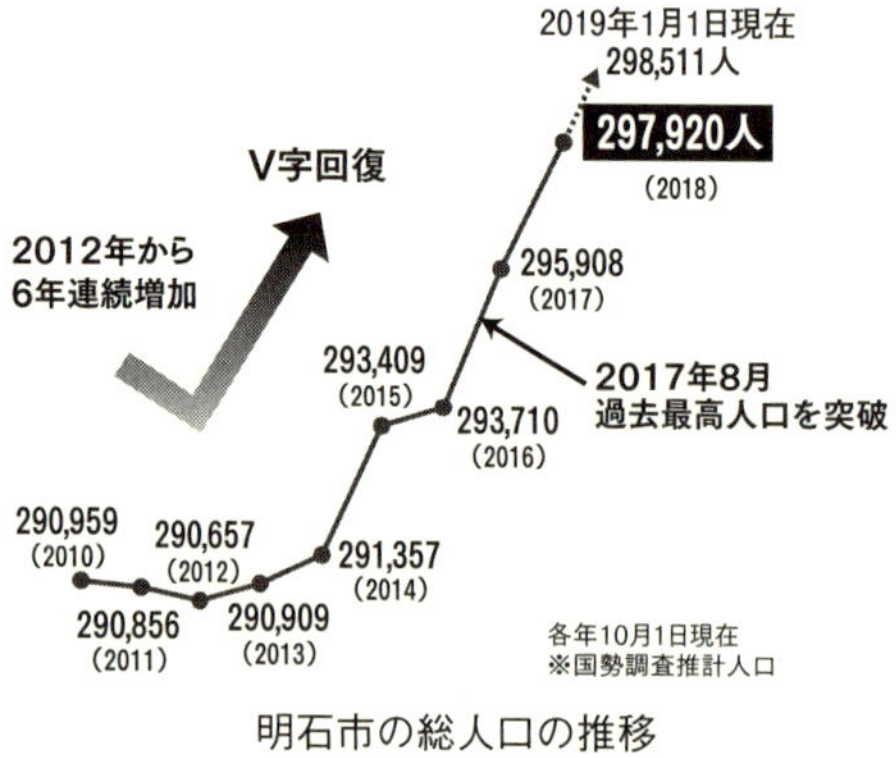

明石市の総人口の推移

特筆すべき点は、20代、30代と4歳までの子育て世帯が増え続けていることです。２０１７年には、この層が全転入者のうち85％を占めました。こどもを核としたまちづくりの政策効果が、はっきりと若い世代の増加に表れています。

明石では、すべての子どもを親の収入で分け隔てることのない「こども総合支援」を展開しています。世帯収入で子どもを区別せず、子ども自身に焦点を当て、ユニバーサルな子育てサービスを幅広く実施しているのです。低所得層の貧困対策だけでなく、大多数の中間層にも光を当てる未来施策です。この子ども・子育て施策への共感が広がり、若い世代、中間層の転入が爆発的に増え続け、明石の人口は大きく伸び、加速しています。

⑵ 交流人口

市内で最も人が集まるのが明石駅周辺です。海沿いを東西に国道2号、ＪＲ神戸線、私鉄の山陽電鉄が並ぶ県下でも有数の交通結節点です。駅のすぐ北には、築城４００年を迎える明石城、開園１００年を迎え県下2位の集客施設である明石公園を有する歴史ある地です。ここから南端の明石港までの一帯が、昔ながらの城下町として栄えてきました。

周辺地域の核として長らくにぎわいが続きましたが、戦後の復興を経て、時代の移り変わりとともに古くからの商業ビルは衰退し、空洞化に向かいました。よくある地方都市の駅前と重なる光景です。

平成に入り、ようやく再開発が始まります。駅前に住宅と複合施設を一体整備し、公共スペースには複数のフロアを確保するという、よくあるパターンの計画が立てられました。

当初は三つのフロアに市役所の3分の1が入る予定になっていました。ですが、計画内容は駅前やまちの将来にふさわしいとは言えず、市民負担も多額で、策定手続きも市民の声が十分に反映されたとは言い難いものでした。

このため、市長選挙の公約として、市民ニーズに沿った内容変更、市民負担を減らすコストダウン、手続きの透明性の確保を掲げました。そして、69票差の僅差《きんさ》で初当選した直後、施設の建築に取りかかる直前に、駅周辺の公共スペースのあり方を抜本的に変更することにしました。行政の立場から決めてしまうのではなく、改めて全市民へのアンケートを実施したのです。

結果は最初から思っていたとおり、図書館と子育て支援施設を置いてほしいという声が1位、2位になりました。ああ、やっぱり、と正直うれしかったです。私が市長になる前から考えていたのと同じ、図書館と子育て支援が市民の願いだったのです。

大勢が集う中心市街地、拠点地区の駅前です。多くの市民の思い、まちの未来への展望を反映しなければなりません。市民目線に立ち返り、サイレントマジョリティの声を聴いて、何とか直前でみんなの希望に沿った内容に入れ替えることができました。

市民図書館と子どもの施設、そして取り扱いサービスを拡充した総合窓口に入れ替えた効果で、国の補助も増え、市の負担額を30億円も軽減できました。こうして生み出したお金で、良書や大型遊具を買いそろえ、魅力ある人気の施設へとつなげることができたのです。

自治体による再開発は期待通りにいかないケースもある中で、駅前の一等地を、行政目線ではなく市民目線で市民ニーズの高い空間にすることを決めた結果が、今、まちに人とにぎわいをもたらしています。

「本のまち」そして「子どものまち」を代表する拠点施設がオープンすると、開館前に比べて、人通りが約4割も増えました。それに伴い、周辺の商業施設など、中心市街地ににぎわいが戻り、大いに活気づいています。

一日10万人以上が行き交う明石の玄関口は、「子ども」と「文化」を大切にするまち・明石を象徴する空間になりました。

(3) 出生数

生まれる赤ちゃんの数も順調に増えています。子育て世代の転入が加速し、赤ちゃんを産みたい層が着実に増えているのです。子育てしやすい環境を整備してきた効果も相《あい》まって、出生数は回復し、4年連続で増加しています。出生率も国、県を上回り、大きく上昇へと転じました。

明石市は「すべての子ども」への「世代施策」として子ども総合支援を実施しています。「未来施策」なのです。誰ひとり置き去りにしません。親の収入で子どもを区別することはありません。

今、子育てで苦しんでいるのは、低所得層だけではありません。可処分所得が減少を続けるなか、中間層も決して楽ではないのです。

少子化が課題の今、貧困対策だけをするのは、本質を見誤っています。多数が属する中間層も苦しいのです。サイレントマジョリティの声を聴かず置き去りにし、見捨てるような政策を採るのは間違いです。中間層にも大きなメリットが実感でき、最大の問題である経済的負担の軽減があってこそ、出生数の回復、すなわち人口減少に歯止めをかけることができるのです。

ポイントは、「所得制限なし」「一部負担なし」です。すべての子どもを区別することなく、必要なサービスを提供することにあります。

低所得層はもちろん、所得に応じて高い税金と、高い保育料を支払っている共働きの中間層の子育て世帯にも、高い恩恵が実感できる施策を実施することです。

これからの日本社会に必要で、今、市民に本当に求められている施策を実施しているからこそ、明石には子育て層が集まります。明石に来れば、子どもを産むことができるのです。未来につながる若い世代の子育ての希望がかなうのです。


子どもを産み育てやすい施策を重点化して実施していくことで、全国的な少子化が続くなかでも、出生数、出生率は回復します。明石では実際に回復しているのです。子どもの数が継続して増えたことで、人口構造も安定した推移が見込めるようになりました。本気で取り組めば、必ずまちの未来につながるのです。

(4) 市税収入

子育て世代の増加に伴い、納税者の数も増えています。今どきの子育て層は、共働きを続けたい希望も多く、交通利便性が高く、子育て・教育に力を注ぐ明石に住まいを求め、どんどん移り住んできています。

働く若い人が明石にマイホームを買い、市への納税者層が着実に増えているのです。明石市の施策に共感して定住し、２人分の個人市民税だけでなく、固定資産税・都市計画税を安定して納め、市の財政を長期的に支えてくれる世帯です。

若い共働き中間層の定住は、税収の安定化、未来につながる持続可能なまちづくりに直結していきます。子ども施策に力を入れることは、安定した支え手層の増加につながっているのです。

５年前に比べて、個人市民税は９億円の税収増、固定資産税10億、都市計画税２億とあわせて21億円の増です。さらに人口が30万人を突破することで、２０１８年度からは事業所税で10億円増。この四つの税目で合計30億円以上の税収増になります。この財源が新たな施策へとつながり、子ども施策の実施が、さらに暮らしやすい、暮らし続けたいまちづくりの実施へとつながっていきます。

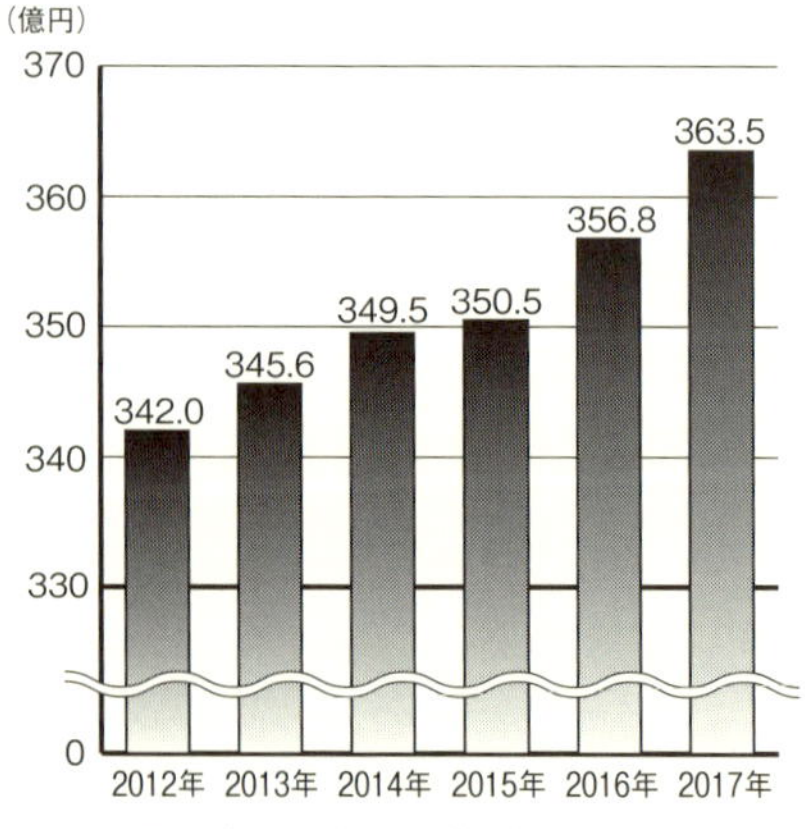

明石市の税収入の推移（決算額）
※個人市民税・固定資産税・都市計画税の合計

（5）地域経済

まちの人気が高まり、近所で子どもの声が聞こえるようになると、地域が活気づき、元気になってきました。若い世代を中心とした転入の大きな伸び、特に中間層の子育て世帯の増加は、新たな住宅需要の増加につながりました。新築戸数は5年前に比べて1・5倍へと大きく増加しています。

商店街にも活気が生まれ、にぎわいが戻りました。中心市街地では、明石駅南の再開発をきっかけに来街者が大きく増え、新規出店も年間目標の2倍増を早々に達成しています。公共事業や商店街への補助など、対処療法的な経営支援を行わなくても、定住人口、交流人口の増加による民需の高まりで、民間事業者が本業でもうかるようになりました。行政の支援に頼ることなく地域経済が好転してきたのです。

明石は企業誘致や補助金による産業振興よりも、住民一人ひとりにしっかり向き合い、誰も置き去りにしないソフト施策に重点を置いた自治体経営にシフトしました。明石では行政が本気で「子ども」に力を入れることで、人口が増え、税収も増え続けています。その結果、行政が直接支援しなくても、地域経済が着実に上向き、まちに確かな好循環が生み出され、拡大してきました。

3 持続可能なまちづくり

なぜ明石は子どもに重点を置いたソフト施策にシフトしたのか。大きな時代認識をベースに将来展望を描いていることを、要約してお伝えします。

従来は親や大家族、となり近所による日常の支え合いが地域のセーフティネットとして機能してきた社会です。個人や家庭に関すること、プライベートな事項は、昔は「公」が立ち入ることのない領域でした。「法は家庭に入らず」「民事不介入」の時代だったのです。

明石でも昔は、城下町、漁村、農村、それぞれが日常の地域社会の範囲で、今とは異なり、小さな村社会で支え合う生活が成り立つ時代がありました。

明治維新以来、地域コミュニティや家族の絆など、村社会の良き特性である支え合い、人と人との濃いつながりが弱まり、かつての日本の良さが失われつつあります。

次第に社会情勢が変化し、核家族化、一人世帯の増加、さらにはＩＴ化が進み、村社会型の濃い人間関係が希薄になると、従来の血縁、地縁を頼りにした相互扶助だけでは、立ち行かなく

セージとして示したのが、「こどもを核としたまちづくり」であり、「やさしい社会を明石から」です。市政の柱です。まちづくりの基本方向となる既定の理念で、市民の共通認識でもあります。

「こどもを核としたまちづくり」で大切にしているのは、すべての子どもを対象とすること、誰ひとり見捨てないことです。

子ども・教育には二十歳の頃から強い思いを抱いてきました。大学には経済系で入学しましたが、後期課程の進路を選択するとき、ほとんどが法学部や経済学部に進むなか、教育学部を選び、教育哲学・教育心理学などを学びました。

当時から日本社会は、子どもに冷たすぎました。今もそうです。諸外国に比べ、あまりにも子どもに関心が薄く、予算もわずかです。いまだにこんな惨状が続いていることに、愕然《がくぜん》としています。

世間では財政負担の重さから、所得制限を設ける声も聞こえてきます。でも、本気で一人ひとりの子ども自身のことを考えるなら、お金がないからできない、しない、という発想は間違っています。

子どもは親の持ち物ではありません。子どもの立場でなく、親の収入で区分するのは、そもそもの目線が違うのです。子どもたちを色分けすべきではありません。

加えて言うと、本当に少子化に歯止めをかけようとする気があるのなら、子育ての経済的負担の軽減をしっかり本気で行うべきです。大多数の中間層にメリットの生じない所得制限策では、政策効果は生まれてきません。所得制限ありの子育て支援策は、ユニバーサルな明石の施策とは似て非なるものです。根本の哲学も全く違います。

子どもは全員、誰ひとり取り残さない。私の学生時代からの揺るぎない信念であり、変わらぬ思いです。子ども目線で、本気で応援する。まちのみんなから預かった税金で、まちの未来をつくる。みんなで、みんなを応援する。譲ることのできない決意です。

明石の施策は「所得制限なし」「一部負担なし」です。子どもの総合支援、まちの未来には、欠かせない要件なのです。

すべての子どもを見捨てない。これはインクルーシブ社会の根幹をなす理念でもあります。国連のＳＤＧｓの理念「誰ひとり置き去りにしない」を市が施策で具現化することです。世界中で求められる普遍的な行動です。実現に向けて行動するのは当然のこと、あたりまえなのです。

明石は共生社会へと真っ直ぐにつながるこの道を、本気で歩んできました。全国に先駆けて様々な施策を実施しています。それでもまだまだ十分ではありません。やらなければならないことは、本当にたくさんあるのです。「できることは、すべてやる」。強い決意を胸に、明石から子ども総合支援をもっと深く、より幅広く拡大しています。

「やさしい社会を明石から」では、子どもだけでなく、高齢者や、障害の有無などにかかわらず、誰もが暮らしやすい共生社会の実現に向けた取り組みを、行政が担うべきとりわけ重要な責務として、重点的に推進してきました。

２０１５年、全国初の手話言語・障害者コミュニケーション条例を制定し、２０１６年には、障害者配慮条例を制定し、全国初となる合理的配慮への公的助成制度をスタートしました。民間施設への筆談ボード、点字メニュー、簡易スロープの設置が広がり、明石駅周辺ではスターバックス、マクドナルドにも筆談ボードがあります。駅周辺から市内全域へ、配置してあるのが「あたりまえ」に変わってきています。

２０１７年には、東京２０２０オリンピック・パラリンピック大会を契機に、やさしい社会づくりを先導する「共生社会ホストタウン」に第1次で選ばれました。「ハートも大事、ハードも大事」の気持ちで、ユニバーサルデザインのまちづくりと心のバリアフリー、ハードとソフトの両面で取り組みを加速しています。

2018年に入り、全国の自治体で初となる手話フォンを明石駅前に設置しました。先に設置された羽田空港よりも利用回数が多く、大変喜ばれています。

同年夏には、分け隔てのない共生社会の実現に向け、障害者権利条約とSDGsに基づいたあかしインクルーシブ条例（仮称）の検討を始めました。明石をよく知る障害当事者だけでなく、全国から集まった各分野の第一人者の方とともに、明石から共生社会を広げているところです。

私は学生時代から、世界の動向にも関心を持ち、注視してきました。狭く日本国内だけを見ていても、共生社会は実現できません。国内に先例がなくとも、支援を必要とする人が必要なときに、適切に支援する。海外の他の国ではあたりまえにできている施策は、日本でも当然実施すべきです。この長年の思いを、今ようやく明石から実施しているところです。

みんなの社会保障は、みんなの税金を預かる行政の責務です。人に寄り添う温かい気持ちを、実効性の高い施策として明石から「始める」、そして、明石からさらに全国に「広げる」。すべての人が暮らしやすいやさしいまちに向け、さらに積極的に、さらに加速して施策を展開していきます。

(2) 時代に応じた予算のシフト

全国の自治体が取り組んだ地方創生、「まち、ひと、しごと」の創生でいうと、明石はとりわけ「ひと」に焦点を当て、重点化しています。地方分権、地方の時代になり、全国一律、横並びで同じ、という旧いお役所仕事の時代は終わりました。地域のことは地域で。前例を踏襲し、漫然と続けることに疑問を持たずに済んだのは、遠い過去の話です。首長の判断、市の政策が地域の未来を左右する時代なのです。

地域の特性と強みをいかし、時代と市民ニーズに応える。もっともな理屈ですが、実際に「暮らす」を重点化し、予算を大きくシフトしていくのは容易ではありませんでした。

明石は決してお金持ちのまちではありません。同規模の自治体と比べ、財政規模も大きくはなく、むしろ貧しいほうです。右肩上がりの時代も終わり、国に財源を期待することはできません。近年は全国各地で大規模な自然災害も多く、市民ニーズも多岐に渡るなかで、財政に余裕がなく、財源確保に苦慮している自治体がほとんどではないでしょうか。

それでも明石は、子ども部門への予算を大幅に増やしました。

私が市長に就任する前、２０１０年度の当初予算は１２６億円でした。年々増額を重ね、２０１８年度は２１９億円。２倍近くまで増やしていきました。

この間、一般会計全体の歳出は１千億前後で推移しています。子ども予算の占める割合も、全体の１割程度であった比率が、２割を超える水準にまで増えています。

総額が大きく変わらないなか、子ども予算に１００億近くをシフトしています。全体の１割にも相当する半端ない額です。徐々に増やしたとはいえ、小手先の見直しでは、到底産み出せる額ではありません。

みんなで決めたまちのビジョンの実現に向け、強い覚悟で取り組んだ、と言えば美しい話ですが、実際は全く違います。簡単なことではありませんでした。シルバー民主主義と言われる時代に、子どもに重点を置くのです。公共事業、補助金バラマキ型の成長戦略から脱し、政策の柱が「子ども」へと転換するのです。まさか本当に予算をシフトするとは思ってもみなかった層にとっては、かなりの衝撃だったのではないでしょうか。子ども施策が本当に人口減少の克服や地域経済の向上につながるのか、最初は相当違和感を覚えた方も多かったのではないかと察します。

ですが私には、強い信念と確信がありました。普段は声をあげることなく明石で暮らす大多数の中間層、サイレントマジョリティにしっかり目を向け、光を当て続けました。「子ども」と言い続け、子ども・子育て施策を拡大したのです。様々な抵抗があったことは、容易に想像がつくことと思います。特に最初の数年間は大変厳しく、風当たりも相当強いものがありました。

お金がないからできない、というのは単なる言い訳です。しない、という選択肢はありません。やるべきことは、はっきりしています。どれだけ反対されても、あきらめる気など全くありません。考えもしませんでした。

「誰ひとり置き去りにしない社会をつくりたい。そのためには世の中を変えるしかない」との思いでこれまで生きてきたのです。ＮＨＫのディレクターになり、弁護士になり、衆議院議員になり、社会福祉士を経て、ようやく生まれ育った明石の市長になったのです。他の分野より先に、子どもの予算枠を優先して確保することにしました。

私が市長になった当初は、市にはお金がない、と聞かされていました。ならば、高齢者施策から予算を回すしかないのではないかと思い、市内の全地域で高齢者の方々を対象にして市長懇談会を開き、自ら直《じか》にお願いして回りました。

しかし結果は散々、どこでも総スカンでした。当時は市民からも全く理解が得られなかったのです。

どうしたものかと思い悩み、身動きできず、思うように進展しない状況が、最初の2年ほど続きました。

でも、しばらくして、お金がないというのは思い込みにすぎないのではないか、ということに気づいたのです。お金がないのではなく、別のところで使われてしまっていただけだったのです。

市民に不便を強いるのではなく、まず、旧態依然とした役所の無駄の削減から始めました。行政がいかに頑張っているかを示さなくては、市民が納得するはずがありません。職員の数を1割、200人減らすことにし、給与も一律4％減らしました。

仕事の仕方を改善したことに加え、市営住宅を見直し、下水道整備計画に基づく予算総額を600億円から150億円に削減するなど、公共事業も抜本的に見直しました。各種補助金も精査するなど、あらゆる施策の意義を問い直し、別の部門から予算をシフトしていきました。本気でやりくりすれば、使えるお金を見つけることができるのです。

何とか工夫を重ね、予算を確保し、議案も通すことができ、ようやく施策を実行に移すことができるようになっていきました。でも、不満の声は依然として数多く聞こえてきました。特に最初の頃は、大っぴらに反対されるのも珍しいことではなかったのです。若い世代を中心に人口が回復してきても、子ども施策の効果だとは受け取ってもらえません。周りからもなかなか理解が得られませんでした。

それでも徐々に、子どもに重点を置いた取り組みは、市外や県外から注目されるようになってきます。出生数が回復に転じ、住宅需要が増え、商店街ににぎわいが戻ると、次第に風向きが変わり、以前は反対していた層からも賛同する声が聞こえてきました。

さらに、明石駅前に子ども・子育て施設、市民図書館がオープンすると、まちの空気が一変しました。成果が身近に感じられるようになり、「こどもを核としたまちづくり」が、ようやく認められるようになったのです。

今では人口増や地域経済の好況など、市の進めてきたまちづくりの成果がハッキリ見える化し、効果がさらに加速するにつれ、明石の施策を評価する声が高まりました。わずか数年で、ま

広報あかし2018年8月1日号「SDGs」特集（表紙）

市内全戸への配布で、月2回、確実に個々の市民の手元に届くのです。普段あまり役所に来ることのない普通に暮らす多くの一般市民にも、市のまちづくりをしっかり伝えることができるのです。こんな確実な手段を活用しない手はありません。市の施策への理解と信頼を深める大変重要な機会です。市長に就任してから、全面的な見直しを行いました。

まず、毎回必ず特集記事を組むことにしました。「市の特色ある施策特集」、「こども食堂の全小学校区への設置」、「里親100％プロジェクト」、「移動図書館の拡充」、「地域総合支援」、「更生支援」、「共生社会」や「ＳＤＧｓ」など、市の重点施策への理解が深まるよう、紙面を見やすくカラー化し、写真や図表を使い分かりやすい説明を心がけています。

とりわけ、真面目に働き、普段は市役所で見かけないサイレントマジョリティ、大多数の中間層にも市の姿勢と今の動きのポイントを的確に理解してもらえるよう意識して、特集のテーマは市長自らが設定しています。そして毎回、必ず時間を確保して、直接細部まで監修します。

まちづくりの理念、真意が明確に伝わり、市民と共有できるよう、本気でメッセージを発信し続けているのです。ですから一面には市長の顔写真や名前でなく、市長の「まちづくりの思い」を込めて届けています。私から市民への月2回のラブレターなのです。

「明石のトリプルスリー」ポスター

まちの目標の共有で大切にしているのは、明確な分かりやすいメッセージと数値目標を設定することです。

明石は地方創生の目標として、「子ども」と「文化」に重点を置いたまちづくりを端的に表す三つの数値目標を掲げました。

「人口30万人」、「赤ちゃん3千人」、「本の貸出冊数３００万冊」。私はこれを、明石のトリプルスリーと名づけました。本来のプロ野球のトリプルスリーが意味するところと同様に、どれも容易に達成することが困難な高い目標です。

みんなで取り組む目標であり、いずれもバランス良く積み重ねていくことが肝心になります。市民への周知と理解を深め、取り組みを共有して進めていくため、すぐに明石のトリプルスリーのポスターをつくり、公共施設をはじめ市内のいたる所に貼りました。

おかげさまで、トリプルスリーへの認知も広まり、人口、赤ちゃん、本の貸出冊数とも、順調に目標に近づいています。

明石の特色ある取り組みは、市内だけでなく、市外へも積極的に広報し続けています。「すべての子どもを大切にするまち」や「教育、文化を大切にする本のまち」など、明石の実施する取り組みの内容だけにとどまらず、施策の理念、市民のメリットなどが端的にわかるように、毎回工夫して伝えています。明石に関心を持ち、来ていただくとともに、施策を他の自治体、全国へ広げるねらいもあるのです。

近年は、他の自治体からの関心も高く、視察も年々増えています。すでに年間3ケタを超えており、全国各地からお越しになられます。子ども・子育て施策、障害者施策、セーフティネット施策など個別テーマのほか、人口増の取り組み、予算の確保など、まちづくり全般への質問が特に多いように見受けられます。

明石の取り組みを知ってもらい、全国に広げるまたとないチャンスです。私も時間の許すかぎり、直接応対することにしています。市のまちづくりと、根本の考え方について説明し、本音で忌憚《きたん》のない意見交換をするとともに、先頭に立って施策をPRし、拡大に努めてきました。

よく私が伝えるのは、地域に根ざした取り組みが大切であること、です。

明石は畿内の端の海沿いで、古来より交通利便性が高く、狭い市域にコンパクトにまとまった大都市近郊の住宅都市です。豊かな自然環境も残り、明石鯛《だい》や明石たこ、海の幸も名高く、たこを使った明石玉子焼は、ご当地グルメの祭典・B-1グランプリでゴールドグランプリを獲得しました。定住に適したまちの魅力を、子育て教育施策を重点に推進することでさらに高め、人口が増え、地域経済が好調なのです。明石では「暮らす」に重点を置き、人に焦点を当てる政策こそがふさわしいのです。

B-1グランプリ東京大会でゴールドグランプリを受賞

私が別のまちの市長であれば、当然、違う政策を選択します。また、同じ人口規模でも市域が広ければ、都市基盤の維持整備にかかるコストは大きく違ってきます。働く場が近隣になければ、自ら働く場を獲得することは避け難いでしょう。自分たちのまちの地勢や歴史、自然環境や社会環境を踏まえた政策、施策全体のバランスは、自治体ごとに異なって当然です。明石の真似をすればすべてが上手くいくのではありません。

それでも、今すぐに全国の自治体が優先して取り組まなければならない課題は、誰の目にも明らかになっています。児童虐待や子どもの貧困が大きな社会問題となる時代です。支援の必要な子どもに、そして、他の子どもにも、みんなが必要とするユニバーサルな子ども施策をすべての自治体で今すぐ実施するべきです。

そしてさらに、支援を必要とするすべての人に、将来にわたり、適切な支援が行き届く環境を整備しなければなりません。「誰ひとり置き去りにしない」という高い志を掲げ、すべての市民のため、躊躇《ちゅうちょ》することなく行政が責任を果たしていくことが求められているのです。

明石の施策は普遍的な施策として設計しています。当然、他の自治体でも実施できるはずです。すぐにでも実施すべきなのです。一日でも早く全国に広がってほしいと強く願っています。

第1章　子どもを核としたまちづくり

市長選に立候補するとき、選挙活動で配布するパンフレットにこう書きました。

まちをつくるのは、ひと。
これからの明石をつくるのは、今の明石の子どもたち。
子どもたちに借金を残すような税金のムダ使いをやめ、
頑張る子どもたちをまち全体で応援する。
そんな明石をつくっていきたい。
それが、明石の未来につながると信じている。

この思いは今も変わっていません。市長に就任してからもずっと同じ思い、同じコンセプトです。まず、所得制限なしでの子ども医療費の無料化からスタートし、子どもの成長段階に応じた、切れ目のない、きめ細やかな支援を拡充しながら、すべての子どもたちを育む施策を実施してきました。

「こどもを核としたまちづくり」は、単なる選挙用のスローガンではなく、本気の取り組みです。明石に引っ越し、子どもを産む層が増えているのは、子どもを本気で大事にし続けていることに対する信頼感があるからだとも思っています。

一時だけのバラマキ的な補助金施策に、人は簡単に釣られたりしません。我が家をつくり、我が子を育てる、いわば我が子のふるさとを選ぶのです。安心して育てることができるか、そのまちが我が子のふるさとにふさわしいか、シビアに見て判断するはずです。

ひとり親家庭の支援、児童扶養手当の毎月支給のモデル事業、離婚後の子どもの支援など、どの子も置き去りにせず、「あれも、これも、本気で」、他の自治体に先駆けて実施しています。これまでの取り組みが築き上げてきた市民との絆、確かな信頼は、大きく、強いと感じています。

責任を負うのは社会全体

明石では「すべての子ども」が対象です。貧困家庭だけではありません。すべての子どもを、誰ひとり見捨てないのです。ユニバーサルなところが最大の特徴です。行政はもちろん、責任の主体は社会全体であり、「まちのみんなで」すべての子どもを応援するというコンセプトです。

このため、常に子どもに寄り添うことを意識しています。時には親と子どもが対立する場に直面します。そのときは自ら声をあげにくい子どもの立場に立って、「子ども目線」で取り組むようにしています。

子どもの支援については、あれかこれか、の選択と集中ではなく、「あれもこれも」です。量だけでなく、質も相当意識して、「早く、近く、広く、高く、長く」の五つの支援を心がけています。

「早く」は早期支援。「近く」は身近な地域における支援。「広く」は、より幅広い総合支援。「高く」は、より高度な専門支援。「長く」は、息の長い継続支援です。身近なこども食堂での早期支援から、専門支援の児童相談所、その後の継続支援である里親へと、全部がつながる総合支援に取り組んでいます。

子どもを支援することは、持続可能なまちをつくることです。今、目の前にいる子どもだけでなく、やがて生まれてくる子どもたち、まちの未来へとつながっていきます。地域の健やかな発展につながる、まちに欠かすことのできない重要な政策です。子ども施策が、元気で暮らしやすいまちをつくります。

明石が突き抜けているのは、すべての子どもを対象にし、一人の子どもも見捨てないことです。そして、子どもを育てるのは「まちのみんな」であり、みんなの税金を預かる行政が、子どもに、まちの未来に責任を負うという覚悟の強さです。

当然、所得制限を設けるつもりは全くありませんでした。所得制限ありだと高い政策効果は期待できません。そもそも所得制限のあるような制度では、若い勤労世代、共働きの住宅購入層への訴求力はありません。所得制限がないからこそ、中間層が明石市に引っ越してくるのです。

仮に所得制限をかけたとしたら、支給対象から外れる多くの納税者層、すなわち中間層が反発して、社会の合意が得られなくなってしまいます。

主に税金を収めているのは大多数の中間層です。しかし、所得制限によって恩恵を被るのは低所得層の子どもです。これでは中間層は、何のためにそんな施策をする必要があるのか、という気持ちになってしまいます。

もちろん低所得層のほうが厳しいのですが、いろいろな部分で減免措置もありますから、より負担額が大きいのは中間層です。また、意識の上で苦しいのは中間層も同じです。このため、実際に中間層の子どもや孫も恩恵を受け、納得できるような施策のほうが望ましいと考えています。

保育料は応能負担です。所得の高い人ほど多くを支払います。低所得層はそもそも保育料が安く、全額免除の場合もあり、払っても月数千円から数万円くらいです。ところが中間層は、毎月

4万、5万と払う人もいます。つまり、保育料の無料化は、中間層にこそ恩恵の大きい施策です。

中間層を呼び込むことは、まちづくりに大きく影響を与え続けます。

明石市では中間層の転入増などにより納税額が増え、個人市民税が5年前に比べて9億円増えました。市税の増加は安定的な財源確保につながります。住宅需要も増え、不動産市場も好況に転じています。地主も建設業者も潤い、選挙で私に批判的であった人たちも、このまま続けてほしいというくらいにまちの空気が変わったのは、地域経済の活性化も大きな要因だと思います。政策効果を考えず、補助金のバラマキ的な支援施策をしても大した意味はありません。

私なりに実施する前から成功するという確信があり、まさにその読み通りになりました。若い世代が大きく増え、明石市の合計特殊出生率は1・64へと上昇してきました。

明石市の保育料の完全無料化は、いわゆるバラマキ施策とは異なります。「現金給付」をするのではありません。市民サービスにかかる経済的負担を軽減する「現物給付」の方法を採っています。

現金を渡す方法では、市民の財布の中身は増えますが、本来の保育料に正しく使われるか不正防止のための確認や、配付事務など、余計な時間やコストも発生してしまいます。
すでに提供しているベーシックな市民サービスの負担軽減をする方法であれば、市民は財布から減らなかったお金を子どもや家族のために自由に使うこともできますし、行政は余分な事務が発生せず、本来の子どものための施策に力を集中することができるのです。

この点、国の無償化は明石とは大きく異なります。「現金給付」の側面を残した制度設計であり、バラマキ施策との批判を免れませんし、対象年齢についても、3歳～5歳児は世帯の年収に関係なく完全に無償化ですが、0歳～2歳児については、住民税非課税世帯に限るという所得制限がかけられる方向です。

保育ニーズが高いのは0歳～2歳児です。優先すべき世代なのに、所得制限が設けられようとしています。このままでは低所得者層への支援にとどまり、効果は極めて限定されてしまいます。予算は10分の1で済みますが、そもそもお金の問題で決めてしまうことではありません。

本当に少子化対策を考え、持続可能な社会を目ざすなら、所得制限を設けない完全無償化を、今すぐにでも全国で行うべきなのです。明石はすでにやりくりを重ね、市単独で予算をつぎ込み、実際に完全無償化を続けてきているのです。

保育は質も量も担保する

全国の都市自治体と同様に、明石も待機児童問題に直面しています。2018年4月時点の待機児童数は571人、全国最多です。保育料無料化に伴う若い世代の人口の爆発的な増加、子どもの増加による光と影で、待機児童解消が急務となり、小学校区の過大規模校、学校の教室が足りなくなるという問題にも直面しています。

待機児童問題がメディアで大きく騒がれるようになりましたが、明石は早くから最重点課題として、受入枠の拡大を進めてきました。2016年度は1000人、翌年度も1000人、その次の年には拠点駅との送迎や、駅前にパーク&ライド方式を設けた保育所を新設するなど、新たに2000人の大規模な定員増に取り組んできました。

受け皿ができれば、潜在的な保育需要を喚起することは全国で知られています。ですから、まだまだ増加のペースには追いついていません。続いて2019年度にも引き続き30億円を超える予算を確保し、さらに1200人の受入枠の拡充を想定しているところです。

ここで強調しておきたいのは、明石の待機児童対策は、「量も、質も」だということです。国は保育所の設置基準を緩和し、量を優先したいようです。行政が目先の待機児童数解消に走り、劣悪な保育所を増やして人数を詰め込めば、表面上の数字は減らせるかもしれませんが、明石はそんなことはしません。大切なのは保育の質を確保することです。

保育所は荷物を預けて鍵を閉めておくコインロッカーではないのです。子どもは荷物ではありません。命ある、人格ある主体です。保育所は、建物も、人も、子どもにとってよりよい空間であるべきです。

「暗い」「狭い」「うるさい」施設ではダメです。基準を緩和などせず、しっかりとした環境を確保しています。

単なる保育士の数合わせはしていません。保育士総合サポートセンターを開設し、就労支援コーディネーターがサポートする体制を整えるなど、質の高い保育士を確保する努力をしています。

また、保育士が長く働き続けることができるよう、保育士の待遇改善を実施した私立保育所等には、市は給与増額分の半分の1万円を助成しています。加えて採用後、毎年20万円の一時金を支給するなど7年間で合計１５０万円の支援を行っています。

さらに、保育所が保育士宿舎を借り上げる家賃を８万２千円まで補助し、保育士のお子さんは優先的に保育所に入所できるように配慮することに加え、キャリアアップ研修の実施など、待遇改善だけでなく、子どものために他の自治体では例のない総合的な保育の質の充実に努めており、心ある人はぜひ明石へ、とPRをしています。

子どものまちを謳《うた》い、実際に子育て層が集まるなか、明石市は通常表に出てこない「潜在待機児童」も裁量で除外せず、しっかりと市民のニーズに向き合った対応を心がけてきました。

国の待機児童の定義により除外され、通常はカウントされず、いわゆる「隠れ待機児童」とされる数を含めた合計人数、待機児童の実数でみると、明石市は全国で21番目の796人です。兵庫県内では3番目に

隠れ待機児童を含むランキング（2018年4月1日）

順位	都道府県	市区町村	待機児童＋潜在待機児童	潜在待機児童				待機児童（国基準）
				地方単独事業	育児休業中	特定保育園希望	求職活動休止	
1	神奈川県	横浜市	3,080	788	458	1,511	260	63
2	神奈川県	川崎市	2,761	1,355	419	826	143	18
3	東京都	港区	2,303	1,954	18	237	5	89
4	大阪府	大阪市	2,074	5	244	1,300	460	65
5	埼玉県	さいたま市	1,540	295	153	520	257	315
6	北海道	札幌市	1,531	0	0	1,249	282	0
7	東京都	江東区	1,499	569	181	587	86	76
8	福岡県	福岡市	1,466	0	0	1,424	2	40
9	東京都	杉並区	1,368	1,084	96	179	9	0
10	東京都	世田谷区	1,354	541	22	299	6	486
11	東京都	江戸川区	1,312	238	261	107	266	440
12	東京都	大田区	1,279	561	70	236	162	250
13	岡山県	岡山市	1,250	101	6	564	28	551
14	兵庫県	神戸市	1,244	3	94	719	96	332
15	埼玉県	川口市	1,046	28	109	670	157	82
16	東京都	目黒区	960	449	0	181	0	330
17	東京都	練馬区	878	184	126	409	80	79
18	千葉県	市川市	848	176	0	227	60	385
19	愛知県	名古屋市	814	0	0	814	0	0
20	兵庫県	西宮市	811	0	10	311	77	413
21	**兵庫県**	**明石市**	**768**	**2**	**0**	**195**	**0**	**571**

なります。

期待に応えきれず追いついていない状況を一刻も早く解消すべく、待機児童対策の専従組織を立ち上げ、人も予算も重点投入し、集中的に取り組む一方で、数合わせ的に定員を増やすのでなく、保育所の環境にも気を配り、親が安心して我が子を預けることのできる質の高い保育を市がしっかりと担保する、というポリシーのもと、質も量も本気で拡充を進めているところです。

教育環境もきめ細やかに充実

今後さらに児童数の増加が見込まれる地区では、過大規模校対策として、学区の区割りの変更を実施してきました。明石の転入超過は加速しており、ほとんどが若い世帯です。引越し後に子どもを産むことを想定し、新しく家が建ちそうな人口エリアを、できるだけ早い段階で、児童数の少ない別の小学校にシフトしています。

後追いになると教室が足りず、勉強ができない状況になりますから、待機児童問題とあわせて、早期に手を打っているところです。

あわせて放課後の児童クラブ、いわゆる学童保育の需要の増加にもあらかじめ対応していかなければなりません。

このように、将来的にも教室数の確保が懸念されるところではありますが、それでも、２０１６年に小学校1年生への少人数学級、県内初の30人学級を導入しました。

私が教育学部の学生であった二十歳の頃、１９８０年代から、ヨーロッパなどは、ほとんどが20人、30人学級でした。子どもが小さな時期は、寄り添う教育がとりわけ必要な段階です。当時から思っていた発達の支援、子どもの成長への寄り添いを、30年越しでスタートさせました。

小学校1年生は保育所、幼稚園、在宅のそれぞれのルートから入学してくるので、いきなり集団生活になると、特に家で暮らしていた子は、他の子との集団生活に慣れていませんから大変です。せめて1年目ぐらいは子どもたち一人ひとりに目が届く教育を、という観点から、明石では市の負担で学校の先生を雇い、30人学級を実施しています。国の方針は35人を40人にするという方向ですが、それは逆だと思っています。

こうした施策は、教育熱心な子育て層への、明石は教育にも力を入れている、市が単独で予算を使ってでも、子どもに寄り添う学校、教育環境を積極的につくっていきますという強いメッセージにもなっています。

すべての子どもの育ちを支援

子ども支援のポイントにあげた「すべて」は、明石市が特に力を入れているところです。

母子健康手帳の交付時に、妊婦さんの全数面接を行っていますが、これはお腹の中の胎児に面談をするということです。しかも市役所に来てくれた人だけに面談するのではなく、来ない人には家庭訪問をして必ず会っています。単に来場者の全数と会うのとは、意味が全く違います。明石の胎児には、必ず１００％すべてに会い、誰ひとり取り残さないのです。

自分から市役所に来られる人は、大丈夫な方が多いのです。面談に来ないお母さんの胎児こそ心配です。市役所に足を向けられない、もしくは情報を知られたくない方こそ、リスクが高いのです。行政に関わってこない、地域に情報が伝わらないような方にこそ、行政は力を入れるべきです。その意味で、「すべて」をキーワードに、一人も漏らさずフォローする覚悟で取り組んでいます。

あかしこどもセンターでの乳幼児健診

このときも、いかに日本社会が子どもに冷たいのかを思い知りました。目の前に困っている子どもが現にいるのです。「行政や児相も、もっと本気で真剣に向き合えよ！」と心の中で叫ばずにいられませんでした。

お金持ちのおじいちゃん、おばあちゃんなら、みんなが面倒を見るでしょう。後で遺産が手に入るからです。でも、子どもの世話はしてくれません。お金にならないどころか、持ち出しばかりだからです。

行政がしっかり対応しないと、誰も子どもの世話などしてくれません。先の例は氷山の一角です。弁護士時代に何人も放置された子どもを見てきて、悔しい思いを噛みしめるなかで、個別救済には限界があり、社会全体で支える仕組みをつくらなければダメだと痛感してきました。

今、ようやく生まれ育ったまちの市長になり、みんなの暮らす社会を少しでもやさしい社会にしていくため、強い使命感を胸に、国を待つことなく、明石から始め、全国に広げていこうとしているのです。

離婚後の子ども養育支援

離婚後の子どもへの対応にも、日本社会の冷たさが典型的に現れています。私が弁護士になったとき、離婚の際に子どもたちが放置されているという事実に、愕然《がくぜん》としました。弁護士は大人からの依頼で仕事をします。しかし、支援が要るのは子どもも同様です。それなのに弁護士も、裁判所も、本当は支援が必要な子どもたちに、誰も関心を持たないでいるのです。

調べてみると、そんな国は、いわゆる先進国の中では日本だけでした。他の国では離婚の時に、行政か裁判所が、子どもの生活に両親が責任を持ち続けられるかをチェックしています。養育費確保の制度も設けられ、行政が養育費を立替払いしたり、取り立ても行っています。養育費を給与から天引きする国や、支払わなければ運転免許証を停止、収監する国もあるのです。

こうした現実を知り、離婚後の子どもの問題については、そのことに気づいた自分が率先してやらなければ、と心に決めていました。

以来、市長になったら絶対に実現しようとさまざまなプランを温め続け、就任後、順次セーフティネット施策を実施してきました。

離婚後の子どもの養育支援についても、本当はすぐにでも着手したかったのですが、このテーマが世論の共感を得ることができるのか、自信がありませんでした。このため子どもに関しては、まずは医療費の完全無料化を優先し、あえて1年ずらして、２０１４年度に慎重にスタートを切りました。

すると開始後、いきなりテレビで大きく取り上げられ、続いて新聞各紙が報じるなど、メディアによって一気に全国化していきました。子ども目線での支援や、司法と自治体が関わるモデルケースとなり、結果として明石市の全国初となる施策の典型的な例になりました。

そのときの予算は、わずか年間39万円です。その程度なら予算をつけなくてもできることです。しかし、議会からきちんと応援をもらって進めようと、あえて予算を提示し、議会の全会一致の承諾を得ました。

理念が理解され、真意が議会にも通じたのでしょう。今は５００万円の予算で、離婚や別居に伴う養育費の取り決めや、親子の面会交流などをサポートしています。親ではなく、あくまでも「子ども」の立場からの支援として位置づけています。

離婚届を取りに来た人には、養育費や面会交流などの取り決めを書き込む「こどもの養育に関

ver 02

こどもの養育に関する合意書

1．親権

こどもの親権については以下のとおりとします。

	名前	性別	生　年　月　日	親権者
第1子	ふりがな	男・女	年　月　日生	父　・　母
第2子	ふりがな	男・女	年　月　日生	父　・　母

2．養育費

〔 父 ・ 母 〕は〔 父 ・ 母 〕に対して、以下の条件でこどもの養育費を支払うこととします。ただし、父母の経済的事情が変更した場合には、協議の上変更することとします。

	養育費の額	養育費の支払期限	養育費の支払期間	
			いつから	いつまで
第1子	月額　円	□毎月（　）日まで □（　）まで	□この取決めの月から □（　）から	□満（　）歳の誕生月まで □満（　）歳に達した後の3月まで □以下の学校を卒業するまで □高校　□大学　□（　） □（　）まで
第2子	月額　円	□毎月（　）日まで □（　）まで	□この取決めの月から □（　）から	□満（　）歳の誕生月まで □満（　）歳に達した後の3月まで □以下の学校を卒業するまで □高校　□大学　□（　） □（　）まで

その他（入学、進学、習い事、入院や手術にかかる費用等の負担について）

養育費の支払方法（口座振込の場合にかかる手数料は、支払者が負担します。）

	第1子	第2子
口座振込	金融機関名　銀行　信用金庫　協同組合 本・支店名　店 口座の種類　普通　その他（　） 口座の番号 口座の名義	金融機関名　銀行　信用金庫　協同組合 本・支店名　店 口座の種類　普通　その他（　） 口座の番号 口座の名義
その他		

3．面会交流

こどもの面会交流（離れて暮らす父や母がこどもと定期的、継続的に会って話をしたり、一緒に遊んだり、電話や手紙などで交流すること）については、以下のとおりとします。面会交流の際は、こどもの安全と安心を第一とします。

交流の頻度と方法	交流の場所	父母の連絡方法
□こどもが望むときいつでも □（　）週間に（　）回程度　日帰り（　）時間程度　宿泊（　）泊程度 □（　）ケ月に（　）回程度　日帰り（　）時間程度　宿泊（　）泊程度 □手紙や電話など（　）	□公園・近隣施設など □面会する親の自宅 □その都度協議 □（　）	□メール □手紙 □電話 □FAX □（　）を通じて □（　）
その他特記事項		

こどもの養育について、以上のとおり合意します。

平成　年　月　日

父

氏名	印	電話（　） メール（　） 緊急連絡先（　）
現住所	〒（　）	

母

氏名	印	電話（　） メール（　） 緊急連絡先（　）
現住所	〒（　）	

離婚後の「こどもの養育に関する合意書」

する合意書」「こども養育プラン」や作成の手引き、養育手帳を配布して、面会交流を支援しています。

これまでは参考となる書式などなく、誰も何もしてきませんでした。このため、この参考書式は明石方式として、他の自治体にも広がっていきました。そして、わずか2年後には国の施策として採用され、法務省においてパンフレットとして印刷され、現在は全国すべての市区町村で配られることになりました。

明石市では面会交流についても、行政として、できるかぎりの支援に取り組んでいます。連絡を取りにくい、当人同士では不安があるなどの理由で、面会交流が難しい場合は、経験あるスタッフがお父さん・お母さんの間に入り、日程の調整や、当日の子どもの引き合わせを行うなどのサポートもすでに実施しているのです。

無戸籍者への支援も

離婚調停や訴訟が長引くことなどにより、子どもが戸籍のない状態に陥るケースもあります。出生の届出が行われなかったため、戸籍に記載されない子どもが現に存在しているのです。とても深刻な社会問題です。

無戸籍になったのは本人の責任ではありません。社会が責任を持って、たった一人の子どもも見捨てず、放置しない。市が向き合うべき問題であり、明石にも悩んでいる人がいる身近な問題です。２０１４年には、市独自で全国初の無戸籍者のための相談窓口を開設し、養育、就学など、生活支援や教育支援を含めた総合的支援を実施してきました。

戸籍がない場合でも、多くの行政サービスを受けることができます。でも、情報が行き届いていなかったり、身分を証明する書類がないことで、手続きをあきらめてしまう人もいます。このため、市の広報紙で特集記事を組んでお知らせしたり、独自にパンフレットの作成・配布を行ってきました。戸籍がなくても大丈夫なことを周知し、希望する方には、住民票や戸籍をつくるための手続きのお手伝いをしてきています。

生活支援では、市役所内の各窓口で毎回事情を説明する手間を省き、スムースな行政サービスの提供につなげるサポートナンバーカードを作成し、希望する無戸籍者に交付しています。これに加えて、個々のニーズに応じた教育支援を教員ＯＢが行い、さらに民間支援団体を通じて、無戸籍の問題に精通している弁護士を紹介するなどの法的支援も行っています。

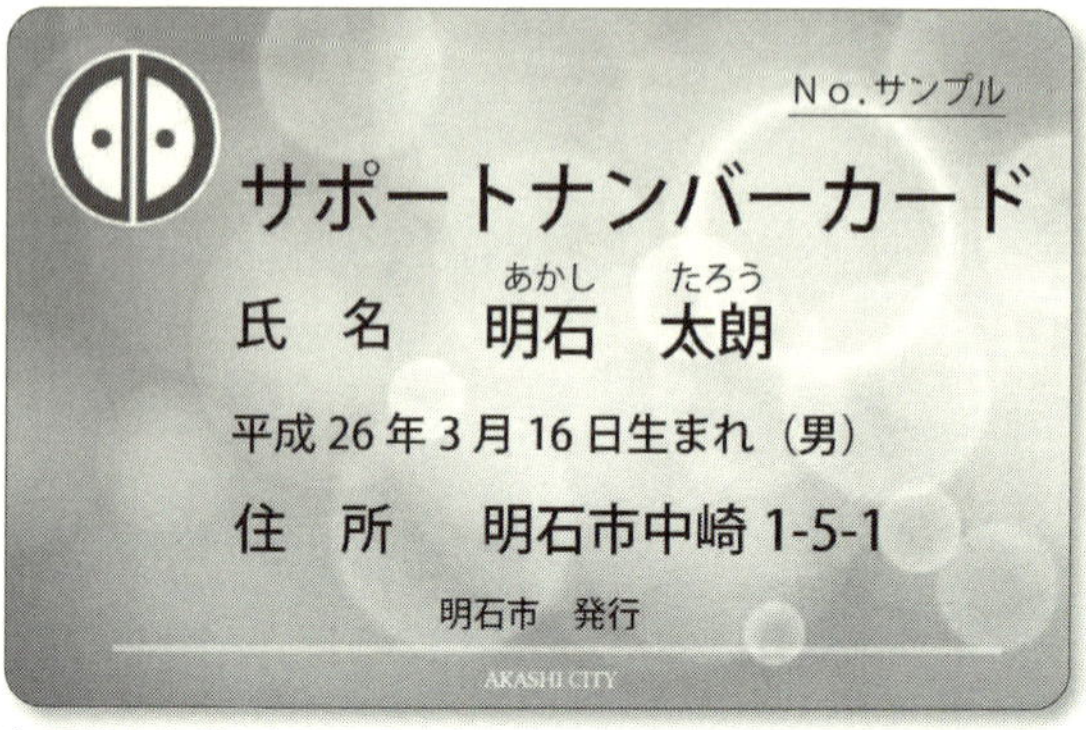

無戸籍者サポートナンバーカード

また、満1歳までに無戸籍者を100%把握することを目標に、無戸籍者の早期把握、早期支援の方策を検討する専門チームを庁内に設置するとともに、関係機関との連携などの意見交換及び情報共有を行う「明石市無戸籍者総合支援検討会議」を開催するほか、背景事情の解決支援、及び、戸籍ができるまでの行政サービスの提供支援のため、市民相談室に「無戸籍者総合支援コーディネーター」を置き、しっかりと体制を整え、適切な支援の実施につなげています。

児童扶養手当を毎月支給に

ひとり親家庭には、経済面、就労、子育て、生活、健康など、必要に応じた多様な支援を、関係機関と連携して実施してきました。また、児童扶養手当の現況届を提出する8月を「ひとり親家庭総合支援月間」として、気軽に受けていただける専門相談を実施するほか、同じようにひとり親で頑張っているお母さん、お父さん同士が交流する親子交流会や、生活に役立つセミナーなども開催しています。

２０１７年5月には、ひとり親家庭の家計の安定と、児童扶養手当が本来の目的である子どものために使われるよう、児童扶養手当の支給を分割し、毎月に分けて支払うモデル事業を全国で初めて開始しました。

社会福祉協議会の生活支援員が家庭訪問を行い、児童扶養手当の1か月相当額を「貸付金」として渡します。毎月の収入のばらつきをなくし、あわせて生活の困りごとの相談を行うことで、家計の安定を図っています。前払いした貸付金は、年3回、4か月ごとの本来の児童扶養手当のまとめ支給の日に返済してもらう方法です。

制度を活用した人からは、「やりくりしやすかった」「滞納していた光熱費を支払えた」「急な出費に対応できた」「借りずに済んだ」などの声を聞いており、大変好評です。家計が変化することで、経済面だけでなく心理面の効果もあり、着実に生活水準の向上にもつながっています。

本気で子どものまちをつくる

明石市は２０１８年4月に中核市に移行し、私が市長になる前から強く望んでいた児童相談所を、ようやく設置できる運びとなりました。

措置権を持つことで、迅速《じんそく》に子どもの命を救うことができます。また、早い段階から、よりしっかりと総合的な支援を行うことが可能になります。児童相談所は、すべての子どもを本気で守り育む、支援体制の核となる拠点なのです。２０１９年４月の児童相談所の開設に向け、数年前から着々と準備を進めてきました。

明石の子どものことは、子どもに最も近い基礎自治体である明石市が責任を持ちます。その権限を有する象徴的な施設が児童相談所です。児童相談所を市が持つことで、虐待予防の早期支援から家庭復帰後の支援まで、一貫したセーフティネットを張ることができるのです。「こどもを核としたまちづくり」の、まさに核となる重要な施設に位置づけています。

児童相談所を設置するのは、中核市としては13年ぶりです。全国でも実に9年ぶりの新たな児童相談所の設置となります。

中核市に移行してすぐに児童相談所をつくるのも、これまでと同様、本気で子どもを応援し、まちの未来を考えているからです。このため、従事する人員も平均基準を大幅に上回り、児童福祉司や児童心理司を国基準の2倍の配置とするなど、手厚い体制で開設します。

里親委託率１００％を目ざしています。

厚生労働省は里親への委託率を、今後7年以内に75％以上にする目標を掲げました。日本は今10％台で、１００％などほど遠い惨状ですが、明石では本気で１００％にしていく明確な方針を打ち出し、里親制度の啓発に取り組んでいます。

児童相談所ができれば、明石市は里親への委託を直接お願いすることもできるようになりますので、子どもの環境をできるだけ変えずに地域で育てるという観点から、それまでに里親に登録

あかし里親 100％プロジェクトのポスター

してくれる人をできるだけ確保し、各小学校区に里親家庭がある状況を実現したいと思っています。

その一環として、まずボランティア里親から始めませんかという呼びかけもしています。これは夏休みや年末年始、週末などに数日から1週間程度、施設で暮らしている子どもを家庭に迎え入れる里親です。家庭生活を体験することは子どもにとっても、

将来施設を出た後の自立の助けとなりますし、自分のことを思ってくれる人の存在が心の安定につながるはずです。

児童相談所はまちづくりのシンボル

児童相談所は市民の反対なしに設置が決まりました。しかも場所はＪＲの駅の真ん前です。そんな一等地に児童相談所をつくるわけですから、まさにまちづくりのシンボルです。

明石が議会や住民の反対なくできたのは、児童相談所から逃げていないからです。真正面から、これがまちのためだという大義を掲げて、議会にも説明をしてきました。

私は、助けられる子どもの命を助けずして、何のために市長をしているのか、との思いを抱いています。他の市長から「なぜ明石は児童相談所などつくるのか」と尋ねられることがありますが、私からすれば、逆に「なぜ児童相談所をつくらないのですか」と聞きたいくらいです。

子どもが大事と言うなら、本当にまちの未来を考えているなら、リスクや困難があろうとも、しっかりと責任を負わなければなりません。お金がない、と言いますが、明石の財政もそれほど潤沢《じゅんたく》ではありません。一人当たりの納税額など、兵庫県下で最低クラスです。お金があまっているわけではないのです。

たいして豊かでない明石市でも、すでに児童養護施設をつくり、さらに児童相談所も自前でつくれるのです。他の都市でも、できないはずがありません。

本当に子どもが大事であれば、予算が厳しいから後回しにするなどという考えが出てくるはずはないと思います。本当に日本の将来を考え、持続可能な社会を目ざすなら、子どもに真剣に向き合うとともに、行政が率先して最優先で責務を果たすべきなのです。

将来を見据えた総合的支援

ようやく国も児童虐待防止対策に乗り出しましたが、児童相談所の設置を後押しするような機運は高まっていません。加えて、多くの自治体では、実際に児童虐待に関わっている職員は、パートタイムの家庭児童相談員が多いのが現状です。

子どもの虐待防止の実効性を高めるには、自治体の体制と専門性の強化は不可欠です。児童相談所の職員の育成にしても、虐待防止に関わる自治体職員の養成にしても、研修の受講体制の量的かつ質的な拡充は欠かせません。ところが、専門的な研修センターは、これまでは全国に横浜1か所だけでした。このたび明石市が手を挙げ、全国2か所目を運営することとなりましたが、本来は全国に10か所は必要だと思っています。

児童虐待は、単に虐待をする親を叱って解決する問題ではないのです。虐待する親を懲《こ》らしめるとか、分離して隔離したらいいという話ではなく、心の傷ついた子どもが、その後どのように育っていくのかまで視野に入れたフォローが必要です。総合的、継続的な視点で捉えていかなければなりません。

子どもの頃に受けた虐待の経験から、将来結婚したあとに精神が不安定になり、お金に困っているわけではないのに窃盗《せっとう》を繰り返すパーソナリティ障害が影響している事件なども弁護士時代に数多く対応してきました。子どもの時期に愛情と栄養が行き届いていないと、本人が制御できないような精神状態になり、さまざまな社会的リスクを伴うことがあります。これは地域にとってもリスクであり、早い段階でしっかりと社会が向き合うべき問題です。

そのことに日本社会はあまりにも目を瞑《つぶ》りすぎてきました。対処療法的に目の前の児童虐待だけを止めればいいのではなく、事情ある子どもが大人になり、家庭を築き、自立的に生きていけるところまで、総合的にフォローする必要があります。それを明石市でやろうとしています。単に児童相談所をつくって終わりではないのです。

本気で子どもに向き合う覚悟を

子どもに一生懸命向き合い、最善を尽くしたとしても、幸福な結末ばかりが待っているわけではありません。よかれと思ってしたことが、かえって悪い結果に終わることもあり得ます。

しかし、誤解を恐れずに言うと、行政が関わったからこそ、その子どもにとっての最悪の危機は回避できたのかもしれません。もっとひどい状況が、少しは軽くなり、時期が少しずれたかもしれません。

ほんの少しでも何かマシなことにつながるのであれば、行政が関わる意義は大いにあると思います。触らぬ神に祟り無しで、多くの自治体は逃げています。しかし、逃げることによって失われることのほうが大きいのです。

明石はリスクを負っていきます。いずれ事故が発生し、バッシングを受けることになるかもしれません。でも、大切なことは、行政が本気で子どもに向き合う体制をつくり、その姿勢を本気で維持し続けることです。

私は弁護士時代、刑事弁護の際に、たとえ家族、親族全員が疑っても、自分だけは被疑者本人を最後まで信じようといつも思っていました。本人が「僕、やっていません」と言っているのに、親のほうが子どもを信用しきれず、先に「すいません、うちの子、嘘ついてます」と言ってきたりもしました。それでも弁護士の自分だけは、本人を信じようと思っていました。たいていは裏切られることになるのですが、たとえ親が見捨てても、最後まで自分は見捨てないというスタンスは変わりませんでした。

なぜなら、冤罪《えんざい》事件の多くは、親が子どもを見捨てたことによって起きているからです。親が「正直に言いなさい」と言った瞬間に、親に見捨てられたことに絶望し、やってもいない虚偽の自白をしてしまったりすることもあるからです。一生取り返しのつかない冤罪のいつくかは、こうして起きてきました。

子どもにとって、最後まで見捨てない誰かがいる、最後まで愛情を注ぐ人間がいるということは、大きな支えです。たとえ親が見捨てても、明石市だけは見捨てない。たとえ親が愛情を注がなくても、明石市だけは愛情を注ぎ続ける。その愛情が報われずに裏切られることになったとしても、注ぎ続けるというメッセージを伝えることは、きっとその子どもにとって意味があるだろうと本気でそう思っています。

第3章　やさしい社会を明石から

私たちは普段から、10人のうち9人が良ければOKという多数決的な発想に馴染《なじ》んでいます。とりわけ行政は、平等、公平と言いながら、少数者が困っていても、結果として多数を優先するだけにとどまってしまいがちです。

でも、少数だから、と放置するのは大きな間違いです。100人のうち99人が大丈夫でも、1人が困っていれば助ける。「誰ひとり置き去りにしない」ことは、日本や世界各国が合意したSDGsの根本にある理念です。困っている人には寄り添い、個々のニーズを適切に汲み取り、みんなで総合的な支援を継続するのがこれからの共生社会のあり方です。

誰もが人生で常に多数派に属するのではありません。予期せぬアクシデントに出くわし、どこかで少数の側となることは誰にでも起こり得ます。すべての人は多数派と少数派、両方の可能性を併せ持って暮らしているのです。

多数派のための施策は、ある人が少数派に転じたとき、その人を対象外にして排除してしまいます。どこかで任意の線を引いて分断することで、いつも誰かを置き去りにしているのです。

本当にやさしい社会を望むなら、みんなが尊重される社会であるべきです。市民一人ひとりを「分け隔てない」発想でまちづくりをすれば、誰にとっても居心地のよい社会に近づくのではないでしょうか。

障害も責任も社会の側にある

街中に段差があり、車いすの方が入りたいお店に入れないとき、その方の機能障害や、車いすに問題があると捉えていたなら、「仕方がないからあきらめてください」という発想になり、誰かを排除してしまう状況が起こりかねません。

でも、スロープを設けるなど実際の段差をなくす、あるいは、みんなで車いすを持ち上げるなど何らかの工夫をすれば、段差の問題を乗り越えることができるのです。段差が存在することを、誰かを排除する理由にしてはなりません。

しかし現実は、民間の飲食店などで入り口に段差があり、車いすの方が入れない場合でも、大がかりな改修などの必要があるなら、すぐに対応できるとはかぎりません。障害者が行きたいところに行けないことを民間のお店、ましてや障害を持つ当事者や、家族や、支援者の責任に委ねてしまっては、なかなか問題の解決には至らないと思います。

障害者が困難に直面するのは、その人に障害があるからではなく、社会環境にさまざまな壁が

さらに、商工会議所や商店街連合会など、普段は福祉に関わらない事業者にも、最初の段階から参加してもらいました。

産業振興と福祉で予算を奪い合うのではなく、障害者施策をまちづくりとして進めることで商売繁盛にもつながるというストーリーを描き、まちの理解を深め、取り組みを進めたのです。

合理的配慮の提供支援でまちの風景が変わる

2016年4月の「障害者配慮条例」の施行にあわせ、障害者への配慮を確実に提供するため、民間への費用助成制度もつくりました。「合理的配慮への公的助成」です。みんなの税金を預かる行政が、みんなのために助成し、支援する制度を開始したのです。

合理的配慮とは、単に思いやりある対応をすることだけではありません。その前に障害者が社会参加するための環境整備が前提です。その環境が整った上で、過度な負担にならない合理的な範囲で、個々の障害者が必要とする適切な対応へと個別に配慮することです。

民間のお店や事業者は、経費負担で躊躇《ちゅうちょ》せざるを得ないこともありますが、市が助成をすれば、積極的に応えてくれます。明石では行政が民間のお店や事業者に呼びかけるだけでなく、全国初の公的助成により、民間と行政が一緒にやさしいまちづくりを全国に先駆けて進めています。

助成の対象は、点字メニュー、コミュニケーションボード等の作成費用、折りたたみ式スロープや筆談ボードなどの購入費用、簡易スロープや手すりなどの工事の施工費用などです。

最初の1年間で１５０もの申し込みがあり、今では３００を超える飲食店などが活用しています。１か所に数千円から20万円の公的助成で、明石駅構内のショッピングセンターや駅前ビルのほとんどのお店が筆談ボードを置き、メニューが点字化されました。段差解消のための簡易スロープ、折り畳みスロープを設置するお店も増えつつあります。明石駅周辺から、徐々に市内全域に広がっています。

公的助成で段差を解消

今は明石駅改札前のスターバックスにも筆談ボードがあります。それを知り聴覚障害者がコーヒーを飲みに行き、これがきっかけとなり、ありがとうと手話で言いたくて、手話を学び始めた店員さんもいるそうです。

筆談ボードを使い、コーヒーにいろいろとトッピングができることや、麺の太さに選択肢があることを初めて知り、驚いた聴覚障害者もいます。何年も通っていたのに、これまでは注文のときに聞かれたことがなかったか、聞かれていても分からなかったのです。公的助成による筆談ボードを利用したことで、初めて正しく認識でき、ようやく選択することが可能になったのです。

簡易スロープの設置は、車いすの利用者だけでなく、ベビーカーを使う子ども連れの家族や足の弱った高齢者も助かっています。お店も自腹を切らずにイメージアップになりました。来店しやすくなり、お客さんが増え、店は繁盛。障害者だけでなく市民全体が助かり、飲食店も客足が伸び、店の評価も上がるという、まさに近江商人の経営理念、三方よしの原則どおりになりました。

みんながＷｉｎ－Ｗｉｎになる制度設計と、利害の調整がポイントです。誰かに負荷を任せて他の誰かを幸せにという方法では、持続可能な制度にはなりません。どうすればみんなが笑顔になれるか、これこそが行政の腕の見せ所です。

最初にこの制度を利用したのは、条例制定に関わった商店街連合会の会長さんのお店です。飲食店組合や食品衛生協会の会長さんのお店にも、広報紙などに登場してもらい、ＰＲに一役買ってもらっています。

こうした普段福祉に携わる業種でない方々にも積極的に参画いただくことも大事なポイントです。自分たちに求められているのは、そんなに難しいことではないと気づき、費用もかからない、大きな負担ではないと理解をしていただけたことで、利用は一気に広がり、まちの風景が一変していきました。

障害者団体が一つの組織に

障害者配慮促進条例の検討委員会を経て、障害者の各団体がまとまり、一つの大きな組織ができたことも大きな成果です。以前は、それぞれの団体がそれぞれの要望を主張するだけで、まとまる気配はありませんでした。

しかし検討委員会を重ねるごとに、お互いの理解が深まり、条例が制定される頃には、障害者団体全体で一緒に考えようという気運が高まりました。そして、明石市障害当事者等団体連絡協議会、通称「あすく」という一つの協議会になりました。

これは画期的なことです。本来は差別を受けている人の痛みを一番理解できる立場のはずなのに、今も多くの障害者団体が、障害の種別ごとになかなか一つにまとまることができていません。障害当事者が非常に弱い立場に置かれ、行政からの支援と引き換えに、無難な要求しかできなくなっているようにも感じられます。それではまともな活動はできません。

障害者団体が自分たちの置かれた状況を愚痴《ぐち》り、文句をつけるだけでなく、自分たちが頑張った結果、何かを成し遂げることができたという成功体験、これが大きな力になります。障害者が一緒に手をつなぎ、社会を変えていく活動につなげなければ状況は改善しません。市民の理解を深めることも必要です。

そのきっかけとなる大きな動きが起きました。ＪＲ明石駅のホームドア設置の運動です。

まちを挙げてホームドア設置へ

ＪＲ明石駅では２０１５年11月、ある一人の医師が停車しようとしていた列車と接触し死亡する事故が起こりました。さらに翌年８月には、東京の地下鉄丸ノ内線・青山一丁目駅で、盲導犬を連れた視覚障害者が線路に転落して亡くなりました。そのニュースに接し、私はすぐに明石駅にホームドアをつけようと思いました。

時を同じくして市の視覚障害者団体から市議会に「明石市内の各駅にホームドアを設置する働きかけを求める請願書」が提出されました。これまでになかった動きです。全国でも明石だけではなかったかと思います。

これまで明石駅にホームドアが設置される予定は全くありませんでした。にもかかわらず、請願は市議会の全会一致で採択されました。障害当事者自らが立ちあがり、議会の理解と賛同を得たことは、実現に向けた極めて重要な一歩となりました。

続いて署名活動が行われ、視覚障害者団体だけでなく、聴覚障害、知的障害、精神障害などの団体も参加しました。障害者団体がみんなで一緒に行った初めての活動です。結成したばかりの「あ

JR 駅に設置されたホームドア

広報あかし

No.1240

7月1日

明石市役所

JR明石駅にホームドア
みんなの声で早期着手へ

悲惨な事故を繰り返さないために
まちを挙げた取り組みが後押しに

JR明石駅のホームドア整備計画（予定）

・平成29年度……設計
・平成30～31年度……工事
平成31年度中に供用開始予定

市内全駅に内方線付き点状ブロックを設置

事故を未然に防ぐために
私たちにできること

声かけやサポート

ＪＲ明石駅へのホームドア整備計画を伝える広報あかし 2017 年７月１日号

すく」が、個々の組織の垣根を超え、横につながった初めての経験です。

みんなで明石駅前を中心に署名活動を展開し、すぐ1万人以上もの署名を集めました。ホームドアは駅を利用するすべての人に関係しています。短期間での多くの署名数に、市民の関心の高さも現れました。


みんなで集めた署名を持って国土交通省の大臣や副大臣、政務官に会い、JR西日本本社にも行きました。主人公である視覚障害者団体会長、障害当事者等団体連絡協議会「あすく」の代表を中心に、市議会議長、商工会議所の会頭、そして市長の私です。

まちを挙げた取り組みは見事に実を結び、念願のホームドアが明石駅に設置されることが決定しました。


自分たちの請願や署名活動によってホームドアが設置されること、それも短期間に成果が出たことで、障害者団体の意識も大きく変わりました。

これまではそれぞれの団体ごとに行政と関わっていましたが、これからは横の連携も必要だということを、改めて認識できたのです。

行政の補助金をあてにする発想ではなく、一緒に汗をかき、一緒に知恵をしぼり、施策を提案していく時代です。机上で抽象論を語っていても、前には進みません。当事者自らが横の連帯を深め、成功体験を積み、まちの理解と応援を得ていくことが肝心です。明石はそれをみんなで具現化してきました。

市議会や商工会議所にとっても、自分たちが動いた結果、ホームドア設置が実現したことは誇りです。まち一丸となって動き、その成果を実感することで、それぞれのエンパワーメントにつながったと思います。

すべての市民を、まちのみんなで

子ども施策、障害者施策で注目されることも多いのですが、「誰も置き去りにしない」ことは、私も含め世界が目ざす共生社会の理念です。子どもにやさしいまちは、高齢者にもやさしいまち、との思いで施策を展開してきました。障害の有無や、年齢性別に関係なく、支援が必要なすべての人に対して、その人が必要な支援を実施していくのは当然のことです。

ただ、高齢者を年齢だけで一括りにはしません。障害者は日常生活や社会的な活動に支障があり、支援が必要です。子どもも成長過程で支援が要る点では同じです。しかし、高齢者の誰もが支援を必要としているのではありません。高齢者という3文字で一括りにせず、「要支援高齢者」と、支え手に回っていただく「元気高齢者」のそれぞれに応じた対応をとるようにしています。「要支援高齢者」には、地域と一緒に見守り、認知症サポーターによる支援、一人暮らしの高齢者への訪問や給食の提供を、「元気高齢者」にはボランティアの拠点の提供など、活動のための応援をするようにしています。

２０１８年には、９月を明石市高齢者福祉月間と定め、75歳以上を対象に、認知症の検査費用を助成する新たな早期支援制度を全国で初めて開始しました。チェックシートで認知症の疑いがあれば、初診料の上限２千円を補助します。さらに検査が必要な場合は、ＭＲＩ画像診断などに上限５千円を助成します。医療費の自己負担が１割の高齢者は、受診費用の全額をカバーできます。

認知症と診断されたら、居場所が分かるＧＰＳ端末の基本使用料かタクシー券を渡し、地域の見守り支援につなげています。

多くの自治体が国に介護保険制度のさらなる充実を訴えたりしていますが、明石市は発想を転

度も導入しました。

２０１８年の条例改正では、未解決事件の被害者を支援する「真相究明支援」を全国で初めて取り入れるとともに、基本理念に「被害者家族（兄弟姉妹）への配慮」や「性犯罪被害者支援」も追加しています。

被害者支援を考える際にポイントとなるのは「支援の目的」と「支援の主体」です。すなわち被害者支援は誰のために、何のために実施するのか、そしてまた、被害者に対して誰が責任を果たすのかという問題です。

被害者支援は、すでに起こった犯罪の被害者・遺族のためだけの施策ではありません。誰も希望して被害者や遺族になるわけではありません。意に反して、いつなんどき、どこの誰が被害に遭うかは分らないのです。

もしものときに市民を置き去りにすることなく、社会全体で支え合う、市民みんなのためのセーフティネットを構築するのが被害者支援の目的なのです。

明石はそんなに犯罪が多いのかと聞かれることもあります。犯罪が多発しているから対策するのではありません。すべての市民が安心して暮らし続けることを保障するためです。犯罪被害はあらゆる人が、いつなんどき遭うか分からない全市民が対象となるリスクです。人ごとどころか、明日は我が身です。このリスクを個人や家族が負うのではなく、社会全体でカバーする、みんなに必要な社会保障です。

このため「支援の主体」は当然、行政です。被害者任せでも、加害者に責任を押しつけるのでもなく、みんなのための社会保障ですから、行政が担うべきです。被害者家族の生活に寄り添い支援していくのは、市民に最も身近な基礎自治体、市区町村が主体です。

加害者が再犯しないことは、被害者を生まないことにつながります。被害者支援と更生支援は車の両輪で、両方大切です。私は市長になる前から、明石で被害者支援をしている被害者遺族とともに刑務所を訪れたりもしてきました。

理不尽な境遇に置かれた被害者・遺族の思いを真正面から受け止め、社会ができる支援をする。それは被害に遭った方々のためだけでなく、市民すべて、まち全体にとって必要なことなのです。

つなぐ、ささえる、ひろげる

更生支援は国や法務省だけの問題ではありません。犯罪が起こる場所は地域、罪を犯した人が戻ってくるのも地域、それを支えるのも地域です。

更生に必要とされる生活保護の支給や介護保険、障害福祉サービスの支給などの福祉的支援の支給決定は、自治体が行います。基礎自治体こそが支援の主体であり、積極的に取り組むべきなのです。

明石市は２０１６年から更生支援の取り組みを試行的に行ってきました。翌年には新たに更生支援担当の専従班を設け、「つなぐ、ささえる、ひろげる」の三つを柱とした事業を推進してきました。法務省から2名の職員を迎え入れ、国の応援を受けて取り組んでいます。

「つなぐ」は関係機関の連携支援です。更生支援ネットワーク会議を立ち上げ、市を中心に検察庁、警察署、矯正施設、保護観察所、弁護士会、福祉関係者、医師会、商工会議所など37

更生支援ネットワーク会議

の機関・団体で情報交換し、今後の支援のあり方や取り組み方の検討を進めています。

「ささえる」では障害福祉、介護サービス、生活保護などの「福祉的支援」、関係機関・民間企業と連携した「就労支援」、地域の関係者と連携して見守りをする「地域支援」の三つの側面から支援しています。

「ひろげる」は市民への啓発活動です。「あかし更生支援フォーラム」の開催、刑務所作業製品の展示販売などの「えきまえ矯正展」の実施、市の広報紙での更生支援の特集などを通して、理解が深まるよう努めています。

「おかえりなさい」が言えるまち

再犯を繰り返す人の中には、軽度の知的障害の方もいます。刑務所の入所者の4割ほどが該当するとされますが、本来早い段階にあるべき支援がないまま、万引き等を繰り返し、刑務所のリピーターになってしまっているのです。

本人にとって不幸であるばかりか、家族にも、社会にもあまりに大きな負担です。世間では知られていないようですが、司法手続きの時間もコストも莫大に費やされているのです。

受刑者一人当たりの年間経費は300万円とも言われます。100円、200円の万引きで刑務所のリピーターになると、10年で3000万円をみんなの税で賄《まかな》うことになります。30年、40年になれば、1億円の税金を万引きや無銭飲食を続ける人のために費し続けるのです。これほど社会にとってデメリットばかりなのに、放置され続けています。

罪を犯した人を、社会が「おかえりなさい」と迎え入れ、再び罪を犯さないようにする。支援することで被害者を生まないことにつなげ、社会に復帰した人が支え手になることは、みんなに望ましいことです。社会の根幹にかかわる重要なテーマなのに、日本では長い間、この分野が放置され続けてきました。

寛容さは共生社会の根底にある理念です。対極にあるのは、ルールを逸脱した人に「あっちへ行け」「帰ってくるな」という排外主義です。ひとたび罪を犯した人を受け止められるか、一人ひとりの意識が問われます。

2018年12月には、明石市において全国初となる「更生支援・再犯防止条例」が市議会で可決され、メディアなどでも大きく報道されました。

罪を犯した人も包み込み、仲間として一緒に暮らしていくやさしいまちづくりに、明石市はすでにスタートを切っています。そして市民も市議会も、この更生支援の取り組みを理解し、応援してくれているのです。

やさしい社会を明石から

少数者の支援は、凹《くぼ》んだ部分を普通に戻すような要素があり、本人もあまりひと目につきたくないかもしれません。目立たず、成果も見えにくいかもしれません。何人の市民が対象か、そんなところにお金を使い、まちにどんなプラスがあるのか、もっと他のことにお金と労力を充てろ、という反発もありえます。

しかし少なくとも、明石はすでにそのハードルを越え、かなり先へ進んできたと思っています。少数派への施策に見えても、実は市民全員に関わることで、一人たりとも見捨てない、支援の責任は社会にあり、行政が責任を持ってやる、という大義を掲げ、お金も人も使い、そのことがまちの発展につながると訴えてきました。

福祉はお金があるときにすればいい、お金がない時代には、福祉が後回しになっても仕方がないという声も聞かれます。

ですが、お金がないときこそ、すべての人に寄り添い、みんなから預かった税金でみんなを支援するまちをつくる。それが市民の暮らしを支え、持続可能なまちの発展につながるはずです。

みんなの税金を預かる行政が、みんなの社会保障をリードする時代です。社会のみんなで、いつまでも助け合えるよう、行政は本気で、最優先すべきこの責務に真正面から向き合うときです。

私は施策を進めるだけでなく、推進体制でも発想の転換を図りました。一般的な役所では、まず政策、財務など企画部門の人事が先に決まり、福祉は後回しというところが多いそうです。でも、明石は違います。優秀な人材を福祉部門に配属しています。なぜなら、子ども、高齢者、障害者、生活保護、どの部門も一人ひとりの市民に寄り添う個別の対応が必要な、公務員の仕事の中でも高度な業務だからです。

目ざしてきたのは、大きなまちでも、お金持ちのまちでもありません。やさしいまちです。困っている人がいれば、いつでもみんなで助け合える、そんなやさしいまちです。

こうしたまちづくりの目標として掲げている「やさしい社会を明石から」の「明石から」には

二つの意味を込めています。

一つは、国を待つことなく、率先して明石から「始める」ことです。時代や市民のニーズがあれば、国も、他の自治体も、日本のどこも実施していなくても明石は始めます。結果として全国初の取り組みも多いのですが、そこに支援が必要な市民がいるから、現場のニーズを身近に把握できる基礎自治体の立場で、あたりまえのことを速やかに実施してきただけなのです。

もう一つは、明石から全国に「広げる」ことです。明石の施策はマニアックな施策ではありません。世界基準のＳＤＧｓの根本理念でもある「誰も置き去りにせず、いつまでも、みんなで、助け合う」取り組みそのものです。

普遍的な理念で制度設計をしているから、将来にわたり続けることができ、全国どこのまちでも、同様の施策が可能です。条例として定めるのも普遍性をもたせるための手法です。

誰も置き去りにせず、ずっと住み続けたいと思えるまちづくり、人に焦点を当てた「やさしい社会」をつくる施策を優先して実施してきたからこそ、明石のまちは発展してきているのです。

第4章　本のまち、明石

るので、利用者の年齢層がすごく幅広いのです。

とりわけ子ども連れの若い親の世代が、駅前の図書館と子ども施設に毎日大勢集まる流れができてきました。まちの空気感も、駅前から非常に若返った感じになりました。

まちの一等地に「子ども」と「本」を持ってきたことにより、まちがにぎわいを取り戻し、地域経済の活性化にも大きく寄与しています。好循環がはっきり現れている場所です。「子ども」と「本」を重点としたまちづくり、ここが大事なポイントなのです。

いつでも、どこでも、誰でも、手を伸ばせば本に届くまち

本のまちづくりは駅前に市民図書館をつくって終わりではなく、当初から、市内全体を本のまちにする取り組みです。身近に本に親しめる機会を拡充し、「手を伸ばせば本に届くまち」を目ざしています。

図書館に続いて、移動図書館の拡充を行いました。遠くへの外出が困難な方々にも本を読む機会を提供する、これは行政の大事な責任だと思っています。２０１８年の夏、新たな移動図書館車を2台導入し、県内初の複数体制にしました。訪問先も35か所から77か所に増やし、病院や高

大型移動図書館車「めぐりん」

齢者施設、こども食堂にも出向いています。

子どもたちにも親しめるよう、明石たこ大使のさかなクンの協力を得て、車体に「タコ」と「タイ」の絵を描いてもらいました。それぞれ愛称もつけ、車椅子の方も利用できる大型車「めぐりん」はタコが目印、狭い場所にも行ける小型車「ぐるりん」はタイが目印です。一般図書や児童図書を載せて、市内全域をきめ細やかに巡回しています。

さらに「まちなか図書館」として、民間の病院・診療所や、銀行、郵便局などの待ち合いスペースに本棚を置いてもらい、そこにおすすめの本や好きな本を並べるという事業を企画しています。参加店舗を募集し、一部ではすでに試行が始まっています。

わざわざ電車やバスに乗って明石駅前の市民図書館に行かなくても、サンダル履きで気軽に出かけていける範囲に小さな図書館があり、そこでいつでも良書を手にすることができるようになれば、さらに「やさしいまち」、文化の薫り高いまちへと変わっていくでしょう。

街中の本屋さんとの連携も進めており、民間の書店が図書館の本の返却場所になってくれています。


自然豊かな環境にシンボル的に建てられた立派な図書館や、カフェを併設した居心地のいい空間がコンセプトの民営図書館などもいいですが、明石の本のまちの取り組みはそれとは一線を画しています。ハコモノ的な図書館にとどまらず、まちのいたるところに本があり、誰でも身近に文化や教養に触れることができるような、まさにまち全体が図書館になることを目ざしています。

本に親しむ気運づくり

明石では幅広い層の市民が本に親しむ機運づくりに力を入れています。

4か月児健診の機会には、すべての乳児に絵本と読み聞かせ体験をプレゼントする「ブックファースト」を実施しています。約9割もの保護者から、子どもと絵本を楽しむ時間が増えた、と大変好評です。

ブックセカンドの様子

３歳児健診の際には、図書館司書等による絵本相談と絵本をプレゼントする「ブックセカンド」を実施しています。単に本を渡すのではなく、本を通して親子のふれあい、愛情を育む心豊かな時間をプレゼントしているのです。

また、絵本をきっかけに、乳幼児、保育者、保護者など、保育の場に集うすべての人が共に育みあう豊かな環境をつくり、保育の質を向上するため、明石市オリジナルの資格制度「あかし保育絵本士」を創設しました。幼稚園教諭、保育士等を対象とした全国初となる取り組みです。子ども目線で豊かな時間をともに過ごしていただけるような方を増やし、本を通じたやさしいまちにつなげています。

就学前の子どもたちが、自分の読んだ絵本の中の印象的なシーンを描く絵のコンテストも始めました。「一枚の絵　感動大賞」と名付け、毎年実施しています。一枚の絵にしたのは、押しつけの作文課題にしないための工夫です。自分の内面に向き合い、感動をイメージで表現するのです。たとえば、人気があるうちの1冊『スイミー』(レオ・レオニ作)では、小さな魚が集まって大きな魚のように泳ぎ、みんなで立ち向かっていくシーンを描く子が多いです。

その次の年代、市内の学生には、「本の帯　感動大賞」というコンクールを企画しました。自分の読んだ本の中で、他の子にも読んでほしいお薦めの本のキャッチコピーやイラストを手書きの帯として作成します。

あわせて各学校では、学校図書館や学校司書により子どもたちが日頃から本に親しむ取り組みを進めています。子どもたちが本を通じて、豊かな想像力や思いやりの心を育み、総合的な学力を高める「本のまちづくり」を、しっかり位置づけていきたいと考えています。

こうした「本のまちづくり」全般を着実に推進していくために、全国公募で、司書経験のある専門職を採用しました。図書館、本のコンセプトとした駅前再開発ビル全体のプランニング、学校や地域との連携など、本のまち施策全体を担当しています。

財政が厳しいときこそ本に予算を

「子ども」や「本」には、財政に余裕ができたときに予算を充てるのではなく、むしろ財政が厳しいときにこそ、お金をかけるべきです。なぜなら、お金がない時代に苦しいのは、国よりも、自治体よりも、まずは市民だからです。

お金がないときは、自ら行政に声をあげ難い、弱い立場の子どもに一番しわ寄せがいきがちです。そういうときだからこそ、行政は「子ども」を最優先に位置づけ、お金も人もエネルギーも使うべきなのです。

可処分所得が目減りしていくなか、子どもの貧困に象徴されるように、小さな子どもに本を買ってあげたくても、かなわない状況が広がってきています。

各家庭では１冊１５００円の本を何冊も買いそろえてあげられないかもしれません。それなら、みんなでお金を集めて買えばいいのです。１冊を10人の子どもで読めば、一家庭１５０円で良い本が読めます。

子どもにとって望ましい本を何十人、何百人にも読み継いでもらえる環境を整えることで、各家庭で読み聞かせと、親子の愛情の時間を持つことができるのです。お金がない今こそ、みんなの税金を預かっている「公」が本を買い、「公」が買った良い絵本や良書を、みんなに届ける。これこそ行政の大切な役割であり、公共図書館の重要な存在意義でもあります。

みんなの図書館で本をそろえれば、市民の負担軽減になるだけでなく、他人を思いやり心が通う、やさしいまちにつながっていきます。さらに本来、各家庭で本を買うはずだったお金を子どものために使うことができるので、家族での食事、買い物など、まちのお店がもうかる地域経済への効果などにもつながり、みんなにメリットが広がっていきます。

単なる現金のバラマキではなく、本当に必要な子育ての負担軽減、まちの未来にみんなから預かったお金を使うことが、持続可能なまちへとつながっていきます。「子ども」や「本」を大切にするまちだからこそ、明石は選ばれるまちになり、発展してきているのです。

財政の厳しいなか、本を2倍に増やした市長は珍しいと思います。もちろん予算には限りがありますから、その意味で選書は極めて重要です。旧図書館はあまり選書ができておらず、たとえば5年前の節税対策の本が並べてあるなど、残念なこともありました。5年も経てば税制は変わるので役立ちません。そもそも節税対策の本を税金で購入し、公共の図書館に置く必要はありません。ベストセラー本を何十冊と買うのも疑問です。むしろ長く読み継がれる良書を選び、行政が買いそろえるべきです。

「本」はまちの発展に

新たな図書館や児童相談所をつくるので、他の市長さんから、明石はよほど財政に余裕があると見られているようです。「子どもにお金をかけてもまちの発展にならない」とか、なかには「そんな無駄なことにお金をかけるなら、もっと別のことに使ったほうがいい」という声も聞きます。別のこととは、企業誘致などの産業振興や公共事業、民間経済対策のことです。

こうした、産業振興＝まちの発展という思い込みが、いまだに根強くはびこっているようです。地域ごとにふさわしい官民の役割分担もあり、すべて間違いとまでは断言しませんが、そろそろ目を覚ましてもいい頃です。

人口30万人ぐらいの地方自治体が、独自に企業誘致や産業振興をしたところで、効果はたかが知れています。それよりも市民一人ひとりのニーズにしっかり向き合い、今の時代に必要な市の責務を果たすべく、サイレントマジョリティである普通の市民を意識したまちづくりを進めるほうが、確実にまちの未来につながるとの思いを抱いてきました。

新しい市民図書館を移設した明石駅前の再開発ビルは、当初は図書館が入る予定はなく、三つのフロアに市役所の機能が3分の1移転する計画でした。大多数の市民、いわゆるサイレントマジョリティの声が反映されていなかったのです。私が市長に就任してから、改めて全市民へのアンケートで希望を聴き、施設内容、コスト、手続きを見直しました。

今の時代は子育てなどにお金がかかり、共働きでも生活に余裕がありません。多額の税を投入する駅前公共空間で、市民の多数が希望する施設は、私の思いと同じで1位が図書館、2位が子育て支援施設でした。本当に市民が求めているものができたのです。おかげさまで市民からは大変好評です。

従来の旧い発想のままでは、お金がない時代に本を買い足し、駅前の一等地に本の空間をつくることは想像もできなかったかもしれません。

しかし、市民のニーズを真正面から捉え、古い価値観に基づいた抵抗に臆することなく、市民目線で取り組んだ結果、私が市長に就任する前から考えていた図書館や子育て支援施設を駅前の一等地に開設することができました。

打ち出しにくいのだと強く感じています。

必要なのは、日本全体での立ち位置を認識し、時代状況をシビアにとらえ、自分のまちを客観的に判断すること。それを受け入れ、現実に正しく即した施策を採ることです。

そのためには、フルパッケージ政策が必要との思い込みや、単なる全国一律の発想からは脱却することが不可欠です。

市民に最も近い行政は「市」

住民に身近な自治体職員の仕事のあり方も、発想の転換が求められています。職員をサンタクロースにたとえて説明します。

サンタ（＝職員）は、子どもたち（＝住民）に、国からあてがわれたプレゼントを渡すのが仕事です。サンタ１人に子ども30人がいます。これまでは国からチョコレート90個、ビスケット60枚、キャンディ30個が下りてきました。サンタは、チョコ３個、ビスケット２枚、キャンディ１個ずつ配れば全員に行き渡ることを確認し、イベント会場に子どもたちを集め、数を間違えないように渡します。一つでも多く渡したり、同じ子に二度渡したりしたら大変です。与えられた分を忠実に、公平に渡します。ここに創意工夫は要りませんし、楽しくもありません。これがかつての自治体職員の仕事でした。

ところが今や、国からの配給はどんどん減っています。チョコレートは中途半端な70個になり、ビスケットはたったの20枚、1人に1枚行きわたりません。次第に減り続け、子ども30人にお菓子は全部足しても30個に届かなくなります。それでもプレゼントを渡すのが仕事です。

どうすればいいのでしょうか。たとえばビスケットを半分に割り、1枚を2人に分ける。あるいは、クイズ大会を開催し、勝った子から順番に好きな物を選んでもらう。いろんな工夫が考えられます。今の自治体職員の仕事に求められるのは、まさにこうした知恵と創意工夫です。

これまでは国に言われたことを忠実にこなすだけでした。国からのプレゼントを待っている住民へのパイプ役にすぎませんでした。しかし今、渡すものは少なくなりましたが、住民たちの顔を見ながら、どうすれば喜んでもらえるのか、自分で創意工夫することが許されるようになりました。

住民にどのようなサービスを、どんな方法で提供するのか、考え、実行するのが仕事です。厳しいことでも辛いことでもありません。これが本来の姿です。これまで単に決められた分配をするだけだったのが、自治体がいつ配るのか、あるいは届ける・配らないも含め、方法も選べるのです。非常にやり甲斐があり、楽しみのある仕事に変わったのだと、職員に伝えています。

いまだに国の指示を待っていれば何か素晴らしい設計図が来るかのような、幻想を抱いている職員もいるかもしれません。そんな時代はとっくに終わっています。全国津々浦々に適応できるような設計図を期待してはいけません。待ったところで、追加のチョコやビスケットが支給されるわけでもありません。

限られた手持ちの資源を有効に使い、どのように現場で対応するか、発想と行動を切り替えることが不可欠なのです。それができれば、これほど楽しく、やり甲斐のある仕事はないと思えるはずです。

住民に最も身近な市区町村こそが、市民と直接向き合う醍醐味と、やり甲斐を感じることができます。国が一番偉く、次が県、一番下が市区町村という序列で発想をするのは間違いです。一番住民に身近な存在は市区町村です。住民の気持ちをダイレクトに感じられる現場にいる市区町村が、全国の国民に直接サービスを提供しているのです。しっかり現実を認識し、誇りと責任を持って行動すべきだと職員には機会あるごとに伝えています。

その施策に普遍性はあるか

意識しているのは、施策の普遍性です。私が市長を辞めた後も続く、時間的普遍性です。そして明石以外のまちでもできる、空間的普遍性です。決して市長の思いつきでマニアックなことを次々に打ち出しているわけではありません。

時代や市民ニーズに応じたテーマ、特に今後も継続し、より高まってくる分野で求められている適切な施策であれば、当然ながらその施策は普遍性を持ち、誰が首長であっても、どこでも安定的に続いていきます。

このことは我がまちの特性を認識し、それに特化することと矛盾しません。地域の特性と、普遍性のある施策は両立します。自分のやっていることがどれほど普遍性を持つのか、そのことを意識せず、中途半端に漫然と毎年同じことを繰り返し、となりの真似をしていることが大きな問題なのです。

私は子育て支援に特に力を入れていますが、働く場所に通えるエリアだからこそ、子育て支援を重点化することで人が集まるのです。通勤圏ではないところで同じことだけをしても効果は見込めません。自分の地域に何が必要なのか、個々にリアリティをもって施策を考えていかなければばなりません。

各自治体で職員が発想の切り替えを意識できていないなら、大きな問題です。明石の施策はユニバーサルな理念に基づいており、どこでも適用できますし、今すぐに実施すべき内容だと思っています。でも、すべてがそのままで適用できるわけではありません。兵庫県内だけでも日本海側から瀬戸内の淡路島まであり、全域に一律に適する施策は限られて当然なのです。

基盤整備などは、全国一律にある程度の合理性はありますが、福祉などの個別救済的な分野になると、地域ごとに状況が大きく異なります。国に期待して無駄に待つのではなく、自分の足元をよく見つめ、現場に即した仕事にすぐに取りかかるべきです。全国の自治体が発想の転換を遂げたら、日本の社会は随分変わってくるでしょう。

発想の転換とやりくり次第で、今ある財源と人で普遍的な施策を十分実施できること、まちが大きく発展することを、明石市は数字と、市民の実感を持った成果として明らかにしています。すべての子どもへの普遍的な施策を継続すれば、まちに好循環が生まれ、拡大していくのです。

日本の近代化にみる時代の変化

全国的にみると、今の政治や行政は時代の変化に追いついていません。大きな変化にきちんと向き合い、市民にしっかり責任を果たしていく発想の転換がまだ十分できていないのです。私はこのことを強く意識して、実際に打つ手を選択しています。だからこそ明石の施策は普遍性を有しています。発想を切り替え、これからの自治体のあり方、まちづくりのモデルとなりうる施策を実施してきているのです。

大きな時代認識で言うと、日本で大きな社会変化が起こった明治維新以降、近代化を支えた重要な要素が、大きく四つあったと思っています。

まず「全国一律の制度設計の必要性」と、都市基盤整備、いわゆる道路や橋、上下水道などの「広域ハード整備の必要性」です。この二つは江戸幕府から中央集権国家に移行するにあたり、絶対に必要な要素でした。

そして、それら二つの必要性を優先し、家族ニーズを後回しにしても構わないだけの地域の強さ、「大家族制や村社会のセーフティネットの存在」があったのも大きな要素です。さらには、中央集権による地方支配の継続を可能ならしめる「右肩上がりの成長」、すなわち人口増と、それに伴う財政増が担保されていたのも極めて大きな要素です。しかし、もはやいずれも過去の社会の姿です。

これらがすでに大きく変化してしまったのが、今の現実の社会です。これらの古い価値観から脱却し、発想を転換してこそ、次の時代につながるまちづくりができるというのが基本となる考え方です。

二層構造と三層構造の都市制度

江戸時代は、中央の幕府と地方の藩の二層構造で行政運営をしていました。それがある程度安定して機能し、二百数十年に渡る幕藩体制が続きました。

ところが明治になり西洋文化が流入し、一気に中央集権体制を目ざすことになります。市制町村制の導入時１万６千近くあった全国の各地域に向けて、中央政府が直接指示を出すことは非効率です。地方と中央の間に、中間管理職として位置づけられたのが都道府県です。政府が下の47に指示すれば、中間にいる47は各地域に指示を伝える構造です。

中央政府は都道府県に対し、各地域に10の仕事をさせなさいと指示し、10の財源を配ります。たとえば、兵庫県にある41市町それぞれに10のことをさせるには、国は兵庫県に４１０のお金を渡します。県は各地域に10ずつお金を分配すればいいのです。

お金と一緒に、プラモデルで言えば組立図とパーツに当たるものも、国から全部来ていました。都道府県の仕事は、国から指示されたことを忠実に下ろすことで、市区町村の仕事は、お金とパーツを使い図面どおりに組み立てることです。そこに創意工夫は要りません。「全国一律の制度設計」に基づき、津々浦々、画一的な処理こそが当時望まれたことです。個々に判断するなど、勝手なことは許されませんでした。

税制、教育制度など、あらゆる制度がスピーディーに、しかも全国で一律に実施できるという点では、国・都道府県・市町村の三層構造は、非常に合理的でした。「右肩上がり」の人口増と、それに伴う財政増が続く成長時代に適していたのです。藩ごとに分かれていたインフラを、一気に全国につなぐ「ハード整備」にも、都道府県に一定の権限を持たせて中央の指示に従わせるシステムが有効でした。

ここに、お上に従うという文化が幅を利かす要因があります。金を握って命令する国が偉く、次が都道府県、その下に市区町村という上下関係のもと、市区町村は与えられたお金で指示された通り忠実に仕事をすることが求められる時代が続いてきました。

大家族制・村社会のセーフティネット

こうした時代でも、個別の救済は当時の村社会が受け持っていました。私の家は漁師でしたが、もし知的障害の子が生まれたら、その子はやはり漁師になりました。学校の勉強が得意でなくても、力仕事ができれば網を引けばいいのです。また、かつて漁師の世界では、捕った魚を、能力ではなく人の頭数で均等に分ける文化がありました。障害があっても、一生食い扶持《ぶち》には困らない実質的な所得保障が成り立っていたのです。

ひとり親の場合も同じで、たとえば、長男が戦死した後、弟が兄に代わって再婚して夫になり、その妻と子どもを養うというようなケースもあったくらいです。私の父も姉の旦那さんが亡くなりましたので、姉の子どもが小学校の頃から、私の父が親代わりを務めました。大家族では、そのようにひとり親家庭支援が行われていたりもしたのです。

障害者の所得保障も、離婚や死別などのひとり親家庭の扶養や支援も、第一次産業中心の大家族制・村社会のコミュニティにおいては、ある程度支えていけるだけのセーフティネットが張られていたのです。

こうした基盤があったからこそ、個々の市民の立場よりも、従うべきはお上という文化で日本

てもらい、出し合ったお金をどう使うか。まさに政治、行政の役割です。より多く出し合えば、負担は重くとも多くのことが可能になります。一方、出すお金をより少なくすれば、できる範囲は限られます。たとえばサークル活動で、月５００円の会費を５０００円にすれば、できることは大きく広がります。負担をいくらにするかは、何をするかとセットになっているのです。

負担と受益は密接な関係にあります。しかし日本社会では、そこを見えにくくしています。国と地方の関係でもそうです。いったん国にお金が召し上げられ、国からお駄賃をもらうような制度になっているのです。

これでは自立した経営は困難です。これを抜本的に変え、お金は地方がしっかり集める、というのが私の基本的な考えです。高負担とは言いませんが、私は中負担・高福祉派です。低負担ではできることが限られます。今は基礎自治体の役割が大きい時代です。少なくとも中程度の負担が望ましいと考えています。中程度の負担に知恵や工夫を加味することで、高い市民サービスを身近に提供していくことが、市区町村の役割だと考えています。

ところが現在の財政制度では、地方が努力をすると、逆に地方交付税を減らされます。子ども医療費助成などで各自治体が独自の市民サービスを付加すると、ペナルティとして補助金を減らされるのです。財源を工夫して独自施策をしても、かえって財政が圧迫され、非常に由々《ゆゆ》しき事態です。

ただ、それを愚痴《ぐち》っていても仕方がありません。私の場合、お金がないから市民サービスができないという発想はありません。いまある限られた予算のなかでも、なんとかやりくりし、実施してきました。

中央省庁に行っても、私が助成金の嘆願をしないので驚かれます。ほとんどの首長はお金をくださいと言いますが、私は、「お金などいらないから文句をつけるな」です。本来は国がすべきことを、今あるお金で先行して実施するので、邪魔をしないで応援してくればいいのです。

国から助成をより多くもらいたい、引き出したいという発想に、多くの市長がいまだに囚われています。それでは自立した自治体経営は困難でしょう。助成金が来るほうが助かりますが、国に過度に依存せず、やりくりするのが首長の手腕であり、今の時代の自治体経営のありようだと思います。

組織再編で体質改善

組織も順次再編し、２０１７年にようやく、14部局（1局13部）の縦割り組織を一気に５局に

2017年度　組織改正

改正後（2017年4月1日）

1　市長事務部局

○組織の規模

5局　5部　36室　73課　191係

（4局増　13部減　13室増　8課減　13係減）

〔・市長事務部局
5局　34室　52課　141係〕

改正前（2017年1月27日）

1　市長事務部局

○組織の規模

1局　18部　23室　81課　204係

〔・市長事務部局
1局　13部　21室　60課　155係〕

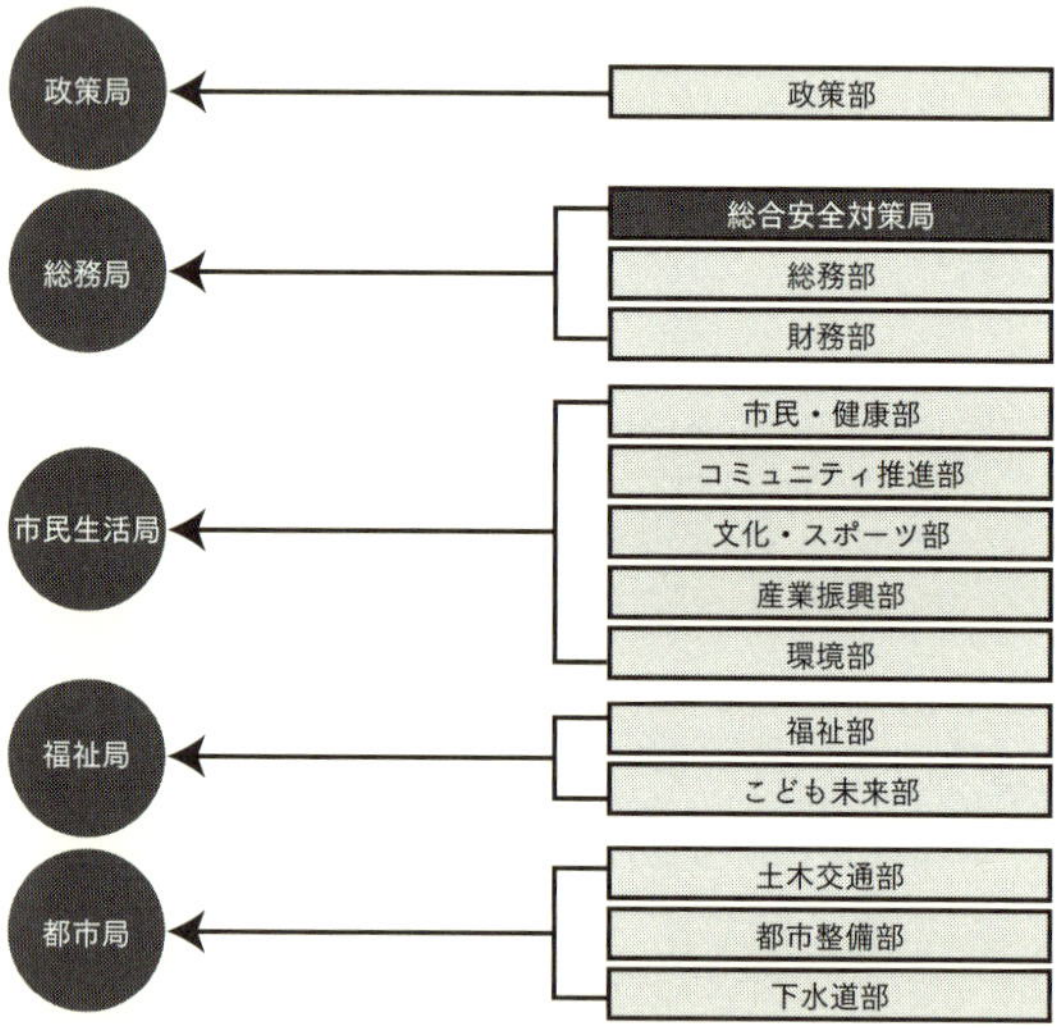

市組織を1局13部から5局に集約

集約しました。新しい組織は政策、総務、都市、福祉、市民生活の5局です。

　単なるスリム化だけが目的ではありません。意思決定、人事、予算、そして市民理解、この四つをしっかり連動させるには、組織再編が不可欠でした。

　政策、人事、予算を同じ部署に置く自治体は少ないと思います。明石もこれまでは政策部が戦略、人事は総務部、予算を財政部で所管していました。各部門がバラバラでは、整合を取り、施策を迅速に実施するのは非常に困難です。再編して、政策局に政策決定と人事と予算をそろえました。広報もありますから、まさに総合戦略本部です。

大きな方向や戦略を決め、それを実行する人事と、必要な予算を確保し、市民理解を得る広報の政策特集を作成する部門を集約したことで、縦割りの連携不足での停滞をなくし、一貫性のある迅速なまちづくりを行えるようになりました。

集約の効果は、業務の見直しや財政健全化にも現れました。以前は前例踏襲で、漫然と仕事を続ける風潮もありましたが、14を5に集約し職員の数を減らしたので、同じやり方で続けていてはとても回りません。必然的に見直しを迫られます。

「必ずすべきこと（Must）」以外は、「したほうが望ましいこと（Better）」を優先度に応じて、「どちらでも大丈夫なこと（May）」は無理せず、「あえてしなくてもいい」ことは速やかに止める、と意識と行動の改革につながりました。

働き方とお金の使い方が変わり、それが新たな予算の確保、市民サービスの充実と向上につながり、メリットは非常に大きいと感じています。

ただ、役職ポストが減りますから、当然組織内の強い抵抗はありました。普通は組織の抵抗が強く、なかなか実現できないかもしれません。もっと早い段階で実施するはずが、実現まで結局6年もかかってしまいました。

無駄の削減とコスト感覚

市民の理解を得るため、お金がないことを理由にするのではなく、まず徹底した無駄の削減に取り組みました。公共事業は緊急性に欠ける事業から、大幅に削っていきました。

職員の数も減らし、総人件費を10億円削減しました。一方で一人当たりの仕事の質を高め、仕事は増やしています。中核市に移行し100人ほど新たに職員が必要になるところでしたが、増やしていません。これにより100人分の人件費が浮き、10億円の予算が生まれました。人事にしっかり切り込み、仕事の仕方を変え、予算を生み出すことにしたのです。

次に私が行ったのは、先に財源を確保する方法です。市の目玉施策に使うので、最初に全体の1％、20億円を確保し、残りで予算案を作成するよう命じるのです。明石市ぐらいの規模だと、20億円あればかなりの市民サービスの実現が可能です。

財政健全化には、不断の経営努力が不可欠です。コスト感覚について、自分のお金と同じように大事にするよう職員に厳しく言っています。あえて決裁をしない手法もとります。決裁書類が上がってきても簡単に判を押さず、漫然と上げてきた場合は断固切ります。

JR 明石駅前の再開発ビル

たとえば近年実施した明石駅南の再開発は、市だけでもおよそ１００億円の負担をした事業です。市民の税金を無駄にしないために、知恵をしぼりました。

市役所機能の3分の1を移転する案を10分の１以下の面積に集約し、狭くても市民サービスは向上させ、コンシェルジュが丁寧に案内する窓口に変更しました。生み出した空間は「本」と「子ども」施設に入れ替え、国の補助金が約30億円に増えました。

その一部で本と子どもの大型遊具をそろえたのです。市民負担を大きく減らしながら、市民の望みをかなえ、まちの活性化に寄与した実績は、財政健全化の一つの象徴となりました。

明石駅の東側には別の再開発ビルもあります。私が市長に就任したとき、経営補塡で市が毎年1億4000万円の補助金を出していました。さらに市の貸している約100億円の返済を年10億円から半額に減らし、改修費10億円も出してほしいと言われました。

でも、トップダウンで方針を転換し、経営努力を迫った結果、今や補助金は何とゼロになりました。わずか数年で補助金なしで経営できるようになったのです。毎年の返済額も減らさず10億円が戻ってきています。改修費も一銭も出さず、工面して完了しました。

実態を調べると、それまではテナントに逃げられないよう言われるがままに年々賃料の減額交渉に応じていたのです。賃料を適正にするよう指示し、テナントの入れ替えを命じるなど毅然と対応したことで、わずか6年で経営は黒字になりました。

空きが目立つ駐車場も埋める努力をせず、近隣の駐車場業界に忖度《そんたく》し、意図的に満車にならないようにしていました。そのせいで市民の税金で1億4000万円を補塡していたのです。私は不動産関係の業界団体などに気を遣う必要がありませんので、気を遣わず普通にしろと命じたら、満車となりました。その結果、駐車場の経営も黒字に転じました。

私が命じたのは「民間並みの経営努力をすること」だけです。本気で腹をくくって自助努力するようになると、１億のお金が浮いたのです。普通にやれば1億４０００万円の補助金は要りません。10億円も返ってきます。改修費もかかりません。これは、やればできることなのです。

全国どこでも同じことが起こり得ます。要《い》らぬ顔色を伺い、潰してはいけないという思い込みから、漫然とみんなの税金を無駄遣いして、努力なき赤字経営を続け、自分たちのお金ではない、税金などどこかから湧いて出てくるとの悪循環に陥ってはいないでしょうか。

みんなから預かったお金です。みんなのために適正に使う。正常な経営意識で取り組むようにするだけで、億単位の財源が出てくるのです。

これは一例で、私は行政のあらゆる無駄にメスを入れてきました。手っ取り早いのは不採算部門を潰すことですが、潰されるとなれば、みんな必死に経営努力します。単にハコモノをつくり、つくったら潰すなでは、財政が甘くなり、ひずみが出るのは当然です。

市民に向き合った判断をすれば、財源はまだまだ出てくるでしょう。腹をくくり、潰れても構わないくらいの覚悟で最後までやりきるという首長の思いが行政全体に浸透すれば、職員もサイレントマジョリティを見て仕事に取り組むようになります。

市民はちゃんと見ています。行政が一生懸命にやっていることを感じてこそ、応援につながるのです。信念を曲げることなくやり続けることです。それが市民に信頼され、支持され続けることになるのだと思います。

「公」を担う心のあり方

何でも官から民へ、で済むのではありません。一人ひとり、お互いに支え合わなければ生きていけない社会です。みんなの税金でみんなを支える「公」は不可欠で、その働きは尊いのです。「公」が担うべき社会の責務はこれからも多岐にわたります。本来、市民から「もっと給料もらわんかい」と言われるべき仕事です。

私自身「公」派で、みんなのため、社会的責務を担うのが行政、との思いが根本にあります。期待が強いだけに、責任を果たしていない状況では、不満や怒りも半端なく強く、働いていないのに給料をもらう公務員は許せません。

泉　今、四つの大きなテーマを示していただいたと思います。

まず、普遍性について私が強く意識しているのは、「共感」なんです。共感を得られないことには施策が続いていきません。

人は生まれた時から自立して生きられるわけがなく、死ぬまでお互いに支え、支えられながら生きていくものです。そのことに対する共感を得ていかなければいけません。誰かだけ、この時だけではなく、あなたに、そして結果的にみんなに意味があると言える普遍性を意識しています。

普遍性にはもう一つ、誰が市長であってもできる、続けられるという意味があります。私でなければできないのでは、単なる趣味にすぎません。私が辞めてもずっと安定的に続いていき、誰が市長であってもなし得る施策でなければなりません。また、明石だけよければいいではなく、明石から私たちの社会を、より暮らしやすい社会にしていきたいという思いでいます。

井手　ジョナサン・ウルフという哲学者が、「いいこともあれば悪いこともある社会」（『「正しい政策」がないならどうすべきか』勁草書房、２０１６年）という言い方をしていますが、市長の考えはそれに通じるものがあります。

たとえば、もし医療費がタダだとしたら、病院に行く人はすごく得をして、健康な人は全然得しません。すると、「なんであいつだけが」となってしまう。でも、病院に行かない人は高速道路を頻繁に使うかもしれませんし、高速道路を全く使わない人は、介護サービスを受けているかもしれません。つまり、ある面だけ見れば自分が負担する側で、誰かが得をする側にいるようでも、広く見るといいこともあれば悪いこともある。それが社会ですし、財政とは本来そういうものです。誰もが支える側にも、支えられる側にも回る。理屈では理解できても、やっぱり負担するのはみんな嫌です。ただ、明石市の場合はそれで出生数が増えたり、税収が上がったり、うまく結果に結びついているのが大きいと思います。それは市民にとって非常に説得力がある。

共感は生まれてもいつか消えるものです。あるときには共感されても、ちょっと状況が変わると立ちどころに消えていってしまう。でも、市長が取り組まれていることは、時流とか刹那《せつな》的なことではなくて、長い間必要になっていくことだと思うんです。井上達夫という哲学者の言葉を使えば、「共在感」、「共に在る」という感覚です。たとえば誰かが病気になったときに、仲間が一緒にいて「大丈夫か? なんとかしてあげよう」と励ます感じ。それって消えないんですね。共感をその共在感に変えていくことが、明石市の行政ですごく重要になってくると思います。

泉　「共に在る」と聞いて、漢字の話を思い出したのですが、にんべんに「右」の「佑」や、にんべんに「左」の「佐」という漢字がありますよね。この二つの漢字の意味は、両方とも「助ける」という意味なんです。人のすぐそばの右や左にいるということは、それが右であろうが左であろうが、それだけで助け合っているってことなんでしょうね。その一方で、「人」という漢字は、人と人が支え合っているようにも見えますが、助けるというような意味はないんです。人はくっついていなくても、そばに一緒にいるだけで、誰かを助けているということかもしれませんね。

井手　今の、すごく腑《ふ》に落ちました。私は「助ける」というときの一種の「助けてあげてる」感が嫌いでした。でも、うちの長男が小学校に入って、となりの席がダウン症の子だったんです。それがダウン症という病気だと息子には教えませんでした。数か月経ってその子のことを聞くと、手がかかって可愛くてしょうがないって言うんです。ただ一緒にいて、遊びたいんです。その子ができないことは、「助けてあげる」ではなくて自然とサポートするし、となりの子も助けられていると思ってない。その中で二人が共に在り、そして共に喜びを分かち合っているんです。

泉　いい話ですね。

井手　市長は生まれたときから人というのは助け、助けられる、対等な関係なんだと仰られましたけど、たぶんその助けるということを感じないほど、共に在る感じというのはすごく大事で、普遍性というのは、たぶんそこにつながっていくんじゃないかという気がします。

支え合いのまち・明石の現在

泉　明石の今の状況は、まち全体が本当に支え合うようになってきたからだと思うんです。Ｂ１グランプリという、食を中心としたイベントを開催したときのことです。かつては「健常者・フォー・障害者」、健常者が障害者を支えるという関係でした。私は、障害当事者が障害のある方のことを一番わかっているのだから、入り口の一番近くで来場者をお迎えして、障害者を支えてもらうつもりでした。いざ始まってみたら、それに留まらず「障害者・フォー・健常者」でした。ろう者が耳の聞こえる方を道案内していたんです。普段は助けられる側だった障害者が、助ける側の市民を迎えている。助ける人、助けられる人、どちらも混ざり合っていて、その中で活躍しているのが、障害当事者のボランティアでした。その光景に、明石のまちが新しい次の段階へと進もうとしていることが表されていると思いました。

井手　命とか、暮らしに関わる本当にベーシックな部分まで地域の人に投げていくのは、私はちょっと賛成じゃないんです。そこはきちっと行政がやるべきです。でも、ベーシックな部分を保障しても、それがよりよい命か、よりよい暮らしかはまた別です。そこまで行政が手を伸ばすのは、やりすぎだという気持ちがあります。たとえば、かゆくても人は死にませんが、かゆいのは嫌です。そのかゆいところに手が届くようなサービスは、行政のやることではなくて、住民のみなさんがおやりになればいいと思うんです。そのとき、どこがかゆいかをちゃんとわかる人がいるはずです。同様に、障害のある人のニーズは、当事者が一番わかるはずで、その人たちが担い手になっていくというのは、すごく合理的な話です。行政がベーシックな部分を保障し、障害のある人が良き支え手になるということの好循環があるような気がします。

泉　もう一つの例は、明石駅のホームドアです。これは東京で起きた痛ましい地下鉄での事故をきっかけに、まず、事故で亡くなったのと同じ視覚障害者の方々が、市議会にホームドア設置の請願に動いてくれと立ち上がったんです。そこから署名活動が広がり、全障害者団体が一緒になって活動されました。そのあと議会と商工会議所も加わり、どんどん広がっていって、ついにホームドアの設置が決まりました。それは視覚障害者だけでなく、すべての市民の安全につながります。その重なり合う一連の動きは、やはり明石のまちの今を表しています。

井手　子ども、お年寄り、障害者など、いわゆる社会的弱者と呼ばれるような人たちの目線でまちづくりをしていけば、すべての人にとって快適で安全なまちになっていくでしょうね。

図書館を拝見したとき、大きな本のコーナーがあって、これでは子どもが本の向こう側の駅前の美しい風景が見えないじゃないかと、市長が図書館員に注意されました。そこまで子ども目線というのを徹底されているんだなと思いました。

泉　私たち大人目線で物を見てしまっていることに気づきにくいものですが、ちょっとしゃがんで子どもの目の高さになった瞬間に、世界は違ってきます。それができるかどうかは大きいです。

井手　気づいたらその場で変えるように指示されたそうですが、なぜそれができたのかが不思議でした。作った人の気持ちとか、突然変更すると大変じゃないかとか、思ったりなさいません？

泉　思わないではないですが（笑）。作った方は子どもたちに望ましい空間づくりを心掛けているつもりでも、大人目線のままの部分があれば、それを指摘するのが気づいた者の役目です。

スピード感は私の特徴で、「急がないよ」と言ったとしても、私の「急がない」は「今日しなくていい」というだけで、「明日しよう」と同義語です。どうしてもできない理由があれば別ですが。

井手　物事って早い段階で直したほうが絶対安上がりですね。社会で問題になっていることの多くは、今やっておけばいいことを先送りにして、結果的に高コストにしている場合が多い。

それと、行政はできない理由を考えがちです。みんな同じように公平に扱うというときに、誰かだけを特別扱いできないから、なぜあなたにできないかということを一生懸命に考える。考えるべきはできない理由ではなくて、どうすればできるかです。

泉　それは効率性の話につながりますし、自治体経営論でもあるんです。私も市長になった直後は、お金や人手が足りないと思っていましたが、実際はそうではなく、今の時代の市民ニーズに向き合えていないことにこそ問題はありました。市民にとって必要なことをしっかりやっていくことに変えると、優先順位が入れ替わり、お金の使い方も変わってくる。これだけで効率よく市民にとっての幸せにつながりますし、行政職員のやり甲斐にもつながります。

明石市では飲食店に段差があれば放置せず、行政がお金を助成して、簡単なスロープを付けていただいています。そのスロープは車椅子の方だけでなくて、ベビーカーを押した方も、段差が上がりにくくなったお年寄りも助かりますし、店の評価が高まってお客さんも増えていくというかたちで、みんなにとって良いことですから、それをみんなから預かった税金でやればいいという発想なんです。それは普遍性にもつながります。

今後は、開店や改装の時に、入り口を車椅子でも入れるように作ってもらうことを検討しています。作ったあとで入り口を広げたり、スロープを付け直すからコストがかかるので、初めからみんなにとっていいことはやるとルール化すれば、コストが高くつかないのです。ちょっとした工夫で、お金をかけずに入りやすい店づくりはできるのです。

井手　道路や橋梁《きょうりょう》を造るときも、50年、100年使うという前提で最初からそういう造り方をしておけばいいのに、25年ぐらい経ったら作り替えるという前提だからコストがかかるし、長寿命化も難しくなります。入り口の段階でやったほうがコストはかかりません。

泉　私が市長になるまでは、一般会計1000億のうち子ども予算が100億程度、全体の1割程度でした。「こどもを核としたまちづくり」を進めてきて、今は200億を超えています。2割にまで拡大し、人も3倍増なんです。視察で「そんなお金、どこから出てくるんですか」とか、「その結果どこかが泣いてませんか」とか訊かれます。当然、削減したところはあるんですが、本当に必要なことにしっかり向き合っていれば、やれるものだという実感があります。

プライオリティ予算が可能なわけ

井手　予算にプライオリティを付けるというのはすごいです。一番理想的な予算じゃないですか。広島県もそれに近いことをやっていますが、最後の削る部分は微々たるものです。明石市は大胆に、31位以下をバッサリ削っていく。それがなぜできるのだと思われますか？

泉　基本的な発想は家計と一緒です。子どもが習い事をしたいと言ったら、どうするかを話し合ってやりくりする。ところが役所というのは縦割りが激しくて、初めから決められてしまった予算の発想が強く、右のものを左に持っていくという発想になりにくい。明石では縦割りを廃し、限られたお金を重点的にどこに使うかを決め、その分削減したところは、精度を上げることで対処してもらっています。たとえば、道路予算は以前に比べて半減していますが、道路がでこぼこかといったらそんなことはなく、半分の予算でもでこぼこを平らにし、危険な場所は直すことができています。緊急性の高いマスト（must）については当然しっかりと対応するけれど、してもいいのメイ（may）については当面は見送る。そして、あとはベターの優先度を決めていき、一定額で切るという発想で、なんとかやりくりをしてきました。ただ、それにもそろそろ限界が見えてきていますので、次はやりくりを超えて、負担の問題に入っていくのは当然だと思っています。

井手　下水道もだいぶ削られたそうですね。

泉　20年間で６００億を１５０億に一気に減らしました。毎年30億も使い、しかも20年間も固定されているのを疑問に思い、職員に何のための６００億かと問い質すと、ゲリラ豪雨が降っても市民に被害が出ないようにする雨水対策とのことでした。その基準は「1時間あたり42ミリという豪雨が降っても今の明石市内だと床上浸水しない」というもので、起きる頻度は１００年に１回程度とのこと。何軒ぐらい床上浸水するのかと聞くと、「おそらく10軒程度です」と言うんです。１００年に1回、10軒の床上浸水のために６００億円を使う計画だったのです。もちろん床上浸水した人にとっては大変なことですが、そのために６００億は出せません。

井手　建て替えたほうが安いですよね。

泉　一軒億単位の豪邸が建ちます。ただ、職員にはなんの悪意もありません、生真面目なんですよ。自分の分野において、できることをしていきたいというだけなんです。

その下水道の関係で、全国市長会の中で会議に出る機会がありました。私以外の市長さんは、下水道普及率がまだ50％です、１００％行き渡っていませんという発言がほとんどでした。明石市はもう１００％を達成していて、次の段階にいるわけです。その次の段階の優先度は、他に比べると低いと言わざるを得ません。市民に迷惑をかけないように都市基盤整備はちゃんとするか

だから嬉しいというイメージですが、貯金があっても実際は下ろせないじゃないですか。子どもの大学のお金とか、家を買うお金とか、老後の備えとかで貯めているお金は、どうせ下ろせないんです。持っていても使えない資産って、意味がないですよね。税金を払えば資産が減ってしまうかもしれませんが、でもそれをまさに生きていくため、暮らしていくために必要なものに使ってくれるとすれば、貯蓄ゼロでも不安ゼロという社会がやってくるかもしれないのです。

泉　そこは全く同感です。

井手　あとは市長が仰った共感、僕の言葉では共在感の問題で、徹底的に効率化をやってきて、ここまで人口も税収も増える状況をつくりましたが、さらにその先に行きたくないですか、という問いかけですね。

泉　そうです。ちょっと話が違うようで私のなかでは通底しているのが「本のまち」です。明石市は地方創生総合戦略として、当時の流行語大賞だったトリプルスリーをもじって、人口を減らすことなく30万人、赤ちゃんの数を３０００人、そして三つ目に本の貸出数冊数３００万冊を掲げました。単に産めよ増やせよではなく、「本のまち」というコンセプトをまちづくりの根幹に据えています。図書館を駅前にもってきて、面積を4倍、本の数は倍増しました。ここがポイントです。本の数を倍増することは、市民に得なんです。

苦しい家計のなかでも、いい絵本を子どもに読み聞かせしてあげたい親はたくさんおられます。たとえば、絵本が1冊1000円として、10冊買いそろえるには1万円かかります。その10冊は家の本棚に並んでいても、そう何度も読むわけではありませんし、子どもが大きくなったらもう読まれません。それよりも1000円を100人から集め、集まった10万円で100冊の本を買い、それを図書館でみんなに借りてもらえば、10分の1の負担で、子どもが読める本は10倍になるんです。そのほうが安くてお得ではないかという発想です。公がいい絵本を買いそろえて、浮いたお金で子どものために何かプラスアルファのことをしてあげたいという、親御さんの思いをかなえていただくというストーリーを、ずっと説明してきて、大変好評を得ています。

井手　明石市は約13万世帯あって、1世帯がもし1000円払ったら、計算上は1億3000万円ぐらい集まることになります。1000円では本1冊買えるかどうかですが、1億3000万円あったら本どころかものすごくいろんなことができますね。

泉　明石市では、ブックスタートという事業を始めています。子どもの4カ月検診の際に図書館の司書が読み聞かせを行い、帰りには絵本をプレゼントします。2018年からは3歳児検診のときも同様に本をプレゼントするブックセカンドを始めました。検診に来た子どもが、5冊のなかから選んで、楽しそうに持って帰ります。7月には移動図書館車を兵庫県下で初めて複数台買いました。これで長期入院中の方の依頼を受けて、市民病院に本を届けたりしています。みんなから預かった税金で買った本は、みんなで読んでいただきたいので、来てくださいではなくこちらからお届けするという発想です。いつでも、どこでも、誰でも手を伸ばせば本に届くまちをつくるために、みなさんからお預かりしているお金を使わせてください、ほかの町に比べて明石市は本に使うお金は多いですが、それはみなさんにとってハッピーでしょう、というコンセプトです。

井手　本当にわずかな負担でもこれだけ暮らしが良くなるという実感を、市民が共有できればいいですね。本の数が増えるのは、子育て世帯だけではなく、みなさんにとっても嬉しいわけですから、特定の誰かではなくてみんなが幸せになるやり方です。

泉　そうです。うちの図書館、冊数もすごく多いんですけど、視察にみえたみなさんがびっくりされるのは、利用者の幅広さです。小さな子どもからお年を召した方まで、あらゆる層が訪れる空間になっています。まさに「オール・フォー・オール」の象徴です。

井手　たった1000円で何ができるかを、みんなで考えてみたらほんとに楽しいと思います。

泉　大学サークルの部費を決めるのと一緒です。月々500円の部費では、クラブ合宿に行けません。でも5000円集めたら、そのお金を積み立てて、みんなで合宿に行けるわけです。つまり、お金をどう集めるかと、何をするかというのはセットです。なかなかそれが理解されなくて、部費は安いほうがいいけどいろいろやってみたいなんて、そんなことはあり得ないです。

井手　やはり行政や政治に対する不信感があるからではないですか。払ったものが正しく使われないんじゃないかという。明石市はこれまで予算の付け替えを必死にやって、結果も出してきて、これなら市民を説得できるんじゃないか、信頼してもらえるんじゃないかとお感じですか。

泉　市長としてはその段階が近づきつつあると思っています。これまでのお金のやりくりなども見える化していますから、市民にはかなり理解していただいているという実感があります。

そもそも私が市長になったときには、お金など全然ないと思い込んでいましたから、当選直後に1年間ずっと地域を回って、「みなさん贅沢を言わないでください、もうお金ないです」から入っていったわけです。大事なことはみんなから預かっているお金を、知恵を使ってよりプラスの付加価値をつけて戻すことです。預かったお金で子どもたちに読んでほしい絵本を買いそろえて、読んでもらうのも同じ発想です。

子どもに向き合うことは、みんなに向き合うこと

井手　ところで、子どものためのまちづくりというと き、子どものいない大人たち、あるいは子育ての終わったおじいちゃんおばあちゃんはどうなのかが、少し引っかかるところなんです。「みんな」と言いながら、実は一定の層なのではないかという疑問については、どうお考えですか。

泉　もちろんそういった批判や意見は、これまでも今も多いです。これまでは得てして「子ども」の三文字をかなり強調したまちづくりでしたが、最近では、子どもにやさしいまちは市民すべてにやさしいまちだという言い方に変わってきています。つまり、年齢的な子どもや子育て層の意味ではなく、なんらかのお互いの支え合いがいる状況というイメージです。生きづらさを抱えていたり、行政のさまざまなサービスが必要な方々に対して、しっかりやっていくまちという意味です。たとえば、これまでは医療費を子どもに特化していましたが、２０１８年9月から高齢者についてでは認知症の診断費用を、全国で初めて無償化しました。ＭＲＩ検査も含めて負担をなくしています。認知症になってはいけない、ではなくて、認知症でも大丈夫なまちづくりにシフトしていっています。狭い「子ども」から「みんなで支え合う」へと転換している途中です。

井手　パッケージ型になってきたんですね。単体だったのが、これとこれとこれのパッケージで、そのどれかにみんなが引っかかるみたいな感じになるといいですね。

泉　子どものまちづくりがある程度うまくいきだすと、必然的に子どもだけじゃなくてみんなのためのまちづくりになっていく。子どもからみんなに広がりつつあります。これは、子どもの施策を必死にやってきたからこそです。子どもに家庭訪問できると、子ども以外にも家庭訪問できるんですね。子どもと言っても、実際は子ども単体ではなく、親支援とか、生活支援なども当然全部かかってくるわけです。なぜ親が子どもに向き合えないかと言ったら、寝たきりのおばあちゃんがいて介護で疲れていたり、生活困窮でパートを掛け持ちしていて家に居られない事情があるからです。つまり、子どもに向き合うことは、すべてに向き合うことに当然つながってくるわけですから、それは子どものいない家庭の方にも当然広がり得ると思っています。

井手　確かにパッケージ型にして、高齢者サービスがあると、子どものいない人たちは子どもに面倒を見てもらえませんから、将来必ずそういうサービスのお世話になります。だから、結局みんながＷｉｎ－Ｗｉｎになって、税金を払っていいかと感じられるかもしれないですね。

泉　明石の市議会は、ありがたいことに今はほぼ全会一致の賛成状態で、一緒になってやっている状況になりました。ある議員の方は、高齢者にいつもこう言っているそうです。子どもの政策をやることは、お金を出してくれたり、介護をしてくれる人が増える、つまりはみんな支えられる話なんやと。明石市の施策は、短期的な人口増加策ではなくて、支え手を増やすことになり、その支え手側を一緒に支えていくまちづくりですから、直接関係ないように見えても、全体がつながっていると思うんです。つまり、子どもが増えたり、子育てに力を入れるということは、何か困ったときに、誰がその税負担を中心になってやるのか、誰が実際にそのサービスを担うのかにつながってくるので、これは本当にまちのあり方そのものだと思います。

井手　今、市議会が変わったというお話がありましたが、市議会とのバランスが気になっていました。当初は、やりすぎじゃないかと、市長ご自身あちこちから聞かれたと思いますが、どうお考えだったのですか。

泉　議会との関係では、三つポイントがあったと思うんです。まず一つは、まずは私自身の問題です。就任当初、自分は選挙で勝った、選ばれた市長なんだから、自分こそがという一種の使命感に強く燃えていました。ただ、市議会も同様に選挙で選ばれた代表だという認識が甘かったです。つまり、市民なるものが市議会とはべつに存在するようなイメージでいました。でも、2、3年後ぐらいに過ちに気づいて、目の前にいる議員こそが市民そのものなんだ、議会の理解を得られずして市民の共感は得られないと反省しました。これは自分の中での大きな変化です。

二つ目は、一貫性です。選挙に出る前から、こどもを核としたまちづくり、やさしい社会を明石からと言っていましたし、そのことがまちのため、市民のためというのは、今に至るまで一貫しています。「すべての子どもたち」を、最近は「すべての市民」に置き換えていますけど、すべての子どもたちをまちのみんなで本気でその一人ひとりに寄り添って応援すれば、まちはよくなっていく、市民は安心になっていくんだというコンセプトは、最初から一貫しているんです。

最後に大きいのは数字に表れた成果のリアリティです。それがほんの2年ほど前なんです。市長になって最初の5年間ほどはもうほんとにしんどくて、どうしようかと思う状況が続きましたので、「なんか明石だんだん元気になってきたな」とか、「市長のこと文句を言ってたけど、うちの店流行《はや》ってきたな」とか、そのリアリティは非常に大きいと思います。

所得制限Ｎｏ！に民意は変わった

井手　民意というものがあり、選ばれた人は民意を受けているということに、すごく違和感を覚えるのですが、今のお話は、民意なるものと違うところにいた人が、選ばれて結果を出していくとそれが民意になっていく、みんな支持者になっていくということですね。民意はあるものではなく、つくるものじゃないかという気がします。

泉　もう一つ民意が変わったのは、所得制限論です。所得制限をかけずにバラマキなんかやったら破綻するとか、お金を出すのは本当に困っている人だけで十分だという議論が、いまだに日本社会には横行していますが、少なくとも明石市の市議会からはそうした声もほとんど聞かれなくなりました。初めはやはり所得制限論が根強くありました。所得制限をすれば、税金を負担している中間層のお金で、経済的弱者の子どもや孫にだけ恩恵があります。中間層からすれば、なんで自分の子や孫と関係のない人たちのためにお金を払わなければならないのか、そんな政策はやめろ、制限のラインをもっと下げろ、になるわけです。線引きについて何か疑問が生じると、嘘つきだ、怠け者だというかたちで、まさに分断を生む政策なのです。私は所得制限論はそもそも間違いだと考えていましたから、施策には所得制限なしで押し通しました。実際に施行されると、中間層の子や孫にも恩恵があるわけです。当初、私にすごく批判的だった所得制限派の方から、

「うちの娘、助かってるわ」「市長頑張れや」と言われるようになりました。つまり、所得制限をかけないと、負担している部分とその負担が返ってきている部分が見えやすいんです。施策の恩恵が実感できるようになると、反対から賛成に民意が変わっていきました。

井手　所得制限を外したら劇的に利用者が増えたとか、無駄な支出が増えたということは？

泉　それほど増えません。所得制限をかけると、憎しみを生み、親を分断し、子どもを分断して、政策継続性にとってマイナスに働くんです。所得制限をかけないと基本的にはお金はかかりますが、かかったお金に見合うだけの実感を伴うので、もっと頑張れにつながるし、少なくとも子どもや親を分断することはありません。政策的にはそのほうが当然いいと思います。

井手　まさに社会的効率性の高さですね。所得制限の有無によって、行政の負担も大きく変わると思います。所得審査にかけるお金や人や時間をなくしていくと、行政がものすごく効率化していくはずです。

泉　効率化で言うと、たとえばこども食堂もそうです。地域のボランティアのみなさんと一緒にやってるからこそ、明石は全小学校区でこども食堂が立ち上がり、継続して実施できていますが、ポイントの一つは、市がお渡しする食材費を渡し切りにしていることです。つまり信用しているということです。ほとんどの自治体は、買った食材費の領収書を全部添付して提出させます。以前は明石もそうでした。でも、その領収書を付ける手間に、ボランティアのエネルギーを割かせしかも、これまでの首長さんではあり得なかった、いずれは財源論をやらなければいけないという領域に踏み込まれている。私がこれまで考えてきたこととも完全に重なり合います。自分がずっと訴え続けてきた思想、哲学を、実はもう率先して、前の段階から実践されていて、こういう素晴らしい結果を出しているまちがあると知り、本当に励まされる思いです。その「フォー・オール」を、もっともっと広げていただきたいなと思いますね、財源論から逃げずに。

泉　これは偶然ではなくて時代の必然だと思います。右肩下がりの閉塞した危機の時代には、やはり支え合いが必要になってきます。大きな社会情勢の変化と重なりあっているからこそ、市民の理解、共感、応援が得られる展開になっているのだと思います。

井手　消費には必要だからという面と、見せびらかすためという面があります。でも、みんなもうファストファッションでも構わなくなったように、これからは見せびらかすための消費を削っていかざるを得ない時代になっていくと思うんです。この消費が見せびらかしから必要に大きくシフトしていく時代状況に、明石市の政策がすごく寄り添っている感じがします。

みんなの必要をどうやって満たしていくのか、そこを傷みの分かち合いからも逃げずにやっていく。21世紀のこれからの社会モデルを考えるときに、ものすごくフィットしている。もう、それしかない、という感じです。今後、いろんなフォロワーが現れるでしょう。

おわりに

人を排除することは、自分を排除することにつながります。このことに気づいたのは、中学生の頃でした。少数派をどんどん削っていくと、最後には誰もいなくなります。少数者を排除するということは、自分自身が排除されることなのに、多くの人は常に自分が排除する側、つまり安全な多数派の側にいると思い込んでいます。

多数派に合わせておけば足りるというのが現在の行政の「あたりまえ」ですが、「少数だからあきらめろ」と言わずに、市民一人ひとりのニーズに寄り添い、市長の責任で「あたりまえ」を変えたいと思い続けてきました。それが、私が進めてきた施策に共通する考え方です。子ども、障害者、高齢者、犯罪被害者、更生支援、どの分野も同じです。

「あたりまえ」を変えるには発想の転換が必要です。本書が、みなさんの発想の転換の一助になればうれしいかぎりです。

市長になって8年目、2期目が終わろうとしています。

本書を出版する機会を得て、私が考える明石のまちづくりと理念について、改めて整理してみました。振り返ってみると、少しは進んだか、と思える分野もあれば、まだまだだと思う分野もあります。「誰ひとり排除しない社会」に少しでも近づくように、まだまだ走り続けるつもりです。

最後になりましたが、大変お忙しいなか、快く対談に応じてくださった井手英策先生に心から感謝申し上げます。明石市の施策には普遍性があり、時代にフィットした施策であることを、本質を押さえて明確に語ってくださいました。ありがとうございました。

私に本を出すようにと何年も粘り強く声をかけ続けてくださった、小学校の先輩でもある明石書店創設者の石井昭男さん、早口で多弁ですが書くのは遅い私を励まし、尻をたたき、出版に漕ぎつけるまで導いてくださった深澤さん、森さんを始めとする明石書店のみなさんにも深くお礼を申し上げます。

また、ともに明石のまちづくりに取り組んでくださっている明石市民のみなさん、また、市民の代表である明石市議会議員の方々にも改めて感謝をいたします。そして、喜怒哀楽の激しい私を支え、施策を実現してくれている明石市役所の職員にもこの場をお借りして感謝を伝えたいと思います。

【著者紹介】
泉　房穂（いずみ　ふさほ）
1963 年明石市二見町生まれ。
82 年明石西高校を卒業し、東京大学に入学。
東大駒場寮の委員長として自治会活動に奔走。
87 年東京大学教育学部卒業後、NHK にディレクターとして入局。
NHK 退社後、石井紘基氏（後に衆議院議員）の秘書を経て、司法試験に合格。
97 年から庶民派の弁護士として明石市内を中心に活動。
2003 年、衆議院議員となり、犯罪被害者基本法などの制定に携わる。
11 年明石市長選挙に無所属で出馬し市長に就任。
全国市長会社会文教委員長。社会福祉士でもある。
柔道３段、手話検定２級、明石タコ検定初代達人。

子どものまちのつくり方　明石市の挑戦

２０１９年２月10日　初版第１刷発行
２０２３年２月20日　初版第３刷発行

著　者　泉　房穂
発行者　大江道雅
発行所　株式会社　明石書店
１０１-００２１東京都千代田区外神田６-９-５
電　話０３-５８１８-１１７１
ＦＡＸ０３-５８１８-１１７４
振　替００１００-７-２４５０５
http://www.akashi.co.jp

装丁　明石書店デザイン室
印刷・製本　モリモト印刷株式会社

（定価はカバーに表示してあります）
ISBN978-4-7503-4788-2

JCOPY
〈出版者著作権管理機構 委託出版物〉
本書の無断複製は著作権法上での例外を除き禁じられています。複写される場合は、そのつど事前に出版者著作権管理機構（電話 03-5244-5088、FAX 03-5244-5089、e-mail: info@jcopy.or.jp）の許諾を得てください。

子ども食堂をつくろう！ 人がつながる地域の居場所づくり
NPO法人豊島子どもWAKUWAKUネットワーク編著　●1400円

コミュニティカフェと地域社会 支え合う関係を構築するソーシャルワーク実践
倉持香苗　●4000円

地域包括ケアと生活保障の再編 新しい「支え合い」システムを創る
宮本太郎編著　●2400円

高齢者の「住まいとケア」からみた地域包括ケアシステム
中田雅美　●4200円

高齢者の社会的孤立と地域福祉 計量的アプローチによる測定・評価・予防策
斉藤雅茂　●3600円

「社会モデル」による新たな障害者介助制度の構築
障害者のエンパワメントを実現するために
橋本眞奈美　●4800円

「社会的弱者」の支援にむけて
地域における権利擁護実践講座
福島大学権利擁護システム研究所編著　●3000円

手話言語白書 多様な言語の共生社会をめざして
全日本ろうあ連盟編集　●2500円

新版 ソーシャルワーク実践事例集
社会福祉士をめざす人・相談援助に携わる人のために
渋谷 哲、山下浩紀編　●2800円

子ども・家族支援に役立つ面接の技とコツ
〈仕掛ける・さぐる・引き出す・支える・紡ぐ〉児童福祉臨床
宮井研治編　●2200円

ワークで学ぶ 子ども家庭支援の包括的アセスメント
要保護・要支援・社会的養護児童の適切な支援のために
増沢 高　●2400円

子育て困難家庭のための多職種協働ガイド
地域での専門職連携教育（IPE）の進め方
ジュリー・テイラー、ジュン・ソウバーン著　西郷泰之訳　●2500円

市区町村子ども家庭相談の挑戦 子ども虐待対応と地域ネットワークの構築
川松亮編著　●2500円

保育政策の国際比較 子どもの貧困・不平等に世界の保育はどう向き合っているか
ルドヴィクァ・ガンバロ、キティ・スチュワート、ジェーン・ウォルドフォーゲル編著　山野良一、中西さやか監訳　●3200円

児童虐待対応と「子どもの意見表明権」
一時保護所での子どもの人権を保障する取り組み
小野善郎、薬師寺真編著　●2500円

子どもの権利と人権保障 いじめ・障がい・非行・虐待事件の弁護活動から
児玉勇二　●2300円

〈価格は本体価格です〉

児童相談所改革と協働の道のり 子どもの権利を中心とした福岡市モデル
藤林武史編著 ◉2400円

児童相談所70年の歴史と児童相談 〝歴史の希望としての児童〟の支援の探究
加藤俊二 ◉2800円

児童相談所一時保護所の子どもと支援
子どもへのケアから行政評価まで
和田一郎編著 ◉2800円

児童養護施設の子どもたちの生活過程
子どもたちはなぜ排除状態から脱け出せないのか
谷口由希子 ◉3800円

児童養護施設のソーシャルワークと家族支援
ケース管理のシステム化とアセスメントの方法
北川清一 ◉3500円

児童養護施設の子どもたちの家族再統合プロセス
子どもの行動の理解と心理的支援
菅野 恵 ◉4200円

施設で育った子どもたちの語り
『施設で育った子どもたちの語り』編集委員会編 ◉1600円

子どもの未来をあきらめない **施設で育った子どもの自立支援**
高橋亜美、早川悟司、大森信也 ◉1600円

社会的養護の子どもと措置変更 養育の質とパーマネンシー保障から考える
伊藤嘉余子編著 ◉2600円

〈施設養護か里親制度か〉の対立軸を超えて
「新しい社会的養育ビジョン」とこれからの社会的養護を展望する
浅井春夫、黒田邦夫編著 ◉2400円

子どものための里親委託・養子縁組の支援
宮島 清、林 浩康、米沢普子編著 ◉2400円

子どもの養子縁組ガイドブック 特別養子縁組・普通養子縁組の法律と手続き
公益社団法人家庭養護促進協会大阪事務所編集
岩﨑美枝子監修 ◉2200円

日本の養子縁組 社会的養護施策の位置づけと展望
ピーター・ヘイズ著
土生としえ著／訳 津崎哲雄監訳 ◉3800円

子どものいない夫婦のための養子縁組ガイド
制度の仕組みから真実告知まで
吉田奈穂子 ◉1800円

親権と子どもの福祉 児童虐待時代に親の権利はどうあるべきか
平田 厚 ◉5500円

別れてもふたりで育てる 子どもを犠牲にしない離婚と養育の方法
ジョアン・ペドロ－キャロル著 丸井妙子訳 ◉2500円

〈価格は本体価格です〉

近現代日本の家族形成と出生児数 子どもの数を決めてきたものは何か
石崎昇子 ◉2600円

施設訪問アドボカシーの理論と実践 児童養護施設・障害児施設・障害者施設におけるアクションリサーチ
栄留里美、鳥海直美、堀正嗣、吉池毅志 ◉5500円

Q&A離婚・再婚家族と子どもを知るための基礎知識
当事者から心理・福祉・法律分野の実務家まで
村尾泰弘編著 ◉2200円

おおいたの子ども家庭福祉 子育て満足度日本一をめざして
井上登生、河野洋子、相澤仁編著 ◉2200円

家庭養護のしくみと権利擁護
シリーズみんなで育てる家庭養護
相澤仁編集代表　澁谷昌史、伊藤嘉余子編集 ◉2600円

中途からの養育・支援の実際
シリーズみんなで育てる家庭養護
相澤仁編集代表　上鹿渡和宏、御園生直美編集 ◉2600円

家族支援・自立支援・地域支援と当事者参画
シリーズみんなで育てる家庭養護
相澤仁編集代表　千賀則史、野口啓示編集 ◉2600円

アセスメントと養育・家庭復帰プランニング
シリーズみんなで育てる家庭養護
相澤仁編集代表　酒井厚、舟橋敬一編集 ◉2600円

〈価格は本体価格です〉

面会交流と共同親権 当事者の声と海外の法制度
熊上崇、岡村晴美編著　小川富之、石堂典秀、山田嘉則著 ◉2400円

ペアレント・ネイション 親と保育者だけに子育てを押しつけない社会のつくり方
ダナ・サスキンド、リディア・デンワース著　掛札逸美訳 ◉1800円

アタッチメント・ハンドブック 里親養育・養子縁組の支援
ジリアン・スコフィールド、メアリー・ビーク著
御園生直美、岩﨑美奈子、高橋恵里子、上鹿渡和宏監訳 ◉3800円

すき間の子ども、すき間の支援
一人ひとりの「語り」と経験の可視化
村上靖彦編著 ◉2400円

子どもアドボカシーと当事者参画のモヤモヤとこれから
子どもの「声」を大切にする社会ってどんなこと？
栄留里美、長瀬正子、永野咲 ◉2200円

子どもアドボケイト養成講座
子どもの声を聴き権利を守るために
堀正嗣 ◉2200円

日本の児童相談所 子ども家庭支援の現在・過去・未来
川松亮、久保樹里、菅野道英、田﨑みどり、田中哲、長田淳子、
中村みどり、浜田真樹編著 ◉2600円

必携 市区町村子ども家庭総合支援拠点スタートアップマニュアル
鈴木秀洋 ◉2200円

日本企業が世界で戦うために必要なこと

大黒屋ホールディングス
代表取締役社長
小川浩平

「ブランド品リユース市場の世界No.1」を目指す
大黒屋の戦略

ダイヤモンド社

はじめに——なぜ、日本企業は「真のグローバル化」に成功できないのか

世界に展開する質屋「大黒屋」

黄色の看板に大きく描かれた、赤丸・白抜きの「質」の文字——。

いま、本書を手にしていただいているみなさんの中にも、ひょっとしたらどこかの街角でそんな派手な看板を目にしたことがあるという方がいらっしゃるかもしれません。

その黄色い看板を掲げる店舗こそ、現在われわれ大黒屋グループが全国に25店舗展開する「大黒屋」です。

大黒屋の主な事業は、その看板が示す「質業」と「中古ブランド品の買取・販売」です。創業は1947年で、70年以上の歴史があります。

質業とは、お客様から何らかの物品を預かり、それを担保（質草）としてお金をお貸しする一種の金融業です。通常の銀行などのように審査を通さず、物品を預かることで即時

にファイナンスする事業で、歴史的に見ると日本、中国、ヨーロッパそれぞれに古くからある金融業の一形態です。中古ブランド品の買取・販売はいわゆる古物商に当たり、お客様がお持ちのルイ・ヴィトンやエルメスのバッグ、ロレックスやカルティエの腕時計など高級ブランド品を買い取り、その買い取ったブランド品を店舗やインターネットで販売しています。

本書のテーマは「ビジネスでいかに海外のマーケットを開拓していくか」、すなわち「グローバリゼーション」です。

読者の中には、グローバリゼーションという言葉が持つどこか先進的な響きと、質業・古物商という事業がいまいち結びつかない、という方もいらっしゃることでしょう。

しかし、意外に思われるかもしれませんが、大黒屋もここ数年、事業のグローバル化を積極的に進めています。いま現在、大黒屋は中古ブランド品の買取・販売と質業を営む単一の会社としては、日本、イギリス、中国に１４４店舗を展開しており、業態で見るとすでにグローバルで最大規模になっています。

イギリスでは、２０１５年10月に個人向け質金融事業を展開するスピードローン・ファイナンス・リミテッドを中心とするグループ（以下、ＳＦＬグループ）を買収。同グループがイギリス国内で展開する１１４店舗（「ハーバート・ブラウン」と「アルベマール＆ボンド」という2つのブランド）を傘下に収めています。

中国では、２０１６年5月に中国最大の企業集団ＣＩＴＩＣグループの連結子会社「ＣＩＴＩＣ・ＸＩＮＢＡＮＧ・アセットマネジメント・コーポレーション・リミテッド（以下、ＣＸＢ）」と合弁で「北京信邦大黒屋商貿有限責任公司（以下、信黒屋）」を設立し、中古ブランド品の買取・販売を行なう新店舗を北京、瀋陽、上海、青島に出店しています（２０１８年9月現在）。今後は、中国全土に店舗展開していく予定です。

さらに実店舗だけではなく、インターネット上で中古ブランド品の買取・販売を行なうＥＣ（Electronic Commerce：電子商取引）サイトを、イギリス、中国でそれぞれ立ち上げました。日本向けのＥＣサイトはすでにありますが、今後これをグローバル仕様にリニューアルし、日本、中国、イギリス（英語圏）でシステムの連結や在庫情報の共有化を図っていく計画です。

こうした大黒屋のグローバリゼーションは、単に海外企業を買収したり、合弁会社をつくることだけではなく、日本の小売業として持っているきめ細かい商品管理ノウハウなどソフト面の強みを世界に向けて展開させていく狙いがあります。

以上のようなグローバル化の動きは、大黒屋ホールディングスという持株会社を中心とした「大黒屋グループ」で推進しています。

グループ構成を簡単に説明すると、いちばん上の親会社として「大黒屋ホールディングス」、その子会社が「大黒屋グローバルホールディング（以下、大黒屋グローバル）」、さらにその子会社が事業会社としての「大黒屋」になります。イギリスの「ＳＦＬグループ」は、大黒屋グローバルの１００％子会社。中国の「信黒屋」には、大黒屋ホールディングスが50％の割合で出資しており、ＥＣ事業を担っている「ベータデジタル」という会社も大黒屋ホールディングス傘下となります。

こうした体制のもと、大黒屋グループは「ブランド品リユース市場における世界ナンバー１」という長期目標を実現すべく、各国で事業を展開しています。

グローバル化が避けては通れない「2つの理由」

質業・古物商を営む大黒屋が、なぜグローバルを目指すのか？――それは現在、「**あらゆる企業や個人がグローバルな環境で勝負をしなければならない時代**」に突入しているからにほかなりません。

グローバル化は、多くの日本企業が直面している喫緊の課題のひとつだと言えます。それは業種や経営規模を問いません。

なぜか――理由のひとつは、「日本のマーケット全体が縮小傾向にある」からです。

国立社会保障・人口問題研究所が発表した「日本の将来推計人口（平成29年推計）」によると、日本の総人口は２００８年をピークに減少に転じて、２０１５年の約１億２７０９万人から、２０４０年には約１億１０９２万人と何とか１億人以上を維持するものの、２０６０年には約９２８４万人と１億人を下回る計算結果が出ています。また、65歳以上の高齢者の割合を見ると、２０１５年には26・６％ですが、２０４０年には35・３％、２０６０年には38・１％と、社会の高齢化はますます進行していきます。

総人口が減少し、しかもその４割近くが高齢者となれば、日本の内需は大幅に縮小し、（介護など高齢者向けのサービスを除いて）あらゆる業種において国内だけではビジネスが成り立たなくなる時代がやってきます。

かたや世界に目を向ければ、たとえば中国の実質ＧＤＰ成長率は、２００７年ごろのピーク時からは減速しているものの、いまだ６％以上を維持しています。日本の実質ＧＤＰ成長率がおよそ１・２％と低空飛行を続けていること、さらに言えばもともとの経済規模（名目ＧＤＰ）が日本と中国では倍以上の差がついてしまっていることを考えれば、どちらが将来有望なマーケットかは一目瞭然です。

大黒屋グループが特に力を入れているECの分野はその好例です。日本でもEC市場は急激に伸びていますが、世界的に見ればそのシェアはわずか6％に過ぎません。一方、中国のEC市場は、世界の約25％を占める巨大なもので、今後さらに拡大していくと予想されています。大黒屋がグローバルなECビジネスに進出する理由もここにあります。われわれは、国内で6％のうちの何割かを狙うのではなく、世界市場の何割かを獲得することを目指しているのです。

将来性のあるマーケットに進出すること、人やモノが集まり、動いているところに出ていくことは、ビジネスにおいて基本中の基本です。その基本に則るのであれば、海外に出ることは必然と言えます。

また、あらゆる企業や個人がグローバル化しなければならないもうひとつの理由は、**「デジタルテクノロジーの進歩によって、人・モノ・金・情報などの経営資源が世界でフラット化している」**ためです。

以前も国家間で人・モノ・金・情報などのやりとりや競争は行なわれていましたが、少なくとも国ごとの線引きや差は明確にありました。しかし、デジタルテクノロジーの劇的な進化により、この5年くらいでグローバルなビジネス環境のフラット化（均一化）が加速度的に進み、人・モノ・金・情報などが世界中同じように行き渡るようになりました。

人が移動することなくスラックやスカイプで容易にコミュニケーションが取れるようになり、さらに、クラウドによってデータを遠隔管理できるようになり、誰でもシームレスに展開できるようになったことで、海外進出が大企業の特権ではなくなりました。

このようにフラット化した世界においては、有望な事業には世界中の投資家から瞬く間にお金が集まりますし、稀有な才能を持つ人材には世界各国からオファーが届きます。ECサイトなどを駆使すれば、自社の製品を世界中でアピールし、売っていくことができます。また、これまで世に出ていなかった新しい発明・発見をしても、その事業化に時間がかかっていれば、世界のどこかの企業にあっという間に先を越されてしまいます。人・モノ・金・情報をやりとりする自由度やスピードが激変し、今後ますます加速していくはずです。

そんな時代にあって日本国内だけにとどまっていれば、世界のビジネスの潮流に乗り遅れるだけではなく、日本のマーケットに進出してきたグローバル企業に顧客や経営資源を奪われてしまい、経営が立ち行かなくなることは必至です。日本の小売業のシェアが、世界的なEC企業アマゾンにどんどん奪われているのは、まさにその典型例と言えます。

以上の2つの理由から、現代においてビジネスをするのであれば、グローバルなマーケットで勝負をすることは避けては通れません。

日本企業がグローバル化に成功できない理由

「海外進出日系企業実態調査」（外務省）を見ると、2017年10月1日時点の集計で、海外に進出している日系企業の総数（拠点数）は7万5531拠点。この数字は統計を開始した2005年以降で最多だそうです。また、過去5年間で約18％（1万1754拠点）増加しています。この統計からは、日本企業が積極的にグローバル化を推進していることがわかります。

ただ、日本企業の海外進出に関するさまざまなデータを見てみると、海外進出の数は増加しているものの、なかなか思うような成果を出せていないのが現実のようです。

帝国データバンクの「海外進出に関する企業の意識調査」（2014年）によれば、進出企業のうち、約4割が「撤退または撤退検討の経験がある」と回答しています。

スピーディーに海外展開を行なうべく、すでに現地に生産施設や販売網の基盤を持つ事業会社を買収したり、資本提携をして合弁会社を設立することも多いのですが、日本企業の海外におけるM&A（企業の合併・買収）の成功率はたった37％というデータも出ています（デロイト トーマツ コンサルティング「日本企業の海外M&Aに関する意識・実態

目次

はじめに——なぜ、日本企業は「真のグローバル化」に成功できないのか　ii

第1章

大黒屋はいかにして海外に進出したか　1

第2章 アメリカの投資銀行と華僑の共通点

第3章 グローバルなディールはポーカーゲーム 85

第4章 リスク管理は「性悪説」で 133

第5章 グローバルビジネスで勝ち抜く 155

第1章

大黒屋はいかにして海外に進出したか

大黒屋以前のこと

「はじめに」でお話ししたように、現在の大黒屋グループは、大黒屋ホールディングスを持株会社として、大黒屋グローバルや大黒屋、イギリスのＳＦＬグループを連結する体制をとっています。

この体制の発端は１９９７年、大黒屋ホールディングスの前身である「森電機」の買収にさかのぼります。

当時の私は、香港のメインボード（香港証券取引所の取引市場のひとつ）に上場している事業投資会社ファー・イースト・コンソーシアムの社長を務め、主にアジアを中心に企業や不動産への投資事業を行なっていました。同社は香港華僑の10大財閥のひとつであり、投資先の不動産もファイブスターホテルやオフィスビル、工場など規模の大きなものばかりでした。

そうした事業投資の一環で日本企業の買収を実施することになり、１９９７年にまずは「東海観光」を、次いで「森電機」を買収。私が両社の社長に就任し、経営にもハンズオン（投資先の経営に自ら積極的に関与すること）で関わりました。

東海観光と森電機の社長に就任してしばらくは、ファー・イースト・グループとの資本業務提携で経営資源を借りながら、引き続きアジア圏での不動産投資を行なっていました。要するに〝雇われ社長〟です。

転機となったのは、2002年ごろ。東海観光の社長を退任し、森電機の社長にはとどまったのですが、同社で持っていた電機事業以外の事業資産をすべてファー・イースト・グループに売却しました。華僑のもとを離れて、自分で投資家を見つけながら、投資事業を行なっていくことにしたのです。これは、私がアメリカで身近に体験した金融の王道として、LBOを通じて、適正なレバレッジをかけてROE（自己資本利益率）を極大化していくという試みを自らの手で実践していくチャレンジの始まりでした。

自ら投資事業を行なう中、2005年にみずほ銀行から持ち込まれたのが、老舗橋梁メーカー「サクラダ」の事業再生支援のプロジェクトでした。サクラダは、明治28（1895）年創業の東証一部上場会社でしたが、1991年の橋桁落下事故をきっかけに業績が低迷。橋梁業界そのものの縮小傾向も重なり、債務超過状態に陥っていました。

サクラダ支援のメインスポンサーとなることを決めた私は、サクラダ単独での事業再生は困難と判断。投資事業を組み合わせ、サクラダの企業価値を向上できる新規事業を傘下に置きながら事業再生を進めていくことにしました。私にとって、この支援プロジェクトは、アメリカで学んだＬＢＯのファイナンス、企業買収、資本政策スキームの日本における実践の場となりました。そして、投資先としてみずほ銀行から紹介されたのが、中古ブランド品の買取・販売および質業を展開する「大黒屋」だったのです。２００６年３月、大黒屋グローバルの前身にあたる「ディーワンダーランド（以下、ＤＷ）」は大黒屋を１００％子会社とし、サクラダは投資子会社を通じてＤＷの株式のうちの何割かを保有しました。大黒屋をＤＷの傘下としたのは、ＤＷを通じてほかの企業の買収も考えていたためです。

その後、２００９年にサクラダとのスポンサー契約の終了に伴い、サクラダは投資事業から撤退。森電機がサクラダの投資子会社を買収し、ＤＷグループ（ＤＷ、大黒屋）を持分法適用関連会社としました。

前置きが長く、また少々込み入った話になってしまいましたが、この時点で現在の大黒屋グループにつながる土台ができたわけです。すなわち、２００９年当時の「森電機＝ＤＷ＝大黒屋」という資本関係が、現在の「大黒屋ホールディングス＝大黒屋グローバル＝大黒屋」というグループ体制につながっていくのです。

た。その結果、業績が安定してきたため、ＳＦＬを売却しようとなり、買い手を探す中でＰｗＣを経由して私のもとに話が来たのです。

ヨーロッパで勝負をしたいと考えていた大黒屋グループにとっても悪くない話でした。ＳＦＬは破綻したハーバート・ブラウンとアルベマール＆ボンドの事業資産を受け継いで運営されていた会社ですが、両社の経営破綻は金融機関が引き揚げたために起こってしまったもので、事業そのものは痛んでいませんでした。また、アポロおよびプロメシアンの経営再建の取り組みにより、業績もおおむね回復傾向にありました。

Ｍ＆Ａとなれば、当然かなりの資金が必要になります。このときは幸いに、金融機関からおよそ50億円を借りられる決裁がすでに下りていました。その資金は、実はブランドオフ買収のために用意していたもので、条件が折り合わずに買収交渉がまとまらなかったために宙に浮いてしまっていたのです。

ちなみに、前項で大黒屋を傘下に入れるにあたって「キャッシュが潤沢にあれば、レバレッジをかけてＬＢＯファイナンスが組みやすく、企業買収がやりやすい状況になる」とお話ししましたが、この50億円の借入のスキームがまさにそれに該当します。

最終的にＳＦＬグループの株式を取得したのは大黒屋グループ内のＤＷ（現・大黒屋グローバル）です。ただ、ＤＷ自体は純粋持株会社であり、確実な返済原資がないため、外部の金融機関から適切な条件で借入をすることが困難でした。そこでキャッシュリッチで借入がしやすい大黒屋が金融機関から50億円借り入れて（実際は新規借入が95億円、既存借入返済が47億円で、差し引きがおよそ50億円）、その資金をいったんグループの親会社であるアジアグロースキャピタル（旧・森電機、現・大黒屋ホールディングス）が借り入れ、そののちにＤＷに貸し付けるというスキームを組みました。こうしたグループ内での資金のやりとりを「インターカンパニーローン」と呼びます。なお、実際にはここに述べた50億円の借入のほかにも細々とした資金調達、借入、貸付を行なっていますが、話が煩雑になってしまうため、詳細は省略します。

ＳＦＬグループの経営状態は改善に向かっているし、イギリスの質金融において業界第2位のポジションにあり、何より大黒屋グループとしてはヨーロッパ進出の足がかりが欲しかった。買収のための資金も目途が立っている。私は「買収のための諸条件は整っている」と判断し、打診をしてくれたＰｗＣにＳＦＬグループの買収を行ないたい旨を連絡しました。

難航したSFLグループの買収交渉と経営統合

企業買収やその後の経営統合は、いくらこちらの条件が揃っているといっても、こちらの思惑どおりになることはまずありません。なぜなら、当たり前の話ですが、買収・統合される相手企業の側にもさまざまな人のさまざまな思惑があるからです。グローバルなM&Aとなれば、なおさらです。

SFLグループの買収も一筋縄にはいきませんでした。第一の障壁は、買収価格の交渉でした。

M&Aをするときの最重要課題のひとつは、対象企業の適正な価値を見極め、買収価格に落とし込むことです。

企業価値とは、グローバルな定義では「その企業が将来にわたって生み出すキャッシュフローの現在価値」となります。企業価値を評価する手法はいくつかありますが、もっともスタンダードな方法は「DCF（Discounted Cash Flow）法」でしょうか。これは、対象企業が将来生み出すと予想されるキャッシュフローの現在価値の総和をもとに算出する方法です。また、企業価値とは別の観点から言えば、「債権者と株主という2種類の投資家にとっての投資価値」であり、それをファイナンスの世界ではEV（Enterprise Value）と呼びます。EVは「株式時価総額＋ネット有利子負債」という計算式で求めることができます。このEVをEBITDAで割った「EV／EBITDA倍率」は企業の買収コストの回収にかかる年数を示します。M&Aでは、この値が小さくなるほどに割安だと判断します。

こうした企業価値評価の手法については語り出せば一冊の本が書けてしまいますので、ここでは詳述しません。

本書を読み進めるうえで、読者のみなさんにぜひ知っておいていただきたいのは、**万能な指標や客観的に正しい企業価値の数値は存在しない**、ということです。

M&Aでは当然、売り手は「できるだけ高く売りたい」、買い手は「できるだけ安く買いたい」と考えます。そのため、右のような手法や指標を用いながら、できるだけ自分の側に有利な評価結果を提示してきます。お互いの提示した数値に差があれば、交渉して調整していかなければなりません。その交渉が、M&Aにおいてもっとも難しいのです。

SFLグループの買収では、私としてはブランドオフ買収のためにすでに決裁が下りていた約50億円が妥当な金額だと考えていました。ところが、最初の交渉の席で、相手方の株主であるアポロの担当者が提示してきたのは約6000万ポンド（約90億円）と、こちらの想定のほぼ倍の金額でした。

相手が吹っかけてきているのは明らかでしたが、だからといってこちらの希望額をいきなり伝えても、「そんな金額では売れない」とその場で交渉が決裂してしまう恐れがあります。そのため、相手の主張や出方を見ながら、じりじりと交渉を進めることになりました。交渉の際には、相手から示された事業計画の前提条件を、リスク・リターン分析や過去の実績についての分析を行ないながら厳しく詰めていき、相手の譲歩を引き出すことがポイントになりました。

最終的には、こちらの希望どおりのおよそ50億円で決着させることができましたが、交渉には約2年もの歳月を要しました。なお、この買収交渉における相手方とのやりとりは、読者のみなさんにグローバルな企業買収の実情について知っていただく〝いい話のネタ〟なので、第3章で詳しく解説します。

買収後の経営統合も大変でした。

買収後に真っ先に考えなければならないこととして、「経営メンバーをどうするか」という問題があります。一般に、業績低迷など経営上の課題を抱えていた場合は、新たに役員を選出して経営メンバーを一新します。親会社との統合を強く推し進めるために、親会社から複数の役員を派遣することもあります。

ただ、ＳＦＬグループは経営再建の途上にあり、これまでの経緯を把握している人間に引き続き会社を任せたほうがよいだろうと判断し、アポロからＣＥＯに選任されていたＳ氏にそのまま経営を託すことにしました。

ところが、この判断が裏目に出てしまったのです。

買収以前、株主であるアポロは取締役会に人を出してコントロールはしていたものの、経営は執行役員会を組織して、直接的には関与していませんでした。しかし私は「買収した会社の経営にはハンズオンで関わること」を信条としていたので、アポロ時代の体制を踏襲せず、自らも執行役員会のメンバーに加わり、Ｓ氏をトップとした経営陣のやり方、特に会計に関して細かく口を出しました。それが癪に障ったのでしょう。ＳＦＬグループの株式はわれわれが１００％保有していたにもかかわらず、Ｓ氏は「所有と経営を分離する」と言い出したのです。要するに、「あなた（小川）の権限は取締役会だけで、実際の経営はこっちで勝手にやらせてもらう」、すなわち「経営に口を出すな」ということです。実際、私は執行役員会の一員であったにもかかわらず、しばらくすると経営に関する情報が一切上がってこなくなりました。

当然、そうした状況を放置するわけにはいきません。Ｓ氏がＣＥＯとして極めて優秀で、それまでの経営再建において実績を上げていたとしても、完全に任せっきりにすることはあまりにもリスキーです。なぜなら、経営の仕方や会計上の数字をこと細かにチェックできなければ、仮に彼が親会社であるわれわれの方針に従わなかったり、不正を働いたとき、是正することができないからです。

しばらくは「情報を出せ」「いや、出さない」というやりとりを繰り返していましたが、買収後数ヶ月経ったころ、S氏から「こちらの言うとおりにならなければ、自分は辞める」と半ば脅しのような要求が届きました。もちろん彼は本気で辞めるつもりはなく、経営の権限を握るためのカードとして、自分の辞職をちらつかせたのだと思います。

SFLの事業のいくつかは金融当局の認可事業だったため、経営者の交代には一定の期間が必要でした。また、経営を任せられる優秀な人材を探すには、通常3~5ヶ月ぐらいかかります。つまり、急にトップに辞められてしまったら、こちらが困るわけです。S氏もそれがわかったうえで、自分の要求を通すためにあえて「辞める」と言い出したのです。

ただ、私としても、彼の思いどおりにさせるつもりは毛頭ありませんでした。買収後にいちばん大事なのは、買収先の会社に、こちらの経営のやり方や資金の使い方、管理の方法を理解してもらうことです。そのためには、経営トップがハンズオンで密接に買収した会社の経営にも関わり、相互理解を浸透させる必要があります。

香港の事業投資会社の社長をしていたとき、華僑から教わったことのひとつに「相手になめられたらおしまい」ということがありました。相手が無理難題を押し付けてきたとき、こちらが一度でも弱みを見せたり、引いてしまったら、相手はそれに味をしめて、その後、何度も同じ要求をしてくる。だから、難題を吹っかけられたときこそ、断固とした態度で対応しなければならない、と。

ＳＦＬのときも、私はすぐにヘッドハンターに連絡を取り、後任ＣＥＯのリクルーティングを依頼し、ある程度目途が立ったところでＳ氏を解任しました。ＳＦＬを買収して、６ヶ月後のことでした。

しかし、災難はその後も続きました。Ｓ氏の後任として内定していた人物が、就任直前になって金融当局が求める資格条件に合致していないことが判明したのです。すぐに別の候補者のリクルーティングに動いたのですが、ＣＥＯのポストを空席のままにしておくわけにもいかないので、資格条件を満たしていたヘッドハンターのＨ氏に「責任を取って、お前がショートリリーフをやれ」と次が決まるまでの臨時ＣＥＯを任せることにしました。

そのＨ氏がまた問題を引き起こします。企業のトップに立つと「社員からの支持を得たい」「自分の能力をまわりに誇示したい」という欲が出るのか、本社のほかの役員や社員のスポークスマン状態となり、「イギリスの会社の経営は、イギリス人に任せるべきだ」

となんだかんだと理屈をこねて、S氏と同様に「所有と経営の分離」を要求してきたのです。

すぐにH氏を解任し、仕方がないのでCEOには私が就き、現場の経営は中国の知人から紹介されたM氏をCOO（最高執行責任者）にして任せる体制にしました。M氏は経営者としての経験不足は否めませんでしたが、私のもとで経営を学んでもらえれば、という思いがあっての抜擢でした。ところがこのM氏も、本社のほかの役員の口車に乗せられ、私を批判する発言を繰り返したために解任する羽目に……。

彼らの私に対する提言・批判が、企業価値の向上につながるような内容であれば、私も受け入れたかもしれません。ただ、現実には、どれも自分もしくは現経営陣の利益や保身のためのものばかりでした。

自分を批判する相手と対話して互いに歩み寄ることも、ときには大切かもしれません。ただし、自己の利益や保身からしか発言していない人物、こちらの信頼を裏切って背後から刺してくるような人物に構っている時間はありません。**「危険な芽は早めに摘む」**――これも華僑から教わったことであり、企業経営におけるリスクマネジメントの基本だと思います。

グローバルビジネスでは、さまざまな国籍、キャリア、価値観を持った人たちとともに

２０１５年9月、私は中国へと向かい、ＣＸＢの経営陣と話をしました。そして、その場で「合弁会社を設立して、中国で展開していくこと」「合弁比率は50：50とすること」などの基本合意を交わしました。

中国の経営者は即断即決だと言われますが、まさにその典型のような商談でした。ただ、そんな中国の商習慣に対して「スピード重視」「直感的」という評価は誤りです。なぜなら、彼らは提携交渉に先立ち、大黒屋や経営者である私について徹底的に調べ上げ、分厚いレポートを作成していました。つまり、交渉の場では即断即決に見えるかもしれませんが、その決断を下すまでに長い時間をかけて調査し、考え、自分たちなりの判断の尺度を構築する作業を行なっているのです。だからこそ、いざ交渉の場に臨んだら、即断即決ができる。その意味で、中国人の経営者は極めて論理的であり、入念で慎重だと言えます。

合弁比率「50：50」の意味

ＣＩＴＩＣグループとの業務提携を公式にリリースしたあと、多くの方に驚かれました。前項で述べたように、ＣＩＴＩＣは中国政府と一体、中国政府そのものとも言える企業グループです。そんな国家的大企業と、日本の中堅企業のひとつに過ぎない大黒屋が

「50：50」という対等な比率で合弁契約を結んだからです。CITICグループの企業が対等な資本関係で合弁会社を設立するのは、中国国内外ではじめてのケースだったそうです。

私としては、CITICとの交渉に臨むにあたって、「50：50」という対等な合弁比率は必須条件でした。もしわれわれの比率が50％未満になった場合は、いくら相手がCITICだろうと提携をしなかったかもしれません。

なぜかと言えば、合弁比率は即ち「どちらが経営の主導権を握るか」ということとイコールだからです。

私には華僑から教わった経営・投資哲学として、**「自分で自分の運命を握れない投資はしない」**という鉄則があります。合弁比率が50％以下になった場合、経営に口を出すことはできたとしても、最終的な決定権を握ることは難しくなります。相手が中国企業の場合、50％の資本を握っていても意向が通りにくいこともあるので、本音を言えば「60：40」くらいでさらに優位な立場に立ちたかったのですが、最低ラインが「50：50」という対等な比率でした。

CITIC側も、同様の理由から「合弁比率を上げたい」との要望を出してきました。ただ、彼らにとっては、経営の主導権のこともありますが、メンツの問題もありました。

こちらにはシン氏という中国政府やＣＩＴＩＣ上層部との強い信頼関係を持つ人がいましたし、私が香港の事業投資会社で社長をしていた経歴もあり、われわれのことを尊重もしてくれました。

以上のようなお互いの思惑、立場、メンツがもっとも落ち着く地点が「50：50」という対等な合弁比率だったのです。

海外の企業と資本提携をする場合、その比率は極めて重要です。

海外進出の足がかりをつくるために、とりあえず20％、30％の株式を取得して……ということをする日本企業もありますが、私はそんな中途半端な投資は絶対にしません。なぜなら、あとあと揉めることが目に見えているからです。

２０１７年8月に、アメリカの投資会社サーベラスが西武ホールディングスの株式をすべて売却したニュースが流れましたが、両社の関係はまさにその代表例です。サーベラスは一時西武ホールディングスの株式の35％超を握っていましたが、不採算の鉄道路線やプロ野球球団の保有を巡って経営陣と対立。出資から約11年半で完全撤退することになってしまったのです。

また私は、対等な合弁比率だけではなく、そのほかの条件にもこだわりました。

合弁契約の期間は30年間として、はじめの５年間は競業避止義務を課すという制約を設けました。特に後者の制約は強く主張しました。

なぜなら、提携して数年でＣＩＴＩＣが競業他社と組んだり、自前で中古ブランド品売買事業を始めたりしたら、大黒屋としてはノウハウを取られるだけになってしまい、合弁に何のメリットもなくなってしまうからです。

もちろん将来的には、大黒屋からノウハウを吸収したＣＩＴＩＣ、もしくはＣＩＴＩＣと手を結んだ他社がライバルになる可能性は十分ありますし、それはそれで仕方がないことだと思っています。市場が成熟すれば、提携を解消して自分たちの手でやりたくなるのはビジネスの世界ではよくあることです。日本でも過去において、三陽商会とバーバリー（２０１５年に45年間続いたライセンス契約が終了）、デサントとアディダス（１９９８年に28年続いたライセンス契約が終了。アディダス製品の販売事業は、アディダスの日本法人へ移管）などの多くの事例があります。

やられるときはやられる。それでも少なくとも5年間は排他的な提携関係を結び、ＣＩＴＩＣ側が大黒屋から中古ブランド品売買のノウハウを吸収する一方で、われわれは中国におけるビジネスの基盤やネットワークを構築し、中国マーケットで真っ向勝負ができる体制を整えておく。それが私の狙いでもありました。

中国進出を通じ、若者に成長の「場」を与える

ＣＩＴＩＣグループの連結子会社であるＣＸＢと共同で設立した「北京信邦大黒屋商貿有限責任公司」は、２０１６年12月に「信黒屋」１号店を北京でオープンさせたのを皮切りに、瀋陽、上海、青島で相次いで出店を行ないました。

どの店舗も中国有数の繁華街に位置しており、周辺には高級ブランドの路面店や百貨店、ハイエンド向けのショッピングセンター、富裕層向けの高級住宅街などが集まっています。中古ブランド品のビジネスは、商品を売ることはもちろん、買取をしなければ成り立ちません。そのため、それぞれの店舗は「売る」ことはもちろん、「買う」ことも意識して展開しています。実店舗は今後、中国全土に広げていく計画です。

その過程で、増資もしていくでしょう。信黒屋の現時点での資本金は５０００万人民元（約8億円）で、大黒屋の支払額はその半分の4億円です。仮に増資を行なった場合、現在の経営体制を維持するためにも、ＣＩＴＩＣ側と同じ金額を出資していかなければなりません。天下のＣＩＴＩＣグループと並走することは、大黒屋にとってはかなりの財務的な負担となりますが、何とか踏ん張れるように金融機関との相談もすでに始めています。

合弁会社では、私は董事長《とうじちょう》（日本でいう取締役会長）という立場で経営に加わっています。経営の実務を取り仕切るのは総経理（日本でいう取締役社長）の徐萌氏ですが、出店計画や予算など重要事項に関しては私が最終的な判断を下しています。

本社や各店舗の運営は基本的に現地採用のスタッフで行ないつつ、日本から数名、中国に連れていき、それぞれに責任ある仕事を任せています。それは大黒屋の社員にもグローバルな環境で仕事をして自らを成長させる場を与えたいと考えたからです。

そのひとりが、竹ノ内信介です。もともと大黒屋銀座店の店長だったのですが、北京に出店した信黒屋1号店の統括マネージャーに抜擢しました。大黒屋は日本全国に25店舗あり、それぞれに店長がいます。その中でさらに上に行ける人間は限られているので、竹ノ内はまったく別の選択肢、つまり海外に出て自分のキャリアを高めようと考えたようです。

もうひとりは、陳玉明。彼は中国人ですが、別にＣＩＴＩＣグループとの提携を見込んで採用したわけではありません。もともと日本の中堅コンサルティング会社に勤めていて、大黒屋のビジネスに魅力を感じて一般募集で転職してきた社員です。彼には大黒屋ホールディングス社長室マネージャーという立場で、主にＣＩＴＩＣグループとの交渉の実務を担ってもらっています。

私が彼らに場を与えたのは、彼ら自身に「もっと成長したい」「グローバルで活躍したい」

という意欲があったからです。グローバルで働くには、言葉の壁、商習慣の壁、文化の壁などさまざまな障壁があり、はじめは苦労します。だから、意欲のない人間に会社命令として無理やりにやらせても続きません。「中国で仕事をするチャンスがある」というアナウンスはこちらからしますが、あとは本人たちのやる気次第。提示されたチャンスに対して、まずは自ら手を挙げることが第一です。

また、手を挙げた社員の中から実際に中国に送り出す人間を選ぶ際には、特定のスキルや知識より、「自分の頭で考えて行動できるか」「状況に応じて臨機応変に動けるバランス感覚があるか」などの点を重視しました。海外のビジネスでは、日本の常識や理屈は通用しません。異なるバックボーンを持つ人々がやりとりをするので、不測の事態も日常茶飯事です。だからこそ求められるのは、相手（外国人の同僚や部下、取引先、顧客）を観察し、彼らが求めているものを察知して、そのつど適切なオファーを行なうことです。そのためには、上の指示やルールどおりに動くのではなく、まわりの状況を見て、自ら考えて動ける能力が不可欠です。そんな能力を身につけるには、若いころから自分で考えて判断するということを習慣づけることが大切です。

幸い、大黒屋の店長クラスの社員たちは若いころからビジネスの現場で修羅場を経験しているので、自分で考えて行動する習慣が日ごろの業務を通じて身についていました。グローバル人材というと、外国語のスキルやその国のビジネスについての知識などが優先されがちですが、実はもっとも大事なのは「状況に応じて、自分で考えて行動できるか」という基本的な部分なのです。

日本から中国に連れていった社員たちは、これまでのところはこちらの期待に応え、頑張ってくれています。現地で採用した社員たちもしっかりと働いてくれており、信黒屋の本社および各店舗は、私が中国に行って陣頭指揮を執らなくても問題なく動いています。

２０１８年7月には、中国における中古ブランド品の買取・販売事業を加速させるべく、個人消費者向けにショッピングローンなどの金融サービスを提供する新しい合弁会社「大黒屋朵金科技（北京）有限公司」を設立させました。合弁相手は、中国北京に拠点を持つ「北京陸秦网络科技有限公司（以下、陸秦科技）」で、出資比率は大黒屋ホールディングスが80%、陸秦科技が20%となります。陸秦科技は中国国内においてすでにスマホアプリを用いた個人消費者向けのローンサービスで実績を上げている会社で、同社のノウハウやネットワークを活かし、信黒屋のさらなる成長につなげていく狙いがあります。

中国における事業は、いまのところはこちらの目論みどおり、順調に進んでいると言えます。

グローバル戦略の第三の矢――ＥＣの拡充

「ブランドの本場であるヨーロッパへの進出」と「高成長を続ける中国への進出」。この２つの海外展開はこの数年で始まったことであり、成長途上にあります。それぞれの地域・国においてさらなる出店や大黒屋のビジネスモデルの展開を行なっていく計画ですが、一方でグローバル戦略の第三の矢も推進しています。

それは「ＥＣの拡充」です。

大黒屋のＥＣ事業は、２０１５年の「ラックスワイズ（現・ベータデジタル）」設立に始まります。同社は、アメリカ発のオンライン・リセールセレクトショップ「ザ・リアルリアル」の日本法人（２０１５年に日本撤退）の立ち上げメンバーを迎えて設立した会社で、インターネット上で大黒屋の商品を販売したり、顧客から直接委託を受けて中古ブランド品の販売を行なうことを主なビジネスとしていました。

その後、イギリスや中国への進出、および将来のさらなる国際的な拡大に備え、グローバルで共有して利用できるシステムの開発のため、新しいシステムの企画やコントロールの拠点を人材が豊富なアメリカのシリコンバレーに移し、プログラミングなど実務的な作

値付けなどを行なうことができるようになります。こうした取り組みで、消費者に本物をフェアな価格で届けることになり、また、マーケットから偽物を排除することに資すると考えています。

２０１８年７月にはＥＣ事業をさらに推進すべく、これまで外部委託契約で大黒屋グループのシステム開発に関わってくれていたイオラ・パルキンを、グループ傘下のシステム開発会社「ベータデジタル」の社長として迎えました。彼女の開発チームも取り込んで、これまでアウトソーシングしていたシステム開発事業を内製化し、よりスピーディーに開発・保守・運営ができる体制を整えました。

また、大黒屋グループのＥＣはこれまでＢ２Ｃがメインでしたが、今後Ｃ２Ｃ事業へも参入していくことを計画しています。すでに国内外においていくつかの企業が中古ブランド品の売買を行うＣ２ＣのＥＣサービスを提供していますが、いまのところ突出して成功しているプレイヤーはまだ出てきていません。そのため、大黒屋グループの強みである「ＡＩによる高精度な真贋判定システム（＝信用性）」や「グローバルに蓄積されたブランド品データ（＝価格適正性）」などを武器に、Ｃ２ＣのＥＣサービスにおいてトップシェアを獲得できる可能性は十分にあると見込んでいます。

デジタル革命によって、インターネット経由で世界中のあらゆる情報にアクセスできるようになったのはすばらしいことです。しかし一方で、あまりにも膨大な情報が氾濫し、かえって自分が本当に欲しい情報、正しい情報がどこにあるのかわかりづらくなっているという側面もあります。中古ブランド品の売買に関しても「自分が欲しい商品はどこで売っているのか」「どのくらいの価格が適正なのか」などのことがわかりづらくなっています。

大黒屋が目指すのは、ユーザーに対してグローバルスタンダードな情報や評価を提供し、よりフェアな売買ができるマーケットをつくっていくことなのです。それこそがブランド品リユース市場における顧客の満足や支持を生み、引いては大黒屋という企業の価値を向上させていくことにつながっていくと思うのです。

世界一を目指すための「5つのピース」

大黒屋グループは、長期的なビジョンとして「ブランド品リユース市場における世界ナンバー1」という目標を掲げています。

「世界一なんて、大風呂敷を広げて……」と思う方もいらっしゃるかもしれません。しかし、私としては十分に実現可能な目標だと考えて設定をしました。なぜなら、ここまで述べてきた大黒屋グループの海外展開を通じて、グローバルな市場で真っ向勝負をするためのピースが揃ったと実感しているからです。
ピースとは、次の5つの要素です。

1「商材（中古ブランド品）」

洋服、バッグ、貴金属などの個人向け高級品（ブランド品）のグローバルな市場規模は、2017年時点でおよそ2620億ユーロ（約35兆円）に達すると言われています。特に中国では需要が高く、ブランド品市場全体でおよそ7兆〜9兆円、うちリユース市場はその10％の7000億〜9000億円という試算が出ています。つまり、大黒屋が扱う商材（中古ブランド品）は、グローバルでも通用する商材だと言えます。

2「人材」

中古ブランド品を取り扱う場合、その真贋を見極め、適切な価格で買い取り、さらにマーケットに支持される値付けをすることが重要です。大黒屋は国内で長年、中古ブランド品の買取・販売事業を行なっており、高い精度の真贋鑑定や値付けができる人材が揃っています。

3「IT」

インターネット上で中古ブランド品の買取・販売を行なうECサイトをイギリス（英語圏）、中国、日本で立ち上げ、各国のシステムの連結や在庫情報の共有化を進めています。また、ECサイトでユーザーにキュレーションサービスを提供するため、クローリングの技術などを用いて、画期的なデータベース・マネジメントのシステムを開発しました。

人による真贋判定を支援するための「AI真贋判定システム」の開発と導入も進んでいます。

4「海外拠点」

SFLグループの買収によって、イギリスにおいて中古宝飾品の買取・販売業のハーバート・ブラウンと質屋業のアルベマール＆ボンドの両ブランドの店舗を計114店舗運営しています。また、中国においては、CITICグループのCXBとの合弁で「信黒屋」を展開し、北京、上海、青島などに合計4店舗出店しています（2018年9月現在）。これらの店舗を試金石としながらノウハウの蓄積や人材の育成を進め、さらなる海外展開を進めていきます。

5「自分自身の経験値」

私はアメリカのゴールドマン・サックスや、香港のファー・イースト・コンソーシアムで、M&Aのファイナンスや金融機関との交渉、投資先企業の経営などを行なってきました。また、大黒屋ホールディングス（旧・森電機）の社長となってからも、経営面で幾度となく難しい局面に直面しながらも何とか乗り越えて、今日まで会社を継続・成長させてきました。約30年にわたるそうした経験と人的ネットワークの蓄積が、今後グローバルで勝負をしていくにあたって、武器になるのではないかと考えています。

企業価値という観点で見たとき、大黒屋ホールディングスはまだまだ発展途上にありますが、傘下の大黒屋は安定したバリューを備えています。現在のM&A市場では「株式価値＝EBITDA×12倍－ネット有利子負債」で算出されます。大黒屋は通常でEBITDA25億~30億円で、ネット有利子負債が40億円ですので、「25億~30億円×12－40億円」で260億~320億円の株式価値を有している計算になります。

それぞれのピースを精緻に組み合わせ、さらに発展をさせていけば、大黒屋はグローバルでもっと成長することができ、「ブランド品リユース市場における世界ナンバー1」という目標の実現も決して夢物語ではないと信じています。

自分のビジネスの土台にある「アメリカの投資銀行」と「香港華僑の事業投資会社」での経験

この5つのピースが出揃うまでには時間がかかりましたし、紆余曲折もありました。現在のような体制を目指して、本格的に動きはじめたのは、本章の前半でも述べたように2012年ごろからです。「構想を持っていた」ということであれば、大黒屋を傘下とした2006年ごろになります。

この10年間、会社の未来の姿を思い描き、事業計画を立て、その計画を具現化するために一つひとつの行動を起こしてきました。そのすべてが予定どおりだったわけではありません。自社の状況、時代の流れ、ほかの企業や金融機関の思惑や動きを見て、最適な時機を見計らいながら、臨機応変に動いてきました。その結果が〝いま〟なのです。

自分自身の経験に関して言えば、もっと以前、1980年代、90年代までさかのぼります。

私がゴールドマン・サックスにいた80年代後半は、世界各国で大規模なM&Aや金融取引が相次いだ時代でした。当時は、日本の経済的な発展がピークに達し、「ジャパン・アズ・

ナンバーワン」と称された時代で、日本の金融機関の資金力も相当なものでした。その中で、日本から資金調達をしながらＬＢＯを駆使した海外企業がキャピタルマーケットを使って急成長していくというダイナミックな動きもあちこちで起きていました。

のちに「エンロンショック」と呼ばれる企業破綻を引き起こしたエネルギー企業エンロンが、ガス取引に積極的にデリバティブを取り入れて企業規模を拡大していくのをリアルタイムで見ていましたし、１９８７年にはルイ・ヴィトンとモエ・ヘネシーが合併してＬＶＭＨモエ・ヘネシー・ルイ・ヴィトンという高級ブランド品・嗜好品を取り扱う巨大コングロマリットが誕生しました。さらに、89年当時としては史上最高額２５０億ドル（約３兆円）の企業買収として大きな話題となったＲＪＲナビスコの買収では、同社経営陣や複数の投資銀行、投資会社などの思惑が複雑に絡み合う中、私自身もゴールドマン・サックスのＬＢＯファイナンスの担当者としてその巨額の買収劇に関わることができました。

そうした大規模Ｍ＆Ａや金融取引を間近で見たり、当事者として経験したことで、私としては「最先端のファイナンス理論を駆使すれば、こんなことが起こり得るんだ」と驚愕しましたし、「いつか自分も日本で大規模な投資をやってみたい」と思うようになりました。ゴールドマン・サックスでＬＢＯファイナンスを担当したことは自分にとって大きな自信になりましたし、その後の自分の働き方や考え方を決定づける、まさに人生の転機とも言える経験を積むことができました。

ゴールドマン・サックスを辞めたあとは、アジアの成長を見込んで自分自身でアジア向けのファンドを設立しようと考えていましたが、ちょうどそのとき香港の10大財閥のひとつから声をかけてもらい、30代半ばで香港の事業投資会社ファー・イースト・コンソーシアムの社長を務めることになりました。

香港の事業投資会社時代には約２００社の企業に投資をして、それぞれの投資先で社長または役員として経営に関わり、いろいろな経験をさせてもらいました。中でも自分にとって大きかったのは華僑のビジネスを内側から見ることができ、企業経営の実践を積みながら、アジア企業の経営に携わってきたことです。社長に就任して半年ぐらいは華僑からマンツーマンで経営の手ほどきを受けましたし、その後も大型の買収の際に華僑たちが組むシンジケート会議に出席して、彼らのビジネスのやり方を間近で見てきました。

本章でも述べた**「相手になめられたらおしまい」「危険な芽は早めに摘む」「自分で自分の運命を握れない投資はしない」**などの経営・投資哲学は、この香港の投資会社時代に学んだことであり、いまも自分の判断や行動の指針となっています。

80年代後半にウォールストリートのど真ん中でビジネスができたことも、華僑のふところに入って投資事業と企業経営ができたことも、いま振り返ればすごくラッキーなことでした。と言うのも、アメリカの投資銀行も華僑もこれまでずっとグローバルビジネスを展開し、成果を収めている組織であり、人々だからです。

いま自分が大黒屋グループを率いて世界で勝負ができているのも、結果論かもしれませんが、アメリカの投資銀行と香港の事業投資会社の両方でビジネスをしてきたおかげだと思っています。アメリカと香港でのそれぞれの経験は、いまの自分のビジネスの土台であるといっても過言ではありません。

次章以降では、私がこれまでのキャリア――アメリカのゴールドマン・サックスから華僑の事業投資会社、そして大黒屋グループの海外展開――を通じて学んだことの中から、これから世界に飛び出していこうという20代、30代の若いビジネスパーソンにぜひ知っておいていただきたいことをまとめていきます。

うがいい」と言ってしまうのが、これまでの日本の現状でした。

けれども、そうした「エクイティは返さなくていい」という認識は、グローバルスタンダードな投資や企業経営の考え方とは明らかにズレています。

たしかにエクイティは、デットのように、定められた期間内に一定額の利子を付けて返す必要はありません。けれども、投資家のお金というアザーピープルズ・マネーを使って投資や事業を展開している以上、必ずエグジットまでのプランを事業計画に盛り込み、その計画を確実に実行していくことで、売却や上場益、配当金というかたちで投資をしてくれた人たちにもお金を返していくことが大切です。

それができなければ、投資や事業運営に必要な資金を集めることもできず、グローバルなビジネスのステージに上がることさえできません。先日も、日本のあるベンチャーキャピタルの方の事業計画を見せていただく機会がありましたが、エグジット（売却・上場）までの数字の設定がまったくできていませんでした。そんな〝常識外れ〟な事業計画を海外に持っていけば、きっと投資家や銀行はそっぽを向いて二度と会ってくれなくなることは目に見えています。

日本に「エクイティを返す」というグローバルスタンダードな常識が浸透していない最

大の原因は、日本経済が戦後ずっとメインバンク制という銀行依存の企業経営を続けてきたために、企業ファイナンスについての正しい知識が希薄で、さらにお金は不浄なものという価値観から、投資やお金に関する教育を行なってこなかったことにある、と私は考えています。日本の大多数の経営者が「事業に必要な資金は銀行に借りればいい」と考え、ファイナンスをしっかりと学んでこなかったし、社員たちにも学ぶ機会を提供してきませんでした。

私が東海観光や森電機の買収、サクラダの支援を行なった90年代後半から2000年代はじめまでは、その傾向はかなり顕著でした。ロンドンの有名なヘッジファンドの方から「日本にはファイナンスのわかる経営者がいない」と言われたこともあります。

ただ、近年は徐々にではありますが、変わりつつあります。経営方針や中期経営計画の中で、さまざまな財務指標の目標値を「ＫＰＩ（Key Performance Indicator：重要業績評価指標）」として掲げ、経営状態を判断するバロメーターとして採用する企業が増えているからです。

代表的なＫＰＩとしてよく名前が挙がるものとして「ＲＯＥ」があります。ＲＯＥとは「株主が出したお金で、株主のためにどれくらいの利益を稼いだか」を見る指標であり、この指標が注目されていることは、すなわち「企業が株主（出資者）のほうを向いて経営するようになった」ことの証左だと思います。また、「ROIC（投下資本利益率）」は、「事業に投じたお金全体（＝自己資本＋有利子負債）でどれだけの利益を稼いだか」を見るための指標であり、言うなれば調達したアザーピープルズ・マネー全体に対する投資効率を判断することができます。

グローバルなステージでビジネスをするならば、経営者はROEやROICを向上させたり、事業計画で設定したエグジットまでのプランを確実に遂行し、デットの返済だけではなく、出資者に対してもエクイティを返していく必要があります。

自分の元手を増やすために使ったアザーピープルズ・マネーは返すこと。それがグローバルビジネスの常識なのです。

「見た目のキレイさ」と「儲かること」は違う

アメリカの投資銀行でも、香港華僑の事業投資会社でも、「自分たちの元手に対して、いかにリターンを最大化するか」という方法を徹底して教わりました。

いまでも鮮明に記憶に残っているのは、ファー・イースト・コンソーシアムの社長になったばかりのころ、香港華僑のオーナーにオーストラリアに連れていかれて、日本の不動産会社が現地で開発したホテルやショッピングセンターなどのリゾート開発案件を見せられたときのことです。香港華僑のオーナー曰く「これが失敗の典型例だよ」とのことでした。つまり、見た目はキレイで惹きつけられますが、その開発には膨大なお金がかかっていて、利回りはよくない、ということです。

その後も華僑の株主からは、**「キレイな不動産に感情を移入してはいけない」「キレイな不動産は投資対象として面白みはない」**などと繰り返し教え込まれました。実際、華僑の投資家たちは不動産に投資をするとき、見た目にキレイで人気が出そうだけれども価格の高い物件にはまったく興味を示さず、薄汚れているけれども価格が安く、確実に利益を生みそうな物件――雑居ビルや駐車場などに集中して投資をしていました。どれだけ汚くても、投資の元手が安く、かつコンスタントな利用者がいて売上を上げてくれれば、きちっと利回りを生んでくれる。彼らが重視していたのは**「安く買って、できるだけ早く確実に利回りを生むこと」**というその一点のみなのです。

「見た目のキレイさ」と「儲かること」は違うのは、不動産だけの話ではありません。

現在、中国でＣＸＢと合弁で展開している「信黒屋」に関して、現地のスタッフと侃々《かんかん》諤々《がくがく》の議論を交わしているのが店舗のデザインについてです。中国側のスタッフは女性が多いこともあり、店舗の内装や陳列も女性好みの洗練されたデザインになっているのですが、私は「それでは儲からない」と主張しているのです。

たしかに上品な装飾やゆったりとした陳列は、店を訪れた方に魅力的に映るかもしれません。商品の見映えもいいので、顧客の購買意欲を刺激して、まずまずの売上も上がっています。しかし、在庫回転率が日本国内の店舗に比べてかなり低い数値を示しているのです。在庫回転率が悪いということは、すなわち「儲かっていない（利益が低い）」ということです。

そもそも大黒屋のビジネスモデルは「圧縮陳列」により床面積当たりの売上高および収益を最大化するのが特徴です。商品の見映えよりも、より多くの人気商品を店内に並べて、在庫回転率を最大化していく。その結果、安定した利益を生み出していました。

信黒屋の運営は、基本的に中国側のスタッフに任せています。私が華僑の人々から**「見た目のキレイさに惑わされてはいけない」「大事なのは、いかに利益を上げるかだ」**と教わったように、今後は、私が信黒屋のスタッフに同じことを教えていかなければと思っているところです。

投下資本を増やす大原則は「安く買うこと」

不動産投資に関して華僑の人々から教わったもうひとつのことは、「リゾートはゼロから始めてはいけない」「リゾートに投資するなら、ディストレスト資産を安く買え」ということです。

不動産開発の中でもリゾート開発には特に膨大な初期投資が必要です。そのため、ゼロからリゾート開発を立ち上げた場合、利回りを生むまでに何年もかかるし、計画どおりの売上が上がらなかったら借入金の返済ができなくなる可能性もあります。そのため、もしリゾートに投資をするのであれば、「誰かがすでに開発済みで、かつ失敗したリゾート資産を、できるだけ安く買え」というのが華僑の教えでした。その意味は、投下資本をできるだけリスクにさらさずに、リターンを最大化するということです。

フィリピン・セブ島のカジノ船への投資は、まさにその好例です。

そのカジノ船は、もともと青函連絡船十和田丸として運行されていた船で、1988年9月に終航したあとは日本旅客船株式会社が下取りして改造し、1990年3月から横浜と神戸を結ぶ豪華クルーズ客船「ジャパニーズドリーム号」として運行していました。しかし、このジャパニーズドリーム号は2年足らずで運行を終了することになります。原因は、船体の改造工事に巨額の費用を投じたにもかかわらず、運行開始後に赤字が続き、経営が成り立たなくなってしまったためです。船内には、数多くの客室をはじめ、レストラン、オープンカフェ、ショップ、カジノルーム、ディスコなど豪華客船の名にふさわしい設備を備えていましたが、それがかえって裏目に出てしまったのです。また、豪華さを演出するために内装に大理石をふんだんに使い、そのために船体重量が増大して遠洋航海ができなくなってしまったことも運行範囲を制限し、売上が伸び悩む要因となりました。

膨大な赤字を抱えたまま終航となったジャパニーズドリーム号は、ある金融機関が不良債権として所有していました。それを安く買い取ったのが、ファー・イースト・コンソーシアムでした。まさに〝開発済み〟で〝失敗した〟資産を格安で買ったわけです。

買い取ったあとは、船をフィリピンのセブ島へ持っていき、ジャパニーズドリーム号時代の設備をベースにさらに改造を加えて、カジノ&ホテル船「フィリピンドリーム号」として運行させました。

フィリピンドリーム号では、われわれはVIPルームのみ直接運営し、ほかのカジノスペースはフィリピンの国営カジノ公社であるPAGCORにレンタルしました。カジノビジネスというのは、地元の人や観光客など少額しか賭けない顧客を相手にしているだけでは成り立たず、主な収入源はVIPルームで大金を賭ける大口顧客になります。われわれも、そうした大口顧客をターゲットとしたのです。大口顧客を世界中から連れてくるのがジャンケットと呼ばれる人々で、彼らは世界各国の富豪や資産家とのネットワークを持ち、自身が契約しているカジノへと斡旋したり、移動手段やホテルの手配、資金の融通をする、言わばカジノの仲介業者です。フィリピンドリーム号でも、アメリカ・ラスベガスでカジノを運営していた人物とジャンケット契約を結び、彼のネットワークを通じて世界中から顧客を集めました。

想定外の事態もありました。そのひとつが、人件費や燃料費などの固定費が予想以上にかかってしまったことです。また、90年代前半という時代もあって、集客にも苦戦しました。結果、赤字にはならなかったものの、当初考えていたほどのリターンを上げることができず、結局10年ほど運行したのち、船は売却してしまいました。ただ、もともと買った値段が格安だったおかげで、投下資本を増やすことには成功しています。

確実に利回りを生む資産をいかに安く買うか。それこそが、華僑の投資ビジネスの根幹にある哲学なのです。

元手を増やす天才、ドナルド・トランプ

現在、アメリカ合衆国第45代大統領を務めているドナルド・トランプ氏。政治家としての彼は賛否両論の評価がありますが、不動産投資で大成功を収めてきた経歴を見れば、実業家として優れていることに異論をはさむ方は少ないと思います。

実際、彼とは香港の事業投資会社時代に共同投資に関わったことがありますが、「自分の元手を増やすことに関しては天才ではないか」というのが私の印象です。

私がトランプ氏のビジネスに関わったのは90年代、マンハッタンのウェストサイドにおける16棟の高級マンションの開発プロジェクトのときでした。このプロジェクトには、香港華僑の投資家が約6億ドル出資しており、私は、香港華僑のほか複数の事業投資会社によって設立された特定目的会社（ＳＰＣ）の役員を務めていました。

トランプ氏はこのプロジェクトのために、当初はアメリカ国内で投資家を探していたようですが見つからず、そのため香港華僑を頼ることになったのです。

トランプ氏のマンション開発プロジェクトに出資することを決めた香港華僑の投資家たちは、開発事業の運営もトランプ氏に任せました。華僑の投資家たちはトランプ氏のトラ

〃他人任せ〃です。華僑たちにとって、そうした投資は他人に自分の運命を委ねる行為であり、極めてリスキーであると認識されていました。

自分の元手の運命を自分自身で握るため、彼らは必ず企業や事業に対して直接投資をしていたし、場合によっては投資先企業の経営にハンズオンで関わりました。収益を上げられるか否かの運命を決して他人に委ねたりはせず、自分の手で握り、自分の力で成し遂げようとしたのです。華僑が、母国を離れ、誰も自分たちを守ってくれない状況下でも富を築き、今日まで世界各国で活躍し続けられているのも、そうした投資姿勢ゆえではないでしょうか。

この華僑の投資哲学は、直接投資の究極のかたちであり、グローバルで成功するためのひとつの法則だと思います。私が「買収した会社の経営にはハンズオンで関わること」を信条としているのも、そうした華僑の教えがベースにあります。

私はこれまで事業会社を買収すると、その経営に直接関与して、「資本政策の策定」「資金の調達（エクイティとデットのバランスのコントロール）」「ROEなどの財務指標のチェック」「事業計画（スキーム）に基づいた事業運営」「最適なエグジット（売却・上場）の実施」などを自ら行ない、自社やマーケットの状況に応じて個々の数字やバランスをタイトにコントロールしてきました。すべては、事業会社において確実に利益を生み出し、自分の元手やそのほかのエクイティ（アザーピープルズ・マネー）に対するリターンを極大化するためです。

自分の元手やそのほかのエクイティに対するリターンを極大化することを、別の言葉で表現すると「株主価値の極大化」ということになります。


日本でも「企業経営の目的は何か？」「誰のために会社は存在するのか？」という議論がなされることがあります。日本企業の中には、経営の指針として「お客様のために」と顧客第一主義を掲げる企業が数多くあります。また、近年は特に目立つようになってきましたが、従業員満足度を重視する企業もあります。ただ、「会社は誰のためにあるべきか？（誰のために経営すべきか？）」と問われれば、答えは「株主」であることは企業経営をするうえでの大前提です。そして、企業経営においてもっとも重要な目的は、中長期的な「株主価値の極大化」なのです。

「企業のステークホルダーは株主だけではない」「株主のためだけに会社があるのではない」という意見もあります。もちろん顧客や従業員、取引先を大切にすることは重要ですが、経営者が「株主価値の極大化」を軸に据えて適切に経営を行なえば、必然的に顧客満足を追求することになり、結果、事業は継続的に成長し、従業員や取引先などほかのステークホルダーの利益（満足）にもつながっていきます。なぜなら、株主価値として残る利益は、顧客への還元、商品原価、取引先への費用、従業員への給料などを差し引いた残りであり、その残りの部分である株主価値を将来にわたって継続的に最大化させていくには、企業の継続的な成長（＝各ステークホルダーの利益）を実現させていくこと以外に方法はあり得ないからです。さらに、株主価値を最大化して、エクイティへのリターンを還元できれば、より多くの資本が集まるようになり、さらなる成長に向けて投資を行なうことができるという好循環を生み出します。

いかに株主価値を高めて、自分の元手やそのほかのエクイティに対するリターンを極大化するか。それこそが、私にとっての企業経営の常識でしたし、長年グローバルな環境でビジネスをしてきた経験から言えば、それはグローバルスタンダードな経営のあり方でもあります。

ファイナンスこそが経営の〝軸〟

そうしたグローバルスタンダードな企業経営を行なうために不可欠なものが、ファイナンスです。

私はこれまでずっと「グローバルで活躍できる経営者になるには、ファイナンスを身につけなければならない」と訴えてきました。

ファイナンスがわかっていなければ、そもそも資本政策や事業計画を策定することもできないし、どのように資金調達をするのか、その際にエクイティとデットのバランスはどうすればいいのか、株主比率をどのように構成していくか、などのことを正しく判断することもできません。また、自社の状況や時代の流れに合わせて、どのような事業を買収し、継続・拡大させていくかの判断にも、ファイナンスの知識は欠かせません。

いくら斬新で有望な事業のアイデアを持っていたとしても、優れた人材がまわりに集まっていたとしても、資金がなければ何もできません。どのような構成で資金調達を行なっていくか、その道筋を定めるファイナンスは、どこの国でどんなビジネスを行なう場合でも大前提になります。

ファイナンスを理解してこそ、日々の経営もM&Aも正しく行なうことができます。ファイナンスは経営者が、場面、場面で下さなければならない、あらゆる経営判断の基礎となり、また裏付けを与えてくれるからです。ファイナンスがわかっているからこそ、自社の事業や投資がどうなるのか――即ち「自分の運命がどうなるのか」、正確に予測を立てることができます。

ファイナンスは企業経営の〝軸〟となる、極めて重要なポジションを占めているのです。ただ、先述したように、これまで日本においてはメインバンク制という銀行依存の企業経営を長年続けてきた弊害で、ファイナンスを正しく理解している経営者が極めて少なく、学ぶ場もほとんどありませんでした。

近年は徐々に変わりつつあるとはいえ、それでもまだファイナンスを下に見る傾向は根強く残っていますし、ファイナンスを企業経営の必須スキルとは認識していない経営者の方も多いのではないでしょうか。

日本の経営者の方と話をしていると、いまでも資金調達と言えば「銀行から借りる」という発想が真っ先に出てくることがあります。その傾向は、特に中小企業において顕著です。また、企業の経営状態を分析する際、本来であればさまざまな観点から見るべきなのに、つい銀行の観点、銀行の理屈で判断してしまう。いまだに銀行中心の金融モデルが、日本の常識、日本のスタンダードになってしまっているのです。しかし、グローバルでビジネスをするのであれば、資本市場、M&A市場、銀行借入などを総合的に判断する必要があります。

海外の企業をM&Aしたり、資本提携をするとなれば、どんな資本政策を策定し、どこからどれだけの資金調達をするのか、などのことを考えなければなりません。必要な資金を集めるため、金融機関がダメだったら、ベンチャーキャピタルやエンジェル投資家にもあたってみる。そうした「Aという選択肢がダメならば、Bという選択肢にいく」という、時代や状況に応じた臨機応変な動きが、特に海外での事業展開には求められます。「資金調達のために銀行からお金を借りよう」という、通り一辺倒な話ではないのです。

企業経営の目的である中長期的な「株主価値の極大化」のためには、時代の流れに合わせて、事業を変化させていくことは重要です。事実、それを実践してきた国内外の企業はみな成功しています。ただし、「事業を変化させる」というのは、ただ単に斬新な事業、将来成長しそうな事業に次々と乗り換えていくという意味ではありません。Aという事業を行なう場合、「どのように資金調達できるか」「何年後にどのくらいの利益を上げることができるか」「逆にどのようなリスクが想定されるか」など外部環境や前提条件を徹底的に分析し、そのうえでAという事業に可能性を感じたらチャレンジする。そうしたファイナンスの原理原則に基づく判断のプロセスが重要なのです。

実際、いま大きく成長している企業のほとんどは、トップがファイナンスの重要性を理解し、企業経営の土台として優秀なファイナンスチームを組織しています。

その好例が、ソフトバンクです。ソフトバンクと言えば、社長の孫正義氏の大胆とも言える事業戦略（2001年のADSL事業への参入、2006年のボーダフォン買収による携帯電話事業への参入、2016年の半導体設計の英アームの買収など）が話題となりますが、それらが実現できた背景には優れたファイナンスチームの存在があります。初期のころのソフトバンクのファイナンスを支えた人物として有名なのが、現・SBIホールディングス社長の北尾吉孝氏です。孫氏にスカウトされて野村證券からソフトバンクのCFOに就任した彼は、店頭公開してまだ間もなかったソフトバンクのために合計で4800億円もの資金を調達して、その後の躍進のための基盤をつくったと言われています。

また、1999年のRJRI（米RJRナビスコの米国外たばこ事業）の買収や、2007年の英ギャラハー社の買収、2015年の米レイノルズ・アメリカンのブランド「ナチュラル・アメリカン・スピリット」の米国外事業の買収など、相次いで海外での大型買収を成功させてきたJT（日本たばこ産業）には、新貝康司氏（元JT副社長）というファイナンスのプロフェッショナルの存在がありました。

2018年4月には、ソニーの新しいCEOとして吉田憲一郎氏が就任しましたが、彼の前職は副社長兼最高財務責任者（CFO）です。2010年代のはじめ、過去最大の赤字を計上するなど、ソニーは先の見えない低迷に喘いでいました。そんな苦境からターンアラウンドを成し遂げたのが前ＣＥＯの平井一夫氏であり、平井氏の懐刀として経営再建を財務面から支えたのがＣＦＯだった吉田氏なのです。ソニーが次のトップとして吉田氏を選んだということは、さらなる成長に吉田氏の力、すなわちファイナンスの力が必要だと判断したからではないでしょうか。

ファイナンスを知らないと〝カモ〟にされる

これまで数多くの海外の経営者と接してきましたが、海外では必ずＣＥＯがファイナンスのことを理解し、自社の数字をしっかりと見ています。それは資金調達やＭ＆Ａのときに相手企業や金融機関、投資会社と交渉をしなければならないからです。

ファイナンスがわかっていなければ、そうした相手と交渉して、自分たちが望むほうへと条件を持っていくことはできません。最悪の場合、相手から最低条件を提示されても、そのことに気づくことすらできず、高値摑みをしてしまう、なんてことも十分にあり得ます。要するに〝カモ〟にされてしまうのです。

大黒屋グループがＳＦＬグループの買収をしたときも、当初、相手から提示された金額は約６０００万ポンド（約90億円）と、こちらの予想を遥かに上回る金額でした。その後に粘り強く価格交渉を続けて、最終的にはこちらの希望どおりの約50億円で決着させることができましたが、もし私にファイナンスの知識がなければ、相手が吹っかけてきていることに気づかず、相手の言い値で買ってしまったり、価格交渉をしたとしても妥当な金額まで下げることができずに高値掴みをしてしまったかもしれません。

また、古い話になりますが、バブル崩壊後に日本の銀行が膨大な不良債権を抱え、その処理に苦労していたとき、その不良債権や債務超過企業の株式を外国人投資家や外資系企業が格安で買い取るという動きがありました。

外国人投資家や外資系企業が日本企業の株式や貸付債権を買収するとき、事業内容や市場状況を考慮して企業価値を評価することはなかなか難しいので、将来のキャッシュフローの見通しから現在価値を算定する「DCF法」を採用していました。このDCF法では「将来のキャッシュフロー（成長）をどのように描くか」「将来のキャッシュフローを現在価値に直すために、どのような割引率（ディスカウント・レート）を用いるか」によって算定される企業価値は変わりますが、外国人投資家や企業は当然、対象企業の価値を低めに算定して買収を持ちかけてきます。一方、日本の銀行としても、その企業の債権や株式を持ち続けていても自身の経営が圧迫されるだけなので、提示されたディスカウント価格

いかに相手の手の内を読むか――SFLグループの買収交渉から

30年以上にわたってクロスボーダーな企業への投資やM&Aに携わってきて強く感じるのは、グローバルビジネスのディールは「ポーカーゲームのようなもの」だということです。

こちらの希望どおりに取引を成立させるため、自分の手札を強くする一方で、相手の手の内を予測・分析しながら、こちらが有利になるように条件提示をしていく。相手も同じように、こちらの手の内を探りながら、条件を提示してくる。自分の手が相手を上回ることができれば、希望どおりの条件で交渉を決着させ、ビジネスを展開できます。逆に、その読み合いに負ければ、高値摑みをさせられて損をしたり、交渉がまとまらなかったりします。ゴールドマン・サックスでも、香港の事業投資会社でも、そして現在の大黒屋グループのビジネスでも、私がやっているのは国際間取引という名のポーカーゲームなのです。

近年でもっともスリリングだった交渉のひとつは、2015年に行なったSFLグループの買収のときです。

第1章でお話ししたように、この買収交渉では当初、相手方の担当者はこちらが日本人だと思って侮っていたのでしょう、売却希望額として日本円で90億円というあり得ない額を提示してきました。私が妥当だと考えていた額は50億円だったため、倍近くの開きがあったわけです。そこで、こちらの希望金額を相手に受け入れさせるべく、価格交渉を始めました。

まず考えたのが、「こちら希望額をいきなり伝えても、交渉は進まないだろう」ということです。

M&Aの価格交渉では、必ずその時点での交渉可能な金額のレンジ（幅）があります。レンジを把握しないまま、的外れな数字ばかり提示していたら、まとまる交渉もまとまりません。レンジは、相手の思惑（「このくらいの金額で売却できたら万々歳」「最低でもこのくらいの金額は欲しい」など）、買収先企業やマーケットの状況、競合の有無などの諸条件によって逐一変わります。そうした諸条件についての情報を徹底的に収集・分析して「いまのレンジはどのくらいだろうか？」と予測しながら、こちらの希望金額とその根拠を提示していくのです。それに対して、相手も「いやいや、その金額じゃ無理だ」「このくらいが妥当な額だ」とさらに金額を提示してきます。そうしたやりとりを繰り返しながら、できるだけ自分の希望金額に近づけていくのです。

私が最初に提示した金額は70億円。「70億円くらいならば買ってもいい」「ただし、その前にデューデリジェンス（資産の適性評価）をやらせてほしい」と条件提示しました。70億円という額は、私がその時点で予測した相手の考えているレンジの下限です。要するに「ディスカウントしてくれるならば、こちらも買う意思はあるぞ」という相手方へのアピールでもあったわけです。

基本合意を結んだあとは、現地ＰｗＣのアドバイザーを雇ってデューデリジェンスを行ない、買収金額の最終調整に入りました。

私は自ら定めたボトムラインに向けて、じりじりと交渉を進めていきました。相手側も「ほかからも買収提案を受けていて、彼らの提示金額は……」と競合の存在をほのめかしながら、自分たちが有利になるように誘導してきます。私としては、彼らの「競合がいる」という情報はブラフ（はったり）で、もしいたとしてもうちよりも高い額を出すことはないだろうと考えていました。

交渉のハイライトは、最後の数億円の価格調整のときです。

その時点までに、相手側の最初の提示金額（90億円）よりも30億円以上ディスカウントされていたので、アポロの担当者は「そろそろ決着をつけてほしい」と強く主張してきました。しかし、私の考えていたボトムラインよりもまだ数億円上回っていました。ただ、このときばかりは相手も引きそうにない。そこで私は「こちらの要望を受けてくれなければ、買収はしない」と〝交渉を下りるカード〟を切りました。

もしそこでアポロ側がこちらの要望を受け入れてくれなければ、交渉は決裂です。そのため、傍からは一か八かの極めてギャンブル性の高いカードに見えるかもしれません。

しかし、私は「アポロは下りてくる」と確信していました。それは、それまでの交渉を通じて、競合がいないこと、また仮にいたとしても私たちの優位性は揺るがないことがわかっていたからです。また、アポロはかなりリーズナブルな金額でSFLグループを買っていたので、私がボトムラインとしていた50億円でも、彼らにとっては損にはならない金額でした。むしろ最終段階で交渉が決裂することのほうがマイナスであり、彼らとしては「多少ディスカウントしてでも、大黒屋に売りたい」と思っているはずだ、と読んでいました。つまり〝交渉を下りるカード〟は、私から彼らへのブラフ返しだったわけです。

案の定、彼らは私の要望を受け入れてくれ、買収価格は50億円で決着しました。

交渉が終わったあと、アポロの担当者から「お前は大した奴だ」とリスペクトされました。それは、最後の最後で数億円値切ったことに対しての賛辞でした。

欧米のいいところは、交渉中は真剣勝負を交わしますが、交渉が終わればノーサイド、敵味方なく話ができることです。私自身、相手をぎりぎりのところに追い詰めるような価格交渉をしてきましたが、すべてが終わったあとに彼らからリスペクトを受けることができて、素直にうれしかったです。

交渉の最終段階で「(もしこちらの条件を飲んでくれなければ)やめる」というカードを切ることは、とても勇気がいることです。相手が下りてきてくれなければ、交渉はまとまらず、それまでの時間や労力は徒労に終わってしまいます。それゆえ、海外の人々との交渉に慣れていない普通の日本人であれば、私と同じような状況に直面したとき、

「ここまでディスカウントできたのだから、もう十分だろう」

「相手も誠意を見せてくれたし、ここはこちらが折れよう」

と考え、相手側の条件を受け入れてしまうかもしれません。

しかし私の経験上、そこで折れてしまったら、やはり負けです。交渉相手は「最後の最後でこちらの要望を通すことができた！」と内心してやったりと思うでしょうし、「結局、大したヤツではなかったな」と見下してくるかもしれません。グローバルなM&Aの交渉は、最後の最後まで一瞬たりとも気が抜けない真剣勝負なのです。

最終段階で私が切った〝交渉を下りるカード〟は、相手の思惑や競合の状況などを分析

し、考えに考え抜いた末に出した究極の一手です。相手の提示する諸条件や言動の背景に何があるのかわかっていなければ、そんな勝負はできません。その意味で、グローバルな交渉の場でもっとも重要なのは、相手を知り、理解することだと言えます。

「相手が何を求めているか」を見極める

相手を知り、理解するということで言えば、相手が求めていること、すなわち相手のニーズを把握することも重要です。

どんな事業を行なう場合でも、必ず相手（顧客、取引先、提携先）がいます。その相手は常にあなたにこう問いかけてくるはずです。

「What can you do for me?（あなたは、いったい何を私に提供・提案できるのですか?）」

あなたが提供・提案できるものが相手のニーズに合致していれば、相手はメリットを感じて、あなたと取引や提携をしてくれるでしょう。しかし、相手のニーズと合致せず、メリットを感じてくれなければ、相手があなたとビジネスをすることはないはずです。

相手のニーズや興味関心を見極めること。それはドメスティックだろうが、グローバルだろうが、ビジネスの基本中の基本です。どれだけ独創的でオンリーワンな製品・サービスだとしても、ニーズや興味関心のないところに投下したら、何の利益も生みません。それはただの独りよがりです。

私もこれまでのビジネスで、常に「相手の企業（マーケット）は何を求めているのだろうか」「どのようにプレゼンをすれば、自分たちの強みが彼らのニーズに刺さるのだろうか」と徹底して考えてきました。

相手のニーズを見極めるには、相手の理屈で考えたり、相手の国や社会の状況を詳細にリサーチして分析する必要があります。日本企業の理屈、日本社会の常識や習慣で、グローバルビジネスの相手を観察しても、そのニーズは見えてきません。ときには自分たちがこれまで培ってきた経験や知識を全否定するくらいのドラスティックな視点の変換をしなければならないのです。

グローバルなマーケットのニーズを見極めることができたら、そのニーズに対して圧倒的なオファーをしていきます。

グローバルビジネスでは、競合は世界中にいます。その数、その規模は、日本国内のビジネスの比ではありません。だからこそ、自分たちの製品やサービスの強みを徹底的に磨き高めて、競合と比べたときに明らかに突出した状態にしておかなければなりません。それができて初めて、グローバルな競争で勝ち残っていくことができるのです。

ジェネラリストではダメです。たしかに広範な知識や技能は不可欠なのですが、それだけではグローバルで戦うための武器にはなりません。ある分野では突出して、スペシャリストになる必要があります。その突出がアイデンティティになり、世界で真っ向勝負をするための強みになります。

CITICのニーズとは何だったのか

大黒屋グループと中国のCITICグループとの提携がうまくいったのも、CITIC側のニーズに合致するオファーを大黒屋ができたからだと思っています。

CITICグループ傘下のCXBと合弁で信黒屋を設立した際、「50：50」という対等な合弁比率で提携を結んだことに対して、多くの方から「あのCITICがよく受け入れてくれたな」と驚かれたことは、第1章で述べたとおりです。

ただ、私としては、CXBとの対等な資本関係は驚くべきことでも何でもなく、当初から十分に可能性のある条件だと考えていました。というのも、対等もしくはそれ以上の条件を相手に受け入れてもらえる「材料」が大黒屋には揃っていたからです。

CITICとの業務提携では、まず何よりもCITIC側に「質屋業の延長で、中古ブランド品の売買事業を本格的にやりたい」というニーズがありました。大黒屋がこれまで培ってきた事業は、まさにそのニーズに合致するものであり、かつ同業他社と比較したときに圧倒的な優位性がありました。結果論かもしれませんが、われわれが中国のブランド品リユース市場を見据え、事業を拡大してきた成果が実を結んだとも言えます。

また、中国でビジネスをする場合、「会社と会社」という関係性以上に「人と人」との信頼関係が大きな影響力を持ちます。その点、大黒屋にはローレンス・シン氏という、CITIC上層部との信頼関係を持つ人が役員のポストに就いていました。さらに、私が香港の事業投資会社の社長をしていたとき、CXBの経営陣も香港にいたらしく、共通の知人が何人もいました。そうした人間関係が信頼感を醸成し、提携の合意につながったのだと思います。

さらに現在、信黒屋とは別に、大黒屋グループとCITICグループとの資本関係を強化していく動きもあります。

大黒屋ホールディングスの投資子会社である「エスビーオー（SBO）」に、CITICが30％の比率で資本参加する基本合意を結んでおり、今後は日本の大黒屋とイギリスのSFLグループの親会社である大黒屋グローバルの経営でも連携をしていく計画です。

切問われず、有望なアイデアや才能には自然とお金や人材が集まり、大きく成長していくチャンスがありました。私のような日本人が香港財閥系の事業投資会社の社長を任せてもらえたのも、そうしたオープンな雰囲気のおかげだったと思いますし、長江実業グループの李嘉誠氏のような叩き上げの大富豪が生まれたのも香港だからこそでしょう。

異文化と接する機会の少なかった日本人

異文化を知るということは、すなわち「物事の多様な考え方や見方を学ぶこと」です。そのバリエーションが増えれば増えるほど、グローバルビジネスの現場で日本のスタンダードとは異質な人やもの、想像もしていなかった事態に遭遇したときの対応力が高まっていきます。

いま、グローバル化を進めながらも日本企業が苦戦している要因のひとつは、日本のビジネスパーソンの大部分が海外に出て、異文化に触れる経験をしてこなかったからだと思います。

日本国内でしか仕事をしたことがないと、知らず知らずのうちに日本の常識やルール、考え方に染まってしまい、日本のやり方がスタンダードだと誤解してしまいます。特に大企業の方はその傾向が顕著です。そんな人がいきなり海外で仕事をしようとすると、自分とはまったく異なる考え方や行動をする海外の人々に戸惑い、場合によっては「彼らの考え方や行動はあり得ない」と排除したり、「われわれのやり方はこうだ」とこちらの常識ややり方を相手に押しつけようとします。しかし、そんな態度では、グローバルでのビジネスはうまくいきません。日本国内では大企業のやり方がスタンダードだとしても、世界に出ればそれは通用しないのです。

ただ、それは仕方のない面もあって、これまで日本のビジネスはさまざまな規制によって守られてきたし、日本国内だけで完結ができたので、あえて海外に出る必要がありませんでした。自分たちとは異なる文化や人々について学んだり、受け入れたりする機会がなく、日本という国がひとつの大きな〝村社会〟になっていたのです。

自国内だけで仕事が完結できていた時代は、それでも問題はありませんでした。日本人同士で暗黙のうちに了解している常識や慣習、ルールに基づいて、あうんの呼吸で物事を進めることができるからです。

しかし、これからの時代は違います。戦後の第一世代が汗水流して蓄積した日本の資産の価値を減らすのではなく、積極的に増やしていくためには、日本企業が海外に出て稼いでいく必要があります。海外に出て勝負することは、今後ビジネスをしていくうえでは必須条件です。ビジネスの相手となる国・企業・人々は、われわれ日本人とは異なる常識や慣習を持っています。どれだけ相手の考え方や行動が非常識であり得ないと思っても、相手には相手の常識や価値観があります。相手から見れば、むしろ日本人であるこちらの考え方や行動が非常識であり得ないものに映っているかもしれません。

自分と相手とで考え方や行動が異なるのは当たり前。同じものでも、右から見るか、左から見るかで、見え方は違ってきます。歴史も文化も法制度も商習慣も、すべての背景が異なる国際間のビジネスともなれば、なおさらです。

自分と相手が異なる価値観や考えを持っていることを理解し、ときには受け入れたりしながら、交渉や実務を行なっていかなければ、何事も進んでいきません。だからこそ、若いうちに自ら率先してさまざまな異文化と接する場に身を置き、自分と相手の違いを認識し、柔軟に受け入れる感性を身につけておくことが大切なのです。

また、これまでの日本のビジネスは、どちらかと言えば異質なものを退け、自分たちのやり方、自分たちのスタイルを頑なに守る傾向がありました。たしかに「ジャパン・アズ・ナンバーワン」と持てはやされた１９８０年代ごろの日本であれば、それでよかったのかもしれません。なぜなら日本のやり方こそが、グローバルな成功への近道だったからです。

けれども、それは過去の話。いまの時代、異文化を受け入れず、自分たちのやり方にこだわっていれば、あっという間に時代に置いていかれ、衰退していきます。昨今は、ダイバーシティ（多様性）が声高に叫ばれていますが、同質性を基本としてきた日本では、実際はなかなかダイバーシティが進んでいないという指摘もあります。

新しいビジネスのアイデアは、たいてい自分たちの常識の外側、つまり異文化と接する中で生まれます。異質なものと接し、その外側の視点から自分たちを再評価したり、異なる価値観を取り込んで自分自身を変えていくことで、斬新な視点や発想を持てるようになり、海外でビジネスしていくための武器になります。

グローバルマーケットは、日本国内に比べて変化のスピードが圧倒的に速く、その中で生き残っていくためには、異文化を柔軟かつ迅速に取り入れ、咀嚼し、自分たちの武器に変えていくことも必要なのです。

中国でのビジネスの難しさ

私は、これまでさまざまな国でビジネスをしてきましたが、もっともチャンスがありながらもっとも難しいのが中国です。本書の読者の中にも中国でのビジネスを考えている方がいらっしゃるでしょうから、その参考になるよう、私が中国という異文化に触れて学んだことをここでお話ししたいと思います。

グローバルビジネスにチャレンジするならば、中国の巨大なマーケットを無視することはできません。それは大黒屋が扱う中古ブランド品に限らず、あらゆる業種に当てはまることです。ここ数年、ＣＩＴＩＣグループとのビジネスを始めたことで中国を訪れる機会が一段と増えたのですが、現地に行って感じるのは、富裕層の数がどんどん増えているということです。彼らのお金の使い方や行動パターンを見ていても、いまの日本とは比べものにならないくらい豊かになっていることがわかります。

そんな成長を続けるマーケットを求めて、実に多くの日本企業が中国に進出しています。しかし、そのうちのかなりの割合の企業が苦戦を強いられ、撤退をしています。なぜ、日本企業は中国で苦戦するのか。その理由は以下の点にあると思います。

1　苛烈な競争社会

日本にも競合との競争はあります。ただ、中国のマーケットにおける競争は、日本とは比べものにならないほど激しく、動きも速い。日本人経営者もしくは現地の責任者は、その苛烈な競争についていけず、業績不振、事業撤退という結果に至っているのではないでしょうか。

競争は、資本主義の基本原理のひとつです。中国は、1970年代終わりの鄧小平の改革開放政策によって資本主義を取り入れ、いまでは13億人もの人々が競争する社会になっています。競争相手が多ければ、その激しさが増すのは自明のこと。中国社会では、何としてでも自分が富を得よう、勝ち抜こうと誰もが必死です。

そんな社会のあり方は、企業経営にも影響を与えます。中国の経営者とやりとりをしていて感じるのは、経営者としての力量は中国人のほうが高いのではないかということです。経営判断を下すスピードも速いですし、考え方が極めて現実的で合理的です。また、「いい」「売れる」と思ったアイデアは躊躇なく採用します。無駄を排し、もっとも効率的な方法を常に最優先します。それらはすべて、日本にはない激しい競争社会で揉まれているがゆえに育まれたものだと思います。

かたや日本式の経営は、失敗することに対して慎重すぎるあまり、スピードや効率性よりも必ずしも必要のない関係者からのコンセンサスや社内政治を重視して責任分散を考える人や、成長とその果実を積極的に狙いにいくよりも社内調整をそつなくこなす能吏タイプの人が、経営陣になっていくケースが多いと感じます。

圧倒的な競争社会と、それによって生み出される日中の経営者の力の差。ここに日本企業が中国で苦戦する第一の理由があります。

2　中国の要人とのコネクション

大黒屋グループの中国への進出は、当初は独自に行なおうという構想を持っていました。しかし、香港の事業投資会社時代の経験から、コネクションがなければさまざまな許認可もスムーズに取得できないことがわかっていたので、途中で独自進出は諦めました。

先述したようにＣＩＴＩＣとの提携がうまくいった要因のひとつに、中国政府やＣＩＴＩＣ上層部と信頼関係のあるローレンス・シン氏の存在がありました。中国は、いまも昔もコネ社会です。人間関係が重視され、同じ事業で同じアプローチをしても、信頼関係があるかないかで結果は変わります。また、企業経営をしていれば現地の顧客、従業員、取引先とのトラブルに遭遇するリスクがありますが、そのときに守ってくれる人がいるかどうかは極めて重要です。

とはいえ、「中国の要人と信頼関係をつくろう」と思っても、一朝一夕にできるものではありません。私とシン氏は二十数年来の友人で、ＣＩＴＩＣとの提携ではビジネスに結実しましたが、ずっと利害を超えた付き合いをしてきました。

人間関係の構築には時間がかかります。互いに信頼を寄せ合う深い付き合いともなれば、なおさらです。特に中国の人々は「誰と付き合うか」に関しては極めて慎重です。1回会っただけで相手を信頼することは絶対にありません。人からの紹介に関しては、間にふたり以上入ると、それだけでNGです。CITICとの提携でも、「CITIC上層部＝シン氏＝私」と間に入っているのがシン氏だけだったので、CITICの人は私を信用してくれたのだと思います。もし私とシン氏が直接の知り合いではなく、友だちの友だちみたいな関係だったら、きっとCITICは私のことを信用しなかったはずです。

私が若い世代に「できるだけ早く海外に行ってほしい」と思うのは、海外の人たちとの公私にわたる信頼関係を築くためでもあるのです。

3　不測の事態への対応力

私は、1992年から1997年まで香港の事業投資会社の社長を務めていました。中国企業にも多額の出資を行ない、中国人経営者とともに巨大工場の運営や不動産開発などの事業を動かしてきました。

その当時の中国ビジネスの印象をひと言で言えば、「めちゃくちゃ」です。投資先の個別企業の問題でもあるのですが、たしかにビジネスに関する法律はあるものの、現場ではほぼ有名無実化し、誰もが好き勝手にやっていました。法律はあってないようなものだったのです。

そんな環境でビジネスをするのはあまりにもリスクが大きく、何らかのトラブルに巻き込まれたら身の危険さえもありました。そのため香港の事業投資会社の社長時代は、公安部長の弟が私のボディガードを務めてくれていました。

その後20年以上経過し、中国のビジネス環境は大いに変わりました。ＣＩＴＩＣとの提携をきっかけに中国の方とやりとりする機会も増えましたが、昔と比べて、隔世の感があるというのが私のいまの実感です。特にここ5年ぐらいで見ると、アリババやテンセントに代表されるＩＴ企業は、一気に世界最先端まで成長していった勢いが中国にはあります。

油断ならない国、イギリス

イギリスとは、ＳＦＬグループの買収以来、深く関わるようになりましたが、現地で会社を経営し、イギリスの人々と仕事をするようになったことで、やはり〝イギリスのお国柄〟や〝イギリス人らしさ〟が見えてくるようになりました。

多くの人が「イギリス＝ジェントルマンの国」というイメージを持っているのではない

トを絞って圧倒的な経験値を積ませ、プロフェッショナルなスキルを育てていくことが求められます。抜擢した担当者が一度や二度失敗したとしても、すぐに首をすげ替えるのではなく、「その失敗を活かして、次は絶対に成功させろ」と再びチャレンジの場を与える──経営陣にそのくらいの胆力、覚悟がなければ、人は育ちません。

また、個人の能力開発だけではなく、海外の企業や人々と密な関係を築こうと思ったら、短期間ではできません。たとえば、大黒屋グループが中国に進出できた背景には、中国や華僑の人々との信頼関係があったからこそですが、そうした関係はこの2、3年でできたものではなく、10年、20年かけて築いたものです。現地でのネットワークを構築してビジネスができる人間を育てようと思ったら、10年、20年は無理でも、何年かはその国に派遣するくらいのことはしなければなりません。

「権限委譲」「プロフェッショナルの育成」「人脈の構築」には、企業側の「人材育成に対する長期的なビジョン」が不可欠です。しかし残念ながら、日本企業はグローバル人材の育成に関して、そこまでのビジョンは持てていないのではないか、というのが率直な私の見解です。

日本が抱える人材育成の課題2「スタートアップ企業へのサポートが不十分」

既存の企業内での修羅場経験ができなければ、自ら会社を起こし、小さいながらも企業経営の実務を積んでいくという手段もあります。スタートアップ企業は十分な人材が揃っていないため、経営者自らが営業をしたり、商品やサービスの開発に携わったり、顧客や取引先と交渉したり、販促活動をしたりと、あらゆる業務を経験できます。それはまさしく修羅場経験となります。

また、海外で勝負をするには、革新的なアイデアやテクノロジーを駆使した斬新な製品やサービスをつくっていく必要があります。そうした新しい製品やサービスは、往々にしてスタートアップ企業から生まれます。

ただ、日本で起業する場合、注意すべき点もあります。それは「日本はスタートアップ企業へのサポート体制が不十分である」ということです。

たとえばアメリカでは、若者が起業したIT系のスタートアップを、大企業がサポートするのをよく見かけます。そうした大企業の経営者はたいてい、自分自身がかつてはスタートアップの起業家・経営者で、ほかの企業や投資家の支援を受けて大きく成長してきた経験を持っています。社会全体で連綿とスタートアップを支援する文化がアメリカにはあるのです。また、ベンチャーキャピタルやエンジェル投資家の裾野が広いため、スタートアップ企業は資金調達の選択肢を幅広く持つことができます。

かたや日本は、大企業がスタートアップを支援する企業文化も、ベンチャーキャピタルやエンジェル投資家の幅広い裾野も、まだまだ未発達です。

そうした現状を打破すべく、国が音頭を取って「エンジェル投資家やベンチャーキャピタルを増やしましょう」という動きもあります。ただ、その数や投資額を増やすことはもちろん、グローバルマーケットの動向や投資先の企業価値を見極めて投資ができるプロフェッショナルな投資家・キャピタリストを育てていくことも重要です。そうした育成の部分にまで目が行き届いていない、というのが私の印象です。

また、起業時に金融機関から融資を受ける場合、最近でこそ「無担保・保証人不要」で借りられるようになりましたが、以前は個人保証が当たり前でした。起業したものの予想した収益を上げることができず、借入金の返済が滞れば、経営者個人がその債務を負わなければならなかったのです。つまり、いちど事業に失敗したら、それで終わり。再チャレンジはできません。

残念ながら日本国内には、志ある人材がそのスキルやアイデアを活かして事業を起こし、世界にチャレンジしていく土壌が、まだ十分にはできていないと言わざるを得ないのです。その点、中国では進歩のスピードが速い。マーケットが大きく、成功した場合のリターンも大きいから、魅力的な事業投資であれば、スタートアップの企業でも、事業内容や人物の信頼性次第で50億とか100億円単位で資金が集まります。日本でも、グローバルマーケットで一気に展開できるような発想を持つ若い人を積極的に支援するような仕組みや環境づくりが必要です。

「若手への権限委譲ができない」「スタートアップ企業へのサポートが不十分」などの状況は、国やわれわれのような経営者がすぐにでも変えていかなければならない喫緊の課題です。人材の育成が遅れれば、日本企業のグローバリゼーションはますます遅れ、グローバルマーケットで競争力を失い、日本という国全体が衰退していってしまうからです。一部の先進的な企業では、「サクセッション・プランニング」などを通じて、20代、30代のうちから計画的に海外経験や修羅場体験を積ませて人材育成を行なっています。そうした取り組みが広がっていくことは重要です。

ただ、私がここで強調したいのは、若い人たちにはぜひ、場ができるのをただ待っているのではなく、**「自らアクションを起こして場を取りにいってほしい」**ということです。

自分が成長できる場を自ら探し出して、身を置く。そこでがむしゃらに勉強をしたり、経験を積んでいく。「場がないから仕方がない」「整備されるまで待とう」という受け身な姿勢は、自らを成長させる機会を損失させるだけです。そもそも、国や企業があなたにとって本当に有意義な場をつくってくれるかどうかの保証などどこにもありません。

グローバルで勝負しようと思ったら、いますぐにでも「いまの自分に必要な経験・スキルは何か?」と自発的に考え、それらが得られる場に自らをポジショニングしなければなりません。

「郷に入れば郷に従え」では戦えない

日本人特有の気質のいくつかも、グローバルな取引や交渉でポーカーゲームをする際の弊害になっています。

たとえば、日本人はあまり議論や対立を好まず、相手の言い分や立場を尊重する傾向がありますが、グローバルビジネスにおいてはそうした態度はマイナスです。ダメなものはダメとはっきり言わなければならないし、買収先の企業のやり方を180度変えたり、思い切ったリストラをしなければなりません。

ＣＩＴＩＣグループの役員が、あるときこんな指摘をしてくれました。

「日本企業は海外の企業を買収したとしても、そのあとの統合がうまくない」

彼によれば、海外の企業を買収したあとは、複数人のチームを本社から買収企業に送り込んで、買収先企業のカルチャー（企業文化、企業風土）を根底から変えるようなインパクトを与えなければ、海外企業の買収・統合はできない、ということでした。

実際、私が海外の企業の経営を見るときは、事業計画から社内システム、会計、人事まで事細かにチェックして、自分の経験や感性から「間違っている」「おかしい」と判断したものに対しては現地の役員たちと徹底的に議論をして、必要があれば変えていきます。

ＳＦＬグループの経営統合はその好例です。当初ＣＥＯを任せたＳ氏が「以前どおり、所有と経営を分離させるべきだ」と要求してきたときも「ふざけるな」と突っぱねましたし、私自身がＣＥＯに就任したあとは、社内の情報管理システムや本社の役員・社員人事の抜本的な刷新を行ないました。

「郷に入れば郷に従え」では、グローバルビジネスは戦えません。相手のやり方や考え方が間違っていれば、はっきりと「ノー」と言わなければなりません。それでも相手が抵抗してきたら、真っ向勝負で受けて立つ覚悟も必要です。

「売られたケンカは買う」。それも華僑からの教えのひとつです。彼らは、国家の後ろ盾もなく、自分の身ひとつで勝負をしているので「なめられたらおしまい」だと考えています。だからこそ、ビジネスの相手に対してきちっと自分の意見を主張するし、相手が理不尽な要求を突きつけてきたら徹底抗戦をします。

グローバルで勝負をしたければ、日本人もそれくらいの覚悟を持たなければならないと私は思います。

決断はノーエモーションで

「事業に投資したり、撤退をするときには、エモーション（感情）を移入してはいけない」。これも華僑から教わった投資・経営哲学のひとつです。

「仕事への情熱がなければ、事業を大きくしたり、人心を掴むことはできない」「経営者にエモーションは必要だ」という方もいるでしょう。たしかに事業を推し進めるときには、トップのエモーションは不可欠です。ただ、何らかの経営判断を下すとき、特に撤退のときは、エモーションを持っているとそれに引きずられてしまって、判断が遅くなり、すべての行動が後手に回ってしまいます。

たとえば、いくつもの事業を展開する会社で、祖業の業績が落ち込んでしまったときなどは、まさにノーエモーションの決断が問われる場面だと言えます。祖業というのは、経営者にとっても社員たちにとっても愛着や思い入れのあるものです。それゆえ、少しでも早く売却をすればそれなりの売却益が得られるにもかかわらず、「何らかの手立てを講じれば、業績は回復するのではないか」「売却しないで済む方法は何かないか」などとあれこれ思い悩んでしまいます。しかし、感情にとらわれて思い悩んでいる間にもどんどん業績は落ちて企業価値は低下し続け、「売却しよう」と重い腰を上げたときにはすでに遅きに失して、わずかな売却益しか得られない、などということになります。

冷静に数字を分析し、「ダメだ」「もう上がらない」と判断したら、ノーエモーションでスパッと切る。ノーエモーションでの早めのロスカットができるからこそ、華僑たちはグローバルなビジネスで生き残ってこられたのだと思います。

また、企業が同一の事業を続けた場合、そのライフサイクルはだいたい30年くらいです。いまは時代の変化が速いので、もっと短くなっているかもしれません。ただし、新しい事業に投資をしたり、古くなった事業を売却して新陳代謝を続けていくことで、その寿命を延ばすことは可能で、そうした判断を行なっていくことが経営者の役割だと言えます。

いま、グローバルで成長し続けている企業——ＩＢＭも、マイクロソフトも、アマゾンも、時代のニーズやテクノロジーの進化に合わせながら古い事業から新しい事業へとシフトチェンジして、今日まで生き残り、勝ち抜いてきました。彼らにはきっと「祖業がどうだ」とか「この事業には思い入れがあるから」などという感情的な発想はないはずです。

強い思い入れやこだわりを持って、ひとつの事業に取り組むことは間違ってはいません。ただ、それだけではグローバルでは生き残れません。時代や状況の変化、背景を見極めて、取り得る戦略・戦術を分析したうえで「これではない」と思ったら、ノーエモーションで思い切って舵を切る。そうした決断ができてこそ、グローバルな取引や交渉のポーカーゲームを勝ち抜くことができ、企業の価値を高めて、「株主価値の極大化」という目的を果たすことができるのです。

人に任せず、自ら交渉のテーブルに

グローバルな取引や交渉のポーカーゲームに勝つために、私が常に自分に課していることがあります。それは、決して人任せにせず、必ず自分自身が交渉のテーブルに着くことです。その理由は、**「交渉相手の微妙なタッチを自ら把握するため」**です。

「考える」とは、「まとめる」ことでもあります。ビジネススクールでは毎週のように「この本を読んで、レポートを提出しなさい」という課題が出されました。課題図書はたいてい何百ページもあり、全部をまともに読んでいたら、どう考えても時間が足りません。そこで問われるのは、要点をとらえながら読むスキルと、読み取った要点を咀嚼してまとめる力です。ビジネススクールの生徒は、そうした課題をこなしていくことで「まとめる力＝考える力」を鍛えていくのです。

また、学んだ知識や情報は、実践してこそ自分のものになります。

私自身、コロンビア大学でＭＢＡを取得したとき、企業経営に必要なひととおりの知識は学びましたが、それらが本当の意味で自分のものになったと実感できたのは、その後のゴールドマン・サックスでＬＢＯファイナンスを担当したり、香港の事業投資会社で投資先の企業の経営に関与するようになってからです。実務の現場に入って、学んだ知識を使って試行錯誤を繰り返し、直面するさまざまな課題を乗り越えていくプロセスを経て、ようやく知識や情報を自分の血肉とすることができたのです。

最近の若いビジネスパーソンを見ていて感じるのは、とても勉強熱心だけれども、そこで終わってしまっているな、ということです。勉強はもちろん大切です。でも、勉強だけではただだ頭でっかちになってしまい、それではグローバルビジネスのポーカーゲームを勝ち抜くことはできません。勉強することと同じくらい大事なのが、その勉強を活かせる場所に自分自身をポジショニングすることです。勉強したことを実際の現場で試行錯誤しながら使ってこそ、自分の血肉となり、グローバルで戦うための武器となるのです。

私自身、いくつかの武器を持っていると自負していますが、その中でもファイナンスには特に自信があります。それはゴールドマン・サックス時代、香港の事業投資会社時代、そして現在の大黒屋グループでのビジネスと、私のキャリアを通じてずっと勉強と実践を繰り返し、幅広く深掘りしてきたからにほかなりません。

勉強に終わりはないし、近道はない――これまで何十年と海外でビジネスをしてきた私の実感です。グローバルで勝負をするには、地道で泥臭い努力（勉強）が不可欠なのです。

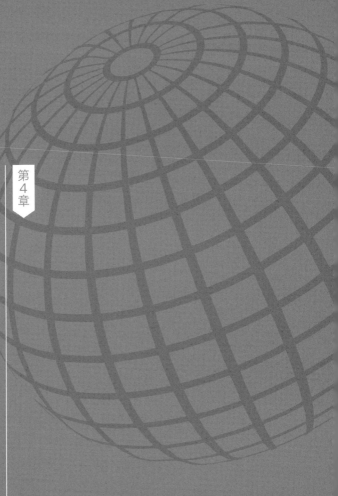

第4章

リスク管理は「性悪説」で

リスクはグローバルビジネスの大前提

先日、ある大手企業の方と中国ビジネスについて話をしていたとき、こんなことをおっしゃっていました。

「中国ビジネスはリスクが大きい。早めに手を引いたほうが賢明だと思う」

たしかに中国経済の先行きについては「いずれ減速する」「いつかはバブルが弾ける」など、ネガティブなことがよく言われています。中国に生産や販売のための拠点をつくったり、中国企業に投資したりして膨大な資金を投じたとしても、国全体の経済が傾いてしまえば、投下した資金を回収できなくなってしまいます。そのため、「リスクがある国や地域からはできるだけ早く撤退する」というのは一見、正論のように見えなくもありません。

しかし、私の考えは違います。そもそも**「リスク回避を優先した発想では、グローバルビジネスは戦えない」**と思うのです。なぜなら、どこの国に行こうが、常にリスクはあるからです。リスクの存在は、グローバル化を進めるうえでは大前提なのです。

リスクマネジメントと言うとき、多くの日本人は「リスクのない、安全確実なところに行く」という認識になりがちです。その背景には、日本的な減点主義での評価制度があるのではないでしょうか。減点されて自分の評価を落としたくないから、できるだけ失敗しなさそうなところ、リスクがなく安全そうなところを選んでしまう。しかし、リスクがあるからといって避けてばかりいたら、どんどん選択肢はなくなり、最終的には「外に出ないほうが安全だ」という結論に至り、グローバルで勝負をする機会を失ってしまいます。

大事なことは、リスクがあるとわかったうえで、そのリスクをどう管理するか。多少は痛い目に遭うかもしれませんが、それも想定しながらもチャレンジし、グローバルの巨大な市場のシェアを取りにいく。それができなければ、日本企業に未来はありません。

中国経済もいずれ減速するかもしれないし、バブルが弾けてしまうかもしれません。しかし、ＩＭＦの予測では、２０１８年1月時点の中国の名目ＧＤＰは14兆９２５億ドル（約１５３７兆円）で、日本の3倍近くあります。実質経済成長率も、日本が１・２％であるのに対し、中国はいまだ6％以上を維持しています。このままの経済成長率の差が続けば、経済規模もさらに差がついていくことになります。さらに大黒屋グループの主戦場であるブランド品市場は、５０００億元（約8兆４０００億円）にもなり、日本のおよそ3倍です。

再三お話ししているように、企業経営の目的は「株主価値の極大化」です。そして、それを突き詰めることは、すべてのステークホルダーの利益の極大化にも資することは、先述したとおりです。そうした目的を実現し得るチャンス、将来のリスクというマイナス面を補って余りある巨大なチャンスが、中国にはあります。だからこそ、大黒屋グループは中国へと進出しているのです。

他人を信用するな

リスクがあるとわかっていながら、何の策も講じずに徒手空拳で勝負を挑もうとするのは、無謀で愚かな行為です。グローバルビジネスにリスクの存在が大前提であるならば、チャレンジするにあたってリスク対策もセットで考えなければなりません。

リスクマネジメントに関しても、ゴールドマン・サックス時代や香港の事業投資会社時代に実に多くのことを学びました。

華僑から教わったことのひとつが、「他人は基本的に信用してはいけない」ということです。相手がどんな立場にあろうとも、どれだけうまい話を持ちかけてきても、信じきってはダメで、まずは一歩引いて疑ってみる。要するに「性悪説」です。

日本人はどちらかと言えば「性善説」を好むので、「他人を信用するな」という華僑の教えは抵抗感があるかもしれません。けれども、グローバルビジネスで生き残りたいのであれば、どんな相手でもまずは疑ってかかり、是々非々で付き合っていく「性悪説」のほうが有効なのです。

先日も、ある海外の投資家から「自分が投資している会社はいま、アンダーバリューだから、ＬＢＯをしたらどうか」とＭ＆Ａ話が持ち込まれました。しかし、よくよくその会社の財務データを見てみると、たしかに株式の時価総額は落ちていましたが、ＥＢＩＴＤＡのキャッシュフローが低く、ＬＢＯをした場合、５年間以上は負債の返済に追われることが目に見えていました。つまり、その投資家としては、私にはうまい話に見せかけておいて、その実は早めにエグジットして少しでも多くの売却益を得たいという魂胆だったわけです。

グローバルなＭ＆Ａでは、買収をしたあとに相手企業の不正会計が発覚することも珍しくありません。そんな事態を防ぐために、買収前には綿密なデューデリジェンスを実施するのですが、それでも買収後にふたを開けてみたら二重帳簿、三重帳簿が見つかることもあるのです。

その手の不正事件で近年大きなニュースになったのが、ＬＩＸＩＬグループによるドイツの水栓金具メーカーのグローエと、その子会社の中国企業ジョウユウの買収でしょうか。２０１４年にＬＩＸＩＬグループは約４０００億円を投じてグローエを買収したのですが、その後ジョウユウの不正会計が発覚。その影響で約６６０億円もの特別損失を生むことになってしまいました。

グローエとともにジョウユウを子会社化するにあたって、ＬＩＸＩＬはデューデリジェンスを実施していますし、実際に工場まで足を運んで設備や製品の確認も行なったそうです。また、ジョウユウは２０１０年にドイツのフランクフルト証券取引所に上場し、ＬＩＸＩＬによるＭ＆Ａ以前にも２、３社の買収を経ていました。そうした上場や買収の過程でも厳しい監査を通ってきたはずで、ＬＩＸＩＬ側としては「まさか不正があるとは」という思いだったはずです。

海外には、こちらが隙を見せた途端、お金をむしり取ろうとしたり、騙そうとしてくる輩が大勢います。日本人的な感覚からすれば「あり得ない」ことを平気でしてくる輩もいます。

性善説では、あっという間にカモにされて、すべてを奪われかねません。性悪説こそが人的なリスクを回避して、自分や自分の会社を守るための武器になるのです。

お金の出入りをすべてチェック

華僑たちの「人を信用しない」というリスク管理をもっとも象徴しているのが、投資先の会社の資金管理法です。

香港の事業投資会社時代、私は200社以上の関連会社の経営を見ていました。事業投資会社の社長に就任するにあたってオーナーの華僑から言われたことが、「小切手を切るのはお前の仕事だ」ということです。つまり、小切手を切って各関連会社に送金する業務は、私しか行なうことができなかったのです。

華僑のオーナーは、小切手を切る権限を複数の人間に分散してしまうと、「必ず横領する人間が出てくる」と考えていました。実際、関連会社が200社以上もあると、いくらでも抜け道をつくることができます。だからこそ権限を社長である私に集中させて、リスク管理を図ったわけです。また、私が一括して送金業務を担うことで、各関連会社でのお金の使途に不明瞭な点がないかを見張ることもできます。

この香港時代の経験は、現在の大黒屋グループの経営でも活かされています。

も、信頼できない人間、裏でコソコソとインチキをする人間とは、早めに関係を断ったほうがいい、ということです。

実際、信用できない人間を相手にしていると、こちらが疲れてしまうし、ストレスも溜まります。相手が信頼できないゆえにこちらも思い切った決断ができず、大きな仕事もできません。ズルズルと関係を続けた末に裏切られる、なんてことになったら最悪です。

だから、「こいつは信用できない」「いつか背後から刺してくるかもしれない」と思ったら、その時点で交渉を打ち切ったり、関係を断つ。英語では「close the book」と言いますが、その割り切り方は華僑から教えられました。

ビジネスを成功させるには、「誰と組むか」ということが極めて重要です。

特に金融の世界では、複数の企業や銀行、投資家から巨額のお金を集めて、何百億円、何千億円のファンドを組んで投資を行なうことがあります。そんなとき、ひとりでも「出す」と言ったお金を出さなかったりすれば、ファンドの組成ができずに投資スキーム全体がドミノ倒しのように崩壊してしまいます。また、出さなかったひとりをファンドに加える判断をしたこと、彼が嘘をついているリスクを事前に察知して対処できなかったことによって、ファンドの組成者である私自身の信用も失墜し、次の機会にお金を集めづらくなります。だからこそ、どこの誰と組むかは神経を使って慎重に選び、もしわずかでも不安要素があれば、早めにその人との関係を断ち、次の手を考えなければならないのです。

人との関係を断つときも、事業からの撤退時と同じように、ノーエモーションで行なうことが肝心です。「昔、世話になったから」「誰々の紹介だから」というしがらみにとらわれていたら、正しい判断は下せません。厳しい言い方かもしれませんが、いちど嘘をついた人間、こちらを騙した人間は、必ずまた同じことを繰り返します。情状酌量の余地はありません。悪い芽は、躊躇せずにスパッと切り落とす。グローバルビジネスで、自分自身と自分の会社を守るにはそれが一番なのです。

イギリスのＳＦＬグループの経営統合の過程でも、「危険な芽を摘む」ためにいくつか抜本的な施策を断行しました。

そのひとつが、社内の情報管理システムの刷新でした。

リスク管理の一環として、私が会社のお金の流れを逐一チェックしていることは先述したとおりです。ＳＦＬグループは当初、社内の情報管理システムの問題で、私が直に会計をチェックすることができませんでした。会計の数字を見たければ、そのつど、担当者に出してもらわなければならなかったのです。そうしたお金の流れが逐一チェックできないシステムは、私にとっては怖くて仕方がなかったし、適切な経営判断が行なえるとも思えませんでした。さらに言えば、一部の役員や社員はそれまでのCEOと結託して造反してきた、言わば不穏分子です。私がCEOとして経営のトップに立ったとはいえ、コソコソと隠れて悪だくみ（不正会計など）をしないとも限りません。そこで、私が直に社内情報をチェックできる情報システムの導入を行なったのです。

また、右に述べた不穏分子を一掃するため、50名弱の本社の社員全員をリストラして、人員の総入れ替えも行ないました。

社員全員のリストラはさすがにやり過ぎではないか、と感じる方もいるかもしれません。しかし、新しく親会社になったわれわれの経営方針に従って、買収先の企業が忠実に動いてくれるようにするためには、ときとしてそれぐらいのドラスティックな手段を講じなければならないと考えています。

ちなみに、このリストラを敢行してわかったのは、イギリスは世界一リストラがやりやすい国だということです。彼ら（被解雇者）の言い分をしっかりと聞いたうえで、こちらに正当な理由があれば、彼らはたいてい納得して辞めていきます。こうしたことは、日本国内だけでビジネスをしていては決して見えてこない、異文化の一端だと思います。

リスクへの感度を高める

リスク管理をするには、人や事業に潜在するリスクを、できるだけ早く察知しなければなりません。少しでも早く「この人、ちょっとヤバいかも」「このまま動かしたら、この事業、失敗するかも」と察知できれば、その分早めに次の策を講じることができ、被害を未然に防いだり、被害が及ぶ範囲を最小限に抑えることができます。

グローバルビジネスで生き残っている経営者たちは、普通の人が何も気づかず、何も感じないような場面でも、敏感に「もしかして、危ないんじゃないか？」と察知して、すぐに行動を起こします。察知したリスクが現実化しないことも当然あるかと思いますが、彼らは必ず行動を起こします。私自身、これまで何度もそうやって危ない場面を乗り越えてきました。

潜在するリスクを察知できるか、できないか。その差を分けるのは、やはりビジネスパーソンとしての感性だと思います。そして、その感性を磨くには、若いうちからグローバルなマーケットに飛び込んで考える力を鍛えておくことが大切です。

グローバルなマーケットという未知の環境に身を置けば、考えなければならないことは山ほどあります。時代やマーケットはどう動いていくのか。取引先や顧客は何を求め、こちらのオファーに対してどう反応するのか。任されている仕事で成果を出すには、どんな計画を立て、どのように実行していけばいいのか。直面するあらゆることに対して、常に柔軟な姿勢でいろんな方向から考えてみる。小さなことでも決して流さず、「なぜ?」と考えてみる。はじめはうまくできないかもしれないし、大きな失敗もするでしょう。でも、決して投げ出さず、「次こそは成果を出すぞ」「そのためにはどう改善すればいいのか」とさらに考える。

厳しい環境に自分の身をさらし、トライ&エラーを繰り返していくことで、考える力、感じる力は養われ、リスクを察知する感性が磨かれていきます。

マルチ思考で考える

英語のリスク(risk)という言葉は、一般には「危険」と訳されます。ここまで述べてきた「人に騙される」「横領や不正会計をされる」というのは、まさしく企業経営における「危険=リスク」であり、「他人を信用しない(まずは疑ってみる)」「危険な芽は早めに摘む」などの方法でマネジメントすることができます。

ただ、企業経営や投資の世界では、「リスクがある」というとき、単純に「危険がある」というだけではなく、「結果が不確実である」「投資に対して、結果（収益）にばらつきがある」ということを意味する場合もあります。ばらつきは、英語で「ボラティリティ（volatility）」と言います。「不確実性」や「ボラティリティ」も、リスクを構成する重要な要素なのです。

たとえば、ある事業に投資をするとき、その事業が将来生むだろう利益や市場での評価を〝１００％確実〟に予測できているとしたら、投資額や収益の多寡にかかわらず、その投資のリスクはゼロだと言えます。なぜなら、未来を１００％確実に予測できているのであれば、不確実性もボラティリティもゼロだからです。


とはいえ、そんな状況は現実にはあり得ません。将来生むであろう利益は、過去のレコードからある程度は予測できますが、その予測はもちろん絶対ではなく、顧客のニーズや取引先の状況、マーケットの動きなどによって変わります。未来は、常に不確実でボラティリティにあふれています。

不確実性、ボラティリティとしてのリスクを回避するには、ひとつには「少しでも確実性の高い、結果のばらつきが少ない対象に投資をする」という方法があります。ただし、この方法では、リスクが低い反面、リターンも小さくなります。わかりやすい例で言えば、国債への投資がそれに当たります。つまり「ローリスク・ローリターン」です。

「ローリスク・ローリターン」も悪くはありませんが、この方法を突き詰めていくと、本章の冒頭で述べたような「リスク（不確実性、ボラティリティ）のあるところには行かない」という発想に行き着いてしまい、「ハイリスクが前提のグローバルビジネスなんてあり得ない」となってしまいます。

では、将来の不確実性やボラティリティが大きいグローバルビジネスで勝負するにあたって、どうすればリスク管理ができるのか。

私が心がけているのが「マルチ思考」です。

私は、どんな事業に取り組むときでも常に複数の選択肢を考えています。たとえば、出店場所の検討をする際、さまざまな外的要因を考慮しながら、複数の候補地について「Aの場合は……、Bの場合は……、Cの場合は……」とシミュレーションをして、もっとも収益を最大化できるだろう場所を採用します。また、候補地Aに出店すると決めたあとも、候補地Aでの詳細な経営戦略を練ると同時に、「Aで計画どおりの利益を上げられなかった場合は、次にDやEという方法も試してみよう」と、さらに次の手もイメージしています。

投資のためにファイナンスを組むときも同じです。50億円のお金が必要だとしたら、「エクイティでいくら調達し、デットでいくら調達しよう」「エクイティは投資銀行Aと個人投資家Bから、デットはC銀行とD銀行から集められるかな」「もし投資銀行Aがダメだったら、ベンチャーキャピタルやほかの個人投資家に当たってみよう。それともデットの割合を増やしてみようか」などと、あらゆる可能性を想定したうえで動いています。

マルチ思考には、いくつもの選択肢を考えて実行するための「知識」「経験」「人脈」が必要です。要するに、引き出しの多さです。引き出しが多ければ多いほど、ある目的を実現するために複数の手段が考えられるし、ひとつの手段がダメだったときにすぐに切り替えて「次の手はこうで、さらに次の手は……」と次から次へと対策を講じることができます。

引き出しを増やすには、グローバルビジネスのポーカーゲームを勝ち抜くための秘訣(第3章参照)と同様、まずはあらゆることを徹底的に勉強して、さらに勉強したことを現場で実践してみること。また、さまざまな修羅場を経験しておくことで、考える力や対応力、柔軟性が鍛えられます。本章の前半で「人は信用してはいけない」とお話ししましたが、「この人は信頼できる」と心から思える人に出会えたら、時間をかけて深い関係性を構築しておくことも大切です。なぜなら、その深い信頼関係がいざというときの手段のひとつになるかもしれないからです。

未来は不確実でボラティリティが大きいからこそ、あらゆる可能性を考え抜いて、もっとも利益を生みそうな方法を選択して実行してみる。もしその方法がうまくいかなければ、再び考えに考え抜いて、次の手を打つ。グローバルビジネスで勝ち残るには、それしか方法はありません。

どれだけスピード感があろうが、一点突破で巨額の資金を動かそうが、返すプランのない投資はあり得ません。1、2回ぐらいは資金が集まるかもしれませんが、すぐにマーケットの信用を失って立ち行かなくなるでしょう。

繰り返しますが、エクイティやデットといったアザーピープルズ・マネーを調達するのであれば、同時にそれを返すことも考えなければなりません。そしてそのためには、ファイナンス理論に則った資本政策を立てて、そのプランどおりに経営をしていくことが、少なくとも現時点ではもっとも確実性の高い方法なのです。

だからこそ私は、ファイナンスを経営の軸としているし、これまでずっと「グローバルで活躍できる経営者になるには、ファイナンスを身につけなければならない」とその重要性を訴え続けてきたのです。

投資家や銀行に対してどういう条件を提示できれば、彼らが興味を持ち、お金を出してくれるのか。私の中にはいくつかの判断基準があり、そのベースになっているのがファイナンスの理論です。ファイナンスがわかっているからこそ、投資家や銀行から信用される資本政策を組むことができ、事業に必要な資金も継続的に集めることができるのです。

また、信用という観点から考えれば、**「嘘をつかない」「世話になった人には迷惑をかけ**

ない」ということも、自分の軸としている行動規範です。ビジネスに限らず、人と人の関係において、嘘をつく人間は信用されないし、まわりから人が去っていきます。世話になった恩人に迷惑をかけるような人間は、次に何かあったときに再び手を差し伸べてもらうことはできないでしょう。

ＣＩＴＩＣとの提携が順調に進展している背景に、「人と人」のつながりがあったことは先に述べたとおりです。香港の事業投資会社時代から親交があるローレンス・シン氏がＣＩＴＩＣとのパイプ役となってくれたのは、20年以上かけて培ってきた利害を超えた信頼関係があればこそだと思っています。また、私はこれまでに国内外でさまざまな取引や交渉をしてきましたが、相手が一度でも嘘をつけば、その時点で「close the book」――すなわち関係を断ちます。

２００６年に大黒屋をグループの傘下にして大黒屋を核としたグローバル構想を練りながらも、その実現のために動き出したのが２０１２年と、６年間のスパンが空いてしまったのも、実は「世話になった人に迷惑をかけない」ためでした。

大黒屋およびＤＷを買収した時点で、私の中には「すぐにでも海外に出なければ」という思いがありました。再三お話ししているように、グローバルビジネスで成果を上げるには何よりもスピードが重要だからです。ところが、その思いとは裏腹に、グループの経営体制が安定せず、大きく動きたいけれども動けない時期が続きました。無理をすれば動けないこともなかったのですが、そうすると金融機関をはじめ、お世話になった外部の関係者の方々に多大な迷惑をかけることになってしまう状況でした。それゆえにもどかしさはあったものの、6年間の雌伏のときを過ごすことになったのです。

あのとき無理をしてでも動いていれば、もっと早く大黒屋のグローバル化が実現できていたかもしれません。しかし、親しくしていた金融機関の方たちとの関係が壊れてしまい、その後のファイナンスを組むことが難しくなった可能性もあります。どちらが正解かはわかりませんが、少なくとも自分の軸に従って行動したこと、そして現時点で大黒屋グループとしてのグローバル化が順調に進展していることを考えれば、あのときの判断は悪くなかったのではないかと考えています。

ビジネスをするうえで、投資家や銀行、取引先との〝利害関係〟の調整ももちろん大事ですが、ときとして人と人との〝信頼関係〟が大きな影響力を持つことがあります。信用はあらゆるビジネスの土台になるからこそ、私はこれまで信用を損なわない行動を自分や他人に課してきたのです。

どれだけ時代が移り変わっていこうとも、テクノロジーが進化して経営や金融のあり方が変わっていこうとも、守らなければならない原理原則はあると思います。

そうした本質をつかみ、判断や行動の軸とする。それが変わり続ける世界で成果を出し続ける、ひとつ目の条件だと私は考えています。

自己否定と創造的破壊を繰り返す

ビジネスをするうえでの本質や原理原則を自分の判断や行動の軸とする一方で、目まぐるしく変化するグローバルマーケットに対応するためには、会社の組織体制や事業内容、（軸以外の部分での）自分の考え方や価値観などは臨機応変に変えていかなければなりません。自分や会社を変えていかなければ、変わり続けるマーケットであっという間に置いていかれてしまうからです。

自分や会社を変えるとは、別の言い方をすれば、**「過去の成功体験を否定すること」「自己否定をすること」**です。

どんな人も会社も、たいていは過去の成功体験にとらわれています。身の回りの環境が変わらず、過去の成功体験を繰り返して一定の成果を上げられているうちは、それでも問題はありません。

しかし、グローバルで勝負をするのであれば、環境の変化は大前提だと考えるべきだし、グローバルビジネスの相手は日本人とは異なる背景（文化、商習慣、価値観、常識など）を持つ多種多様な異文化の人たちです。日本での成功体験は通用しません。

グローバルなマーケットで、新しいもの、異質なもの、未知なものに触れたとき、現状のままでは直面した課題やこれからの時代に対応できないと判断したら、過去の成功体験やそれまで培ってきた知識・技術を刷新し、一から新たな知識やスキルを築き上げて、斬新な事業を起こしたり、他企業をM＆Aしたりして、自分や会社をアップデートさせていかなければなりません。

また、否定すべきは自分自身の過去の成功体験だけではありません。

いまの世の中でスタンダードとされている既存の方法論や価値観も、変わり続ける世界に対応するための足かせになる場合があります。世の中で常識とされている既存秩序をぶち壊し、新しい方法論や価値観を打ち立てること、すなわち**「創造的破壊をすること」**もグローバルビジネスで生き残っていくためには大切なことです。

私自身、これまで「自己否定を厭《いと》わない」というスタンスでビジネスをやってきましたし、その姿勢は今後も変わらないと思います。

新しいもの、異質なものに対するアンテナを常に張っておき、興味・関心を惹かれたものにはどんどんアプローチをしていく。そして、実際に見聞きして「いい」と思ったら、自分のビジネスに積極的に取り入れてきました。

大黒屋グループのビジネスで言えば、現在、力を入れて取り組んでいる「ＡＩを使ったキュレーション型のＥＣ」がその好例でしょうか。

大黒屋ではもともとＥＣサイトを運営していましたし、中古ブランド品を扱うＥＣにおいては真贋鑑定の精度が最重要課題になると考え、大黒屋が培ってきた高精度の真贋鑑定力をいかにＥＣサイトに落とし込むかという点に注力してきました。

一方で世界の趨勢を見れば、ＥＣビジネスのスタンダードは、進化するデジタルテクノロジーの恩恵を受けて、キュレーションサービスの拡充という流れが急速に加速していました。ただ、いくつかの理由から中古ブランド品の売買を行なうキュレーション型ＥＣサイトはありませんでした。

グローバルビジネスの大きな流れに目を向ければ、ブランド品リユース市場においても近い将来、キュレーション型ＥＣが求められるのは明白でしたし、こちらがモタモタしていれば、世界のどこかの国のいずれかの企業がいち早く開発してリリースするだろうことも予測できました。だからこそ、「中古ブランド品の売買を行なうキュレーション型ＥＣ

サイトはできない」という既存の常識を突き破り、未知なる領域へと突き進んでいくために、ＥＣサービスの開発や運営の拠点をアメリカのシリコンバレーへと移し、イオラ・パルキンなどの優秀な人材をヘッドハンティングしたのです。

現在の大黒屋は、「中古ブランド品」「高度な真贋鑑定技術」「値付けシステム」「ＩＴ」などを武器に、グローバルマーケットで勝負をしようと動いています。それらはいまのところ一定の成果を収めていますが、もしそうした武器が〝過去のもの〟〝時代遅れ〟になったと判断したら、スパッと切り捨て、あらためて「いまの時代や社会は何を求めているか」「どうすれば、その何かを効率的に顧客に届けることができるか」を徹底的に考え、そのアイデアを事業化する新しい投資やＭ＆Ａを行なっていくつもりです。

創造的破壊ができる個人や会社は強い

日本のビジネスシーンを見渡しても、自己否定や創造的破壊ができる個人や企業が大きく成長し、そしてグローバルでも活躍しています。

そのわかりやすい一例が、トヨタ自動車ではないでしょうか。

同社はもともと豊田自動織機という繊維機械メーカーがルーツで、豊田自動織機が社内に設立した自動車部門が独立・分社化した会社です。織機メーカーが異業種である自動車部門を設立した背景には、豊田自動織機の創業者・豊田佐吉氏の長男で、のちに自動車部を設立する喜一郎氏の中に「これからの時代は自動車産業が大きく発展する」という展望があったことと、昭和初期の日本で自動車国産化の気運が高まっていたことが大きな要因としてありました。喜一郎氏の「時代を読む目」と「常識にとらわれず異業種に果敢に挑戦する胆力」こそが、その後のグローバルな発展の出発点にあったわけです。

また、創業一族である豊田家には「一代一事業」というモットーがあるそうで、喜一郎氏の長男で、１９８２年にトヨタ自動車工業とトヨタ自動車販売が合併してできたトヨタ自動車の初代社長となった章一郎氏は、70年代にトヨタ自動車工業内に住宅事業部を新設しています。この事業部が現在のトヨタホームです。

トヨタという会社には代々、時代の先を見据えて新たな事業を起こし、企業体として変化を続けながら新陳代謝をしていこうという企業風土・文化が脈々と受け継がれています。そしてそれは、現社長である豊田章男氏（章一郎氏の長男）にも当てはまります。

電動化や自動運転などの技術革新によって、自動車産業はいま１００年に一度と言われる大変革の時代に突入しています。そんな中、章男氏は「トヨタを自動車会社からモビリティ・カンパニーにする」「ライバルは、グーグルやアップル、フェイスブックだ」などと発言し、ライドシェアサービス大手の米ウーバー・テクノロジーや米アマゾン、中国のライドシェアサービス大手の滴滴出行（ディディ・チューシン）など海外のＩＴ企業との提携を進めています。

トヨタは、これまで自動車メーカーとして世界に冠たる地位を築き、２０１８年３月期には過去最高益を叩き出しました。しかし、自動車をつくって販売するだけでは未来はないと判断したのでしょう。異業種のライバルとの「生死をかけた闘い」とトップ自ら危機感を強く滲ませながら示した「自動車会社からモビリティ・カンパニーへ」というビジョンは、これまでの自動車会社としての歴史を突き破る、究極の自己否定だと私の目には映りました。

ソフトバンクの孫正義氏も「自己否定」「創造的破壊」を実践してきた日本を代表する経営者のひとりです。

同社は、１９８１年にパーソナルコンピュータ用ソフトウェアの流通業として旗揚げし、その後は出版事業、ブロードバンド事業、プロ野球への参入、携帯電話事業と、次々に新しい事業を立ち上げながら成長を続けてきました。近年は、２０１６年のイギリス半導体設計会社アーム・ホールディングスの買収（約２４０億ポンド＝約３・３兆円という買収

ている企業に入り、かつ関連部署にアサインされることが条件となります。企業の一社員の立場であると、どれだけ本人が熱烈に「海外に行きたい」と要望を出しても、社内の人事権を握っている上司に認めてもらわなければ、実現させることはできません。そのため自分の思いだけではどうすることもできない面はありますが、社内でいかに実績を積んでまわりの人たちに自分のやりたいことを認めさせるかというプロセスも、ポジショニングの一環だと言えます。

どうしても社内で自分の要望が受け入れられず、いまの自分にとってベストだと思う場所にポジショニングができなければ、思い切って会社を辞めて、自ら起業するのもひとつの手段だと思います。なぜなら、自分で会社を起こして経営することで、3つ目のポイントである**「組織や事業のトップ（責任者）になること」**は実現できるからです。

徐々に変わってきているとはいえ、まだまだ日本の企業は年功序列制が根強く残っています。そのため、若い社員はたいてい大きな仕事の一部しか任されず、事業や会社の全体像を把握することがなかなかできません。たしかに任された仕事を着実にこなしていくことでさまざまな業務を覚えて成長していくかもしれませんが、将来グローバルビジネスで戦うことを考えれば、それでは成長の速度が遅すぎるし、範囲も狭すぎます。

成長のスピードを格段に上げていくには、できるだけその組織や事業のトップ、もしくはトップに近い場所で仕事をすることが肝要です。トップに近ければ近いほど、組織や事業の全体に目配せしながら、チームのメンバーをマネジメントしたり、お金の出入を管理したり、マーケティングをしたりとさまざまなタスクをこなしていくことが求められます。第2章で「経営は総合格闘技」という話をしましたが、トップもしくはトップに近い場所で仕事をすれば、会社経営という総合格闘技の〝技〟を最短距離で身につけることができます。

ただ、企業内の一社員であれば、トップもしくはトップ近くで仕事ができるかどうかも、先述した海外で仕事ができるかどうかと同じく、社内人事の問題に突き当たります。そのため、どうしても「組織や事業のトップになり、経営のイロハを学びたい」と思うのであれば、自ら起業するのがもっとも確実なポジショニングなのです。

大事なことは、組織や事業の全体を見ながら、自分の頭で考えて行動ができる場所に身を置くことです。組織や事業の規模は関係ありません。はじめは小さな組織かもしれませんが、試行錯誤しながら自分の責任のもとで事業を回して成長させていく。そうした会社経営の実戦経験が、将来グローバルでビジネスをするときにも必ずものを言うはずです。

アメリカの才女は、なぜ大黒屋を選んだのか

グローバルで活躍するために「いまの自分がもっとも成長できる場を選ぶ」ということでは、現在アメリカで大黒屋グループのＥＣサイトの開発を担い、２０１８年7月にはグループ傘下のベータデジタル社の社長に就任してくれたロシア系アメリカ人のイオラ・パルキンがよいモデルケースになるのではないかと思います。

彼女はカリフォルニア大学バークレー校でコンピュータサイエンスを学び、在学中からモバイルアプリケーションを開発するスタートアップを仲間たちと起業して経営していました。20歳のとき、優秀な成績で大学を卒業したあとは、引き続き自らが起業した会社を経営し、数年後にはイスラエルのソフトウェア会社に買収されてエグジットを果たしました。

その後もＥＣ関連の会社を起業したり、シリコンバレーでもっとも若いベンチャーキャピタルのメンバーとなったり、複数の企業のコンサルタントとして企業向けやコンシューマー向けのアプリケーションの開発に携わったりと、自分の働き方を柔軟にデザインして確実にキャリアを積み重ねてきました。特定の働き方にこだわるのではなく、自分が成長で

きる場をそのつど選んできたのです。

大黒屋との関わりのきっかけは3年ほど前になります。私がアメリカで同業の企業の買収を検討していた際、あるスタートアップのCTO（最高技術責任者）を務めていたのが彼女でした。アメリカでの企業買収は結局、実を結ばなかったのですが、大黒屋グループのECサイトの拡充の構想は当時からあり、彼女がそれに打ってつけの人物だったため、「うちの仕事を手伝ってくれないか」とヘッドハンティングしたのです。

イオラほどの実績とスキルがあれば、アメリカのIT系の大企業――グーグルやアマゾン、マイクロソフトなどでも十分に通用します。しかし、彼女によれば「大企業に入ってしまうとパーツになってしまう」「それでは自分のやりたいことができない」とのことで、そのために大学在学中から自ら起業したり、コンサルタントとしてIT系のスタートアップに関わってきたそうです。彼女は常に「どこに自分をポジショニングすれば、やりたいことが実現でき、かつ成長もできるか」という観点から、自分のキャリアを構築してきました。

現在、私のもとで大黒屋グループのビジネスに関わってくれているのも、まったく同じ理由からです。

以前、ふと気になって、イオラに「なんで大黒屋に来てくれたのか?」と尋ねたことがあります。彼女の答えは明快で、「大黒屋ならば、新しいチャレンジができそうだと思ったから」とのことでした。

彼女はこれまでに、自分が起こした会社を経営したこともあるし、ベンチャーキャピタルのメンバーとして出資側に回ったこともあります。さまざまなテクノロジー企業の技術面でのコンサルティングも手がけてきました。そんなイオラが自分を成長させるための次の場として選んだのが、「グローバルに展開し、かつ個人の自由度の高い先進的な企業で、新しい事業に取り組むこと」でした。そして、いろいろな選択肢を検討する中で、自分の望む条件がもっとも揃っていると判断したのが大黒屋だったのです。

大黒屋グループが現在CITICとのビジネスを進めていることや、中国でウェブサイトを開設するためのICPライセンスが取れそうだということも、彼女の目には魅力的に映ったのでしょう。また、大黒屋は新しいECサイトの開発の過渡期であったため、「自分がアイデアを提供して、開発においてリーダーシップを発揮できる」と考えたのかもしれません。

さらに言えば、大黒屋グループのトップである私に共感してくれている面もあると思います。私とイオラの間で一致しているのは、「既存の常識やルールにとらわれず、創造的な破壊をどんどんやっていこう」という仕事へのスタンスです。

私にとって企業経営とは「事業を拡大させて、株主価値を極大化すること」であり、「投資した元手の価値を最大化すること」です。そのためには時代の流れに合わせて、組織や事業などを変化させていくことが不可欠ですし、ときには時間をかけて築いた既存の事業やシステムを捨て去って、一から新しいものを創造していくことが求められます。私はそうした創造的破壊をノーエモーションで躊躇なく行なえる人間なので、その部分にイオラも共感してくれたようです。

彼女のこれまでのキャリアやいまの大黒屋での働きぶりを見ていると、よく世間で言われるような「大企業か、ベンチャーか」「会社に入るか、自ら起業するか」という二項対立のキャリアデザインではなく、現在の自分にとってのベストなポジションを自ら選び取り、そのときどきに必要な経験値を確実に積んで、ものすごいスピードで成長を続けている様子がよくわかります。

日本の若い方たちにもぜひイオラのように、計画的に場を選び、必要な経験を積み、将来的にグローバルで活躍して勝ち残れる人材になれるように、自分で自分を鍛えていっていただきたいと思います。

人との出会いを大切に

私は、基本的には日本的な「性善説」で人に接しますが、第4章でお話ししたようにグローバルビジネスでは「性悪説」で考え、どんな人に対してもまずは疑ってかかり、是々非々で付き合うようにしています。

しかし、中には何度か会って話をするうちに、「この人はすばらしい」「一緒にいることで、自分も人として成長できるのではないか」「利害関係を抜きにして付き合いたい」と惚れ込んでしまう相手もいます。

そうした心から信頼できる人との出会いや関係性を大事にすることも、巡り巡って自分の仕事に生きてくることが多々あります。

私にも、そうした〝かけがえのない人〟が何人かいます。

そのひとりは、台湾最大級の金融グループである富邦グループを一代でつくり上げ、米経済誌『フォーブス』でアジア有数の富豪に選ばれたこともある蔡萬才氏です。

出会ったのは私が東海観光の社長を務めていたころ、友人の紹介を通じてでした。蔡氏とはふた回り以上の年の差がありましたが、彼が日本語を流暢に話す親日家であったこと（日本語を流暢に話すのは、日本統治下の台湾で日本人としての教育を受けてきたためです）、日本人でありながら香港華僑の財閥系事業投資会社で社長を務めていた私の経歴に関心を持っていただいたことがきっかけとなり、彼が２０１４年に85歳で亡くなるまで15年以上にわたって親密に交遊を重ねてきました。蔡氏のご子息と私が同い年だったこともあり、蔡氏との関係は出会った当初からまったくビジネスライクではなく、まるで親子のような間柄で、彼が年に数回来日したときには各地の有名温泉地を一緒に旅行して、温泉では背中を流し合うこともありました。

蔡氏との交流を通じて私が教わったのは、金融ビジネスのテクニックなどの話ではなく、仕事の流儀や人生に対する考え方でした。特に印象に残っているのが、蔡氏流の運命論の考え方です。最初「運命論」と聞いたとき、台湾最大級の金融グループを一代でつくり上げた人間の言葉として意外に思ったのですが、よくよく聞いてみると単に運命に身を任せる受け身の話ではなく、「人との出会いを大切にし、どんなに厳しい局面においても自分の運命を信じてがんばり抜く」という積極的運命論とも言える仕事観・人生観でした。また、あるときは「まわりから見ると一見悪いことでも、長い目で見るといい結果を生むこともある」と諭されたことがあります。

これまで大黒屋のビジネスを展開していくにあたって、さまざまなトラブルや困難に直面してきましたが、それらを乗り越えることができたのも、右のような蔡氏の教えがあったからこそだと思っています。また、サクラダの事業再生支援のプロジェクトに携わっていたとき、「大黒屋の事業は面白い」と言っていただいたひと言が私にとって大きな励みになりましたし、事業が軌道に乗った際に「小川さんなら必ず成功すると思っていた」と言葉をかけていただいたことは、まるで本当の父親に褒められたようなよき思い出です。

人との出会いということで、もうひとり名前を挙げるとすれば、やはりローレンス・シン氏は外せません。

シン氏との関係が、大黒屋グループとCITICとの提携に大きく影響したことはすでに話しました。シン氏は、太子党の流れを組む人で、つまり中国においてはエリート階級に属します。大手アメリカ投資銀行の中国向け資産運用会社の会長を務めるなど中国投資において数々の実績があり、日本の大手企業の中国事業に関わる顧問も務めてきた人物です。

彼とは、私が香港の事業投資会社の社長を務めていたころからの友人であり、かれこれ20年以上の付き合いになります。シン氏も、蔡氏同様に大の親日家で、最後は日本に永住

おわりに――「謳歌した世代」の責任として

今年（２０１８年）、私は62歳になりました。企業家としてはキャリアの終盤に差しかかっており、現在の大黒屋グループのビジネスを通じて自らの集大成を世に示したいという思いを強く持っています。

個人として私がずっと目標としてきたのが、アメリカのバークシャー・ハサウェイ社を率いるウォーレン・バフェット氏です。彼が長年やってきたことは、デットとエクイティをバランスよく活用しながら企業の成長を促し、株主をはじめ顧客や従業員など関係するすべてのステークホルダーにとっての企業価値を最大化させるという投資の王道です。

大黒屋グループでも、国内外で投資を行なってきたことで、日本国内の店舗を増やすだけでなく、イギリスや中国に進出してグローバル化を進めてきました。また、グローバルに対応したキュレーション型ＥＣサイトの整備も急ピッチで行なっています。今後は、これまで培ってきた5つのピース（第1章参照）をベースに、グローバル展開を加速度的に進めて、グループとして掲げる長期ビジョンである「ブランド品リユース市場における世界ナンバー1」の実現に向けてスパートをかけていくつもりです。

　また、社会的な責任として、私のこれまでのグローバルビジネスの経験を次の世代に伝えていかなければという使命感も抱いています。本書を執筆した最大の動機もまさにそこにあります。


　われわれの世代は、言うなれば「謳歌した世代」です。若いころに「ジャパン・アズ・ナンバーワン」と持てはやされた時代を経験し、その輝かしい時代にビジネスシーンで成長を続けてきました。

　しかし、いまの若い世代は、日本という国がどんどん先細っていく中で20年、30年とビジネスをしていかなければなりません。だからこそ、企業としても個人としてもグローバル化が不可避の課題だし、グローバルで真っ向勝負する力が本当の意味で求められる時代になっていくと思うのです。そして、そんな時代を生きなければならない若者たちの背中を押して支援することは、われわれ「謳歌した世代」の責任だとも言えます。

　大黒屋グループがイギリスや中国に進出したり、グローバルＥＣに投資をして開発を進めているのも、業績を上げて企業価値を向上させるためである一方で、大黒屋グループで働く若い社員たちに本物のグローバルビジネスを経験してもらいたいという狙いがあります。私が若いころにゴールドマン・サックスやファー・イースト・コンソーシアムでさまざまな修羅場を経験して成長ができたように、グループの若い社員たちにもイギリスや中国でさまざまな修羅場をくぐり抜け、自分の成長の糧としてほしいのです。

読者のみなさんには、本書で披露させていただいた私のグローバルビジネスの経験を咀嚼し、有用だと感じたものがあれば自分の血肉としていただき、ぜひ自らの足でグローバルビジネスの世界に踏み込んでいただければと思っています。

２０１８年８月

小川浩平

［著者］
小川浩平（おがわ・こうへい）
中古ブランド品買取・販売大手の大黒屋を傘下に持つ大黒屋ホールディングス代表取締役社長。1979年、慶應義塾大学経済学部卒業後、総合商社トーメン（現：豊田通商）入社。1987年、コロンビア大学経済大学院修了。同年ゴールドマン・サックス・アンド・カンパニーに入社し、数多くのLBO案件を手がける。1994年、香港10大財閥の一角ファー・イースト・コンソーシアム・インターナショナル・リミテッドの社長に抜擢された、日本人として唯一の経験を持つ。華僑の創業者とともに、全世界で200社におよぶ投資先企業及び事業の経営にハンズオンで関わる。2005年頃から財閥を離れ、独自に上場会社の経営を始める。2006年、大黒屋買収。2013年より、大黒屋代表取締役社長に就任。その後、同グループのグローバル展開を推進。

日本企業が世界で戦うために必要なこと
――「ブランド品リユース市場の世界No.1」を目指す大黒屋の戦略

2018年9月19日　第1刷発行
2018年10月9日　第2刷発行

著　者――小川　浩平
構　成――谷山　宏典
発行所――ダイヤモンド社
〒150-8409　東京都渋谷区神宮前6-12-17
http://www.diamond.co.jp/
電話／03･5778･7235（編集）　03･5778･7240（販売）
装丁――――竹内　雄二
製作進行――ダイヤモンド・グラフィック社
印刷・製本―勇進印刷
編集担当――久我　茂

©2018 Kohei Ogawa
ISBN 978-4-478-10437-8
落丁・乱丁本はお手数ですが小社営業局宛にお送りください。送料小社負担にてお取替えいたします。但し、古書店で購入されたものについてはお取替えできません。
無断転載・複製を禁ず
Printed in Japan

ネット右翼vs.反差別カウンター
愛国とは日本の負の歴史を背負うことだ！

――目次

写真提供　島崎ろでぃー

＊本文中の敬称は略させていただきました。
ご了承のほどよろしくお願いします。（編集部）

はじめに

ある古参右翼の行きついた先

古参右翼がネット右翼に

2018年2月23日未明、右翼活動家2名が、東京都千代田区にある「在日本朝鮮人総聯合会」（以下、朝鮮総連）本部の門扉にむけて、銃弾5発を発砲し、逮捕された。

犯行におよんだ右翼活動家の名は、桂田智司（56歳）と川村能教（46歳）。

この銃撃事件を、右翼人の大半が「義挙《ぎきょ》」とたたえ、「断固支持」した。

「一発の銃弾は十万の動員に勝《まさ》る」

それもそのはず、実行犯の桂田は、日本最大規模の右翼団体の連合組織「全日本愛国者団体会議」（全愛会議・1959年に結成）の教官もつとめた古参右翼だった。

1992年には、天皇陛下の中国訪問に反対し、燃えさかるトラックで首相官邸に突っこむ自爆テロ（未遂）で逮捕されている。抗議手段をえらばない桂田は、右翼の生ける伝説であった。

だが、この数年、私は桂田と激しく対立していた。

理由は、かれが「朝鮮人を叩き殺せ」とヘイトスピーチ（差別的憎悪煽動）をおこなう「在日特権を許さない市民の会」（在特会）らと活動をともにし、排外主義運動に傾倒していったからである。

「朝鮮人は日本から出て行け！」

ヘイトスピーチは、ヘイトクライム*（差別的憎悪犯罪）の一形態であり、その構成部分である。

国連で採択された人種差別撤廃条約*で、ヘイトスピーチはきびしく批判され、禁止されている。人種、民族、宗教、障害、性、出自といった属性《ぞくせい》によって人間に優劣をつけて排除することは、人類が冒《おか》してきた最大の犯罪であり、究極的にゆるされない差別だ。

「日本を悪くするな！　差別主義者が！」

私は現場で、在特会の用心棒的存在となった桂田をはじめとする右翼と対峙し、「レイシストをしばき隊*」「男組*」「C・R・A・C*」「憂国我道会《ゆうこくがどうかい》*」として、カウンターとよばれる抗議行動を展開した。

「山口！　朝鮮の右翼になったか！　在日のヒモ！　反日国賊めが！」

こうして私は、右翼業界のなかで異端視されることとなった。

21歳のときから10年以上、私は右翼活動をつづけてきた。世間に誇れるものはなにひとつないが、かけがえない青春を愛国運動にささげてきたのは事実だ。

２００７年、新右翼「統一戦線義勇軍」に入会。同年7月には、第一次安倍政権下でアメリカの傭兵化が進む防衛省に短刀を所持して侵入。火炎瓶を投擲《とうてき》し、発火させる抗議行動を決行した。

逮捕され、全国ニュースで報道された私の人生は、荒波にもまれることになる。

２０１１年には、脱原発をうったえ、東電会長宅前で断食断水ハンストを決行。その後、迷惑をかけたとの思いもあり、統一戦線義勇軍を脱退。２０１３年からは、ヘイトスピーチ反対のカウンター活動をおこなうようになった。新大久保コリアンタウンで在日コリアン等に嫌がらせをするレイシスト・在特会へのカウンターをしかけた。

２０１６年、長年、慰安婦問題の解決にとりくんでこられた方と韓国に飛んで、元日本軍慰安婦のハルモニと面会。翌年には、北朝鮮（朝鮮民主主義人民共和国）と深いパイプをもつ政治家と平壌（ピョンヤン）を訪問し、政府高官たちと会談した。

２０１８年には東京都庁におもむき、横田米軍基地問題で都幹部5名と意見交換、要請行動をおこなった。オスプレイ配備撤回、横田基地・空域返還、日米地位協定改定などを主張し、小池百合子都知事から回答も引きだした。

私は、「米国従属体制からの脱却」「戦争の負の反省」「反差別」をかかげて活動してきた。

それは、かつて右翼のカリスマとよばれた野村秋介《しゅうすけ》が、米国従属体制と権力の横暴、そして財界の営利至上主義という強権に闘いをいどみ、社会的に弱い立場にあるマイノリティへの差別を決して許さなかったからだ。

だが、いまの既存右翼は、野村秋介の魂のかけらも、もちあわせていない。

それどころか、在日コリアン、外国人、アイヌ民族、沖縄の人々、障害者、被差別部落、LGBT、生活保護受給者などのマイノリティにヘイトスピーチをくり返すレイシストを、支援している。


「韓国の手先！」

「北朝鮮のスパイ！」

「お前を排除するのが愛国だ！」

私は、日の丸をかかげる自称「愛国者」たちから「敵」とみなされ、狙われるようにな力として復活をなしとげる。

戦後の右翼は「防共」の旗をかかげて、政財界とつよい関係をきずいていく。

＊**血盟団事件**　1932（昭和7）年、日蓮主義者・井上日召に感化された若者らによる連続テロ事件。貧困にあえぐ農村をよそに、富を独占する財閥や政党政治家を除去すべく「一人一殺」をかかげて実行した。

＊**五・一五事件**　1932（昭和7）年、海軍青年将校の山岸宏、三上卓、黒岩勇らが中心となっておこしたクーデター未遂事件。総理大臣官邸に乱入し、内閣総理大臣・犬養毅を殺害。

＊**二・二六事件**　1936（昭和11）年、陸軍青年将校らが約1500名の下士官兵を率いておこしたクーデター未遂事件。高橋是清蔵相、斎藤実内大臣らを殺害。これを契機に軍部の発言力が強まっていく。

＊**昭和維新**　1930年代におきた国家革新運動のスローガン。経済不況を背景に、財閥・政党政治家を「君側の奸」とし、天皇親政による国家改造を唱えて、五・一五事件、二・二六事件がひきおこされた。

岸信介・笹川良一・児玉誉士夫　3人のA級戦犯たち

ここで、戦後の右翼とかかわりの深い人物三人をあげておこう。

ひとりは政界の大物、安倍総理の母方の祖父・岸信介《のぶすけ》だ。

東條英機内閣（1941～44年）の重要閣僚（商工大臣）だった岸信介は、戦争指導者としてA級戦犯被疑者となる。

東京裁判で、東條英機らA級戦犯7名は有罪となり処刑。ところが、なぜか岸は、不起訴処分の無罪。ふたたび政界にまい戻った岸は、総理大臣にのぼりつめる。

共産主義の脅威をとなえる岸総理は、1960年、アイゼンハワー米大統領と新安保条約を調印。総理辞任後も政界につよい影響力をもち、戦後日本の反共体制を確立していった。

ふたりめは、膨大な資金力でしられるフィクサー、「日本船舶振興会」（現・公益財団法人日本財団）設立者の笹川良一である。

笹川もA級戦犯被疑者だったが、死刑をまぬがれて釈放。中華民国の蒋介石らと「アジア人民反共連盟」、「世界反共連盟」をたちあげる。

さらに、韓国で文鮮明が創設した「統一教会」（現・世界平和統一家庭連合）の日本支部顧問をひきうけ、岸信介と「国際勝共連合」(勝共連合)に参画。韓国・朴正熙《パクチョンヒ》政権の援護をうけた勝共連合は、共産主義の脅威をアピールした。

そして笹川は、日本最大となる右翼団体連合組織「全愛《ぜんあい》会議」の顧問に就任する。

3人めは、政財界の黒幕といわれた児玉誉士夫《こだまよしお》だ。

戦前からの右翼活動家であり、中国侵略で巨大な財をなした児玉も、A級戦犯被疑者だった。

死刑をまぬがれて無罪放免となり、全愛会議の最高顧問となる。

ヤクザの「稲川会《いながわかい》」初代会長の稲川聖城《せいじょう》*、「東声会《とうせいかい》」会長の町井久之*と親しく、裏社会との太いパイプを誇った。

1960年、岸総理に依頼された児玉は、全国のヤクザと右翼を大同団結させた。安保反対闘争をつぶすためである。

全学連(全日本学生自治会総連合)による国会周辺の大規模な安保反対闘争は、そのころ最高潮に達していた。これを、ヤクザと右翼の暴力でつぶそうと画策したのだ。

戦後、強大な力をもった3人の元A級戦犯は、アメリカの情報機関CIAの公文書にはエージェント(スパイ)と記録されている。

＊稲川聖城　１９１４―２００７年。関東のヤクザ界を制し、稲川会を結成。「日本の首領」と呼ばれた。

＊町井久之　１９２３―２００２年。東京生まれの在日韓国人二世。在日韓国人主体の東声会を結成、解散後は、日本と韓国の政財界のフィクサーとして、児玉誉士夫とともに活動する。

三島由紀夫と新右翼

米ソ冷戦体制のもと、共産主義勢力拡大をふせぐために活動した「反共右翼」たち。

だが、いくらアメリカと日本政府に飼いならされようとも、右翼の源流には国家権力の横暴に牙をむき、民族の捨石たらんとする精神がある。

明治期に結成された「玄洋社《げんようしや》＊」の思想には、欧米帝国主義列強によるアジア植民地化に抗《あらが》う「アジア主義」がたしかに存在した。

戦後、その思想を欠落させた反共右翼が主流をなすなかで、あたらしい思想をもつ右翼が胎動しはじめた。

米国従属体制からの脱却を主張する「新右翼」の誕生である。

新右翼の出現は、作家の三島由紀夫が1970年におこした「三島事件」が重要なターニングポイントとなっている。

三島由紀夫は東大法学部出身の大蔵官僚だった。若くして文学の天才ともて囃《はや》されたが、胸中にはつよい右翼思想を抱いていた。

やがて、二・二六事件をモチーフにした小説『憂国』『十日の菊』『英霊の聲《こえ》』（二・二六事件三部作といわれる）を発表、周囲に反対されながらも、自衛隊に体験入隊する。

やがて三島は、「楯《たて》の会」という私設軍事組織をつくり、1969年には「安田講堂事件」をおこした東大全共闘主催の討論会に乗り込むまでになる。

1970年11月25日、三島は楯の会メンバーたちと陸上自衛隊市ヶ谷駐屯地に乱入して立てこもり、自衛隊が決起しなければ永遠にアメリカの傭兵として終わるだろうと、アジテーションと「檄文《げきぶん》」でうったえた。

だが、「諸君の中に一人でも俺と一緒に立つ奴はいないのか」との三島の呼びかけに、自衛隊員は激しい野次で応じた。三島は「天皇陛下万歳」を三唱し、森田必勝とともに、切腹自決した。

世界的名声を誇る文学者が、自衛隊にクーデターをうながし割腹自決を遂げたことは、日本社会に衝撃をあたえた。

三島の行動に影響をうけて結成されたのが、新右翼団体「一水会《いっすいかい》」だ。

三島由紀夫、森田必勝らの憂国の精神を継承すべく設立された一水会は、森田の先輩であった鈴木邦男が初代代表となり、三島事件を戦後体制打破へむけた果敢な行動と位置づけた。

反共一辺倒でアメリカに追従するだけの日本の戦後体制につよく抗議する一水会。「対米自立」をスローガンにかかげ、アメリカからの自主独立と、敗戦で失われた日本の誇りと尊厳の回復をアピールする。

それまでの反共右翼は日米安保条約を支持していたが、一水会は戦後右翼のありかたにつよく異議をとなえ、日米安保破棄をうったえた。

代表の鈴木邦男は、1973年、防衛庁に突入して逮捕されている。75年には『腹腹時計と狼』（三一書房）を出版、戦中日本の軍需産業をささえ、戦後も防衛産業を手がける三菱重工業などの企業をターゲットに爆弾闘争を展開した「東アジア反日武装戦線」を描いて、「右翼が左翼の闘争を評価した」と、物議をかもした。

＊玄洋社　民権結社・向陽社（こうようしゃ）を母体に、平岡浩太郎・頭山満（とうやまみつる）らが明治14年頃に設立。黒龍会、浪人会、大東塾など日本の右翼運動の草分け的存在となる。１９４６年、ＧＨＱ指令により解散。

戦後右翼のカリスマ・野村秋介

おなじく三島事件に衝撃をうけた人物が、戦後右翼のカリスマといわれる野村秋介だ。若かりしころは愚連隊《ぐれんたい》で、抗争事件によって網走刑務所に服役する。そこで五・一五事件のリーダー三上卓の門下生と出逢い、右翼に開眼。

１９６３年、「河野一郎邸焼討ち事件」をおこし、懲役12年。獄中で三島由紀夫の決起をしった野村は、出所後の１９７７年、財界の営利至上主義を討つとして、楯の会元メンバーらと「経団連襲撃事件」をひきおこし、懲役６年。

最期は１９９３年、朝日新聞築地本社にて、拳銃でみずからの身体を撃ちぬいて自決した。

懲役をおそれず権力と闘いつづける覚悟、思想のことなる左翼とも交流をもつ度量の広さをもっていた。

新右翼はマスコミにも大きくとりあげられ、多くの若者が活動に参加していく。

統一戦線義勇軍

既成の枠をこえ、あらたな運動をめざし、いくつかの新右翼団体の若手活動家によって結成されたのが、「統一戦線義勇軍」（1981年）である。

初代議長は木村三浩《みつひろ》（現・一水会代表）だ。

1982年、マルビナス紛争（フォークランド紛争）では、イギリスの植民地主義に反対してアルゼンチンを支持し、英国大使館に火炎瓶闘争を決行。同年、隊員が、外交政策に抗議して、鈴木善幸首相私邸に乱入。1985年、池子米軍住宅建設に反対して、横浜防衛施設局に火炎瓶を投げこんだ。

2代目議長の針谷大輔《はりやだいすけ》は、隊員時代の1987年、住友不動産の営利至上主義に抗議して、会長私邸を襲撃。クリントン大統領来日に反対して武装闘争を計画、拳銃所持の容疑で逮捕されている。

針谷は、2011年3月11日の東日本大震災を機に、「右から考える脱原発ネットワーク」を設立。みずから代表呼びかけ人となり、左翼とも共闘して脱原発闘争をはじめた。

統一戦線義勇軍隊員には、左翼からの転向者もいた。作家の見沢知廉《みさわちれん》だ。

1959年生まれの見沢は、高校時代にブント（共産主義者同盟戦旗派）に入り、三里塚の成田空港占拠闘争に参加。だが、突如として右翼に転向、統一戦線義勇軍の書記長に就任した。

1982年にイギリス大使館火炎瓶事件、スパイ粛清事件で逮捕。殺人罪と火炎瓶処罰法違反で、懲役12年の有罪判決をうけて服役。

収監中に作家をめざした見沢が、獄中で書いた小説が、『天皇ごっこ』（1995年、新日本文学賞佳作入賞）である。出所後の見沢は、著述業やイベント出演を中心に活動していたが、2005年、自宅マンションから飛び降り、みずから命を絶った。

三島事件をきっかけに出現した新右翼は、個性豊かな隊員と左右の垣根をこえた運動体のような一面をもつ統一戦線義勇軍として、先鋭的な活動をしていったのである。

して、在特会にとりこまれていったのである。

「右翼の活動なんてはっきりいって終わってる。でも在特会はちがう。ふつうの市民が日の丸の旗をもって街頭演説やデモをしているんだ」

既存右翼団体の運動は、話題にならず、人も集まらない。

それと対照的に、排外主義を前面にうちだす在特会の活動は、勢いをましていった。

「チーム関西」の朝鮮学校襲撃

２００９年12月、京都朝鮮第一初級学校襲撃事件をひきおこしたのは、在特会、「主権回復を目指す会」(本書１３２頁参照)、「維新政党・新風」のメンバーで構成されたグループ「チーム関西」だった。

事件当日、チーム関西は、子どもたちが授業をうけている時間帯に京都朝鮮学校に押しかけた。

「おいコラ！　犯罪朝鮮人！」

「チョンコ！」

拡声器をつかい、大音量でヘイトスピーチをする。

学校側の教職員は、子どもたちを守るために校門を閉じ、鉄柵を境にチーム関西と対峙した。

「キムチ臭いでえ!」

「朝鮮人はウンコでも食っとけ!」

通報を受けた警察が到着し、注意するが、チーム関西はヘイトスピーチをやめない。

「やめてください」

警察はお願いするだけで、かれらを取り押さえたり、排除しようとしない。

事件をしった保護者、京都朝鮮学校OBが現場にかけつけ、叱りつける。

チーム関西と小競り合いとなるが、警察に制止される。

それでも警察は、かれらのヘイトスピーチをやめさせようとはしない。

教師や保護者たちは、ひたすら屈辱に耐えていた。

チーム関西は、その光景を動画におさめて楽しんでいた。

「スパイの子やんけ!」

「人間と朝鮮人では約束が成立しません!」

結局、チーム関西は1時間以上もヘイトスピーチをわめき、襲撃しつづけたのである。

チーム関西が撮影した動画は、ユーチューブにアップされ、とてつもない勢いで拡散され、インターネット上で話題となっていった。

チーム関西への批判もあったが、それ以上に賛同する人たちの声が、ネットにあふれた。そして一部のマスコミまでも、京都朝鮮学校襲撃事件を在特会の功績だといわんばかりの記事を発信した、産経新聞である。影響力は大きい、記事を読んで在特会が正しいと思ってしまう人はいるだろう。

この事件について、チーム関西側は、京都朝鮮学校が、勧進橋《かんじんばし》児童公園に朝礼台やゴールポストをおき、不正に使用していたことへの抗議だとしているが、それは詭弁《きべん》である。朝鮮学校だからとかいう問題ではない。運動場をもたない、あるいは使用できないときに、近所の公園をつかうことはよくある。公園使用について意見があるからといってヘイトスピーチを正当化する合理的理由など、いっさいない。

これは、朝鮮学校の子どもたちを標的として傷つけることが目的の、まぎれもないヘイトクライムなのだ。

その日、京都朝鮮学校の教室には誕生日をむかえた生徒がいた。

「私、この国に生まれて来ちゃいけなかったの?」

そう親に尋ねたという。

おなじく校内にいた生徒はボールペンを握りしめ、

「闘う！」

といったが、こわくて泣きだしてしまい、ふるえて動けなかったという。

在特会のヘイトクライムは、おさまるどころか、悪化の一途をたどっていく。

京都朝鮮第一初級学校への二度目の襲撃は、年が明けた2010年1月。在特会と主権回復を目指す会による「朝鮮学校による侵略を許さないぞ！　京都デモ」と称する約50人のヘイトデモ隊が、「朝鮮人は保健所で処分しろ！」と叫んで、学校周辺をとりかこんだ。

三度目の襲撃は、同年3月。「在日無年金・朝鮮学校不法占拠を許さないデモ行進」とするヘイトデモが、デモ禁止の仮処分がなされているにもかかわらず、実行された。約100人が集まり、「ゴキブリ朝鮮人、ウジ虫朝鮮人は朝鮮半島へ帰れ！」などとヘイトスピーチをおこなったのである。

これらの事件については、安田浩一が、『ネットと愛国』のなかで克明に取材している。

京都府警がようやく襲撃の実行犯4名を威力業務妨害罪（街宣で授業を邪魔したことを理由）

などの容疑で逮捕したのは、最初の襲撃から8カ月も経った2010年8月だった。

くり返された蛮行にたいし、京都朝鮮学校は、チーム関西を威力業務妨害罪で刑事告訴、たいして在特会側は、自分たちの行為は、「表現の自由」の範疇《はんちゅう》でおこなった正当な抗議だと主張した。

なによりも怒りをおぼえるのは、こうしたヘイトデモが、「表現の自由」の名のもとに、警察の許可がだされ、白昼堂々とつづけられる事態ではないだろうか。

(朝鮮学校が提起した民事訴訟において、2013年10月、京都地裁は在特会側の主張する「表現の自由」をしりぞけ、かれらの行為が「人種差別撤廃条約の人種差別にあたる」との判決を下した。最高裁は2014年12月、京都地裁判決とそれを維持した大阪高裁判決を認定した。)

被差別部落へのヘイトスピーチ

朝鮮学校襲撃事件で逮捕されたことの反省もなく、在特会は活動を先鋭化させていき、大規模なヘイトデモを各地で展開、在日コリアンや外国人以外の社会的マリノリティを狙うようになる。

2011年1月、朝鮮学校襲撃の実行犯でもある在特会副会長の川東大了《かわひがしだいりょう》(現在「日本国民党」政策委員長）が、奈良県御所《ごせ》市の「水平社博物館」前に拡声器をもって押しかけ、被差別部落出身者にたいするヘイトスピーチをまきちらした。

部落差別は、いまなお日本社会に根深く存在する差別である。

部落差別の起源は論争になっているが、たしかなことは、江戸時代に武士・平人（町人／百姓）・賤民といわれる身分制度（かつては士農工商といわれていた）が成立したことである。身分と職業が一致する幕藩封建体制のもと、穢多（えた）、非人（ひにん）などの被差別賤民は、幕府や藩の命により、警固《けいご》・刑吏《けいり》役を担っていたとされる。

1871（明治4）年、明治政府は「賤民解放令」によって、身分制を廃止したが、それは表向きの虚構にすぎず、近代社会のもと、かつて穢多、非人と呼ばれた人たちの居住地は「特殊部落」と呼ばれ、そこに住んでいる、もしくはその地にルーツをもつ人々は「新平民」などと蔑《さげす》まれ、ひどい差別にさらされた。

水平社は、1922年3月3日、「吾々がエタである事を誇り得る時が来たのだ」「人の世に熱あれ、人間に光あれ」と高らかにうたった日本初の人権宣言「水平社宣言」を発して創設された。水平社博物館は、その部落解放運動に起ち上がった人々の歴史と精神を伝えるべく、1986年に開館された。

この地で、川東大了は1時間あまりにわたってヘイトスピーチを叫びつづけた。

「なぜここでこうやってマイクを持って叫んでるかといいますと、この目の前にある穢多博物館ですか、非人博物館ですか、水平社博物館ですか」

「この水平社博物館、ド穢多どもはですねえ、慰安婦イコール性奴隷だと、文句あったら出てこいよ、穢多ども。ね、ここなんですか、ド穢多の発祥の地、なんかそういう聖地らしいですね」

「いい加減出てきたらどうだ、穢多ども。ねえ、穢多、非人。非人とは、人間じゃないと書くんですよ。おまえら人間なのかほんとうに」

「穢多とは穢れが多いと書きます。穢れた、卑しい連中、文句あったらねえ、いつでも来い」

川東にヘイトスピーチで攻撃された博物館職員は、人間の尊厳を踏みにじられ、怒り心頭であったはずだ。だが、事前に警察から挑発にのってはいけないと注意されていたため、川東を制圧するなどの対応をとることはしなかった。

しかし、川東のターゲットは博物館職員だけではなかった。カメラマンを同伴していたかれは、みずからのヘイト街宣を撮影した動画を、ネット上にアップロードした。爆発的に拡散された動画が、日本中の被差別部落出身者に襲いかかった。

部落解放同盟中央機関紙「解放新聞」は、「水平社博物館前差別街宣事件」と報じ、部落解放同盟奈良県連合会が奈良地裁に1000万円の慰謝料をもとめる民事訴訟の申し立てをおこなうとともに、川東大了への糾弾闘争を展開していく方針を掲載した。

2012年6月、奈良地裁は川東に、水平社博物館への慰謝料150万円を支払うよう命じる判決を下した。だが、実行犯の川東は、みずからの差別街宣を、日本人としてなんら恥じることはないと宣言、解放同盟の糾弾をおそれるどころか、その後も水平社博物館や解放新聞社などに直接あらわれて、ヘイトスピーチをくり返している。

ところが、この事件について、既存の右翼団体からの反応は皆無であった。

それもそのはず、川東大了は、右翼団体「維新政党・新風」の党員だったからである。

1995年に結成された維新政党・新風（以下、新風）は、既存右翼の流れをくむ政治団体として、国政選挙にも出馬していた（毎回落選をくり返していたが）。

しかし、新風は、在特会と行動をかさねるなかで、京都朝鮮学校襲撃をはじめ、さまざまなヘイトクライムをおこなうようになる。

新風の党員は、在特会会員との掛けもちメンバーばかりの状況となり、いつしか、右翼団体から排外主義団体へと変貌《へんぼう》していた。

水平社博物館への川東のヘイトスピーチに、怒りを露わにする右翼活動家もいた。被差別部落出身をカミングアウトしている『日本会議の研究』(扶桑社)の著者、菅野《すがの》完《たもつ》だ。

「川東が水平社に街宣かけてエッタとか叫んでる動画を観たときは、殺意しか沸かんかった。本当に、あいつを殺そうと思ったこともある」

だが、当事者である菅野でさえも、面とむかって川東のヘイトスピーチと対峙することはなかった。それは、この問題を傍観してきた私もふくめてだ。

また、長年、差別者への抗議・糾弾をおこなってきた解放同盟でさえ、川東の露骨なヘイトスピーチを物理的に止めることができなかったのである。眼前にいる差別主義者をどうにもできないことに、解放同盟員は忸怩《じくじ》たる思いをいだいたのではないだろうか。

一線をこえた排外主義者、在特会の攻撃対象は、在日コリアンだけでなく、被差別部落出身者やあらゆる社会的マイノリティにおよぶようになっていった。

中国系の出自をもつ。在特会は少年の在籍する高校にまで押しかけて騒いだ。

少年は、退学処分になってしまった。

結果として、ナショナルフロントは差別された当事者を守れなかったのである。

少年を守れなかった負い目からか、それ以来、ナショナルフロントはカウンターの手段をえらばなくなった。笠哲哉は、差別者を襲撃すると宣言した。


「我々は差別主義者に天誅を加える！　国体顕現、大東亜聖戦完遂の父祖の掲げた国家の理想を広く、愛国の指導者として実現せんとする！　我が軍隊は国家反逆を許さん！　逆賊は討伐する！　開戦だ！　我々は、全ての陛下の赤子が自由で幸福な暮しを手に入れるための守護神として、最後まで戦う！」


ナショナルフロントはヘイトデモの中心的人物・瀬戸弘幸を襲撃し、拉致する計画を立てる。

さきにふれたように、瀬戸は統一戦線義勇軍創設にも関与した人物だが、在特会が登場してからはシフトチェンジし、ヘイトスピーチを全面展開して、桜井誠とならぶネット右翼の「英雄的存在」となっていた。

その瀬戸弘幸を拉致して「聖戦を完遂する」と、ナショナルフロントは宣言したのである。

どう考えても、逮捕される事態しか想定できない。

野間易通と私は、瀬戸の拉致計画をやめるよう説得した。だが、ナショナルフロントは、野間と私を覚悟なきヘタレと嘲笑し、拉致計画をかたくなに実行すると断言して聞かなかった。


襲撃当日。笠哲哉は、電話で瀬戸弘幸を上野駅前に呼びだした。

瀬戸が来ると、室岡徹郎が襲撃し、用意していた車に押し込もうとする。

抵抗する瀬戸弘幸。むりやり押し込めようとして、車の窓ガラスが割れて砕け散る。

警察が駆けつける事態となり、室岡は逮捕されてしまった。

こうして、ナショナルフロントの瀬戸弘幸拉致計画は失敗に終わり、室岡は獄中へ。だが、車に押し込んで拉致に成功していれば、もっと罪が重かったはずだ。笠も捕まっていただろう。

室岡が逮捕されたあとも、笠は、在特会との闘いをつづけた。

しかし、活動資金を集めようとして資金援助者とトラブルになり、笠も逮捕されてしまった。笠哲哉、室岡徹郎というリーダー2人の収監により、ナショナルフロントは活動停止に追い込まれ、解散を余儀なくされたのである。

インターネットをみれば、ナショナルフロントは「在日勢力」「シナマフィア」「朝鮮人」などと差別的に書き込まれ、誹謗中傷されている。

しかし、ナショナルフロントが、差別・排外主義団体＝在特会に真剣に立ち向かった事実を消すことはできない。

野村秋介という人

フィリピン人一家攻撃、京都朝鮮学校襲撃、そして新宿スプレー事件を機に、在特会のヘイトスピーチは激しさをまし、それに比例して、ヘイトデモ参加者もふえていった。

「在特会はネット世界が中心だ。うちらのように身体をかけた活動はできないし、じっさいに社会を動かす力はない。無視していれば、そのうちいなくなる」

既存右翼の人間たちはそう語っていたが、読みを見誤っていたとしか言いようがない。

在特会らの差別・排外主義に対抗して、2010年ごろから一部の右翼活動家たちによる在特会へのカウンター行動が見受けられるようになった。それは、新右翼のカリスマ的存在であった野村秋介の思想的系譜からきていることは、まちがいない。

ナショナルフロントの笠哲哉と室岡徹郎も、野村秋介を尊敬していた。

かくいう私も、野村秋介の熱烈な信奉者である。

野村秋介は、差別をゆるさない人だった。

1935年生まれの野村秋介は、親の仕事関係で小学校を計7回も転々とする。転校先の学校で、居場所のない野村をうけいれてくれたのは、在日コリアンら社会的マイノリティだった。

終戦直後の混乱のさなかにドロップアウトした野村は、横浜愚連隊四天王のひとりで「モロッコの辰《たつ》」の通り名をもつ出口辰夫*の舎弟となる。

愚連隊の一員として、野村秋介はめきめき頭角をあらわしていく。だが、深い信頼関係にある在日コリアンの店を守るために抗争事件をひきおこした野村は、懲役2年の実刑判決をうけて網走刑務所に服役した。

服役中に野村が出逢った人物が、さきにのべた五・一五事件のリーダー三上卓の門下生、青木哲だった。右翼に開眼した野村は、出所後、愚連隊を辞め、右翼団体を結成する。

1963年、野村は河野一郎邸焼き討ち事件をおこし、千葉刑務所に服役した。

そこで出逢った朴判岩という囚人は、在日朝鮮人のマルキストだった。

朴は毎日、看守に虐待されていた。寡黙で誠実な朴に心を打たれた野村は、刑務所の管理部長にうったえて、朴への虐待をやめさせたという。（『汚れた顔の天使たち』二十一世紀書院）。

有名なのは「黒シール事件」だろう。

1983年の衆議院議員選挙に自民党から出馬した新井将敬の選挙ポスターに、何者かが「1966年に北朝鮮から帰化」、とシールを貼付する差別事件がおきる。のちに、おなじ選挙区の石原慎太郎候補の公設第一秘書が指示していたことが判明する。

公設第一秘書が指揮したとあれば、石原慎太郎がしらないわけがない。

新井将敬は在日コリアンで、1966年に日本国籍を取得している。

石原陣営の卑劣な行為に、新井と交流のあった野村秋介は、すぐさま石原事務所に乗り込み、猛抗議して、石原慎太郎に詫びさせた。

差別をゆるさない野村秋介の徹底した行動をめぐるエピソードは数多く存在する。

その流れをくむ新右翼団体が、在特会の排外主義行動とヘイトスピーチを見逃しているとすれば、それは野村秋介の思想と行動とは相いれない。

＊出口辰夫　1923—55年。横浜愚連隊四天王と呼ばれた。稲川聖城と出会い、稲川会の幹部となる。

差別を許すのか！　新右翼団体の行動

2010年1月、統一戦線義勇軍議長・針谷大輔が、催涙スプレーで在特会に反撃した少年を擁護するブログ記事をアップする。

「嫌いなんだよ、こういうのは‼」

と書いて、在特会をつよく批判したのだ。

日の丸をかかげる右翼活動家たちに、激震が走った。

2010年6月、映画館「横浜ニューテアトル」前では、在特会と主権回復を目指す会が、映画『ザ・コーヴ』の上映中止活動を展開していた。

「日本人を貶めるための映画だ！」

『ザ・コーヴ』は、オーストラリアの反捕鯨団体「シーシェパード」が資金拠出したプロパガンダ映画で、和歌山県太地町のイルカ漁を非難し日本の伝統文化を破壊しようとしている、というのが抗議の理由だ。

映画館には毎日のように抗議電話がかかっていた。

映画館前で抗議する在特会の前に、単身、乗り込んだのが、一水会顧問・鈴木邦男である。

「よし、わかった。俺も愛国者だと思っているし、君らも愛国者だと思っているわけだ。だったら一対一でやろう」

在特会に議論を呼びかける鈴木。だが、在特会は応じようとしない。

「ゴミはゴミ箱へ！　鈴木邦男は朝鮮半島に帰れ！」

在特会は、映画への抗議とは関係ない罵倒を浴びせるだけだ。

鈴木は何度もかれらに近づこうとするが、そのたびに警察に阻止された。

『ザ・コーヴ』をめぐる騒動は、横浜だけで終わらず、映画館「渋谷イメージフォーラム」でも、在特会が40人ほどで抗議の街宣をしていた。

鈴木邦男は、ふたたび在特会に立ちむかった。

「朝日新聞の座敷犬！　鈴木邦男を朝鮮半島へ叩き出せ！」

在特会が、鈴木につかみかかろうとする。

警察が制止しようとするなか、もみあいとなり、鈴木が在特会にマイクで殴られる。

しかし、目の前でおきた暴行事件にもかかわらず、警察は現行犯逮捕しなかった。新右翼の象徴である鈴木の呼びかけを無視して罵詈雑言をくり返し、暴力までふるう在特会を、もはや放置しておくことはできない。新右翼団体として、在特会を野放しにしておくわけにはいかなくなった。

新右翼vs.在特会——新宿ロフトプラスワン

この事件から2カ月後の8月、ネトウヨをテーマにした討論会「右翼vs.ウヨク」が、新宿ロフトプラスワンでひらかれた。

右翼側の登壇者は、統一戦線義勇軍議長の針谷大輔と、野村秋介が創設した「大悲会」会長代行の志村馨。志村は、村山内閣時代の1995年、ガソリンを積んだ自家用車に火をつけて国会に突入、逮捕され、実刑判決をうけて服役した。メディアの露出は少ないが、右翼界隈ではよく知られた活動家である。

ウヨク側の登壇者は、在特会会長の桜井誠と、在特会と共闘関係にあった「日本を護る市民の会」(日護会)代表の黒田大輔。

第一部は司会者と桜井誠、黒田大輔。第二部は司会者と針谷大輔、志村馨。第三部は登壇者全員というタイムテーブルだった。

当日のロフトプラスワンは超満員。会場には新右翼団体や在特会に批判的な活動家たちがかけつけた。ナショナルフロントの室岡徹郎、のちに「レイシストをしばき隊」を結成する野間易通もいた。在特会、日護会のメンバーもかなり集まっていた。

第一部のゴング。桜井誠と黒田大輔が姿をあらわした。

あらわれた桜井誠に、室岡徹郎が口を開いた。

「久しぶりだな。桜井」

在特会側からブーイングがおき、客席で罵り合いがはじまる。波乱の雰囲気のなかで、司会者が黒田大輔に日護会の活動内容をきく。創価学会に反対している云々を語る黒田。

「話が面白くねえぞ！」

室岡徹郎がヤジる。

「うるせえよ！」

客席で、在特会側と室岡が言い合いになる。ヤジに痺れを切らした黒田が壇上からいう。

「うるさいんだよ。人が話しているんだから黙れよ」

この発言に、在特会を批判する側が反論する。

ショッピングや食事を楽しむ人々の気分をぶち壊《こわ》す在特会のヘイトスピーチ。それだけで終わらず、かれらは「お散歩」と称して商店街を練り歩き、嫌がらせ行為をするようになる。

韓国人店員に暴言を吐き、唾《つば》を飛ばし、看板を壊す。

さらに、その一部始終を撮影した動画をネット上にアップし、差別心を煽りたてる。

蛮行は回を重ねるごとにエスカレートしていき、ついに、こんなヘイトプラカードが登場する。

「良い朝鮮人も悪い朝鮮人も、どちらも殺せ」

このころになってようやく、差別・排外主義を煽動する在特会のヘイトスピーチが、社会問題化した。

「朝鮮人は嫌いですか！　蛆虫、ゴキブリ、朝鮮人！」

ヘイトデモの内容はどんどん悪化していき、毎回2百人から3百人ほどの参加者が集まった。

「朝鮮ババア！　ブスブスブス！」

「死ね死ね死ね！　朝鮮人！」

拡声器をつかい、大音量で罵詈雑言をまき散らしながら、ヘイトデモ隊は新大久保コリアウタウンの大通りを練り歩く。

この光景を目にした在日コリアンはどう感じただろうか。怒りにふるえ、涙を流す若い女性もいた。楽しそうにヘイトをまき散らして行進する在特会の姿は醜悪そのものであり、正視し続けていれば、身も心もボロボロになりそうだ。

「お散歩」阻止

2013年2月。ヘイトデモを終えた在特会が、いつものように新大久保コリアンタウンの路地に入ろうとする。「お散歩」と称して、商店に嫌がらせ行為をするためだ。息を潜め、待ち伏せていた男たちが、在特会の前に飛びだし、かれらをとり囲んだ。

「レイシストをしばき隊」の登場である。

「やめろ！」

「なんだ？　自由だろ！」

「自由じゃねえよ！　この差別者が！　お前らは日本のクズだ！」

小競り合いとなるが、在特会の路地への侵入をブロックする。しばき隊は、在特会のお散歩を防ぐことに成功した。

しばき隊には、比較的革新的な考えをもつ野間易通のほかに、菅野完や私のように右翼・民族派思想をもつ者や、音楽業界関係者、格闘家、元傭兵など、本当にさまざまな人間がいた。

思想的・政治的立場をこえて、差別を許さないという、ただその一点だけで集まった。

しばき隊の行動論理は、レイシストをしばく、それだけだった。

2013年2月23日、横浜の東神奈川駅前で、在特会会長の桜井誠を待ち伏せする。

なにも知らずに、桜井が仲間たちを引き連れて歩いてきた。

野間易通が、その前に立ちはだかる。

「話をしよう」

激しく動揺した表情の桜井。

「ふざけるな！　いい加減にしろよ！」

桜井が、右手で野間を突き飛ばす。

すると、ジャンバー姿の強面《こわもて》な男があらわれた。

「なんだコラ！　おいお前！　お前コラ！　いい加減にしろ！　この野郎！」

桜井を怒鳴りつける強面な男。その勢いにボウ然とする桜井。

強面な男に追い詰められた桜井は、野間に助けをもとめるように叫ぶ。

「これがまともな人間の対応かよ！」

強面な男は止まらない。

「アホが！　とぼけたこと言ってんじゃねえぞ、お前は！」

叱られまくる桜井。

人通りの多い駅前での騒動だから、当然、通行人が警察に通報する。

パトカーのサイレンが聞こえてきた。大勢の警察官がかけつけ、争いは終わる。

その後、しばき隊、在特会の双方が事情を聞かれるが、どちらも逮捕者はださずに終わった。

桜井誠を終始圧倒していた、しばき隊の強面な男の名は、伊藤大介。

神奈川県にある不動産会社の経営者だった。

在特会信者からみれば、桜井誠はヒーローであり、そのヒーローを面罵した伊藤大介に対する誹謗中傷が、組織的になされるようになる。

会社へのいたずら電話や嫌がらせFAXを送られるなど、陰湿な行為が頻発した。

だが、伊藤は歯牙《しが》にもかけず、笑い飛ばしていた。

伊藤大介は最高級ベンツに乗り、在特会のヘイトデモの横を走るカウンターをしたこともあった。伊藤の車に横を走られているだけでも、ヘイトデモ隊はパニックになっていた。

その行動の激しさで、伊藤大介は、しばき隊の象徴的人物となっていく。

「これは大人の責任。傍観者ではダメなんだ。当たり前に責任をはたす大人がふえれば、あんな醜悪な差別デモはなくなるんだ」

公然とヘイトスピーチをくり広げてきた在特会に、身体を張って対抗するしばき隊が出現したのである。

しばき隊の反差別カウンター行動テクニック

しばき隊があらわれても、在特会は毎週のように新大久保コリアンタウンでヘイトスピーチを撒き散らすデモをつづけた。

やがて、しばき隊は「お散歩阻止」だけでなく、在特会のヘイトデモに対峙する「カウンター」と呼ばれる抗議行動を展開する。

ヘイトデモに反対するプラカードを掲げたり、並走してトラメガで抗議したりする闘争形態だ。これまでの社会運動で、ヘイトデモとそれにカウンターをする人たちという対立構図は、ほとんどなかった。

2013年3月、4月と、在特会ら排外主義団体は、執拗《しつよう》にヘイトデモを開催する。そのいっぽう、初めは少なかったカウンターの人数も徐々にふえていった。ツイッターを中心にカウンターが呼びかけられ、それに共鳴した人々が、新大久保のコリアンタウンに駆けつける。

ヘイトデモがあるたびに、新大久保コリアンタウンは騒然とした雰囲気に包まれた。カウンターの抗議行動は激しかったが、しばき隊は非暴力に徹した。

さらに、ヘイトデモの連中から暴力をふるわれれば、すぐに警察に被害届をだすようにした。

しばき隊があらわれる前も、ナショナルフロントとは別に、少人数で静かにカウンターをしていた人たちはいたが、効果的な抗議行動とはいえなかった。それは人数が少ないからというより、カウンターをしていた左翼にありがちな警察不信にあった。

ヘイトデモとカウンターのあいだで小競り合いがおきれば、在特会側は、すぐ被害届をだす。

こうした場合、双方が被害届をだせば、「相被疑《あいひぎ》」となるケースがほとんどである。相被疑とは、単純な喧嘩で多いのだが、双方が加害者であり被害者として訴えているようなケースでは、被害届をだしても、警察は「喧嘩両成敗」として立件しない。双方の被害届を取り下げさせ、事件化せずに終わらせる。

基本的に、右翼は警察とベッタリで、もちつもたれつの関係で活動している。

それにたいして、左翼はそもそも警察への敵愾心がつよい。それゆえに、ヘイトデモ連中とカウンターメンバーにたいする警察の対応が、まったくちがうのだ。

在特会は右翼でも愛国者でもない、ただのカルト的差別・排外主義集団だ。しかし、警察からは右派系市民団体とみなされ、右翼団体とおなじ扱いをされている。要は、警察とズブズブの関係なのだ。

だから、ヘイトデモにカウンター行動をしかけ、そこで小競り合いにでもなれば、カウンター側だけが逮捕されてしまう。

もみ合いになると、在特会側はすぐ被害届をだすが、警察に不信感を抱く左翼系市民たちは、被害届をまずださない。反権力のポリシーから左翼が被害届をださないでいると、待ってましたとばかりに警察に逮捕されてしまう。

「かかってこい！　朝鮮左翼！」

在特会側はそれを知っていて、カウンターメンバーを挑発する。ヘイトデモに挑みかかれば、

「逮捕！　逮捕！　逮捕！」

と、にやけた顔で叫ぶ。加えて、左翼が被害届をださないとわかっているから、陰で暴行するなどやりたい放題だ。ヘイトデモ側にダメージはなく、カウンター側だけが逮捕されてしまう。

この悪循環を、しばき隊は変えたいと思っていた。

カウンターの目的は、在特会にダメージをあたえることであり、逮捕されることではない。しばき隊は徹底的にカウンター行動をするが、ヘイトデモ側から暴力行為があれば、すぐ被害届をだし、警察に逮捕させる。

つまり、反警察で被害届をださないでいれば、差別主義者が捕まらず、カウンターのみが逮捕されることになり、差別主義者にダメージをあたえられない。

しかし、カウンター側が被害届をだせば、差別主義者のみが逮捕されるか、相被疑で双

方逮捕されない。最悪の場合でも双方逮捕されて相討ちにできる。結果、差別主義者の行動にダメージがあたえられる。

「どっちもどっち」ではない

もうひとつ、しばき隊は、在特会のデモ隊に向かって歩道から罵倒するという過激なからみ方によって、ヘイトスピーチの音（声）をかき消し、攻撃の矛先《ほこさき》を自分たちに向けさせようと、あえてしむけていた。

それゆえ、在特会の格好の標的にされたが、しばき隊はそれを逆手にとった。しばき隊が在特会のヘイトデモにカウンターをかける。すると在特会のヘイトスピーチは、しばき隊への罵詈雑言に変化した。

「朝鮮人死ね！」ではなく、「しばき隊死ね！」となったのだ。

しばき隊は、子どもの口喧嘩のような罵倒の応酬を、在特会とくり返した。

「朝鮮人出て行け！」

「クソなデモしてるんじゃねえ、レイシスト！」

「しばき隊は日本から出て行け！」

「デモ中止！　デモ中止！」

トラメガで抗議するカウンターメンバー。機動隊とのにらみ合いがつづき、ヘイトデモの出発予定時刻は大幅に遅れている。

カウンターがアナウンスする。

「デモ出発は遅れているようです！　われわれカウンターの阻止行動ででられなくなっているんです！　ここを封鎖して、差別デモを中止に追い込みましょう！」

しかし、30分ほどが経ち、ついに機動隊員たちが動きだした。

大人数で幾重にもスクラムを組み、腰を低くして摺り足でカウンターにぶつかってくる機動隊。カウンターは全体重をかけて抵抗する。

「差別デモを中止にしろ！　差別をやめろ！」

だが、そこは百戦錬磨の機動隊。カウンターが身体をはって作った壁は、機動隊にぶち破られ、こじ開けられた道をヘイトデモ隊が行進していく。

「朝鮮人は出て行け！」

ヘイトスピーチがコリアンタウンに響きわたる。

カウンターはヘイトデモを阻止できなかった。

このとき、男組の高橋直輝は、防げずに通してしまったヘイトデモを眺めながら、忸怩たる思いを胸に、あらたな決意を固めたのである。

NO PASARAN! 奴らを通すな! 大久保通りのシットイン

あの日から一週間後の7月7日、新大久保コリアンタウンで予定されていたヘイトデモは中止になった。街が騒乱状態になるからか、大人数のカウンターの圧力のせいか、新宿警察署や区役所の判断によるものなのか、理由ははっきりとはわからなかった。

ところが9月8日、ふたたび新大久保コリアンタウンでのヘイトデモ申請に許可が下りた。

一度、平穏がおとずれた街を壊されたくない。なにがなんでもヘイトデモを止めてやる。しばき隊や男組は、それまでにないカウンター計画を実行する。

当日、ヘイトデモを阻止すべく、反差別カウンターは道路でのシットイン(座り込み)を大人数ではじめた。シットインは人の壁より破られにくい。これは阻止行動としては有効だが、道路交通法違反で逮捕される危険性もある。さらに、排除しようとする警察の指示に従わなければ、公務執行妨害罪が適用される。それでもカウンターメンバーは、逮捕のリスク覚悟でシットインを展開したのである。

道路に座り込みをするカウンターを機動隊は力ずくで持ちあげて排除していく。どんなに踏ん張っても持ちあげられて、側道に投げ捨てられてしまう。そしてヘイトデモがスタートし、ふたたび、新大久保コリアンタウンが在特会のヘイトスピーチで汚される。

それでも、カウンターはあきらめなかった。

「奴らを通すな！」

「この街を差別で汚すな！」

ヘイトデモ隊が大通りにでると同時に、カウンターメンバーはどんどん道路に飛び出す。車道にシットインし、寝転んでいく。それも数百人がこの行動に加わったのである。

機動隊は、あわててカウンターを道路から排除しはじめた。

それはまるで、道に転がった死体を投げ飛ばすような、すごい光景だった。

デモは必ず決まったコースを通らなければいけないルールがある。機動隊がカウンターを排除できなければ、ヘイトデモは道路を行進できない。

カウンターメンバーは、歩道に投げ飛ばされては、また車道に飛びだしてシットインをくり返す。機動隊は数人がかりでカウンターの手足を掴んで歩道に投げ飛ばす。わざとアスファルトに叩きつけられ、ケガを負ったメンバーもいた。

シットインという阻止行動戦術をとることは、機動隊は予想していなかった。

「警告！」

これ以上、警告を無視すれば逮捕するという警察の合図だった。

この日のカウンターは、何度も警告をだされている。

が、不思議なことに警察は逮捕しない。おそらくシットインするカウンターの人数が多すぎたからだろう。これほどの大人数を片っぱしから逮捕すれば、留置場に入りきらなくなってしまう。ヨーロッパのネオナチへの反差別運動も、それを計算して、大人数でネオナチ集団のデモにカウンターで突っ込んでいる。

新大久保のカウンターは、負傷もいとわず、何度も何度も、車道にダイブした。

しかし、そこまでやってもヘイトデモを止めることはできなかった。

このとき、男組の高橋直輝はシットインとは別に、ある行動にでた。

ヘイトデモ参加者への直接的な実力行使である。

差別者をボコボコに

「俺は命がけでやる。差別者のあいつらをボコボコにして、肉体的にも精神的にも破壊してやる」

大勢の警察が警備するなか、公然とヘイトデモ参加者に実力行使すればどうなるかは、火を見るよりあきらかだ。

ヘイトデモ参加者への暴行容疑で、9月29日、高橋直輝は、警視庁新宿署に逮捕された。48時間拘留で釈放されたが、事件は全国ニュースで流され、一躍、男組の高橋直輝の名が知られるようになった。

それ以来、新大久保コリアンタウンでのヘイトデモはめっきり少なくなった。

「おかげで街に活気がもどりました。ありがとうございます」

在特会のヘイトデモによって経済的にも精神的にも深刻な被害をうけていた韓国料理店経営者からかけられた言葉だ。

しかし、全国各地では、あいかわらず在特会のヘイトデモが頻繁におこなわれていた。デモ申請がだされれば、よほどのことがないかぎり警察は許可をだす。

都内とはちがい、地方にカウンターが遠征するのは費用もかかるし、なかなかむずかしい。

カウンターメンバーから、ヘイトスピーチを規制する法律が必要だとの声が上がりはじめた。

「あいつらを、ヘイトデモに出たくなくなるような気分にさせてやる」

9月の逮捕から2ヶ月も経たない11月18日。高橋直輝は警視庁麹町署に逮捕される。今度もヘイトデモ参加者への傷害容疑だった。それも、駅構内での行為であった。この件で高橋は起訴され、本裁判となり懲役10ヶ月、執行猶予3年の判決が言い渡された。

執行猶予の身となれば、つぎに逮捕されると長期拘留されてしまう。

カウンターをはじめた当初、貯金を取り崩して生活していた高橋直輝は、ふつうに仕事をしていた。しかし、逮捕されれば、職場からの解雇が予想される。ましてや、全国報道で名前がでれば再就職もむずかしい。生活に困窮し、カウンター行動もできなくなってしまう。

出所祝いの席で、心配する仲間たちは、高橋に頼んだ。

「お願いですから、しばらく捕まるようなことはしないでください」

高橋は、腕を組んで大きく息をつくと、口を開いた。

「俺には身体をかけることしかできないんだ」

感傷的な言葉を高橋は吐く。

「そんなことありませんよ」

男組のメンバーがかれを慕い、集まっているのは事実だ。

だが、高橋直輝はふたたび2014年7月16日、大阪府警に逮捕されてしまう。

ヘイトデモに参加しようとした在特会側の男性を集団でとりかこんで説教したことが「暴力行為等処罰に関する法律（暴処法）」に問われたのだ。

社会運動に身をおかなければ、暴処法なんてなじみのない言葉だろう。

これは極左過激派などを警察が弾圧するさいに用いられていたのだが、つまり男組は警察に目をつけられた、ということだった、執行猶予中の高橋直輝は、今度は完全に実刑をくらって数年は刑務所に行くことになるだろうと、男組メンバーは心配していた。が、幸いにも逮捕20日目に釈放されたのである。

高橋が逮捕されるたびにニュースが流れ、在特会のヘイトスピーチ問題が世間に知れわたった。

「在特会をつぶすんだ。俺が捕まれば在特会の問題もとりあげられる」

高橋直輝はみずから身をもって、在特会にダメージをあたえていった。

ヘイトスピーチの法規制が議論されているなかで、かれの行動は大きな影響を及ぼしていた。

憂国我道会結成

男組の高橋直輝は、右翼思想を抱いた人物であった。男組は「反差別」というひとつの目的で集まった集団だが、反差別運動と並行して、高橋は私とともに、右翼活動もおこなっていた。

私が会長で、高橋が副会長を務める「憂国我道会」についてふれておきたい。在特会が求心力を失っていく背景には、憂国我道会の活動が、少なからずかかわっていると思うからだ。

2012年2月、私はながらくお世話になった新右翼団体「統一戦線義勇軍」を脱退した。

「新しい愛国運動をつくる」

そう決意して飛びだした私は、同年3月、右翼活動家と左翼活動家の混合集団「我道会」を起ち上げた。数人でのスタートだった。

その結成には、2名の仲間が深くかかわっている。

ひとりは、私とおなじく統一戦線義勇軍をやめた後輩の安藤喜一郎だ。狐のように眼光は鋭く、モヒカン頭。全身黒ずくめの服装で皮手袋。おまけにパイプを咥えている。漫画にでてくるような怪しい風体の男だった。

「私は、山口さんと一心同体です」

安藤は私が面接して統一戦線義勇軍に入れた。早稲田大学の大学院生でエリートだった。頭脳だけでなく、行動力もずば抜けていた。

2011年、安藤は、東京・赤坂の米国大使館に酢などを入れた瓶を投げ込んだ。金髪のカツラで変装し、日本一警備の厳重な米国大使館前で、現行犯逮捕されずにやり遂げた。行動をおこした理由は、米国国務省の日本部長ケビン・メア（当時）による「沖縄はゆすりの名人」発言への抗議だった。

「我道会」に参画したもうひとりは、岩淵進。角刈り頭にメガネでずんぐりした体型。正直、見栄えはイケていない。私とおなじ歳の岩淵は左翼活動家で、中国の自治区であるチベット独立を求めるフリーチベット運動や、ウイグルや南モンゴルなど少数民族弾圧への抗議活動をしていた。

「右翼・左翼なんてカテゴライズは、自分はどうでもいい」

川崎で右翼に襲撃される

憂国我道会メンバーへの暴行傷害は、これで終わりではなかった。

2016年3月20日、神奈川県川崎市で、「維新政党・新風」の街頭演説会がおこなわれた。川崎にはコリアンタウンがあり、在日コリアンが多く暮らしている。以前にも在日コリアンをターゲットに酷いヘイトデモがおこなわれ、憂国我道会はカウンターをしてきたが、この日は少し様子がちがった。

私は川崎駅に向かっていた。まだ人数は少ないが、街頭演説会に抗議するカウンターが集まりはじめていた。そのとき、チンピラ風の男が、私の顔を見るなり近づいてきた。

「山口！」

私に突っかかってきたのは、パンチパーマにサングラス、テカテカのオールバックにジャージ姿、漫画にでてくるような悪相の男たちだ。狙われていると察した私は、すぐさま憂国我道会の仲間たちと、拡声器で抗議をかける。

「エセ愛国者！　差別をやめろ！」

チンピラ風の男たちが一斉に襲いかかってくる。

だが、一度リンチをうけている私のガードに警察は万全を期していた。ところが、別の場所でカウンターをしていた憂国我道会のメンバーが、公衆の面前で男たちにボコボコに殴られている。

「捕まえろ！」

ところが警察は、目の前で暴力行為がおこなわれているのに、現行犯逮捕しようとしない。おかしい。なんのために警察はいるんだ？

「これからヘイトスピーチをするのでちょっとお耳を傾けて頂きたい。私は差別主義者ですよ。川崎にいるコリアンタウンの人たちは、こんなところでパチンコやってないで地上の楽園に今すぐ帰りなさいよ」

演説の弁士は「ヘイトスピーチをする」とみずから宣言し、チンピラ風の男たちはわれわれを脅してくる。

「帰らせねえぞ！」

「調子乗ってんじゃねえぞ！」

「エセ右翼！　右翼は差別をしない！」

憂国我道会は一歩も引かなかったが、その場から強制排除されてしまった。暴行された憂国我道会メンバーは、その足で川崎警察署にむかい、被害届を提出した。

その後、川崎での暴行現場に居合わせていたマスコミが事件を報道するにおよんで、警察の失態は問題視され、さらに国会でもとりあげられ、厳しく追及された。

警察の態度が一変した。

事件から10日後、川崎での暴行犯4名が逮捕される。

かれらは、川崎に総本部をおく伝統ある右翼団体のメンバーだった。

気づけば、憂国我道会は、右翼団体から狙われる存在になっていた。

ヘイトスピーチ解消法成立

国会ではヘイトスピーチ、ヘイトクライムをとりしまる法律の必要性が議論されるようになった。自民党の西田昌司議員、民進党の有田芳生議員など各党議員が成立に尽力し、2016年6月、ヘイトスピーチを違法とする「ヘイトスピーチ解消法」(*)が成立施行された。

罰則はなく、差別を許さないという基本理念を定めた理念法だったが、ついにカウンターの念願が叶ったのだ。私は憂国我道会に対する相次ぐ襲撃事件が、ヘイトスピーチ解消法成立のきっかけの一つになったと思っている。

ヘイトスピーチ解消法をうけて、全国の市区町村で条例が制定される動きがでてきた。川崎市は2019年6月、市内でヘイトスピーチをした者に50万円以下の罰金を科すことを盛りこんだヘイトスピーチ根絶条例の素案を公表した。成立すればヘイトスピーチそのものに刑事罰を設けた条例としては、全国初となる。

＊**ヘイトスピーチ解消法**　正式名称は「本邦外出身者に対する不当な差別的言動の解消に向けた取組の推進に関する法律」。

3章　ネトウヨの素顔

在特会・桜井誠をとりかこみ威嚇する反差別カウンター

ネトウヨの素顔

排外主義にシフトチェンジした右翼　「排害社」金友隆幸

ネトウヨとはどのような人物なのか。ジャーナリストや研究者も分析しているが、いまだ謎のベールに包まれた存在だろう。

ここではネトウヨと身近に接してきた私の経験をもとに、その生態にせまりたい。

かつて、私と一緒に右翼活動にまい進し、毎日のように酒を飲み交わす友がいた。その男の名は金友隆幸《かねもとたかゆき》。同世代の右翼活動家が少なかったので、私と金友はすぐに親密な関係になった。いまどきの若者らしくない昭和の日本男児のような風貌のかれは、右翼活動のキャリアでいえば、私の先輩である。

金友は、右翼の名門・国士舘大学入学後、学生サークル「皇国史観研究会」に入り、やがて、政治団体「維新政党・新風」に入党、街宣活動や講演会のほか、選挙運動にいそしんでいた。

２００７年ごろ、私と彼は、毎日のように東京渋谷のハチ公前で街頭演説をしていた。若者であふれかえるハチ公前で、政治家でもないのにマイクでアジる。手には愛国者の象徴、日の丸の旗。地面にカンパ箱をおき、売り物の機関誌をならべる。だが、聴衆はまったくいなかった。

唯一、私たちの姿に注目してくれるのは公安警察だけ。右翼、左翼、宗教、ヤクザなどの団体を監視する諜報機関だ。漫画や映画の世界のような話だが、公安警察は、街頭演説だけでなく、プライベートな私生活まで監視している。

「国民よ！　なぜ目を覚まさないんだ！　ともに立ち上がろうじゃないか！　大東亜戦争はまだ終わっていない！」

私と金友隆幸がいくら心からうったえても、耳を傾けてくれる人はいない。

「うるせえんだよ、馬鹿！」

「不愉快だから演説をやめろ」

と、ヤジを飛ばされ、からまれる。

「勇ましいことを言っているが、君は戦争の怖さを知っているのか！　また殺し合いをしたいのか！　私は元日本軍兵士だ！」

元日本軍の年配者に叱られたこともあった。なにも知らない若造が戦争を煽る発言をしているのだから、頭にくるのは仕方ないだろう。

「お母さん、あの人なに?」

ハチ公前を通りかかる親子連れの子どもが、笑いながら金友と私を指差して母親にきく。

「見ちゃいけません!」

それがいつもの風景だった。演説が終わっても、誰もきいていないので拍手はない。カンパも入らないし、機関誌も売れなかった。国民は平和ボケしている。愛国心を失っている——そう思ってみずからを慰めるしかなかった。

むなしさを打ち消すように、私と金友は酒を飲み、うさを晴らした。

「汨羅の渕に波騒ぎ~巫山の雲は乱れ飛ぶ~混濁の世に我れ立てば　義憤に燃えて血潮湧く~」

金友と肩を組んで歩きながら歌うのは、右翼がカラオケで歌う定番「青年日本の歌」、別名は「昭和維新の歌」だ。かつて、海軍青年将校たちが犬養毅らを襲撃したテロ事件「五・一五事件」の中心リーダー三上卓が作詞・作曲した。

金友のアパートで酒を酌み交わすこともあった。かれの部屋には壁一面にあらゆる右翼団体のビラが貼られている。なんとなく不気味な部屋だ。

「俺ら2人で平成維新をしようじゃないか！」

その後、愛国運動に限界を感じた私は、2007年7月、短刀を所持して防衛省に侵入。火炎瓶を投げこんで発火させ、逮捕された。

無力な私がえらんだのは、非合法の実力行使だった。

ところが、私とおなじく右翼活動に疑問を抱いていた金友はちがった。

かれは、あらたな希望の光を在特会に見いだしたのだった。


「既存右翼の時代は終わった。在特会のような団体がこれからの愛国運動をつくるんだ」

そう意気込む金友は、在特会と活動をともにするようになり、ついには「排害社」というネオナチのような団体を結成した。

同志であり親友だった金友隆幸が、とり憑《つ》かれたようにヘイトスピーチをおこない、ヘイトデモの中心人物になってしまったのだ。

金友の影響もあり、維新政党・新風も変質していった。新風の党員が、在特会会員と掛けもちして、京都朝鮮学校襲撃や水平社博物館前差別街宣事件をおこしていった。

「山口さん、尊敬しています。今日はよろしくお願いします」

笑顔で物腰柔らかく握手をもとめてくるが、なぜか私は握手をする気にはなれなかった。

男は残念そうな表情をしながら、

「まあ、色々と誤解があるでしょうが、私の話を聞いていただければ。在特会の活動が何なのかを理解してもらえると思います」

そして、私と男との秘密の対話がはじまった。

まず、私が質問をする。

「在特会はみずからを愛国者と称し、日の丸の旗を掲げていますね。しかし、在特会の活動は、差別をしているだけで日本を良くしていないと思います。本当は、社会的マイノリティの在日コリアンを差別したいだけじゃないのですか？」

遠慮はしなかった。男は、待ってましたとばかりに薄笑いを浮かべて答える。

「いえ、違いますよ。在特会は、今の日本に求められている日本人の防衛本能、つまり民族精神を高揚させ市民を立ち上がらせたんです。日本の現状を見てください。在日朝鮮人をはじめ、外国人に日本の財産、アイデンティティがむしばまれている。在特会のように他国の人間を攻撃するのは、現在の日本には必要なんです。それをしなければ、日本は亡国の道をたどるでしょう」

男は、在日コリアンや外国人の存在を、日本を破壊せんとする悪だと決めつけている。そして、ヘイトスピーチは必要だと堂々と宣言する。

「日本人であっても日本を悪くする奴はいますよ。日本社会に溶け込んでいる在日コリアンに出て行けというのは差別じゃないですか？」

私の反論に、男は溜息を吐く。

「日本人なのに、なんで山口さんはそこまで在日朝鮮人をかばうのですか？　日本の愛国者であれば、日本民族を中心に考えるべきです。棲み分けは必要でしょう。在日朝鮮人には特別永住制度という特権がありますからね」

男は腕組みしながら、私の瞳をじっとみつめて自説の正当性を説く。

「私は特権だと思いません。それに、特別永住制度に抗議するならば、街にいる一般の人たちじゃなくて、政府に文句を言えばいい」

怒り心頭の私は、語気をつよめた。

男は馬鹿にしたような笑みを浮かべた。

「日本のために排外主義は必要なんです。あの、失礼ながら、もしかして山口さんは在日朝鮮人ですか？」

この質問に答えることじたい、私は在日コリアンを否定するようで嫌だった。

「どちらでもいいでしょう。在特会が許せないから、言ってます」

「そうですか。ですが在日特権は存在します。おなじ日本を愛する者ですから、協力できることはしていきましょう」

そういって、男は話を打ち切った。

私のいうことがなんら通じない。まるで別世界に生きているようだ。

切り捨てられたレイシスト

もう1人、私が飲む席を作ることに成功したのが、NPO法人「外国人犯罪追放運動」メンバーの荒巻丈《あらまきじよう》である。瀬戸弘幸の弟子で、新大久保コリアンタウンでのヘイトデモの中心メンバー。ヘイトデモ後には路地に入り、「お散歩」と称して、商店の軒先で嫌がらせ行為をした。

大手スーパーマーケット・チェーンの創業者の息子を自称し、キックボクシングの使い手という荒巻丈。たしかにお坊ちゃんのような雰囲気で、体格もがっしりしている。好戦的な性格からヘイトデモの中ではひときわ存在感を際立たせていた。

はじめて私が荒巻と話したのは、レイシストをしばき隊として、「お散歩」阻止のカウンターをしたときだった。

「マイノリティに絡んでんじゃねえ！　レイシスト！」

荒巻は「お散歩」の実行をあきらめ、私と歌舞伎町の居酒屋へ行く。もちろん合意の上である。

「山口君、会いたかったよ」

荒巻は、私を知っていたらしい。

「朝鮮人を殺せだとか、そんなのが愛国者だと思っているのか？」

「竹島が占領されているんだ。戦争もする覚悟ってことだ」

瀬戸や桜井とおなじように、煽動はするが、本人みずから行動を起こす気はない。

いつしか荒巻は、酒を飲み過ぎてベロベロになっていた。

「また飲もう」

涙を浮かべている。完全に様子がおかしい。私は電話番号を交換した。

居酒屋を出ると、かれは私に握手をしてきた。

それからたびたび、荒巻丈とは飲みに行くようになった。

「山口君、飲みに行こう。でも早い時間帯にしてくれ。遅い時間になるとダメになっちゃうんだ」

昼間会っても、荒巻はいつも酔っ払っている。アルコール依存症ではないかと感じた。かかわっていてわかったが、家庭環境をふくめ、歩んできた道のりが辛いことばかりで、同情するところが多かった。そうした哀しみからアルコール依存になってしまったのだろう。

しかし、だからといってヘイトスピーチをしてよい理由にはならない。

「本当は、朝鮮人死ねなんて思ってないよ。山口君が朝鮮人だっていいと思う。でも、今の日本には排外主義が必要なんだ。ヘイトスピーチをしない上品な右翼は何をしてきたんだ。山口君もそうだがテロで捕まって終わりだろう。尊敬するけど、そのやり方じゃダメなんだ」

「ヘイトスピーチをして日本は良くならないよ」

「これから外国人はふえる。日本は日本人のためにあるとアピールすることは大切なんだ。日本のヒトラー、瀬戸先生を、俺は支えるんだ」

その後、荒巻は「外国人犯罪追放運動」を除名され、排外主義運動から消えていった。かれは、瀬戸にも切り捨てられたのである。私と酒を飲んでいたというのが理由のようだった。

ヘイトスピーチをして良くなる日本なら、そんな腐った国などいらない。差別を正当化する排外主義者など、許してはならないのだ。

妄想系レイシストとの対話

社会的影響力をもたない既存右翼のアンチテーゼとして、排外主義団体を結成した金友隆幸、瀬戸弘幸、桜井誠。かれらは確信犯的にヘイトスピーチをおこなっている。

いっぽう、在日コリアンが本当に「在日特権」をもっていると信じ込み、排外主義運動に参加してしまう者もいる。

ここで、ネットニュースサイト「R—ZONE」に掲載した妄想系レイシストのインタビュー記事を抜粋して紹介したい。シリーズ「行動する若者」のなかで、私がおこなったものだ。確信犯的レイシストを日本を守る救世主と崇《あが》め、排外主義運動に入っていくようすがみえてくる。

インタビュアーは山口。インタビューイーは、23歳の若者・冨成一秋。在特会の元会員で、みずからも「東京青少年の会」という団体の会長をつとめていたという。

――いつから在特会の活動をはじめたの？

冨成　上京した19歳の時からだね。その時期は、フジテレビの韓流偏向番組に抗議するデモが盛り上がってた。その少し後に、韓国の大統領李明博が、天皇陛下に謝罪要求をしたり、竹島に上陸したりして、嫌韓ムードが広がっていった。

――在特会の活動に至るまでは何をしていたの？

冨成　俺の出身は石川県。地元でパイロットを養成する高校に通ってた。

――パイロットにはならなかったの？

冨成　ならなかったね。

――どうして？

冨成　パイロットに興味ないからね。

――なんだ、なかったのか。その後、上京したの？

冨成　そう。声優の専門学校に入った。新聞奨学生でね。新聞配達は大変なんだよ。

――新聞奨学生は大変だよね。声優の専門学校に通いつつ、朝夕に新聞配達しながら在特会の活動に参加するようになったの？

冨成　うん。ただ、あんまり声優の専門学校には行ってなかった。高校のときから在特会の活動動画をユーチューブで見てたんだ。桜井さん（在特会元会長）の役所シリーズってわかる？　桜井さんが役所の人間に説教している動画を見て、面白いなと思ったんだ。

――どうして差別をする活動をしようと思ったの？

冨成　ネットを見てから朝鮮人って検索すると、たくさん悪口が出てきてね。それで影響されて朝鮮人を嫌いになっていった。ろくに税金も払っていない。生活保護も在日ばかり。不正受給も多いしね。朝鮮人が日本を悪くしているとわかったんだ。日本のために活動すると決めたんだ。

――ネットは嘘が多いよ。在日韓国・朝鮮人は、日本人と同じく税金は払っているし、生活保護受給者も97％が日本人。３％が「日本の国籍を有しない人」で、その３％のうちの一部でしかない在日コリアンの受給率なんて微々たるものだよ。それに不正受給は、受給者のたった０・１％だ。

冨成　わかったよ。でも外国人が日本にたくさん来て、日本人の仕事を奪っているのは事実だよ。

——会社もお金がないから、低賃金でも働いてくれる外国人労働者は重宝するよね。むしろ、外国人労働者が日本経済をささえているんじゃない？

冨成　それが問題なんだ。

——だとしたら、移民受け入れ制度とかに反対すればいいじゃん。制度の問題なんだから日本政府に抗議すべきで、日本を訪れて生活している外国人にヘイトスピーチを浴びせるのはよくないよ。

冨成　日本が嫌いなら出て行けばいい。

——いや、日本が好きな人ばかりだよ。冨成くんはフィリピンと日本のハーフらしいけど、外国人を差別する活動をしていて辛くならない？　東京の鶯谷で、風俗で働く外国人女性にヘイトスピーチをして差別するデモを主催していたけど、そんなことで日本がよくなるわけないよ。

冨成　朝鮮人は嫌いなんだよ。

——僕は在日特権はないと思っているけど、在特会は在日特権があるとして活動しているよね。

冨成　当たり前だよ。特別永住資格は在日特権だよ。他の外国人にはない。特権だよ、特

その日以来、N氏と頻繁に会うようになった私は、かれに、ある思いを抱くようになった。N氏はたしかに加害者ではあるが、同時に被害者でもあったのではないかということだ。なぜあんなヘイトスピーチをしてしまったのかと聞くと、ネット上にあふれる差別的デマを真にうけただけでなく、つよい影響力をもつ確信犯的レイシストに巧妙に洗脳されていたのである。

「〝朝鮮人をぶっ殺せ〟とヘイトスピーチをするなかで、自分の存在価値を見いだし、日本のために闘っているような快感を覚えました」

飯田橋で私を襲撃したさいも、桜井誠の指示をうけていたという。N氏の供述調書にも、明確な指示が桜井からあったと記されている。

「瀬戸弘幸先生と桜井誠会長のことは本当に尊敬していて、何か言われたらそうだと思いましたし、逆らえませんでした」

つまり、確信犯的レイシストにマインドコントロールされ、排外主義というカルト宗教に傾倒してしまったような状態だった。

しかし、被害者からすれば、加害者にどんな事情があったとしても、許す理由にはならない。在日コリアンというだけでN氏から差別を受け、存在を否定され、尊厳を侵された方々には、一生許さないという人もいるだろう。けれども、N氏を利用し、支配していた排外主義者の親玉、確信犯的レイシストたちにこそ一番の責任があるのは間違いないはずだ。

じっさい、排外主義運動を離れたN氏は、カルトを脱会した信者とおなじように、差別主義者たちから「裏切り者」とネット上で攻撃され、現実世界でもかれがよく通う店に押しかけられたりして数々の嫌がらせを受けている。

N氏はそれにもめげずに耐え切った。更生を支えてくれる方々の助けもあったが、みずからの揺るぎない意志で、排外主義の魔力に打ち勝ったのだ。

やがて私とN氏は、被害者と加害者であった壁をこえて信頼を深めていく。おたがい酒好きなことや、共通の趣味もあり、意気投合していった。現在、N氏は私のとても大切な友人である。

在特会批判に転じた男・西村修平

在特会・桜井誠の生みの親ともいわれ、排外主義運動の中枢にいた人物で、一転して在特会批判をするようになった男。

「主権回復を目指す会」代表の西村修平である。

「排害社」の金友隆幸も西村を尊敬し、その活動スタイルをまねていたことを私は知っている。

西村修平の活動スタイルは、既存右翼団体のそれとは異なるものだった。

街宣車ではなく、拡声器に手書きのプラカード、隊服姿ではなく背広にワイシャツ。

日本の保守に憤りを感じるといい、「主権回復を目指す会」は市民運動団体だと標榜した。

それでいて、「大和魂はアクセサリーじゃない」という西村の活動は、既存右翼以上に過激だった。

大使館、政治家事務所、自宅に単身乗り込み、拡声器をつかい大音量で怒りの街宣をし、抗議文を手交する。警察に止められてもいっさい引かず、揉めることを厭わなかった。

さらに、その様子を動画撮影して、ネット上に配信する。

「シナ中共の人権侵害を許さないぞ!」

「史上最大の歴史捏造! それは慰安婦強制連行だ!」

ネット上にアップされた西村の活動動画は、爆発的に拡散されていった。

1950年生まれ、秋田県出身の西村修平は、20代にマルクス、レーニン、毛沢東などの革命家の左翼理論を学んだ後に、チベット問題研究者の酒井信彦（元東京大学教授）と知り合い、30代から本格的に街頭にでて、右翼活動にとりくんでいく。

やがて西村は、チベット少数民族や従軍慰安婦をめぐり、中国・韓国に激しい抗議活動を展開、２００６年に「主権回復を目指す会」を結成した。

西村をパイオニアと称し、あこがれていたと語る在特会の桜井は、ともに活動するなかで、在特会の活動スタイルを確立していったといえる。

その西村が、在特会批判に転じたのは、不明朗な会計疑惑と京都朝鮮学校襲撃事件がきっかけだった。とくに朝鮮学校襲撃などのヘイトクライムにたいして、事の重大さを桜井に警告していたにもかかわらず、無視されたことが大きいという。

かつての仲間たちを激しく攻撃する西村修平。それはみずからをも苦しめる作業でもあった。

「在特会を切り捨てた」

「裏切り者」

在特会やその支援者から猛烈な批判にさらされた。「主権回復を目指す会」のメンバーらも、西村に失望し、少なからず去っていった。

2014年9月、西村はみずから開催したシンポジウムで、新大久保コリアンタウンで在特会がおこなっていたヘイトデモを強烈に批判した。そして、「主権回復を目指す会」は、在特会とその仲間らとは活動形態においてまったく相容れない、と主張するまでに至ったのである。

しかし、どれだけ西村修平が過去を総括し、在特会の排外主義運動を否定しても、

「西村修平だけは許せない」

という意見が反差別カウンター内ではほとんどだ。傷つけられてきたマイノリティにとっても、西村が在特会批判に転じたことで、過去の行為を許すことはできないだろう。排外主義運動のやり方はよくないが動機には大義があった、と総括しているのであれば、なおさらだ。

左翼はなにをしていたのか

1950年から70年代にかけては、日本国内でも、学生や労働組合を中心に左翼運動が盛り上がった。やがて、連合赤軍の「あさま山荘事件」や凄惨《せいさん》なリンチ事件が明るみにでるにおよんで、日本の左翼運動は、大衆の支持を失い、衰退していった。

現在は、暴力革命を主張する「中核派（革命的共産主義者同盟全国委員会）」をはじめとする極左団体も、なんら社会的影響力をもたないし、革マル派はカルト的な集団として扱われている。

いっぽう、議会主義の合法路線へと転換した日本共産党は、国会や地方議会に議員を輩出し、与党を批判する代表的野党として社会主義変革の前に民主主義を機能させることをうったえ、存在感をまし、ヘイトスピーチへの抗議行動にも積極的にとりくんでいる。

全体的に既成の社会運動が沈滞するなかで、その幅を広げていったのが、在特会などの排外主義運動だった。正直、私は疑問に感じている。

「すべての人は平等であり人権をもつ」とうったえてきた左翼は、いったいなにをしていたのか？

貧困化する若者の怒り　素人の乱

在特会が街頭に躍りでた2007年ころ、左翼運動界隈では「素人の乱」の話題でもちきりだった。

素人の乱は、東京高円寺のリサイクルショップを経営する松本哉《はじめ》が中心になって、若者の労働問題と貧困問題解消をめざして活動していた。

そのころから、フリーターやニートの増加が深刻な社会問題となり、24時間営業の漫画喫茶で生活するネット難民と呼ばれる若者も出現。定職がなく、日雇いなど非正規の職では、アパートを借りることもできない。だから漫画喫茶に住むしかない。

さらには、真面目にはたらいても、低収入でまともに生活できないワーキングプアも社会問題となっていた。若者からすれば、仕事はないし、仕事をしても時給があまりに安く生活できない。奨学金を借りた学生はローン地獄に陥り、昼夜掛け持ちでバイトしても将来を見通せない。

こんな生活を強いる社会に憤るのは、当たり前のことだ。

若者の心をとらえた「素人の乱」が主催するデモには、数百人、数千人の参加者が集まるようになっていた。既成左翼のデモとはちがい、まるで仮装パレードのような盛り上がりだ。

サウンドカーで音楽を爆音で流し、それに合わせて参加者が楽器を演奏し、踊っている。

「給料上げろ！」

「奴隷じゃねえんだ！」

仕事をしていて心の底から感じる率直な怒りを、そのままぶつけるデモ参加者たちがいた。

あたらしいスタイルのデモンストレーションであった。

「ブルジョア階級を打倒し、プロレタリア革命を！」

素人の乱には、既存の左翼活動家がつかう難しいセリフや大袈裟なスローガンはない。革命だとか果てしない目標ではなく、「こんな給料でまともな生活できるかよ！」という身近なところからくる実感を叫んでいる。

思い思いの扮装でやってくる若者たちに、堅苦しい雰囲気は感じられない。シュプレヒコールだって統一されていない。まったく統制が取れていないといえばそうなのだが、それぞれのスタイル、それぞれのノリでコールする姿に、勢いを感じる。

参加者は活き活きしながら、自由に叫ぶ。

「上司のクソ野郎！」

「残業代払え！」

素人の乱のデモには、右翼活動家から転向した左派系論者としてメディア露出が多い、「プレカリアートのマリア」と称される作家の雨宮処凛《あまみやかりん》なども参加していた。

素人の乱に向けられた既存の左翼団体のまなざしは、冷ややかなものであった。

真剣味がない、お祭り気分でハイテンションになって楽しんでいるだけ、という批判もあった。

「騒いでるだけで、思想がないよ、思想が」

「あいつらは自分のことだけで、日本の未来なんてなにも考えていない」

素人の乱のデモが、若者たちの雇用環境を良くし、給与を引き上げさせたかと問われれば、否であろう。

「デモをしても僕の暮らしはなにも変わらなかった」

運動は、個人の生活まで縛る全体主義的なところがあったと思います。いまに続く運動は個人の自由、自由を守るための闘いです」

ＳＥＡＬＤｓのメンバーは、ストイックな活動では学生は集まらないという。たしかに、政治活動というよりは、リア充感を前面に押し出し、文化祭イベントやフェスティバル感覚で盛り上げているようにも思えた。

在特会壊滅への道

桜井誠、選挙活動と称してヘイトスピーチ

２０１６年６月、舛添要一が、政治資金問題で東京都知事を辞任した。後任をきめる都知事選は７月31日。立候補者数は、史上最多の21人。候補者の１人に、在特会会長を退任した桜井誠がいた。

２０１４年10月、大阪の橋下徹市長（当時）と大阪市役所内で公開意見交換会をしたさいに、多くのマスコミの前で、桜井はこう言い切っている。

「政治にまったく興味がないんでね。政治家っていうのはこの世で最も醜悪な人種だと思っているんでね」

「選挙に興味ないんでね」

それからわずか2年も経たないうちに、桜井の心境にどのような変化があったというのか。

ジャーナリスト安田浩一は、桜井誠の会長退任は、反差別カウンター行動によって在特会がヘイトスピーチの象徴のように認知され、社会的な圧力がつよまったからだという。

安田のいう通り、2016年6月にヘイトスピーチ解消法が施行され、大阪市も全国初のヘイトスピーチ抑止条例を同年7月から全面施行すると公表していた。

2014年8月の飯田橋集団暴行事件では、在特会会員らが逮捕され、家宅捜索がおこなわれ、桜井は会長を退任。ヘイトデモ参加者は激減していき、下火となっていった。

追い詰められた桜井は、政界に進出する選挙活動にシフトチェンジしたのである。

東京都知事選の出馬会見で、かれは、つぎのように発言している。

「私はこれまでの活動内容において、ヘイトスピーチにあたる活動はなかったと信じております」

「今回の都知事選を通じて、本来の保守とは何かを体現したいと思っております」

立候補した桜井は、選挙運動を利用して、公然とヘイトスピーチをはじめた。

「日本から出て行け！　ここは日本なんだよ、朝鮮人！」

なんのためのヘイトスピーチ解消法なのか。

選挙中であっても、ヘイトスピーチは取り締まるべきだ。ヘイトスピーチ解消法はヘイトスピーチを違法としている。選挙演説だろうがなんだろうが、違法行為なのだ。選挙カーで人をはねたら、選挙中であっても当たり前だが罰せられる。あらゆる違法行為は、選挙中においても取り締まらなければならないはずだ。

だが、施行されたばかりの罰則のない理念法であるヘイトスピーチ解消法は、桜井が選挙運動と称してまき散らすヘイトスピーチに、まったくといっていいほど、抑止力を発揮できなかった。

「桜井！　桜井！　桜井！」

都知事選挙活動最終日の7月30日。秋葉原駅電気街口は、桜井の支持者であふれ返っていた。

「ヘイトスピーチなんてふざけた言葉に、絶対に負けないぞ！」

桜井がヘイトスピーチをくり返すたびに、歓声と拍手が沸き、日の丸がふられる。これにたいして、反差別カウンターは何もできないでいた。選挙期間中に選挙演説としてヘイトスピーチをする候補者にカウンターをすれば、選挙妨害ですぐに捕まってしまうからだ。

こうして、東京都知事選は、ヘイトスピーチが野放しに飛び交うなかで終わった。開票の結果、小池百合子の291万票に遠く及ばなかったものの、桜井は候補者21人中5番目の11万をこえる票を獲得した。

落選したとはいえ、レイシストが、11万票もの都民の支持をうけたわけだ。恐ろしいことである。ヘイトスピーチ解消法という法律ができたからといって、差別がなくなるわけではない。差別煽動する排外主義者たちは、一時的に息を潜めていただけだったのである。

2016年8月、桜井誠は「日本第一党」を立ち上げた。

日本第一党の結党大会には、300人もの支持者が都内のホテルに集まった。桜井は、党首就任挨拶で「ジャパンファースト」をかかげ、地方議会で議席を獲るべく、党員募集をうったえた。

「政権を獲ったら、日韓断交をする!」

桜井誠は終わっていなかった。

むしろ公然と、排外主義の空気を拡げていったのである。

それ以降、反差別カウンター運動は、選挙運動中のヘイトスピーチへの対応や、レイシスト議員の誕生を阻止する段階に移行していかなければならなくなったのだ。

レイシスト議員誕生・鈴木信行

桜井誠が東京都知事選に出馬する以前から、国政に進出すべく活動するレイシストがいた。

元「維新政党・新風」代表で、現在は「日本国民党」代表の鈴木信行である。

１９６５年、東京・葛飾区生まれの鈴木は、80年代から右翼活動の道に踏みこむ。

新右翼団体「統一戦線義勇軍」に入会し、反米運動を展開。統一戦線義勇軍の幹部を経て、既存右翼の流れをくむ政治団体「維新政党・新風」（以下、新風）の党員となる。

「右翼は国政に進出しなければならない」

とうったえる鈴木は、２００７年の参議院議員選挙に、新風公認で出馬して落選。

このころから、鈴木の部下の金友隆幸をはじめとする新風の党員たちは、在特会と行動をともにしながら、ヘイトデモの中心的な役割を担っていく。

2012年、鈴木信行は韓国へ渡航。ソウルの日本大使館前の日本軍慰安婦少女像に「竹島は日本固有の領土」と書いた木の棒をくくり付けた。自身のブログで、その画像や動画をアップして拡散。韓国メディアからつよく批判された鈴木は、韓国入国禁止処分をうけた。

「売春婦像を撤去しろ」

反韓国を前面に打ちだし、ヘイトスピーチをする鈴木信行。そこにはかつて新右翼活動家だったころの面影はなく、完全なる差別・排外主義者に転落した醜悪さしかない。

「よくやった!」

「韓国粉砕!」

鈴木の行動は、既存の右翼団体と在特会の双方からつよく支持された。

2013年、鈴木は、新風公認でふたたび参議院議選に出馬。落選するも、得票数を2007年の前回選挙の3倍以上の7万7千票あまりに伸ばした。排外主義を強烈にアピールして、得票数を激増させたといえる(2016年の参議院選挙では4万票強)。

鈴木の街頭ヘイト演説やヘイトデモには、右翼団体と在特会の双方が、応援に駆けつける。

在特会会員とはちがい、右翼団体構成員は、つよい暴力性をかねそなえている。右翼団体と在特会の融合によって、排外主義団体が暴力装置をもつに至ったのだ。

川崎市でおこなわれた新風のヘイト演説会に、抗議カウンターをしていた憂国我道会メンバーが暴行をうけた事件についてはさきにのべたが、後日、逮捕された暴行犯4名は、川崎に総本部を置く、伝統ある既成右翼団体の男たちだった。

これは、排外主義団体が、反差別カウンター勢力を襲撃するパワーを身につけたということにほかならない。既存の右翼団体と、在特会のような差別・排外主義団体のあいだには明確な境があったのだが、鈴木は、両者をへだてる壁をとりはらったのだ。

その後、鈴木は、新風から独立を宣言。新風の創始者・魚谷哲央《うおたにてつおう》の激しい怒りをかい、除名処分となった。

しかし、多くの右翼団体は、かわらず鈴木と交流し、支援をつづけた。

2017年11月、鈴木は、東京・葛飾区議会議員選挙に立候補し、当選をはたす。選挙応援した右翼団体と在特会は歓喜した。

こうしてかれは、社会的立場のある区議会議員となり、「日本国民党」を立ち上げて、代表に就任した。

葛飾区議になってからも、鈴木は、ブログで韓国を「火病韓国」と呼び、ツイッター上で、「梅毒が増えたのは中国人のせい」などと投稿、炎上騒ぎをおこす。公職にある者がヘイトスピーチをしたとして、メディアにもとりあげられた。

鈴木の差別行為を既存の右翼団体が批判することはなかった。当たり前のようにヘイトスピーチを容認するようになり、右翼団体と排外主義団体の境目は消えていったのである。日本社会に蔓延する排外主義的な空気が、レイシスト区会議員を誕生させてしまった。

（本稿を校正中、２０１９年７月の参議院選挙で「ＮＨＫから国民を守る党」が議席を獲得するという予期せぬ事態が起きた。Ｎ国党の代表・立花孝志は、ネット右翼として知られた存在だった。その素性を隠し、「ＮＨＫをぶっ壊す」などと、奇をてらったパフォーマンスで票を集めたのだが、国政にネトウヨが進出した事実は深刻にうけとめなければならない。）

4章 反差別カウンターの思想と行動

差別に抗議するカウンターを機動隊がごぼう抜き

「生産性なんて言葉で私をはかるな！」


その怒りの声を聞きながら、顔をくしゃくしゃにして涙を流す参加者がいた。

「22歳！　レズビアンの鈴木南十星です！　私がここに生きていることが、私のプライドです！　生産性なんて言葉で私をはかったりするな！　私は生きているだけで価値がある！　ＬＧＢＴ関係ない！　性別関係ない！　職業関係ない！　歳も関係ない！　誰でも生きているだけで価値がある！　22年間、私は日本で生きてきて、女の子が好きな女の子ってだけで、なんでこんなに生きづらいの！」

「杉田水脈さん、あなたに私の価値なんてはからせない！」

「レインボーはただの飾りなんかじゃない！」

ＬＧＢＴ当事者たちの叫びが響きわたった。

杉田水脈の議員辞職をもとめる自民党本部前での抗議は、多くのマスコミに取り上げられた。

「ＬＧＢＴは生産性がない」という杉田の寄稿文は、ＬＧＢＴの人々の存在を否定し、排除を煽動する、まぎれもないヘイトスピーチである。

「生産性」で人間の生きる意味を否定するのは、「相模原障害者殺傷事件」と、発想はまったくおなじだ。根底に流れる意識は、被差別マイノリティの存在を、非生産的で「迷惑」とする排外主義であり、人類がけっして許してはならない差別思想なのだ。

抗議は自民党本部前にとどまらず、発行元の新潮社前や各地でおこなわれるまでになった。

「ヘイト本は儲かるか？」

「This IS My Pride!」

レインボーの旗の下に結集した反差別カウンター行動により、新潮社内部からも責任を問う声が出るまでになり、掲載誌『新潮45』は休刊にいたった。

だが、掲載誌が休刊になったからといって、LGBTの人びとが受けた傷が癒えるわけではない。加害者の杉田は、「LGBTは生産性がない」と書いたことを撤回せず、表現が不適切だったと釈明するだけでいまだに謝罪していない。議員辞職もせず、自民党も一切の処分をしなかった。

この一連の騒動について、保守、右翼陣営はどのような対応をしていたか。

「たいした問題じゃない」

「女が好きなのが普通の男だろ」

抗議するどころか、杉田水脈のＬＧＢＴ差別を擁護する立場をとったのである。

部落差別を「商う」差別売文家たち

日本社会には、さまざまなマイノリティに対する差別が厳然と存在するが、なかでも部落差別は、根深く残る日本固有の差別である。この部落差別意識に迎合して差別をふりまく輩がいる。

みずからも部落出身者であると公言している「ノンフィクション作家」の上原善広だ。上原善広といえば、『新潮45』「最も危険な政治家　橋下徹研究　孤独なポピュリストの原点」（２０１１年11月号）で、現在はタレントとして活躍する橋下徹（元大阪府知事・市長）が被差別部落出身で、ハシシタ姓からハシモト姓に変えた経緯、父親が暴力団員だったことなど、きわめてセンシティブな個人情報をあきらかにした。

橋下徹の政治的スタンスへの批判は、もちろんあって然るべきだ。

しかしながら、上原の論旨は、あきらかに悪意に満ちた差別的な文章である。部落解放運動家の小林健治（にんげん出版代表）からも「差別・売文家」と糾弾されている。

上原の差別性は、橋下徹の出自を暴くことを通して、独裁的な性格や政治手法を、被差別部落出身者という属性と結びつけて論じている点だ。

出自を理由に人を貶める、それは部落出身者総体への差別煽動行為にほかならない。もっともたちが悪いのは、みずからが部落出身者であることを、上原はいわば免罪符的に活用していることだ。しかし、部落出身者であることが差別文章を正当化する理由にはならない。

問われているのは、上原の記事の差別性であって、執筆者が被差別部落出身者であろうがなかろうが、関係ないのだ。

以前にも上原は、雑誌『実話ナックルズ』（ミリオン出版）に、被差別部落を「近親相姦」による「奇形児」が多いなどとする、おどろおどろしい地域として猟奇的に描いたことが問題となり、部落解放同盟から抗議、糾弾の対象となったこともある。

差別・売文家の上原によるいい加減な文章は、ついには皇室にまでおよぶようになる。

ここでは、上原が広めた皇后陛下（現上皇后）の被差別部落出身説を検証するが、それは世人の差別意識に乗っかって、出自を暴くことを興味本位におこなう上原を弾劾するためである。

問題の真相とその意図をさぐってみたい。

もし、日本国憲法で日本国の象徴、日本国民統合の象徴とされている天皇の正妻、皇后陛下が被差別部落出身だとしたら驚くだろうか。かつて、皇后陛下の被差別部落出身説は都市伝説のように広まっていた。

まずは、上原善広の記事を引く。『噂の真相』（2004年3月号）にこう書いている。

〈ある部落出身者が皇族に嫁いでいるという事実だ。皇族と部落が重なっている、まさに日本最大のタブーなので、報道されたことは一度もない。ある関係者からその確証を得て今回、わたしは実地にその部落を見に行ってきた〉

〈その昔は湿地帯で住みにくいところだったと、明治以前の記録に残されている〉

〈つまり、問題は、皇族ですら、部落民を身内として受け入れているという事実があるということだ。だからこの点に関しては、意外に皇族の方が進歩的といえるのかもしれない。この結婚に関しては、当の皇族本人が強く希望したため、宮内庁をはじめとする周囲

も押し切られたとされている。まさに快挙といえる話ではないか〉

『噂の真相』でそのように書く一方、上原は、『実話ナックルズ』(04年7月号)で「群馬県T部落」「群馬県T駅」「昔は湿地帯の中を曲がりくねった道が続いていた」「ここから女性が一人、皇族に嫁いでいる」などと踏み込み、つぎのように記している。

〈まず、日本有数の企業N社がここから誕生しているのだが、女性はその社長の娘だった。地元では「粉屋の娘」と呼ばれていたという〉

〈老舗の醤油屋も現在彼の地にあるが、その醤油屋から分家してできたのがN社である。「粉屋」と「醤油屋」はいずれも女性の一族の経営で、故に彼の地ではうどんが名物となっているが、これは不味いのであまり有名でない。醤油もそう良質な醤油でなかったと聞いている〉

〈休刊した「噂の真相」三月号でも書いたが、この事実を考えると、私たち「平民」よりも皇族の方が先進的ではないかと思うのだ。なぜなら皇族は過去の身分上、最高位にいる。その彼らが過去の身分上最底辺の部落民と結婚するなどということは、身分社会の崩

壊を意味しているからだ〉

〈私はこの事実を知ったとき「さすがは象徴天皇である」と、心の中で喝采した〉

〈公表すればそのまま、差別に対して皇族の先進性がアピールできるではないか。これをもって「部落解放」を宣言しても良いくらいの、画期的な「事件」なのだから。しかし、それはされなかった。そうした事実がまことしやかに広まることもほとんどなかった。一部の研究者や関係者だけの心に留め置かれたのである、なぜか。女性が結婚したその当時は、残念ながら差別はまだまだ悲惨なものだったからである〉

〈こうした事実を、この稿で堂々と具体的に公表できたらいいのに。そして地名も堂々と公表することができたとき、部落解放は成されたと見ても良いと私は思う。彼の地を歩いたその夜、たいしてうまくない田舎町の飯と酒と女だったが、それはたいそう私のはらわたに沁みた。彼らの「歴史的な結婚」の四十年に乾杯しようではないか〉

ここまで書かれれば、上原がいわんとする部落出身者の皇族がだれか、群馬県T部落がどこかが丸わかりではないか。イニシャルで書いているのが巧妙というか、陰湿である。

上原がいいたいのは、部落出身の皇族とは現在の上皇后美智子陛下であり、群馬県T部落とは湿地帯の多い群馬県館林《たてばやし》市だということであろう。上皇后陛下の前姓は正田で、実家の正田家は、館林駅から歩いて10分程度の大手町に、いまもある。

N社とは日清製粉であり、老舗の醤油屋とは正田醤油《しょうだしょうゆ》である。

正田一族が経営してきたので、皇后陛下は、粉屋の娘と呼ばれていた。館林市のうどんは美味いし、正田醤油は格別美味である。まずいとは失礼きわまりない。

では、はっきり書こう。皇后陛下は被差別部落出身者ではない。たしかに館林市にはいくつかの被差別部落が存在する。けれども皇后陛下の実家である正田家の場所は明確に異なる。

皇后陛下は華族出身ではなかったが大企業の社長の娘であり、民間から初めて天皇家に嫁いだ女性としてたぐいまれな存在であったことはまちがいないが、被差別部落出身者であったならば、決して皇后の座に就《つ》けていなかったのが真実であろう。部落差別はそれほど柔《やわ》いものではない。

根拠なき差別デマ

皇后陛下の出自は、ご成婚が決まる前、徹底的かつ綿密に調査されたという。

それは天皇陛下の同級生が記した『美智子さまの恋文』（橋本明著、新潮社）にもふれられている。皇后陛下は身元調査された。被差別部落出身者かどうかを疑われたのだ。

当時の状況を、地元館林市住民（60代男性）は語る。

「調査には、館林市まで来ていた。同級生や学校の先生も話を聞かれていた。正直、私たち地元人からすれば、皇后は部落出身なわけがない遠い存在な名家の娘だよ。都内に家もあるわけだしね。でも館林市に、当時は皇太子だったけど、今上天皇が来た時は嬉しかったね。町の皆で大歓迎したよ。反対する人たちからすれば、民間から出たから差別的な僻《ひが》みもあるんじゃないかな。それも部落じゃないけど、身分差別だよな」

つまり、宮内庁によって正田家は洗いざらい調べられ、1958年にやっとご成婚が認められたという経緯があった。天皇陛下と皇后陛下はよく堪《た》えられたものだ。その苦労といったら、想像をこえるものだろう。ご成婚には高いハードルがあったわけだが、それを乗りこえた両陛下の深い絆を感じさせる話である。

1970年代の正田家にまつわるエピソードを、ひとつ紹介したい。

カミングアウトしないから、差別が助長されるのではない。

部落出身の当事者がカミングアウトするかどうかは、他者からあれこれいわれる筋合いの事柄ではないのだ。宮部や上原が、他人の出自を暴くことなど、断じて許されない。（上原には国会議員になった自慢の親戚がいるが、そのことについては決して語ろうとしない。）

たとえば、セクシュアルマイノリティであるゲイの男性（あるいはレズビアンの女性）がいたとする。被差別部落出身者とおなじく、見た目ではゲイと判らない。カミングアウトしている人もいるが、圧倒的多数のゲイは、みずからのセクシャリティを隠しながら生きている。カミングアウトすれば、猛烈な差別にさらされる可能性があるからだ。

カミングアウトしないから差別されるのではない。

カミングアウトとは、当事者が差別と闘う勇気を確立したときにおこなわれる自立的な行為のはずだ。それにたいして、宮部も上原も、他者の出自を暴露することによって、被差別部落出身者への差別煽動をしているのである。

しかも、かれらはそれを本や雑誌で公けにしている。差別を売り物にしているのである。これをそのまま放置しておくわけにはいかない。

差別者・宮部の自宅で糾弾

「鳥取ループを糾弾だ！」

反差別カウンター行動をおこなってきた男組と憂国我道会は、全国の被差別部落の所在地などをネット上に掲載してきた最低最悪の差別商売屋を糾弾するべく、鳥取ループこと宮部龍彦の自宅に突撃した。

「男組が自宅に押しかけた」

「差別ではない」

宮部龍彦は被害者面をし、みずからの差別煽動行為を正当化する言い訳に終始した。

男組と憂国我道会は、宮部の差別扇動行為を徹底的に糾弾し、抗議行動をおえた。

その後も宮部は、インターネット上で被差別部落地域をさらす差別煽動をつづけている。

陰湿な最低最悪の差別商売屋・宮部龍彦にたいし損害賠償をもとめる裁判は、いまもつづいているが、宮部がアップしたデータはミラーサイトに移され、閲覧されつづけている。

部落差別解消法はこの差別拡散を止めさせることができず、効果を発揮していない状況である。

人種差別　大坂なおみ選手のホワイトウォッシュCM

2019年1月、アフリカにルーツをもつテニスプレーヤー・大坂なおみ選手のスポンサー企業「日清食品ホールディングス」が、ホワイトウォッシュ差別CM事件をおこす。ホワイトウォッシュとは、アフリカ系やアジア系の肌の色を白人のように描いたり、映画や舞台で、アフリカ系やアジア系の役を白人に演じさせることだ。

白人至上主義にもとづく人種差別である。

CMは、大坂選手をモデルにしたアニメキャラクターがテニスの練習をする動画だった。ところが、そのアニメで、大坂選手の肌の色を白人のように白く描いていたのである。

非白人をわざわざ白く描くところに黒人への差別意識（白人を価値づける意識）がある。

批判をうけて、日清食品は、動画を削除して謝罪。意図的にホワイトウォッシュしたつもりはないが、多様性を尊重しながら企業の広告宣伝活動に努めたい、とコメントするに至った。

いっぽう、大坂選手は、会見で質問され、こう答えている。

「私の肌の色は褐色、見ればすぐにわかること。故意に白く描こうとしたわけではないと思いますが、次に私をモデルにした画像を作るなら、私に相談するべき」

自身の肌の色は褐色だと断言し、白くはないと否定した大坂なおみ選手。テニス4大大会の全豪オープンという大試合の真っ最中のできごとで、心を乱したくはなかったはずだ。

日本の大企業が、アフリカにルーツをもつアスリートをホワイトウォッシュした差別CMを流したことは、日本社会にある黒人差別意識を象徴するものとなった。

ところが、日本の保守、右翼団体の大半が、この事件で、日清食品に憤ることはなかった。

それはなぜか？　大坂なおみ選手を日本人と認めていないからである。

「どう見ても日本人じゃない。応援する気にはなれない」

「日本語も話せない奴が、日本代表とか勘弁してくれ」

私の知るかぎり、大坂なおみ選手を排除し、無視すべきと公言する者が、ほとんどだった。

その後も、別府大分毎日マラソンに出場したアフリカ招待選手を、日本人通訳の女性が、自身のブログで「チンパンジー」と呼んでいたことが発覚する。歴史ある国際マラソンの通訳担当者が、あきらかな人種差別を公けに発信していた。

「黒人差別をしてきたのはアメリカじゃないか」という人はいるだろう。

たしかに、アフリカから奴隷貿易で連れてこられた黒人は、奴隷として売り買いされ、凄まじい差別をうけてきた。ＫＫＫ団のようなレイシスト集団に襲撃され、虐殺された。いまも黒人を標的にしたヘイトクライムが、つづけざまにおきている。

しかし、そのいっぽうで、血と涙と命を犠牲にして闘われた黒人解放運動は、「ブラック・イズ・ビューティフル」と高らかに宣言し、誇りをもって立ち上がり、公民権法を獲得し、差別を許さない社会規範をつくってきた。

現在も闘いはつづいているが、アメリカ社会では、パブリックな公共圏（企業・メディア）において黒人差別をすれば、社会的にアウトである。

日本における黒人差別は、白人至上主義がその根底にあり、黒人を劣った存在とみなす差別意識が明確に存在する。

日本社会に黒人差別が少ないのではない。白人の差別目線を通したステレオタイプな黒人像をそのままうけいれてなんとも思わない、鈍感な日本人が多いだけである。

難民に冷たい日本　ミャンマーのイスラム系少数民族ロヒンギャ

２０１５年10月、東京・品川区にあるミャンマー大使館前は、怒りの声に包まれていた。

「私たちはミャンマー（ビルマ）人です！　ロヒンギャに他の国民とおなじ平等な権利を与えろ！」

アウンティン率いる「在日ビルマロヒンギャ協会」（以下、ロヒンギャ協会）がデモを開催、ロヒンギャ民族の権利の回復をうったえた。

そのデモに参加した日本人は、私一人だった。

ロヒンギャ*は、おもにミャンマー西部のアラカン（ラカイン州）に住むイスラム系少数民族だ。ミャンマーの総人口は約５５００万人。仏教徒が三分の二以上を占めるなかで、ロヒンギャは約１１０万人。

ロヒンギャの迫害と追放をはじめたのは、１９６２年に成立した軍事政権だったが、１９８２年には、「ビルマ市民権法」により、ロヒンギャは国籍を、２０１０年には選挙権もはく奪され、現在もミャンマー政府軍・警察から、暴力、焼き討ち、レイプ、虐殺をうけつづけている。

迫害をのがれ、ミャンマーから周辺国に船で脱出を試みるロヒンギャの人々。船が沈没したり、上陸拒否されて漂流状態になったケースも多い。密航業者が人身売買にからんでいることもある。

日本にのがれてきたロヒンギャの人々は、約230人。

そのほとんどが、群馬県館林市で暮らしている。

館林市は、子どものころから私がすごしてきた地元である。イスラム教のモスクが二つあり、イスラム法に則《のっと》った食事、ハラールフードの食材を提供する店もある。

そこに集うロヒンギャを頻繁に見かけていたにもかかわらず、事情を知るまで、私は身近にいる少数民族ロヒンギャの人びとを、謎の外国人としか思っていなかったのだ。

すぐにロヒンギャ協会とコンタクトをとり、会って話すようになった。

私は右翼の〝前科者〟であるし、警察にマークされている存在だが、ロヒンギャの人たちは、いっさい気に留めなかった。警察から私との関係を聞かれたりしたこともあったようだが、それでもあたたかく接してくれた。

ロヒンギャ協会のリーダー的存在であるアウンティンは、1988年にミャンマーの高校を卒業して、国内での民主化運動にかかわるようになった。89年、90年と民主化をもとめるデモをおこない逮捕される。殺害された仲間もいる。

身の危険を感じたかれは、ミャンマーをでて周辺諸国にしばらく滞在していたが、日本でビルマ人の権利をうったえている「在日ビルマ協会」(ロヒンギャ協会の前身)を知り、1992年に短期ビザで来日した。

ロヒンギャ協会は、埼玉・大宮市で活動をはじめた。そのころの会員は7、8人だったが、1996年に当時の会長が館林市に移り住み、アウンティンも99年に大宮市から館林市に移った。経営者として仕事をしながら、ミャンマーにいる仲間と頻繁に連絡をとりあい、ロヒンギャ協会を頼りに館林市にのがれてくる者の面倒をみていたという。

ミャンマーに家族を残したまま、日本にきている者もたくさんいる。

「私は日本も自分の国だと思っている。いつも私、日本をよくしたいと考えているよ」

アウンティンは、日本への思いを語る。

かれは積極的に地元の日本人と交流し、つよい信頼関係をきずいている。館林市のとある学校は、イスラム教徒の生徒のために礼拝室を設置、イスラム教徒が飲食を絶つラマダン期間中には、体調面を考慮し早退も認められている。アウンティンの努力に、館林市の行政も応えつつある。

しかし、日本政府はロヒンギャを支援してきたのだろうか。

答えは、否だ。

日本政府は「国連難民条約（難民の地位に関する条約）」に加入しているにもかかわらず、難民を支援しない国として、日本は世界から批判されている。

元ロヒンギャ協会会長のゾーミントゥに話を聞いた。

難民に冷たい日本

ミャンマー政府の迫害をうけ、偽造パスポートで1998年に日本に逃れてきたゾーミントゥ。2003年にロヒンギャとして初めて難民認定をうけるまで、申請は却下されつづけてきた。

ゾーミントゥが日本政府に不服の裁判をおこしたとたん、難民として認定されたという。

「日本に逃れてきた難民には就労支援や職業訓練が不可欠なのに、日本にはそのシステムがない」

フランシスコ講和条約により主権を回復したが、沖縄は米国に統治されたままだった。

それから20年も経った1972年に、沖縄は本土復帰したが、いまだに在日米軍基地の多くがおかれ、沖縄県民が理不尽に不利益を被っている現実がある。

アメリカと日本政府は、米軍基地施設をつごうよく沖縄に押しつけている。

これは、まぎれもない沖縄差別にほかならない。

「男組は沖縄差別を許さない！」

ヘイトスピーチ解消法施行という結果をだしたあと、高橋直輝は、つぎの闘いの場を沖縄に設定したのだ。

米軍ヘリパッド基地工事が強行されている沖縄県国頭郡東村高江*では、工事を阻止せんと抗議する市民たちが、機動隊や防衛局職員と激しく対峙していた。

その最前線に、高橋は男組のメンバーたちと飛び込んでいった。

沖縄に長期滞在しながら、沖縄の歴史について学びつつ、米軍基地反対運動にまい進した。

ときおり東京に戻ってきては、沖縄の深刻な現状を、仲間たちに切実に訴えた。

「沖縄は、日本で唯一の地上戦の場としてもっとも辛酸をなめさせられたんだ」

「沖縄の方々に犠牲を強《し》いる安倍政権の姿勢は許せない」

新大久保コリアンタウンでヘイトスピーチをまき散らす在特会などの排外主義団体と対峙し、逮捕もいとわず、カウンターをおこなってきた高橋直輝。かれは、本土がどれだけ沖縄を裏切り、苦しめつづけ、差別してきたかを、現場で痛感せざるを得なかったのだろう。

高江での米軍ヘリパッド建設、名護市辺野古の新基地建設が強行されるありさまを、見て見ぬふりはできなかった。

「右翼だったら、米軍基地を容認などできるはずがない」

高橋は、本物の右翼のありかたをもとめていた。

だが、愛国者を自称する右翼団体の多くは、あろうことか沖縄で米軍基地に反対している市民にヘイトスピーチをあびせ、攻撃しているのだ。

沖縄現地の右翼団体も同様で、高橋ともめることも多かった。「基地反対派は反日勢力だ」と、レッテルを貼り、妨害する右翼団体を、直情的な性格の高橋は看過することができなかった。

「中国の手先!」

「反日極左!　朝鮮人!」

なぜ、右翼団体が米軍基地を擁護するのか。

世界的な流れからみても、フランス、ドイツ、イタリアのように駐留米軍は縮小している。日本は戦争に負けて、沖縄は米軍の統治下におかれた。いまも米軍は、戦争に勝った証として占領している。自称愛国者たちは、不愉快じゃないのだろうか。

「米軍がいることで、中国の脅威から守られている」

「北朝鮮が攻めてきたら、どうするんだ」

一見、沖縄を憂《うれ》いているような顔をして米軍基地を正当化するから、タチが悪い。日米安保条約を認める反共・親米右翼の限界だ。アメリカの意向に逆らえずにいる日本政府と、まったくかわらない。愛国を謳いながら、沖縄を切り捨てる似非ナショナリズムが、日本社会に蔓延している。

2016年10月4日、沖縄防衛局職員に暴行したとして、高橋直輝が傷害の疑いで逮捕される。その後、公務執行妨害罪でも起訴された。

高橋は、エネルギーあふれる人物である。かれに影響をうけて本土からも応援に駆けつける反差別カウンター行動の仲間たちがふえていった。高江ではヘリパッド建設に抗議する市民たちが、機動隊や防衛局職員たちと激しく対峙している混乱状況だ。

そのなかで、精力的に行動する高橋は、国家権力からすれば目障りな存在でしかない。日本政府も警察も、危機感をもったのだろう。

私は思っている。高橋は、国家権力に狙いうちの弾圧をされた、と。

日本政府は、機動隊や防衛局を前面に立て、米軍基地反対派の排除を暴力的に強行している。

抗おうとすれば、あっという間に「転《ころ》び公防」によって逮捕されてしまう。転び公防とは、政治活動や宗教活動を弾圧するため、公安警察などがつかう卑劣なテクニックだ。身体にふれてもいないのに勝手に転んで、公務執行妨害罪、暴行罪、傷害罪をむりやりでっちあげて逮捕する。

高橋直輝の逮捕、長期拘留は、本土における反差別運動と、沖縄の反米軍基地運動の分断が狙いであるのは、あきらかだった。

＊高江　沖縄県北部の高江は「やんばる」とよばれる地域にある。ヤンバルクイナをはじめ、琉球列島にのみ生息する固有種がいる「やんばるの森」は、1957年よりアメリカ海兵隊の北部訓練場として使われてきた。オスプレイ専用のヘリパッド基地建設工事は、高江

住民の全会一致反対を無視して、２００７年に現沖縄防衛局によって着工された。住民らによる座り込み運動などが続けられていた。

大阪府警機動隊員の「土人」発言

高橋が逮捕されたあとの10月18日、高江のヘリパッド建設反対行動中の市民にたいし、大阪府警の機動隊員がヘイトスピーチをあびせる事件が発生した。

反対する住民を押さえるため、本土から警視庁、神奈川県警、千葉県警、愛知県警、大阪府警、福岡県警など、数百人ともいわれる機動隊員を派遣していた矢先の出来事だった。

「さわるなコラ！　どこつかんどんじゃ、このボケ！　土人が！」

その現場を撮影した芥川賞作家・目取真俊《めどるましゅん》の動画は、確たる証拠となって全国メディアに大々的に報道された。だが、「不適切な発言」というだけで、明確なヘイトスピーチだと批判する報道は少なかった。

警察庁は事実関係を認めたうえで、「土人」は不適切な発言だったとコメントし、再発防止にむけ、各都道府県警に指示をだした。記者会見で、菅義偉《すがよしひで》官房長官は「不適切な発言」と苦言を呈したものの、米軍ヘリパット基地建設は「法にもとづいて適切に進める」

と語った。

大阪府の松井一郎知事（当時）は、自身のツイッターで、

「ネットでの映像を見ましたが、表現が不適切だとしても、大阪府警の警官が一生懸命命令に従い職務を遂行していたのがわかりました。出張ご苦労様」

と書き込んだ。なんにもわかっていない。

「朝鮮人！」

「シナ人！」

沖縄での米軍基地反対運動をつぶさんと、右翼団体が市民にヘイトスピーチを投げつけるのは日常茶飯事だが、公務員である機動隊員までもが公然とヘイトスピーチをするなど、言語道断だ。

「土人」という言葉が、文明にとり残された「未開で野蛮な異民族」という人種差別的な内容をもっていることは、いうまでもないだろう。

その言葉には、沖縄が歴史的に強いられてきた構造的差別の現実が、きざまれている。

機動隊員が投げつけた「土人」という暴言は、沖縄を植民地にした「本土」側が、沖縄人を「遅れた未開の地域住民」とする差別的目線から発せられたヘイトスピーチなのだ。

ところが、沖縄地方相（当時）の鶴保庸介《つるほようすけ》は、「差別と断定できない」と居直り、訂正や謝罪は不要との答弁書を、安倍内閣は閣議決定した。

MXテレビ『ニュース女子』が流したデマ

私にはもはや、日本政府、国家権力じたいがネトウヨ化しているとしか思えない。

その国家権力をささえる資本家たちも、沖縄の米軍基地反対運動を攻撃するようになる。2017年1月に東京のテレビ局「東京メトロポリタンテレビジョン（TOKYO MX）」の番組「ニュース女子」が、米軍基地建設に反対する市民を、テロリストと呼ぶ事件がおきた。

沖縄で基地建設に反対する市民は金目当てで活動している＝プロ市民で、日当をうけとっているというデマや、逮捕されても生活に支障がない65歳以上のシルバー部隊が中心なそと、嘘デタラメのフェイク番組を、放送したのである。

さらには、米軍基地反対運動の現場に在日コリアンの参加者がいることをおおげさに騒ぐ。

反対運動を本土から支援する「黒幕」などと、番組中に名指しされたのは、在日コリアンの社会活動家、「のりこえねっと」共同代表の辛淑玉（しん・すご）だった。

基地反対運動を在日コリアンが主導し、日本社会の破壊工作をしているというデマ宣伝を流した「ニュース女子」は、現場をきちんと取材することなく、沖縄と在日コリアンへの差別意識に満ちた番組を放送した。

番組の制作プロダクション「DHCシアター」会長の吉田嘉明（DHC会長も兼務）は、DHC公式ホームページに、次のようなメッセージをアップしている。以下、一部を抜粋する。


《本物、偽物、似非ものを語るとき在日の問題は避けて通れません。いわゆる三、四代前までに先祖が日本にやってきた帰化人のことです。…帰化しているのに日本の悪口ばっかり言っていたり、徒党を組んで在日集団を作ろうとしている輩です。いわゆる、似非日本人、なんちゃって日本人です。…芸能界やスポーツ界は在日だらけになっていてもさして問題ではありません。問題は政界、官僚、マスコミ、法曹界です。国民の生活に深刻な影響を与えます。裁判官が在日、被告側も在日の時は、提訴したこちら側が100％の敗訴になります。裁判を始める前から結果がわかっているのです。似非日本人はいりません。

母国に帰っていただきましょう。》

おどろく読者も多いだろうが、この差別排外主義的メッセージをかかげているのは、化粧品・健康サプリメントの製造メーカー、大企業DHCの会長である。ネトウヨの背後には、米軍基地建設を推し進める国家権力と気脈を通じた経営者＝資本家も多い。

「ニュース女子」にたいし、「のりこえねっと」は抗議声明をだし、共同代表の辛淑玉は「放送倫理・番組向上機構（BPO）」の放送人権委員会に申立書を提出。さらにはこの差別扇動放送に怒りを覚えた多くの市民たちが、東京・港区虎ノ門にある東京メトロポリタンテレビジョンの本社前に抗議におしよせた。

2017年12月、BPO放送人権委員会は、ニュース女子の報道が、辛淑玉への名誉毀損であり、人権侵害にあたると認定。人種や民族をとりあつかうさいの配慮も欠いていたと指摘。

東京MX社長は、ニュース女子の報道で、真実性や人種、民族にかんする配慮を欠いた表現があったとして、辛淑玉に謝罪をするにいたった。

「あなたが悪いわけじゃない。よく来てくれた。歴史をきちんと見つめ、韓国と日本は仲良くしよう」

もう一人のおばあさんも笑った。叱られるものと覚悟していた私にとって、おばあさんの返事は想像とはまったくちがった。笑顔で私の手を握ってくれ、肩を優しく抱いてくれたのだった。

一人のおばあさんが、暮らしている部屋を見せてくれた。壁に飾られていた若いころの写真を見て、かけがえのない青春時代を日本軍は奪ったのだと、申し訳なく思った。いとまを告げて帰るとき、おばあさんたちは、入り口まで私を見送ってくれた。

「また来なさいよ」

「サランヘヨ」

ありがたかった。

涙が自然とあふれた。おばあさんたちは日韓友好をおっしゃってくれたのである。

消された13万人――朝鮮人兵士・軍属のゆくえ

ナヌムの家を訪ねたあと、韓国の旧日本軍人軍属の遺族らの団体「アジア太平洋戦争犠牲者韓国遺族会」事務所などを訪問した。

日本政府は、朝鮮を植民地にし、日本人として徴用し、兵士・軍属として戦地に動員した。その数およそ37万人。

ところが、そのうち13万人について、日本政府は1945年1月2日からの動員名簿などの資料がないと居直り、調査していない*。長きにわたり、家族の生死とゆくえを捜し求めてきた遺族たちは、深い悲しみに襲われていた。

おそろしい無責任さである。

私の胸中は穏やかではなかった。既存の右翼は、韓国をつよく批判し、元日本軍慰安婦、旧日本軍人軍属遺族などの被害当事者を激しく攻撃している。

こんな右翼のありかたではダメだ。加害の事実とむき合い、日韓関係改善に遅ればせながらとりくんでいくことを、私は心に誓った。

8月9日、韓国から帰国した私が、元日本軍慰安婦との面会をネットや雑誌記事で発表するや、批判が殺到した。

「嘘つきババアにだまされたか」

「慰安婦はたんなる売春婦だろ」

「韓国から金をもらったのか」

だが、決意は揺らがなかった。2007年から欠かしたことのなかった毎年8月15日の靖国神社への参拝を取り止めることも決心した。

「靖国参拝くらいはすべきだ」

「元慰安婦にそそのかされたな」

「お前は韓国の愛国者か」

と、右翼の先輩方からも批判された。だが、そのたびに私は答えた。

「日本の負の歴史を背負うのが、自分の愛国心です」

2017年6月。傘が吹き飛ぶ暴風雨のなか、私は、厳重な警備体制がしかれた東京・永田町の自由民主党本部に初めて足を踏み入れた。

警備の警察官は顔見知りで、私をみて不思議そうな表情をする。

つい数年前まで、自民党本部前に立ち、拡声器で抗議行動をしていた私を覚えていたのだろう。

だが、今回は抗議ではない。日本が韓国との間で抱える慰安婦問題について、自民党の大物議員と面会し、意見交換をするためである。

宿敵である安倍総理がトップに君臨する自民党本部の一室に案内された。やっとここまできた。政府要人と直接、話しあえる。

だが、これが正しいやりかたなのかはわからない。権力者に利用され取り込まれたのか、私は汚れてしまったのか、迷いはあった。

しかし、なにかを変えるためには、政治力のある人物にうったえることも必要だと思った。

古びた貫禄ある黒い皮のソファーに座る。少し待つと、テレビの画面越しでしかみたことのなかった大物議員があらわれた。重厚な政治家のオーラがビシビシと伝わってくるが、気さくな雰囲気で応対してくれた。多忙ななか、時間を割いてくれ、慰安婦問題についての私の話をしっかりと聞いてくれたのだ。いままで私が嫌悪し、憎んできた権力者のイメージはなかった。

予定していた30分は、あっという間に過ぎた。

「先生、次の会議の時間です」

秘書がうながすが、議員は制止しながらさらに10分ほど延長して、私たちと意見交換をしてくださった。さすがにという表情で秘書が来て、大物議員はうなずいた。

「先生、ありがとうございました。よろしくお願いします」

私は議員にお礼をいい、頭を下げた。

自民党本部の出口で、いつも抗議していた時とは逆の光景が、私の心に突き刺さった。ずっともとめてきた政治を動かす力を、私は得たのだろうか。どこまで日本政府に影響を与えられたかはわからない。しかし、自分としてはやっとここまでできるようになったという感慨が胸中にあった。

私は思う。日本のナショナリストこそ、慰安婦問題にとりくむべきだと。過去の日本の非道を直視し、そこから目をそらさないことも、憂国の流儀ではないだろうか。

＊**朝鮮人軍人軍属の動員について**　日本の植民地とされた朝鮮から、日本軍として徴兵され、軍の労働に動員（徴発）され，アジア各地に連行された朝鮮人は37万人を超える（陸軍・約25万7000人，海軍・約12万人）。そのうち13万人については「名簿がない」「氏名が確認できない」として、日本政府（厚生労働省）は、日本軍が徴用した朝鮮人軍人軍属者を24万人と発表。このことは、「消された13万人の朝鮮人軍人軍属」として批判されてい

る。大原社会問題研究所の竹内康人は、「一人ひとりの生命の軌跡を語るものであり、その生命の尊厳の側から」、この事実を明らかにすべきとのべている。（編集部註）

北朝鮮（朝鮮民主主義人民共和国）訪問

韓国をはじめアジアの国々で、過去に日本がおこなった戦争犯罪は、いまだ精算されていない。

心と身体に深く傷を負い、家族を失い、いまも苦難を背負いながら生きておられる人々がいる。

日本を愛するとは、人間一人ひとりの命と尊厳を、大切にすることだ。

私になにができるだろうか。

手さぐりで懸命にうごくなか、人脈はすこしずつ広がっていった。とくに大切にしたいと感じたのは、いわゆる北朝鮮の大使館的役割を担っている朝鮮総連との交流だった。

１９４５年8月14日、ポツダム宣言を受諾して日本は敗戦、降伏。8月15日、35年間におよぶ日本の植民地支配は崩壊し、その空白に、南からはアメリカが、北からはソ連が入って朝鮮半島を分割した。

1948年8月、朝鮮半島南部は、米国が支援した李承晩《イスンマン》が大統領となり、大韓民国として独立。翌9月、朝鮮半島北部は、ソ連が応援した金日成が首相に就任し、朝鮮民主主義人民共和国となる。米ソ対立を背景に、朝鮮半島が南北に分断された。

そしてついに、1950年6月25日、朝鮮戦争が勃発。戦局は二転三転しながら膠着《こうちゃく》し、53年7月27日、北朝鮮・中国、アメリカの間で、「休戦協定」がむすばれる。

以来、約66年間にわたって、38度線が民族を引き裂いてきた。

日本は、1965年の日韓基本条約で、植民地支配にたいする事実上の謝罪と、賠償として約11億ドルの経済協力を約して、日韓国交樹立を実現した。

だが、もういっぽうの北朝鮮と日本は、いまだに国交がない。

拉致問題 解決の糸口をもとめて

日本と北朝鮮のあいだには、さまざまな事案が存在する。

ひとつは、安倍内閣が最優先課題とする拉致問題だ。

2002年と04年に開かれた日朝首脳会談では、小泉純一郎総理と金正日国防委員長が「日朝平壌宣言」に署名、国交正常化交渉をすすめる合意をした。

日本は過去の植民地支配を謝罪し、北朝鮮は特殊機関の一部が暴走して日本人を拉致した事実を認めた。

日本は、約25万トンの食糧支援と1千万ドル（約11億円）相当の医薬品を供与し、日朝平壌宣言を厳守すれば経済制裁をしないと約束。北朝鮮は、拉致被害者5名を日本に帰国させた。

ところが日本メディアは、拉致の事実をみとめた北朝鮮を連日激しく糾弾し、政府は北朝鮮制裁をつよめ、拉致問題は膠着する。

ようやく2014年、ストックホルムで、北朝鮮が拉致被害者の再調査をすることと、日本が独自制裁の一部を解除する合意（ストックホルム合意）がなされた。しかし、北朝鮮側の調査結果を日本はうけとらず制裁を再開、ふたたび拉致問題は行き詰まった。

けっきょく、5名が帰国してから15年経ったいまも、あらたな帰国者を迎えられていない。拉致被害者とその家族は高齢となり、一刻を争う事態にもかかわらず、である。

日本はアメリカとともに北朝鮮の脅威を煽り、圧力政策をつよめてきたが、私は、日本政府が北朝鮮と真摯に対話しなければ、拉致問題の進展はむずかしいと考えてきた。

その一助になればと、積極的に朝鮮総連関係者の集まりに参加するようになる。

これまでさんざん、朝鮮総連への抗議街宣をしてきた私だが、朝鮮総連関係者は不信感をもたずに受け入れてくれた。日本には厳しい意見をもつ方々ばかりだが、日朝のパイプを作ろうとしている私を、すこしは認めてくれたのだろう。かかわる機会がふえるにつれ、信頼関係も深まっていった。

そんなある日、ラインを通じて私に訪朝の誘いが入った。

2017年5月4日から8日まで北朝鮮を訪問できるという。

「日朝友好促進東京議員連絡会」代表の芦沢《あしざわ》一明《かずあき》渋谷区議、日本敗戦後に旧満州から平壌市に避難し、かの地で亡くなった日本人遺族グループ「平壌・龍山会」の佐藤知也会長らに同行させてもらうことになった。

アメリカのトランプ政権は、北朝鮮に先制攻撃も辞さない強硬姿勢をちらつかせ、朝鮮半島情勢は緊迫していた。自衛隊は安保法制にもとづき、米軍艦艇をまもる訓練を日本近海で実施。日朝関係が悪化するなかで、右翼の私が訪朝するのは危険すぎると、友人たちに忠告された。

テレビをつければ、アメリカと北朝鮮の戦争がいつ勃発するのかといった報道が流れ、映像は、北朝鮮の軍事パレードや、核開発、ミサイル発射を後景に拍手する金正恩委員長

その数日前、私は外務省に新設された北朝鮮外交を専門に扱う「北東アジア第二課」の役職者と、ストックホルム合意の遵守について意見交換をおこなっていた。

「北朝鮮政府は、日本政府が独自の経済制裁によって、合意を一方的に放棄したという見解だ。日本政府は人道的な遺骨問題にとりくみ、重要な政策転換をしたと北朝鮮政府へ示すべきではないか。東アジアの平和が急速にすすむなか、安倍首相は北朝鮮への敵視政策をつづけ、日本は国際社会から孤立し、蚊帳の外だといわれている」

北朝鮮側のメッセージとともに、私は自分の意見を伝えた。

すると、外務省北東アジア第二課の役職者は、私に猛反論し、つよい口調でいった。

「ストックホルム合意は北朝鮮に遵守させなければならないし、日本政府は北京の大使館ルートなど様々な手段を通じてやり取りをおこなっている。日本は国際社会から孤立していない。日米韓でしっかりと連携して、北朝鮮から具体的な行動を引き出していきたい」

話し合いは平行線に終わった。

その後、私が外務省に伝えた通り、北朝鮮の外交幹部が、「ストックホルム合意の無効」を明言したとメディアが報じた。

最終的には有力な政治家が動くしかないが、私はそのチャンネルのひとつとして、役割をはたしたい。北朝鮮と密接にかかわるようになれば、多くの右翼から叩かれ、批判もされるだろう。だが、私は恐れない。どんな汚れた役目だって引きうけてやる。それが私の愛国心だ。

あたらしい右翼の時代　右翼ANTIFA「花瑛塾」の出現

右翼活動にとりくむなかで、尊敬する先輩として、ずっと会いたいと願う人がいた。木川智《きがわさとし》である。

2004年11月1日、大手右翼団体「大行社《たいこうしゃ》」所属の木川智は、ゼネコン大手の大成建設が、拉致問題を無視して北朝鮮のインフラ整備のために現地調査などをしていることに憤り、拳銃をもって本社に乗り込み、発砲して立て籠もった。この事件により、私より少し年上の木川は、懲役5年の実刑判決をうけ、刑務所に長期服役していた。

2009年、木川智が出所した。すぐにでも会いたいと願っていたが、そのころ私が所属していた統一戦線義勇軍は、既存の右翼団体とはほとんど付き合わないスタンスだったので、会いたくても会う機会がない。

しかし、思いがけなく出逢うことができた。

渋谷駅ハチ公前で催された演説会にいくと、そこに木川智がいたのだ。出所したての坊主頭だが、知性あふれる顔にスーツがよく似合っていて、インテリ風の雰囲気をかもしだしていた。

私は木川に会釈して近づいた。

「はじめまして。山口祐二郎です。木川先輩、お疲れさまでした」

「ありがとう」

憧れていた木川智の演説を、初めて聞くことができる。街宣車に木川が上り、マイクを握る。驚いたことに木川は、街宣車の下から見上げている私に、マイク越しで語りかけてきた。

「山口君、俺と君の根本にあるのは日本だ。日本があるから、俺たちは出逢ったんだ」

そして、木川智は演説をはじめた。

若くして愛国の実力行動をおこし、服役した木川は、出所しても意気軒高だった。かれにも家族や生活があるはずだし、苦労しただろうと思う。刑務所でなにを考え、なにを想ったのか、いろいろとあったはずだ。それでも、かれの愛国心は、消え去ることはなかった。

ありがたいことに、この出逢いをきっかけに、右翼の世界では著名な木川智が、私を可愛がってくれ、よく酒を飲みに誘ってくれた。ながらく会いたくても会えないでいた尊敬する先輩と酒を飲む時間は、ほんとうに嬉しいものだった。いろいろと相談にものってもらった。

「木川先輩は在特会について、どう思われていますか?」

それまで楽しく飲んでいた木川智は、一瞬、考え込み、複雑な表情をした。

木川は大組織・大行社の幹部だ。おまけにかれは、北朝鮮の拉致問題がきっかけで、大成建設に実力行使し、服役していたのだ。相談することじたいが野暮だったと気づいた。

「すいません」

「いいんだ、祐二郎。右翼は差別しない存在だと俺は思っているよ」

立場があるので、はっきりと在特会の批判はしなかったが、木川が私の思いをわかってくれているのが伝わってきて嬉しかった。

統一戦線義勇軍を脱退した私は、左翼の活動家とも共闘して在特会に抗議はするし、右翼団体と抗争になることも度々あった。日の丸を掲げてヘイトスピーチをする自称愛国者が、私を攻撃してくる。そんな私とは異なり、かれは順調に大行社で頭角をあらわし、幹部となっていった。

ところが、2016年11月。突如、木川智が大行社を除名された。いずれ大行社のトップになると目されていた木川が除名になるなんて、信じられない。

だが、二度おどろかされた。

すぐにかれは、民族の国際的連帯をめざす愛国団体「花瑛塾《かえいじゆく》」を結成したのだ。

「沖縄の人たちは日本を守るために捨て石になった。沖縄によりそうのが本来の保守であり、右翼だ」

そう宣言した花瑛塾は、副長の仲村之菊《みどり》を中心に「花瑛塾沖縄派遣団」を作り、沖縄東村高江の米軍ヘリパッド建設反対運動を展開するようになる。

隊服、隊帽を被り、「米国の正義を疑え!!」と書かれた上着をまといながら、米軍基地反対運動をおこなう花瑛塾。既存の右翼団体とはまったくかけ離れた、新右翼団体以上のニュースタイルだ。

2017年1月、花瑛塾は、東京メトロポリタンテレビ本社前で、「ニュース女子」(201頁参照)への抗議活動を展開、沖縄への差別とデマに満ちた報道だと糾弾し、ほんとうの右翼は、左翼憎しで米軍基地を容認すべきでない、と断言したのである。

花瑛塾は、連日、首相官邸前に街宣をかけ、沖縄の民意を無視する安倍総理を追及していく。

また、関東大震災朝鮮人虐殺犠牲者慰霊、おなじく関東大震災時に部落出身者を虐殺した「福田村事件」犠牲者の慰霊、さらには、東京都内でトークイベント「やまとぅ問題を斬る！　沖縄への視点／沖縄からの視点」や定期的な勉強会「Kaei Seminar」を開催するなど、多彩な運動を展開する。*

花瑛塾は右翼として、徹底的に排外主義に抵抗する活動をしていく。既存の右翼団体にも影響力をもつ木川率いる花瑛塾の出現によって、愛国運動にあたらしい潮流がうまれた。

＊２０１７年に設立した花瑛塾の精力的な活動は、安田浩一著『「右翼」の戦後史』（講談社現代新書）、『愛国という名の亡国』（河出新書）にもとりあげられている。２０１９年現在、木川智は花瑛塾顧問。仲村之菊が塾長である。

おわりに

ファシズムに覆われる世界に抗して

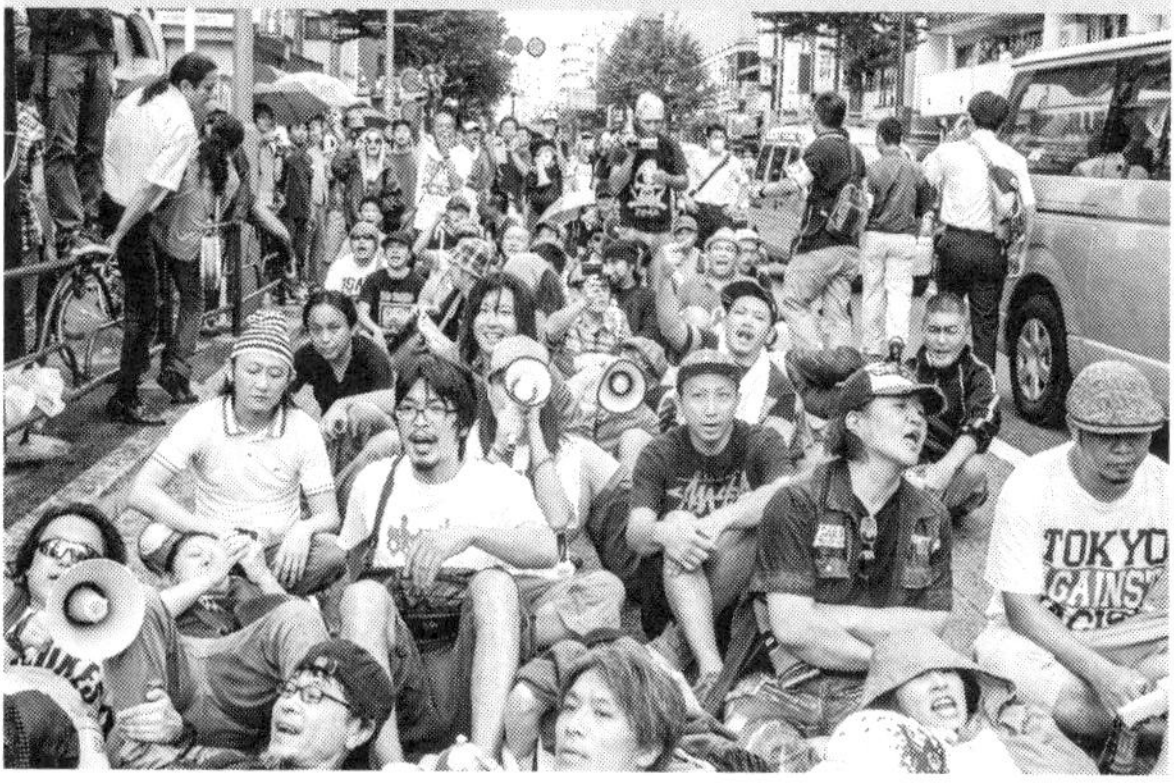

「排外主義者を通すな！」レイシストをしばき隊らのシットイン（新大久保）

新自由主義のグローバル化がすすみ、世界的に格差社会が広がるなか、社会的マイノリティを差別する排外主義が各国で蔓延《まんえん》し、ヘイトクライム（差別的憎悪犯罪）が激発している。

２０１９年３月、ニュージーランド南島クライストチャーチのモスク（イスラム教礼拝所）が襲撃される銃乱射事件がおきた。50人が死亡、11人が重症を負った。

ブレントン・タラント容疑者は、過激な右翼思想に傾倒した白人至上主義の信奉者だった。まぎれもないイスラム教徒へのヘイトクライムである。社会的マイノリティの命を否定する排外主義思想が爆発し、ジェノサイドを巻きおこしたのだ。

8月にはアメリカ各地でヒスパニックなどの移民にたいし、白人至上主義者による銃乱射事件が頻発、多くの人が犠牲になった。

日本社会はどうか。過重労働企業、ニート問題、奨学金破産、詐欺事件多発、薬物汚染拡大、若者の自殺率増加……。２０１９年３月に内閣府が発表した実態調査では、中高年（40歳から64歳）のひきこもりが61万人となり、80代の親が50代の子供を養う構図「８０５０問題」が深刻な社会問題になった。

生きづらく、希望のみえない社会で、攻撃は社会的マイノリティにむかう。在日コリアン、外国人、アイヌ民族、沖縄の人々、障害者、被差別部落、ＬＧＢＴ、生活保護受給者などマイノリティへの排撃がつよまり、ヘイトクライムが引き起こされるのだ。

現在、選挙活動をしながらヘイトスピーチをくり返す日本第一党（旧在特会）を支援するうごきが、既存の右翼団体で活発になっている。排外主義団体とつよい暴力性をもつ右翼団体が結託すれば、社会的マイノリティや反差別カウンター行動をおこなう人々に危険が及ぶ可能性が高くなる。

反差別カウンターメンバーは、選挙中のヘイトスピーチを問題視し、つよく抗議してきた。２０１９年４月、警察庁・田中勝也審議官は、選挙運動に名を借りたヘイトスピーチにたいし、差別発言のなかで虚偽の宣伝などがあれば刑事事件としてとりあげるよう各都道府県警に通知したと、国会であきらかにした。

相模原障害者殺傷事件、鳥取ループ部落地名ウェブサイト事件、大阪府警機動隊員「土人」発言事件、ニュース女子事件、杉田水脈ＬＧＢＴ差別事件など、この数年、あいつい

会のメンバーが、右翼団体に襲われた。ところが、僕らを襲った右翼団体のバックにいるヤクザのトップは、在日の人なんですよ。論理的には、かれらのやったことは、その親分さん（在日）を差別することになるわけでしょう。襲ってきた男たちは何も考えていない反知性主義なのか、カウンターが日本を悪くすると思っているのか、いったい何を守ろうとしているのか。既存右翼には在日の人も多いのに、なぜ、在日コリアンの人々にヘイトスピーチをする連中に、右翼団体がくみするのかということです。

共通の敵は共産主義——戦後日本右翼と韓国のつながり

安田　それ以前に、そもそも右翼は反体制なのか？という疑問が、僕にはあります。戦前の一時期、5・15事件とか血盟団事件をみれば、かれらはより国家主義的な目標を掲げて政府と対峙していたわけです。

ところが、戦後の右翼が反体制だったかといえば、微妙だと僕は思っている。基本的に戦後右翼は、体制の補完勢力として機能してきたのではないでしょうか。政権とつかず離れずの関係でずっとやってきたわけですよね。

話を戻すと、在日コリアンの一部が右翼に流れていったのは不思議でもなんでもありません。「反共」という名目で、当時、韓国や台湾と日本の右翼が強く結びついてきた史料はいくらでも出てきます。日韓友好を謳っていた右翼だっていっぱいいましたから。

韓国の右翼団体は、朴正熙《パクチョンヒ》政権から始まる軍事政権下において、よりアウトロー色をつよめ、民主勢力の弾圧に加担しました。旧日本軍人なども関係していたようです。〝北朝鮮の脅威〟というものが今以上にリアリティをもって語られていた時代です。いっぽう、日本も、学生運動、労働運動をはじめ社会運動が盛り上がる中で、それを共産主義勢力と見なす側からすると、「共産主義こそが最大の敵」「日韓共通の敵」ということにもなる。「共産革命を阻止する」という名目のもと、韓国との交流はすごく盛んで、日本の右翼が韓国で武装訓練するなど、日韓の右翼は、たがいに深くつながっていました。

あるとき僕は、現代右翼の指導者的立場にある三澤浩一さんに聞いたんですよ。

「日本の右翼は韓国とすごく仲良かったじゃないですか。なぜ今、韓国を攻撃するんですか」

「昔は日本の右翼と韓国は、人的交流含めて強い絆があったし、右翼に在日韓国人も多かった。それは『反共』という共通の目的があったからだ」

「じゃあ、なんでいま、交流がないんですか」

「韓国が軍事政権から文民政権に変わって、交流していたパートナーが消えてしまったからだ」

つまり、それまで日本の右翼とつながっていたのは、韓国の保守勢力＝軍幹部（および情報筋）だった。韓国上層部とつながっていたわけで、草の根レベルでの韓国民衆とのつながりはなかった。だから、韓国上層部が入れ替われば、韓国とのつながりが途絶えてしまう。そうしたなかで、嫌韓の波にもまれていくのは時間の問題だったのかな、と三澤さんはおっしゃっているわけです。

山口　つまり、在日コリアンが右翼団体に所属するというのは、「反共」という回路のなかにおいてはまったく不思議じゃなかった。いっぽうで不良少年や暴走族、アウトローの受け皿として、右翼団体が機能していた部分もありましたね。

安田　在日コリアンにむけて激しい差別が存在した時代です。外国籍というだけで就職やアパートの入居さえ制限されました。一部には貧困の問題もあった。機会平等にはほど遠かった。そうしたなかにおいて、社会から弾かれてしまった在日コリアンを受け入れていた右翼も存在しました。

じっさい、「防共挺身隊《ていしん》」という右翼団体には、外国籍の人を中心とする部隊まであった。そこにはおもに在日コリアンの人たちが入っていました。日本名（通名）を名乗っている在日の人が右翼団体に入っている例は、いまも少なくはないでしょう。

なぜネトウヨに乗っかるのか？

安田　沖縄に「日思会《にっしかい》」（日本民族思想普及会）という右翼団体があって、辺野古基地建設反対運動をしている人たちに、「お前ら韓国人だろう、出ていけ！」などと言っています。ところが、この日思会を創設したのは、町井久之なんです。

山口　東声会を起ち上げた人ですね。『猛牛（ファンソ）と呼ばれた男』で有名ですが、町井さんは在日韓国人であることを隠していませんでした。

安田　彼は沖縄で東声会の沖縄支部を作ろうと言って、不良たちを集めて日思会の母体を起ち上げた。その日思会がいま、在日コリアンに対するヘイトスピーチをやっている。

山口　町井さんが生きていたらどう思うんでしょうね。大手の右翼団体で在日の人が幹部になっていることもありますね。たしかに歴史的な流れからみれば、在日の人が右翼団体に多く参加していることは事実で、そこに矛盾はありません。ところが今、既存右翼とネトウヨの境がなくなりつつあることが疑問なんです。ただ……

安田　そう、そこなんですよ。在日コリアンを差別し、今この状況で朝鮮半島を敵視して、戦争をしかけることに賛成するという在特会の攻撃に、右翼がなぜ乗っかることができるのか。しかし、竹島の問題、従軍慰安婦の問題、そして拉致問題にかんしては、右翼の人たちは韓国・朝鮮側に非があると訴えている。

結局、そこがいまの右翼の〝核心〟でもあるのでしょう。というか、存在意義になってしまっている。その部分に疑問をもってしまったら、自我が崩壊してしまうのでしょうね。

山口　そうですね。僕も統一戦線義勇軍にいたときは、まさに竹島・従軍慰安婦・戦争責任はない、すべては歴史のねつ造だと教わってきました。

安田　いまはどう思われているんです？

山口　真逆だったと思っています。日本に戦争責任はあるし、従軍慰安婦問題にかんしては深いお詫びをして、生きている方々が少しでも心が癒されるよう、もちろん金銭面でも、日本がしなければならないと思っています。竹島については、1965年の日韓国交正常化交渉に動いた右翼の大物である児玉誉士夫らが「とりあえず棚上げにしよう」とした。右翼の方が、むしろ曖昧にしてきたという印象がありますね。もちろん、そこにはアメリカの意向もあったんでしょうけど。

安田　大日本愛国党の赤尾敏さんは「竹島なんか爆破してしまえばいい、これがあるから日韓国交がうまくいかないんだ」なんて言っていたわけですよ（笑）。つまり竹島なんかちっちゃい問題だと。日韓が共闘して闘わないといけないのは、共産主義の脅威であり、ソ連なんだと、赤尾さんは言っていました。

親米右翼の「トランプ大統領、熱烈歓迎」

安田　2019年5月にトランプ大統領が来日して、両国国技館に来ましたよね。その日、国技館にむかった山口さんは警察に止められちゃったんだけど、このとき、国技館の裏で愛国党はアメリカの国歌・星条旗を流していました（笑）。

山口「ウエルカム！　トゥージャパン！」と書いた横断幕も掲げていました。鈴木邦男先生から聞いたのですが、赤尾さんは「共産主義の脅威があるから、とりあえず反共で手を組むために親米を掲げている」と語ったそうです。

安田　じっさいの赤尾さんは、西洋のものが大嫌いです。ビートルズが来日したときは「反ビートルズ街宣」をしてたくらいで。それでも星条旗を街宣車に掲げていたのは、今はアメリカを利用するしかないと考えていたから。ところが今の右翼は、反共産主義のための利用ではなく、たんなるアメリカの飼い犬のようにふるまっている。

山口　いまの愛国党が何を考えているのかさっぱりわかりませんし、反共産主義というロジックはもはや成り立たないでしょう。何より僕が危機感をもっているのは、それなりに力がある既存右翼がネトウヨとくっついて、ヘイトスピーチに加担していることなんです。

安田　右翼とネトウヨの温度差をはじめて体感したのは、2011年のお台場のフジテレビデモ。そこに、黒塗りの右翼の街宣車がやって来てフジテレビ批判をはじめたんです。ところが、なぜか、五千人の嫌韓デモ参加者が「帰れ」コールを始めた。「帰れ！帰れ！」と、ものすごいコールでした。ほうほうの体で逃げて行った右翼のことを、フジテレビの嫌韓デモ隊は「あれは暴力団であって、反日であって、朝鮮人だ」というんです。街宣右翼＝在日というのが流布していたころで、フジテレビデモに集まっていた人たちは、自分たちは普段着で活動できるカジュアルな右翼であり、街宣右翼は汚い言葉を使う日本を貶める反日なんだ、というわけです。

野村秋介の思想

安田　右翼が自民党に本気で歯向かったことはほとんどないはずです。長きにわたって「赤化防止」の共闘相手だった。

1960年のアイク（アイゼンハワー米大統領）訪日のさいには、全国の博徒《ばくと》4万人が集まって、全学連の抗議行動を阻止しようとしました。しかし、6月15日に樺美智子《かんば》さんが亡くなって、ここで下手すれば革命になるかもしれないと考えて中止させた。やっぱり僕は、日本の戦後右翼は体制の補完者であり、本当の意味で反体制としてあったことは一度もないと思いますね。そうしたなかで、新右翼と呼ばれる人たちが登場してきたのは、非常に興味深いことでした。

山口さんが所属していた統一戦線義勇軍が池子《いけご》の米軍住宅に突入したり、「在日米軍は出て行け」と明確に言ったのは、新しい右翼の風だと思いました。鈴木邦男さん、木村さん、針谷さんがずっと活動しておられるわけです。ただ、右翼の前線としての活動の立ち位置から、ヘイトスピーチはダメだと、差別はノーだと声を上げたのは、山口さんが初めてじゃないかと思う。体制にとっても、右翼にとっても腹立たしい人が、山口さんなんだ。

山口　野村秋介先生の思想を受け継いでいたら、反差別カウンターに行きますよね。

安田　右翼人で野村秋介さんを尊敬していないという人に僕は会ったことがない。ただ、それは差別の理不尽さを皮膚感覚でもっていた野村さんを尊敬するというより、ある意味

鮮総連本部をさら地にする会』という名称のネトウヨ集団が、東京朝高（東京朝鮮中高級学校）の生徒たちが乗り降りする最寄りの十条駅で、ヘイト街宣をしています。

安田　その「さら地会」のメンバーである佐藤悟志という人物は、『九月、東京の路上で』を書いた加藤直樹さんと一緒に、「反天皇制全国個人共闘・秋の嵐」のメンバーとして活動していたこともあります。

編集部　なにがかれらをそういう風にさせていったんでしょうか？『ネット右翼とは何か』（青弓社）という本では、医療技術系だとかＩＴ系の、かなり偏差値の高い人たちがネトウヨになっていると分析していましたが。

安田　『ネット右翼とは何か』で分析していたのは、ネット上でレイシズム言説をふりまいている人たちであって、おそらく街頭にでている人たちとは直接結びつかないんじゃないかな。山口さんのように、日々、路上で身体をはってレイシストに対峙し、差別に抗議している側から見れば、かれらの成育歴や学歴、個人的事情なんて、どうでもいいわけですよ。

山口　教育力があろうが、偏差値が高かろうが、ダメな奴はダメですよ。なぜネトウヨに行くのかということに話しを戻すと、既存右翼は行き詰っている。自分の居場所をもとめるなかで、ネトウヨに可能性を感じて近づいていった既存右翼を、僕は見てきました。じっさいに、その人たちが、ネトウヨから頼りにされ、力を発揮しているところがあるわけです。

安田　全愛会議の桂田さんは「教官、教官」と敬われて、気持ちよかったかもしれないですね。最初ネトウヨは、そもそもデモの申請の仕方も知らないわけです。隊列をどう組んだらいいのかもわからない。そのなかで桂田さんみたいな人がいると、ササっと整うわけです。それはやっぱり一目おかれますよね。8月6日に広島に行くと、そこに桜井誠がいるわけですが、僕が彼に近づこうとすると、隊服を着た右翼が「あっちへ行って」と排除しに来る。つまり、桜井のボディガード的なことをしているわけです。

自民党じたいが極右政党化

安田　僕はよく「日本第一党が議席を得るかもしれない状況に危機感をもつがどう思うか」と尋ねられるんです。僕は「その危機感は共有します。今の日本の空気の一部を代弁しているとは思います」と答えるけれども、山口さんが、既存右翼がネトウヨにすり寄っているといったように、自民党もネトウヨにすり寄っている。自民党がネトウヨを取り込んでいるわけです。今の自民党内に、日本第一党と変わらない差別・排外主義者はいっぱいいるでしょう?　つまり、自民党はネトウヨというマーケットを掘り起こして、カバーしているわけです。

ドイツやフランス、イタリアでも極右政党が出てきていますけれども、僕は、日本には極右政党は必要ないように感じている。なぜなら、すでに自民党が極右政党の役割をはたしていますから。

選挙戦の最終日、マイク納めは、昔だったら新宿とかだったけれども、今は秋葉原じゃないですか。秋葉原では日の丸の小旗が全員に渡され、安倍が登場すれば日の丸が打ち振られて熱狂する。この風景をみると、もう充分に最大の極右勢力ですよ。

山口　在特会とかもいっぱい来てますからね。ネットでも若い人を登場させて語らせたりしていますから。

安田　ＴＯＫＩＯと飯食ったり、吉本劇場に行って芸人さんと一緒の写真をアップしたりね。

お前の敵は俺たちだ！　レイシストvs.反差別カウンター

安田　それまでの反差別社会運動というと、当事者が苦痛と怒りの声をあげることによって、それを周囲の人間が代弁する形で運動していくといった形だったと思いますけれど、カウンターが初めて、その形を変えたんじゃないですか。

山口　野間易通さんが「しばき隊」でやろうとしたのは、「レイシストvs.在日」ではなくて、「レイシストvs.カウンター」の形を作ろうとしたことですよね。レイシストたちに「お前の敵は俺たちなんだから」と言ったわけです。

安田　山口さんはレイシストに「お前ら右翼じゃないだろ」「お前らが右翼を名乗るんならおれは右翼やめるからな」と怒鳴っている（笑）。レイシストらに対峙するカウンターの力というのは、マイノリティ当事者に任せない、差別を絶対許さない。もうひとつは、差別に苦しむ人間がいるから（可哀そうだ、守ってあげるべきだ）というのではなくて、「そんなものを許していたら社会全体がぶっ壊れていくだろ、そんなことがあってたまるかよ」というのが、カウンターをささえる大きな力になっていったんじゃないかなと思います。

編集部　命を賭して運動をやっていくんですか？

山口　反差別カウンターを続けていくというのは、実生活上でも気持ちの上でも、きついところはあります。カウンターに参加して、人生ボロボロになっていく人を、僕は何人もみている。それは気持ちの面でも、生活面でも、リスクがあります。逮捕されて失業した人、逮捕までされなくても、顔写真を撮られてさらされて、家も特定されて、個人攻撃される人もいる。気持ちの面で言うと、本当に怒ってカウンターするわけですから、どうしても気持ちが荒れてしまう。

安田　前面に出ればそれだけ、ネットで個人情報を晒《さら》されることもありますよね。ある程度の覚悟は問われる。それはネトウヨにとっても、あるいはカウンターにとっても、リスクとなることがありますね。

山口　著名人であれば講演を拒否されたり、大手企業に勤めている人で、反差別カウンターをしていてネットに晒され攻撃されて、休職に追い込まれそうになった人もいます。

安田　アメリカの企業社会だったらあり得ないでしょう？　差別主義者がそれを広告しながら企業に入れるケースは少ない。差別主義者だとバレた瞬間に「人種差別主義者はうちは要らないから」って会社をクビになることが多いはずです。アメリカが全部いいかどうかは別にして、そういった社会的合意があるわけですよ。日本の民間企業の場合は、レイシストを飼っていますから。公的機関の世田谷年金事務所だって、差別投稿をくり返した職員を降格にしただけでしょう。

差別の現場での直接抗議とヘイトスピーチ禁止条例の全国化を

男組（写真前列中央・高橋直輝、右隣が山口祐二郎）

山口　ヘイトスピーチ解消法ですが、いまはまだ、罰則規定も救済規定もありません。ヘイトスピーチの被害をうけるとされる対象者は「本邦外出身者」のみです。つまり、アイヌ民族や沖縄の人々、被差別部落出身者などは対象外です。そこをなんとかしないと。東京都の場合はオリンピックに向けて条例ができて2019年4月から施行されています。

安田　暴対法方式。川崎市で議論されているヘイトスピーチ根絶条例は、罰則規定が盛り込まれることになりそうです。ヘイトスピーチ解消法に戻って言えば、抑止効果は薄いんだけど、ヘイトスピーチがよくないものだという前提にはなったと思う。

香川県の観音寺市ではヘイトスピーチをしたものは過料5万円という罰則規定が付きました。全国の都道府県で、罰則付きのヘイトスピーチ規制条例が拡がっていけばいい。

山口　法律ができれば今の日本の排外主義的状況がガラッと変わるわけではもちろんありません。現場で差別に直接抗議していくことだけでなく、罰則規定を盛り込んだヘイトスピーチ禁止条例を拡げていくことが、ヘイトスピーチがよくないことだという認識を社会に浸透させていく一つの有効な手段であることは、まちがいないと思います。

［対談］

小林健治×山口祐二郎──人権の根幹には差別糾弾がある！

小林健治（こばやし　けんじ）

1950年、岡山市生まれ。にんげん出版代表。『部落解放同盟「糾弾」史──メディアと差別表現』（ちくま新書）『最新　差別語・不快語』『橋下徹現象と部落差別』（宮崎学との共著）など。部落差別問題、差別表現とヘイトスピーチ糾弾にとりくむ。

ネット空間から路上へ

山口　在特会は、結成から数年後に、ネット空間から路上のリアル空間にでてきて、差別的な煽動（ヘイトスピーチ）をおこなうようになります。かれらがネット空間で蠢《うごめ》いていたころから、野間易通さんは、在特会に反対する人たちのソーシャル・ネットワーキング・サービス（ＳＮＳ）のミクシィでの書き込みをウォッチングしていましたし、ミクシィで差別に反対する書き込みを僕がしていたことも知っていたと思います

抗議もしにくいですよね。いまでいうとゴミ屋敷の住民で騒音を出して、近隣に迷惑をかけているような人です。

9月、新大久保の路上で

小林　初めて新大久保でのカウンターに参加したのは２０１３年でした。在特会らのヘイトデモをみて驚きました。「なんじゃ、これは!!」と。

山口　9月8日の新大久保ヘイトデモですね。あの日はものすごい人数のカウンターが集まっていました。僕らとしては、何が何でも在特会のデモ出発を止めたくて、差別・排外主義者を公園から出させないという思いで行動していました（本書84頁）。

ところで、小林さんが「なんじゃこれは!!」と感じたというのは、どういう意味ですか？

小林　まず、ひとつめは、在特会みたいなカルト差別集団をリアル世界に生み出してしまった責任の一端は、わしらにあるんじゃないかということ。かつての部落解放運動ならば、目の前に在特会みたいな奴が「韓国人、死ね、殺せ」なんてひとこと言おうものなら、身体を張って実力で止めさせるでしょう？　ところが、２０００年代以降の解放同盟は、直接の抗議・糾弾を避ける運動形態になってきていた。加えて、「すべての人に人権はある、相手の意見も尊重しますよ」「相手の言い分も聞きましょう、紳士的に」という話になる。

はっきりいって、差別糾弾を生命線とする解放運動思想の劣化です。そこから運動は衰退していくわけです。在特会の言い分を聞く必要がありますか？って話です。

人権問題の核心には差別問題がある

山口　以前、小林さんは、「２０１６年４月の男組再結成集会でメンバーの発言を聞いていたけど、『反差別』とはいっても『人権』という言葉は誰も使ってない。感動した」とおっしゃっていましたね。小林さんにいわれて初めて、「そうか」と気づきました。たしかに僕らはふだん、「人権」という言葉は使ってないですね。

小林　私は人権の概念そのものに反対しているわけじゃないですよ。１９４８年に国連が採択した「世界人権宣言」の「人権」には、人種差別、民族差別、女性差別などあらゆる差別に反対するという思想が、明確に盛り込まれていた。その理念を具体化するものとして「人種差別撤廃条約」や「女性差別撤廃条約」「障害者の権利宣言」「国際人権規約」「子どもの権利条約」などが提起されていくわけです。

ところが、ひとことでいうと、日本に入ってきた「人権」概念には「差別」がぬけていたといっていい。「世界人権宣言」は、本当は「世界反差別人権宣言」なんです。しかし、日本国内で流布するようになった「人権」には「差別」がすっぽりぬけ落ちていたわけです。「人権」をどう解釈するかについては、世界史的にみても深い議論があります。

ところが日本では、「人権」が実際のところどう機能しているかといえば、荒っぽい言い方をすると、差別問題がぬけて、道徳や倫理の話になっているんです。

1970年代の日本の左翼は「人権」という言葉をつかわなかった。「人権」はヒューマニズムであって、階級対立や現実にある差別をあいまいにしてしまうものだと考えていたからね。部落解放運動の関係者のなかにも、「人権はアムネスティ・インターナショナルに任せておけばいい」という人もいたくらいだから。

編集部　日本でいわれている「人権」には「差別」が消えている。だから、「人権」を言挙げすることによって、かえって差別があいまいにされるわけですか？

小林　そうです。日本では「人権」の概念をきちんと消化しないままに「人権」がつかわれだしたと私は思っています。１９７０年代後半、解放同盟は全力で「国際人権規約」批准闘争をはじめた。「国際人権規約」の内容自体はすばらしいものですが、その当時から、ある違和感を感じてはいた。ただ、その違和感とはなんぞや?ということまでは、詰め切れていなかったんです。

部落解放運動のなかで「人権」がもちいられるようになって、変化したことの一つは、同和教育が人権教育と名称が変わり、同和教育の核心部分である部落差別がしだいに薄められていきました。いまや人権教育すら、道徳教育にすり替えられている。

つまり、差別問題が、ヒューマニズム、心がけや思いやりにすり替えられていったわけです。

山口　すべての人間ひとりひとりの尊厳が守られるべき、というのが「人権」だと思いますが、たしかに「他者の人権も尊重しよう」というのは、よく言われますね。

小林　人権は、啓発的に「差別はいけません」「すべての人の人権を守りましょう」だけど、反差別には糾弾があるわけです。つまり、人権問題の根底には、差別糾弾闘争があるということです。

編集部　「人権」という言葉は「反差別」とくらべてあたりがソフトだな、使いやすいなと感じていましたが、糾弾が抜けているとすれば、それはソフトですね。

どっちもどっち論の背景

小林　さっき私は、日本で機能している人権の中身は、「ヒューマニズム」「思いやり」であって、階級対立や現実にある差別をあいまいにするといいましたが、その先に、ネトウヨvs.反差別カウンターにたいする「どっちもどっち論」がでてくるわけですよ。

山口　「ネトウヨにカウンターしている人も汚い言葉を使ってますよね」とか「下品だ」とか。僕なんかにたいしては「右翼の品格じゃない」とか、よく言われましたね。

小林　そう言う人は、ネトウヨと反差別カウンターの思想的内容（人間の尊厳にかかわる絶対的価値観）の区別ができていないわけです。「1＋1＝3」と思いこんでいる反知性主義者に、「1＋1＝2」ですよと、いくらいってもダメでしょう。カウンターが罵倒するのは、公然と差別・排外主義を煽動するかれらを萎《な》えさせるためであって……

山口　だから物理的に止めるしかない。

小林　本来、人権問題の根幹には差別問題がある。しかし、それがぬけてしまうと、アウンサンスーチーみたいになってしまいます。

山口　イスラム系少数民族ロヒンギャの人とかかわって感じたのですが、かれらは、ミャンマー国家の最高顧問になったアウンサンスーチーに、心から期待していたんです。ところが、スーチーはミャンマー軍のロヒンギャ迫害を黙認した。大勢のロヒンギャが差別・迫害をうけ、市民権どころか、命を奪われ、70万人もミャンマーから国外に逃れている現状です。ロヒンギャの友人はものすごく残念だといっていました。結局、アムネスティは、スーチーに授与した人権賞を撤回しました。

アリさんマークの引越社差別事件

小林　日本で使われている「人権」から「差別」がぬけているというのは、ヘイトに抗議するカウンターを見て、「なんじゃ、これは!?」と、私が思ったことの二つめとつながるのです。

ヘイトデモ隊に身体をはって抗議する人たちはどういう人たちなのか？と思って、それから私は、銀座、川崎のカウンターの現場に行った。そこには私の見知っている顔はなかった。なぜ、旧知の活動家が、このカウンターに参加していないのだろうか？と疑問に思ったわけです。

山口　なぜなんですか？

小林　解放同盟の地方組織には、果敢にヘイトスピーチにカウンターしている仲間や、直接ヘイトデモ隊に抗議の声をあげている活動家もいます。が、解放運動全体として組織をあげて、現場に行って差別・排外主義者と対峙することはしていません。

象徴的だったのは、「アリさんマークの引越社」の差別事件のときの対応でした。

山口　アリさんマークの引越社は、「北朝鮮人は帰れ」「三国人→朝鮮人や韓国人」「ヨツ、部落」「てんかん」「外国人」「障害者」などを採用しないよう〝指導〟していましたね。日本橋のアリさんマークの引越社前には、プレカリアートユニオンや反差別カウンターのメンバーが集結して、何度も抗議しました。

小林　これはひどい差別事件です。ところが解放同盟は、アリさんマークの引越社に直接抗議はしていません。労働基準監督署に行政指導を要請するようにと各地方組織に指示をだして終わっています。

私も日本橋に抗議に行きましたが、アリさんマークの引越社の幹部はチンピラもどきの暴力をふるう差別者です。退職に追い込まれようとした社員や、それを守ろうとしたプレカリアートユニオンは、現場でも、都労委でも東京地裁でも、果敢に闘っていました。そこに私の知っている解放運動の活動家の顔が見えない。

ユーチューブに自分の部落差別講演をアップした長谷川豊は、いま居直っているでしょう？

山口　ええ。なぜですか。

小林　長谷川豊にたいする糾弾をしていないからです。たしかに長谷川の発言への抗議文はだされたけれど、それは日本維新の会宛だったでしょう？　長谷川がおこなった部落差別煽動にたいしては、まず直接、本人に抗議すべきです。維新への抗議の結果として、長谷川の公認が取り消されたとしても、それは副次的であって、本筋の糾弾目的ではない。

この間の事態をみていると、解放同盟は、直接的な抗議はしないで、行政官庁などを通じて、間接的にやらせるようになっています。差別した相手に、まず直接、抗議することが先決です。ヘイトデモ隊にカウンターが直接抗議しているようにね。

行政官庁にやらせるというのは、言ってみれば、ヘイトデモに抗議せず、「在特会をなんとかしてくれ」とカウンターが法務局にお願いに行くようなものですよ。（＊付記　その後解放同盟は長谷川豊に直接抗議したとのことだが、なぜか糾弾の公開の原則を無視し、非公開でおこなったという。しかも長谷川にやりこめられたと聞いた。なんとも情けない。）

の右翼思想家と交流をもっていたわけだから。尊王攘夷の「攘夷」の対象は、欧米の白人帝国主義者だったわけだよね。しかしそれが、日本が帝国主義化するにつれて、朝鮮・中国などおなじアジアの国々を蔑視するようになった。中国を「シナ」と呼ぶようになったのもそのころから。強い者が生き残り、劣った者は駆逐《くちく》されるという優生思想も、日本の帝国主義化とともに拡がっていった。

社会への憤懣をマイノリティに向ける人びと

編集部　山口さんにとって愛国とは、なんですか?

山口　人間どうしのつながりを大切にするということですね。愛国というより愛郷心といってもいいかもしれません。いまの社会では、人と人との関係が断ち切られて、みんな孤立させられています。

多くの方が犠牲になった京都アニメの放火殺人は、まだ事件の背景は解明されてはいませんが、容疑者は孤立感をつよく抱いていて、社会から拒絶されているという感覚をもっていたのかもしれません。生き苦しい社会、人とつながりをもてない社会への憤懣《ふんまん》が、無差別殺人にむかわせたとすれば、僕はそこに、在特会に参加している人たちと共通するものを感じるんです。在特会に接して感じるのは、抑圧する社会に対する怒りを、マイノリティへむけていることです。

僕自身も、孤独感をつよくもっていました。社会にでて政治活動をしていなかったら、どうなっていただろうと思うときはあります。

在特会に入った人に話を聞くと、「友達がいなかった自分が在特会に入って、友達ができて、活動のあと飲み会があって、生きている実感をもてた」というんです。出会いを求めてネトウヨになったという人はいますよ。

小林　疑似家族的な感情だろうね。宮崎学さんはヤクザの組長のボンだけど、17、18歳で寺村組に入ってくる若い衆をたくさん見てきた。毎日、一緒にご飯を食べ、家族のように生活する。パシリでもその少年にとっては生きている実感があるわけですよ。

山口　そうですね。自分の居場所を見つけるという意味で似ています。ヘイトを叫んで目立つほど評価され、受け入れられる。そんな在特会も人数が減って、いつも街宣にでてくるのは決まったメンバーばかりです。差別カルトですから、いま残っている連中の説得はもう無理でしょう。

左翼はどうしているのか

小林　2019年5月にトランプが訪日したとき、トランプ訪日反対をかかげてデモした左翼はほとんどいなかったでしょう。

山口　うち（憂国我道会）と花瑛塾くらいですよ、トランプ訪日に反対して行動していたのは。今回、なにか行動をおこそうとした右翼や左翼はいなかったのではないですか？

小林　安保法制反対、反原発のときはデモをしていたけれど、それ以外ではあまり動いていないね。労働組合もストライキしたら捕まるし、解放同盟も糾弾を放棄し、左翼も抗議行動をしない。ヤクザも含めて、社会的な力がはぎ取られ、抑え込まれてしまった。そしていま、国家が暴力を集中管理している。これは恐ろしい。

山口　たしかに、いまの状況は危ないですね。旧来の左翼組織や団体が社会的パワーをもてなくなっていますし、右翼も、野村秋介先生のようにマイノリティに寄り添うことを宣言するシンボリックな存在は少ない。そのなかで心強いのは、杉田水脈のＬＧＢＴ差別への抗議もそうでしたが、差別・排外主義への抗議行動には、一人ひとりが、個人として、思いをもって、カウンターに来ているということです。みずからの意思で主体的に動いているという状況が生まれていることを、僕は頼もしく思っています。

著者紹介／山口祐二郎（やまぐち　ゆうじろう）
1985年生まれ。群馬県出身。新右翼団体「統一戦線義勇軍」元幹部。現在、右翼と左翼の混合集団「全日本憂国者連合会議」議長、「憂国我道会」会長。フリーライターとしても活動。「在特会壊滅への道」で第26回「週刊金曜日ルポルタージュ大賞」佳作入賞。著書に『ハイリスク・ノーリターン』（第三書館）、『奴らを通すな！』（ころから）、共著に『天皇制と共和制の狭間で』（第三書館）等がある。

モナド新書 012

ネット右翼vs.反差別カウンター
——愛国とは日本の負の歴史を背負うことだ！

2019年12月10日　初版第一刷発行

著　者　山口祐二郎
発　行　株式会社にんげん出版
〒101-0051
東京都千代田区神田神保町2-12　綿徳ビル201
Tel 03-3222-2655　Fax 03-3222-2078
http://ningenshuppan.com/

装丁・本文組版　板谷成雄
印刷・製本　中央精版印刷㈱

©Yujiro Yamaguchi 2019　Printed In Japan
ISBN 978-4-931344-49-5　C0236

本書の無断複写・複製・転載を禁じます。
落丁・乱丁本はお取替えいたします。
価格はカバーに表示してあります。

モナド新書の刊行に際して

「なぜ私はここにいるのか?」自分にそう問いかけて、たしかな答えを返せる人はいないだろう。人は誰しも生まれ落ちる時と場所を選べず、そのときどきの選択とあまたの偶然に導かれて今ここに至っているにすぎないからだ。つまり私たちは必然的な存在ではない。にもかかわらず、こうなるしかなかったという意味で、私は世界で唯一の存在である。

そのようにして在るかけがえのない〈私〉は、ライプニッツのいうモナドとしてとらえることができよう。ところがモナドには窓がないという。そのため、たがいの魂を直接ふれあわせることはできず、それぞれが孤立したまま活動を続けていくしかないのだと、ライプニッツはわれわれを突き放す。それでもモナドは自らの経験を捉えなおそうとして言葉を表出する。言葉は頭の中にものを考えるリズム感覚と広い空間を作り出し、モナドはたがいが表出した言葉を介して交流してゆく。

ここにモナド新書として刊行される書物たちもまた、孤独な歩みのうちに自らを鍛え、掘り下げられた言葉によって人々につながろうと意欲するものである。ただし、つながることイコール融和ではない。対立や矛盾を包み込むのではなく、読者を個別に状況に突き返し、そこでの闘いを励ますためにこそモナド新書は編まれる。

はじめに——平穏死は自然の摂理

私たちは、今、これまでに経験したこともない事態に直面しています。病院でしか出合うことのない、いわば隠された出来事であった死。私たちは長らく、死を視界から遠ざけ、語ることを避けてきました。しかし、寿命が伸び、老弱な高齢者が急増した今、もはや死を病院にひっそりと押し込めておくことができなくなりました。

病院の救急外来には次々と高齢者が運び込まれ、関わる医療職の多くが、これからこの患者におこなおうとする医療行為の意味を疑いはじめています。搬送に当たる救急隊員も、はたしてこれはこの人のためになるのかと疑い、仕事のやりがいが揺らぐのを覚えます。

これまで死を先延ばしすることしか考えていなかった医療の現場が矛盾《むじゅん》を抱えています。老衰《ろうすい》の終点で、「治《なお》そう」として行き詰まっているのです。

若くて社会を背負っている人が病《やまい》に倒れるのであれば、積極的な医療も必要でしょう。そのために病院はあるのです。しかし、高齢となり、さらに認知症がいよいよ進行して寝たきりになった人びとに対して、成人におこなうのと同じ治療が必要でしょうか。

老衰で口から食べられなくなった方に胃ろう（37ページ参照）をつくったり、その他の積極的な医療行為で延命を図ろうとすることは、考えようによっては、何もしないことへの後ろめたさから逃れる行為と言えないでしょうか。

医療はたしかに飛躍的な進歩を遂げました。しかし、どんな病も治せるわけではありません。治せない場合も多くあります。ましてや、老いて、衰《おとろ》えて、やがて死が訪れるのは自然のことわりです。

終点に行き着いた生命を、所詮《しょせん》人間が発展させたにすぎない医学で前に戻すことはできません。老衰も死も自然の摂理《せつり》であり、人間の力で止めることはできません。治すことだけを医療の使命と考えていたのでは、行き詰まって当然です。

終末期医療、今の言葉に改めれば、人生の最終段階における医療のあり方については、これまでもさまざまな議論が重ねられ、その方向性は示されつつあります。しかし、国民はいまだ立ちすくんでいます。我が身に迫る各論となると、誰もが躊躇《ちゅうちょ》するのです。そして、躊躇するうちに介護地獄に足をすくわれ、目の前の事態にあたふたとうろたえ、悔《く》いを残して終わりを迎えてしまいます。

つれあいを長年自宅で介護したご主人が、「医療で死を先延ばしすることだけが愛情か。自然に任《まか》せて静かに逝《い》くのを見送るのも立派な愛情ではないか」と言い放ちました。その言葉に、特別養護老人ホーム（特養）をあずかる私たちは介護の究極のあり方を教えられました。

これをきっかけにして、自然に任せたその先には「平穏死《へいおんし》」があることを知り、特養での看取《みと》りを経験させていただくようになったのです。医療に頼らず、ご家族に見守られながら自然で穏《おだ》やかな最期《さいご》を迎えることこそ、老衰終末の本来のあり方ではないかと、私は確信するようになりました。

老いに続く死は、私たちの生の一部、いわば日常の出来事なのです。老衰の果ての最期にかぎって言えば、病院へ送って余計な延命治療で苦しませずに看取るほうが、人間らしい最期になるだろうと思います。たとえ看取りの経験がなくとも、その死に教え導いてもらいながら誰もが看取ることができるはずです。

ただ、そうは言っても、血を分けた家族との別れは、それが住み慣れた家や施設であっても、家族にとっては耐え難いことです。老老介護によって介護難民となり、そこに行き着くまでに共倒れになってしまうことも稀《まれ》ではありません。医療保険・介護保険による支援は非常に役立っていますが、心の整理がつかない者にとって最期は苦悩です。人間、口で言うほど割り切れるものではありません。最後の最後まで迷うのかもしれません。

けれども、やがて訪れる死を見据《みす》えて、最後まで自分らしく生きること、後に続く人がそれを見送ることを、人生の最重要課題のひとつとして認め合う社会であってほしいと願うのです。

今日の私の家族の看取りは、明日のあなたの家族の看取り。私たちはそんな時代に生きています。先に逝く人を見送ることを通して、私たちは生きていることのありがたさとその意味を教わるのだと信じます。その深い学びのときを、今こそ取り戻したいと思うのです。

◆目次

第2章　超高齢社会の医療を問う

第3章 豊かな老いを実現するために

第4章　死をどう生きるか

第5章　「平穏死」に至る原点

か」という当時の施設長のひとことでした。

一気に書き上げた原稿は、一度は出版社から断られ、さらに三ヵ月をかけて書き直して、平成二十二（二〇一〇）年に「口から食べられなくなったらどうしますか」の副題をつけて出版されました。

本には大きな反響がありました。死ぬぎりぎりまで医療が必要だ、医療が手薄の介護施設に看取りができるわけがない、と多くの人が思っていましたが、その思い込みを揺さぶったのです。

以来、「芦花ホームにできたのなら、私たちの施設でもできるかもしれない」と、今日まで七百回近くの講演依頼をいただいて、老衰終末における医療の差し控えと、それに続く安らかな最期《さいご》である平穏死を、介護職、看護職、一般市民、自治体関係者、そして在宅医だけでなく病院の医師にもお話ししてきました。

私が芦花ホームに来る以前は、ここに入所される方の半数近くが搬送先の病院で亡くなられていましたが、今はご本人やご家族がホームでの最期を希望される場合、ほぼそのご希望どおりにここでお見送りができています。

では、平穏な看取りをする芦花ホームは、ある日突然そうなったのかといえば、もちろんそんなことはありません。そもそも外科医を辞《や》めて特養の医師に転身するとき、「芦花ホームが常勤医を探しているというので、そこへ行こうと思います」と、区の医師会の役員を経験された医学部の先輩を訪ねて言うと、「何を考えているんだ、あそこは大変なところだぞ」とあきれ顔で返されました。

それでも、まずは行ってみて、二、三年したら次の身の振り方を考えればよいというつもりでいました。それが、既《すで》にここへ来て十数年です。

この間、いろいろありました。先輩の助言どおりと言うべきか、ホームに行って早々、戸惑うことばかりでした。そもそも常勤医とは何をする人なのか、その役割がさっぱりわかりませんでした。それでも今、芦花ホームに看取りの文化がしっかりと継承されています。

ここに至るまでの、その一切をこれからお話ししたいと思います。芦花ホームを真《ま》似《ね》ようにもうまくいかない、平穏死させたいと思うけれども悩んで行動できない、といった疑問や戸惑いに何かの手がかりをお渡しできるかもしれないと思います。

今にして思えば、それはひとつの物語でした。芦花ホームに次々と役者が登場して、舞台が回っていったかのように思えます。

まずは、〝クレーマー〟と陰で呼んでいたご主人の話から始めましょう。

クレーマー家族と出会う

芦花ホームに着任した日、出迎えてくれた施設長から言われました。

「うちにはクレーマーご家族がいます。今度の日曜日には家族会があります。先生も新任の常勤医としてご出席ください」

日曜日、クレーマーの様子はこうでした。

「何だ、この前も言っただろう。何も直っていないじゃないか。何度言ったらわかるんだ」。対して施設側は「すみません、善処します」と謝るばかり。これでは問題の所在を不明にしたまま先送りしているにすぎません。

このご主人は、八歳年上の奥さんを自宅で長年介護してきた方でした。夜中に「殺されるー、助けてー」と叫び出すようになった奥さんはアルツハイマー型認知症とわかりました。空襲の夢を見ていたようです。以来十八年間、ご主人は誰が誰なのかもわからなくなっていく奥さんの世話を、自宅でひとりで続けてこられたのです。

ご主人は介護の実際を通して、奥さんが老いの坂を確実に下っていくさまをよくわかっていました。ご主人は、衰《おとろ》えていくことは当然のことだと受容していました。やっと芦花ホームに奥さんを預けたところが、介護士たちのやり方を見ていると、ただ決まった量を食べさせているというようなぞんざいな扱いに映ったのです。ご主人からすれば、職員たちの機械的な、心ないやり方が気に入らなかったのです。

もちろん、介護士は介護士で一生懸命でした。しっかり食べさせることが自分たちの仕事だと信じていました。片や、奥さんは老衰という坂を確実に下っています。食べものを飲み込む嚥《えん》下《げ》機能も衰えていきます。その衰えゆく体調に、介護士は気が気ではありません。食べさせなきゃ、でも誤《ご》嚥《えん》させたらどうしようとハラハラしながら、介護士は自分たちに求められている介護業務を必死にこなしていたのです。

しばらくして私はご主人と腹を割って話すようになって、何が問題なのかが次第に見えてきました。ご主人と介護士の「老衰に対する受け取り方のズレ」が問題だったのです。

そして、このクレーマーご主人の指摘される問題は、超高齢社会の我が国の医療のあり方に通じる問題だということに、私は気がつきました。

常勤医は何をする人か

特別養護老人ホームの常勤医として何をすればよいのかわからない、医師でありながら医療ができない。私はまずそのことに戸惑いました。

特養には医師を置くことが決められています。一般には「配置医」と呼ばれています。配置医は常勤医とは違って、開業医など医療機関に所属する医師で、二週に一回くらいの頻度で特養に出張して、看護師からの報告を聞いて入所者に薬を処方したり検査をオーダーしたりします。

一方、「常勤医」は介護施設に所属する医師です。配置医とは別に私のような常勤の医師を置いている施設は、全国に一万近くある特養のうちわずか一％にすぎません。配置医は医療機関に所属する医師なので、当然、医療保険を使った医療行為ができます。いかにも医師らしい仕事を担《にな》っていると言えます。一方、常勤医は毎日入所者を見ていますから、入所者の健康状態に対して医療的に何をするのが本人のためになるのかがわかります。しかし、介護施設に所属する常勤医は医療保険を使った診療ができないのです。

私が薬や医療機材を使えば、それは医療保険からは補塡《ほてん》されず、介護施設の持ち出しになってしまいます。私は保険医の資格は持っていますが、特養の常勤医としての私はこのホームでは医療保険を使った医療行為はできないのです。

私は芦花ホームの常勤医になった後も、依頼があるといろいろな病院へ出張して手術をし、その医療行為については報酬を受け取っていました。つまり、病院で手術をする私と、特養で常勤医をする私は、同じ医師でありながら所属する機関の違いでやれることが違うのです。

この矛盾《むじゅん》を医師会の保険専門の方に尋《たず》ねたことがありますが、「それが医療保険制度と介護保険制度が併存する現実です」という納得のいかない理由であっさり片づけられてしまいました。

介護施設は医療をしてはいけない、つまり、医療をする場所と介護をする場所は別々でなければいけないということなのです。介護施設の入所者に健康上の異変があれば医療機関に搬送することが当然のこととして求められていたのです。

常勤医は特養で医療行為をしないとなると、では、いったい何をすればいいのか。

当時私はそれを知りたいと思い、かつて芦花ホームの常勤医を十年務められた先生をご自宅に三度訪ねました。しかし、結局何もわかりませんでした。

芦花ホームの職員たちも、「ああ、新しい常勤医が来たのか」という程度のそっけない反応でした。常勤医の私に期待するのは、入所者の体調がいつもと違うときに病院を受診させるか救急車を呼ぶかを判断してもらうことのようでした。

実際のところ、着任したばかりの私の役割は肺炎を起こした入所者の入院先探しが専《もっぱ》らでした。

それさえ、夜間に私に相談もなく看護師が独断で救急車を呼んで入所者を入院させていたことがあり、翌朝、「なぜ夜中に私に連絡しない、何時であろうが私はホームに駆けつける」と厳しく叱責《しっせき》することもありました。

常勤医のなり手がなくしばらく不在だったとはいえ、責任の所在を曖昧《あいまい》にしてもおかしいと感じない、あきれかえるような体制でした。常勤医が毎日いてもいなくても自分たちはやっていける、だから特段期待していない、というような空気でした。

その証拠に、常勤医の私の机は、医務室の隅の流しのそばに置かれていました。

「七十歳過ぎの世間的には役目を終えた外科医が来たぞ。病院では使えなくなったから仕方なくここへ来たんだろう。だったら、席はこのあたりでよかろう」という声が聞こえてきそうでした。そんな新任の私を監視するかのように、いちばん奥には怖そうな看護主任が陣取っていました。

その医務室の入り口で、介護士が顔を覗《のぞ》かせ、恐る恐る尋ねる声がします。

「あのー、よろしいでしょうか。山田さんが汗をかいていて臭うので、おふろに入れてあげたいのですけど……」

医務室の中央を仕切る大きな薬入れの棚の向こうから、看護師が顔も上げずに答えています。

「なに、山田さんをおふろに入れる？　山田さんはターミナル（終末期）の方でしょう、熱を測ってごらんなさいよ」

「えっと、三十七度八分です」

「三十七度八分？　熱がある人をおふろに入れたら死んじゃうわよ」

「あ、はい、すみません……」

介護士はすごすご退散していきます。

私はそのやりとりを聞いて、「俺はえらいところへ来たんだ」と心の中でつぶやいていました。

治せない事態に直面する

家族会でのやりとりに驚き、職員の様子にも驚きましたが、芦花ホームへ来て最初に見た光景ほどショックなものはありませんでした。

ホームに赴任する直前までの半世紀を急性期病院の外科医として歩んできた私は、高齢の患者さんに対する医療の限界を直感するようになっていました。がんにやられた臓器を治《なお》しても、またどこかが故障する。それをまた治しても、さらにまた別のどこかが不具合を起こすのです。

若い人なら体の部品を修理したり交換したりすれば回復しますが、老衰が進む体は部品修理だけでは間に合いません。治すことに行き詰まります。はっきり言えばもう治しようがない。そう感じることが多くなっていました。

治せない事態に直面するということは、部品修理屋である外科医にとってみれば、自分は何者かを問われる事態でした。医療を受けたその先、人はどう生きていくのか。

そんなことをかつては考えたこともありませんでしたが、それを知りたい、知らなければならない、特養の常勤医になればそれがわかるかもしれない、そう思って芦花ホームへ行くことに決めたのでした。

しかし、そこで見たものは、私の想像を超える光景でした。まさに言葉を失いました。百人にのぼる入所者の中でもきわめて要介護度の高い方々がベッド上で鼻から入れた管や胃ろうから栄養を送られ、虚《うつ》ろに宙を見つめてただ横たわっていました。ぽかんと開いたままの口はまるでムンクの「叫び」のよう、声にならない叫びを上げているようでした。

そのときふっと頭を過《よぎ》った言葉がありました。それは訪問看護師をしている妻の言った言葉、「医者は点滴のやりすぎよ」。それの意味するところは、過剰な医療ではないかという疑いです。

急性期病院では一度も目にしたことのない、老いの厳しい現実を私は目《ま》の当たりにしたのです。

この方々にも壮健な時代があり、人生の喜怒哀楽を味わい、ひょっとするとその途上で大きな病《やまい》を得て医師とともに乗り越えた過去があったはずです。そんな彩り豊かな人生を想像することさえ拒《こば》む姿がそこにありました。なぜ人生の最終章というこの期《ご》に及んでこの姿なのか、私は言いようのない理不尽さを覚えました。

寝たきりではない方も半数以上いらっしゃいましたが、介助を必要とされる方がほとんどでした。その方々に対して、これだけの量は何が何でも食べさせなければならないと、介護士たちはまるでノルマでもこなすかのように、どの方にも一律に、一日一五〇〇ccの水分と一五〇〇～一六〇〇キロカロリーの栄養を摂《と》ってもらうことに必死でした。

朝、昼、夕の食事時間の様子は、食べものをせっせと入所者の口に運ぶ介護士たちの慌《あわ》ただしい姿ばかりが目に入りました。

介護士の仕事というのは、食事介助以外にも次から次にやるべきことが決まっています。しかも、山積みです。ひとつでもやるべき業務が滞《とどこお》ると、勤務交替後の次の介護士がそのしわ寄せを負うことになります。そんなことをしては申しわけないと、食事時間でもない深夜に、その日食べ切れなかった相当分を介護士が入所者の口に運ぶこともあったと、ずいぶん後になって聞かされ驚きました。

決められた量の水分と栄養を毎日摂ってもらうことは、それほど介護士たちにとって絶対遵守《じゅんしゅ》の業務だったのです。しかし、それはいったい誰のため、何のためだったのでしょうか。それは、もはや食事ではありません。「一日一五〇〇」という目標数字を達成するための作業です。

一日に必要な最低限の栄養量は年齢、性別、体重によって違います。一般にはハリス・ベネディクト式で算出しますが、この計算式から出てくる数字は元気なまだ先のある人を基準にしています。

この式で算出しても、日本人である我々、しかももう生きる力を失った最終章の人には多すぎるのです。それなのに、高齢者の認知症の原因は脱水だ、水分は一五〇〇cc、栄養も一五〇〇キロカロリーを毎日必ず摂っていれば元気でいられる、という説が国内で長らく支持されていて、職員は皆それを頭から信じ込んでいたのです。

胃ろうをめぐる繰り返し

当時の芦花ホームで繰り返されていたことをそのまま記述するなら、こう言えます。介護士がせっせと食べさせる。そこに無理があって入所者が誤嚥する、肺炎を起こして病院へ送られる、肺炎は治してもらう、しかしもう飲み下すこともできない、何も食べなければ餓死《がし》してしまう、死なせちゃまずいと病院は胃ろうをつけて退院させるのです。その繰り返しが、日常的に起こっていました。

まるで、芦花ホームは「誤嚥性肺炎製造工場」、病院は「胃ろう設置工場」のようでした。病院は肺炎を治してくれますが、高齢者をもう一度若返らせて口から食べられるようにすることはできません。病院は、食べなければ餓死してしまうからと、高齢の患者に胃ろうをつけるのです。

実際、芦花ホームに来たばかりの常勤医の私の仕事は、次々と発生する誤嚥性肺炎の入所者の入院先探しと、病院から戻ってきた方の受け入れに追われる毎日でした。入所者の多くは認知症を患《わずら》っていたので、病院は対応に苦慮する認知症の患者を受け入れたがらないのです。最終的に救急車に搬送先を見つけてもらうこともありました。救急車の物悲しいサイレンの音がいつも聞こえていました。

当時、家族会の代表をしていた歯科の先生は、「母には胃ろうはつけない」と常々おっしゃっていました。ところが、お母さんは誤嚥性肺炎を起こし入院されました。そして二週間後、お母さんは胃ろうをつけてホームへ帰って来られたのです。

「胃ろうをつけるしかなかった」と、その歯科医の息子さんは言いました。「胃ろうをつけずにホームへ戻ったら、食べさせるのに苦労のかかる母を私はここに預けっぱなしにするわけにいかない。自分も親の世話をしなければ、自分の気が済まない。でも、そうなったら診療は続けられなくなる。だから、仕方なかった」と。

さらに、言いました。「母に一生懸命食べさせてくれているのは、よくわかっている。胃ろうをつけないで帰って来て、『もう食べさせないでいい、そのまま逝《い》かせてくれ』なんて、預けっぱなしの私にはそんな無責任なことは言えなかった」と。

誤嚥させずに食べさせることがどんなに大変なのかを家族会の代表をされていてよくご存じだったので、立場上、胃ろうを拒否できなかった、というのでした。

肺炎を発症して入院し、それを機に胃ろうをつけてホームに帰って来る人が増えていました。

民間調査機関の統計では、平成二十（二〇〇八）年当時、国内の胃ろうの造設件数は年間二十万件、胃ろうの交換件数は年間六十万件に達していました。口から食べられなくなった高齢者に簡便な手術でつけられる胃ろうは、高齢者の命を救う画期的な医療手段として右肩上がりで増えていたのです。

芦花ホームで胃ろうをつけて戻ってくる入所者がついに二十人を超えたとき、それまで溜《た》まっていた看護師の不満が一気に吹き出しました。

人手のない夜勤帯は早朝の経管《けいかん》栄養の準備をするだけで手いっぱいで、本来の夜勤業務ができない、これ以上胃ろうの人が増えたらここを辞《や》める、と言い出したのです。その言動の裏には、胃ろうで機械的に生かすことへの、医療者としての直感的な違和感があったのです。

慌《あわ》てたホームの管理側は、「では、胃ろうをつけた人はここへ帰って来られないようにしよう」と言い出しました。「そんなふうに弱い者を排除しようとするホームなら、私も辞める」と、思わず私も声を上げていました。

そんなやりとりがあって、胃ろうをつけてもホームへ帰って来られるということに落ち着き、ひとまず辞める辞めないの騒動は治《おさ》まりました。けれども、これでは何も解決されていません。

むしろ、問題が浮上して視野に入ってきたのです。そもそも、なぜ誤嚥性肺炎がこう次々と起きるのか。胃ろうをつければこの問題は解決するのか。いや、胃ろうであっても肺炎を起こしている。中には、胃ろうの人が二、三年の間に数回も病院とホームを往き来したという過去の記録まである。

職員も、それを知る一部のご家族も、口から食べていないのになぜ、と不思議に思いはじめていたのです。だんだんと皆、考えはじめました、これでよいのか、と。

我々は目の前で起きる事態にその場しのぎの対応をすることに追われて、問題の本質をとらえていませんでした。ホームの管理者も職員も、このホームは何をするところなのか、この組織が本来しなければならない使命は何か、それを見失っていたのです。

介護施設の使命は何か

実は、この頃の特別養護老人ホームは、芦花ホームにかぎらず、制度上の大きな変化のさなかにありました。

特養の前身は古くは養老院と呼ばれていましたが、その時代には経済的に貧しい高齢者への生活援助が必要でした。しかし、人びとの暮らしが豊かになる一方、高齢者の急増が社会問題化するに及んで、政府は従来のようにお上による救済だけでなく、これを国民自身の問題として、互いに支え合う保険制度に移行させようとしました。

これが平成十二（二〇〇〇）年に始まった介護保険制度です。こうして、かつては措置《そち》入所が主であった特養は、これを機に契約による入所に変わりました。

新しい保険制度が始まったことによって、利用者の権利意識も高まり、昔のように「施設に入れてもらう」という低姿勢ではなくなりました。言うべきは言い、要求することは要求します。

特養の入所者は認知症が進行した方が多いので、当然、ご本人ではなくご家族がいろいろ要望されます。多いのは、安全への要求です。

ほとんどの方は要介護度4を超えた方々ですから、身体的にはかなり脆弱《ぜいじゃく》で、わずかな圧迫や転倒、転落で簡単に骨折してしまいます。けれど、ホームで骨折したとなると大変です。見ていなかったのかと責任を問われます。高齢者に多い尿路感染やその他の感染症にかかって重篤《じゅうとく》になられたときも同様です。容体がわるくなられた方を救急車で病院へ送り、そこで亡くなられると、病院へ連れて行くのが遅かった、施設の対応に不備があったと、訴訟《そしょう》に発展することもあります。

ご家族の中には、施設に入所すれば、転倒しない、骨折もしない、感染症にもかからない、突然死ぬこともないと思い違いをされている方もおられ、対応に苦慮するということもありました。

一方、当時の病院の医師たちがどう反応したかと言えば、なぜ介護保険制度を始めるのかについてまるで関心がありませんでした。依然として、「我々医師は患者の命を救うのが使命だ、患者がどんなに高齢であろうと救わなくてどうする、医療の使命はそこにあるのだ」と考えたままでした。

現に、私が急性期病院の外科医であった頃、病院の福祉担当者が介護保険の利用に必要な書類を持って来ると、私は「なんでこんな書類を病院の医者が書かなきゃいけないんだ、外科の医者がなぜ高齢者の生活の面倒まで見なきゃならないんだ」と、文句を言っていたことを覚えています。

医療よりも看護や介護が主となるべき状況になっていたにもかかわらず、依然として、医師も国民も「治すことを中心に置く医療」をありがたがる考え方から抜け出せていませんでした。老いや終末の問題を医療に預けたままで、超高齢社会の医療とはどうあるべきかをまだ考えていなかったのです。

私が着任した芦花ホームは、まさにそんな時代の流れの真っただ中にありました。介護保険制度の施行から既に五年が経ち、特別養護老人ホームは入所者の生活を介護でサポートする施設だと頭ではわかっていたかもしれませんが、実際は誰のために何をする施設なのか、その使命を見失っていました。

職員たちは自分たちの使命を問うよりも、認知症の進行した脆弱な入所者の介助や急変の対応に追われ、現場は混乱していました。組織が使命を見失い、ガバナンスが機能不全をきたしていたのです。

それは、私がホームの常勤医になる直前までいた急性期病院で闘ってきた問題と共通するものでした。誰のために何をするのかを見失ったとき、組織はその体《たい》をなさなくなることは身にしみていたのです。

私は芦花ホームでの我々の使命は何かを問い、常勤医として自分にできることを手探りで始めました。真っ先にやったことは、入所者の様子を毎朝自分の目で確かめることでした。それを日課にしました。

医務室の隅っこで看護師から急変の報告を聞いておもむろに動き出すというのではなく、自分からフロアへ出かけて行って、百人余りの入所者ひとりひとりに朝の挨拶《あいさつ》をし、自分の目で様子を確かめ、その場にいる介護士から直《じか》に話を聞くようにしました。

その行動に、介護士たちが驚いていました。常勤医が医務室から出て各フロアを見回ることもなければ、介護士と常勤医が直接話をすることもなかったらしいのです。今までは業務の中で生じる不安や疑問は介護士同士でつぶやいて終わらせるか、せいぜい看護師に指示を仰《あお》ぐ形で解消するしかなかったのです。

「○○さん、昨夜はどう？　食欲は？」という私とのやりとりの中で、介護士は不安や疑問を私に直接ぶつけて解消するようになっていきました。また、それまで急性期医療の現場しか知らない私にとっても、こうしてケアの様子を間近に見て介護士から直接話を聞くことは、新たに知ることや「介護はこんなことまでやってくれているのか」と感心することが多くありました。

なぜ誤嚥が起こるのか

毎朝、フロアを回って入所者の様子を見ながら直感的に違和感を覚えたのは、やはり食事の光景でした。

元気でいてもらうための「一五〇〇」とはいえ、それだけの水分と栄養を体格や性別や体調に関係なく与えるのは明らかに無理があると、食事介助の様子を実際に見て思いました。むしろ、量を抑える必要があると感じました。

体が受けつける以上の水分や栄養が胃に入れば、十二指腸は逆蠕動《ぜんどう》を起こし、恐ろしい化学物質でもある胃液や膵液《すいえき》などの消化液を混ぜた状態で食道を逆行して喉《のど》に上がり、誤って気管に入ります。胃ろうの人であっても誤嚥が起きるわけです。ご本人が苦しむので放っておけません。再び救急車で病院へ送ることになります。

芦花ホームの入所者は九十歳にもなる人たちで、そもそも食べる量はかなり減っています。それなのに、その実態を顧《かえり》みずに「一日一五〇〇」の水分と栄養を無理して与えた結果、誤嚥させていたのです。

「あともうひと口」の介護士の善意が徒《あだ》になっていたということです。食べさせられているご本人からすれば拷問《ごうもん》だったかもしれません。こうあるべきだ、こうすべきだと煽っていたのです。

そもそも病院で肺炎は治せても、嚥下機能の衰えた体を若い元の体に戻すことはできません。認知症のご本人にしてみれば、肺炎で苦しい中、突然、救急車で病院へ運ばれ、なぜ自分がこんな居心地のわるいところにいるのかわかりません。腕に痛い針を刺されて抗生物質を点滴され、嫌だから抜こうとすると拘束《こうそく》されて、ご本人はもうパニックです。

しかし、病院は呼吸器内科で肺炎を治療すると、「この人はもう口で食べるのは無理だ」と消化器外科に移して胃ろうをつけるのです。内視鏡を使って、胃の中と外を照らしておなかに小さな穴を開け、よくできたプラスチックのキットをはめ込めば、わずかな時間で簡単に胃に通じる穴ができます。これが胃ろうです。チューブをつないでおけば、吸収のよい宇宙食のような栄養剤を胃に直接入れることができます。

病院は、「肺炎は治しました。その上、胃ろうをつけて生きていけるようにしました。我々にできることはすべてやりましたので、どうぞお帰りください」と、退院させます。急性期病院の医師たちは、この患者のその後の人生まで考えません。生かす手段を講じただけなのです。

必要以上の量を無理に与え、その結果、誤嚥させてしまうのだと直感しました。私たちは入所者の方々のために本来やるべき目的を見誤って、あらぬ方向に煽ってきたのです。その結果が、誤嚥だったのです。人として相手を思い、尊重するということがなかったということです。

人間は好きなものは食べ、嫌いなものは食べません。当たり前のことです。おいしいと感じることは、生きていることの喜びです。食べること、味わうことを奪われると、脳は生きる喜びを感じられなくなります。

胃ろうをつけてホームへ帰ってきた方から表情が消えてしまうのは、生きる喜びを奪われたからだったのでしょう。認知症が進み意思疎通《いしそつう》ができなくなった方は、「苦しい」とも「もうやめてほしい」とも口では言いませんが、機械的な栄養補給は負担に違いありません。

調べてみると、老人の身体生理はまだよくわかっていないこともわかりました。「一日一五〇〇」の理論的根拠はどこにも見当たりませんでした。

あのクレーマーご主人の怒りはもっともだと、私は内心肯《うなず》いていました。クレーマーと陰で呼びつづけているかぎり、腫《は》れものに触るように距離を置き、その言い分には耳を傾けようとしないものです。けれど、私は自分からご主人に声をかけ、本音で語り合いました。駅前の店で一杯やることもありました。

話していくうちに、互いに立場は違うものの、私たちが同じことを願っていることがわかりました。ここは入退院のための一時預かりの通過点ではない、芦花ホームを入所者が最後まで人間らしく過ごせる場にしたい、そのために組織のあり方をご本人、ご家族、職員の皆で考え直したい。お互いにそう強く願ったのでした。

註　養老院に始まり現代の特別養護老人ホームまで、いずれも自宅で最期を迎えられない状況下での「事前措置（通過地点）」という考えが一般的でしたが、現状は超高齢者の老衰での自然死が多くなり、認知症の方は増え、核家族化した多くの家庭で最期を迎えることはむずかしくなりました。社会として皆で支え合う介護施設は終《つい》の住処《すみか》（終点）の役割が大きくなっている現状です。

三宅島の看取りに教えられる

そんな折、私に大きな気づきを与え、背中を押してくれる出来事がありました。

それは、平成十二（二〇〇〇）年の噴火で三宅島《みやけじま》から入所された八十五歳の認知症の母親を持つ息子さんの言葉でした。

入所して五年が過ぎた頃、お母さんは誤嚥され、病院で肺炎の治療を受けていました。その入院先の医師から、三宅島へ戻って働いていた息子さんのところに電話が入りました。

「お母さんはもう自分で口から食べることはできません。胃ろうをつけます」

息子さんは電話口で懇願《こんがん》しました。

「母はもう寿命です。お願いです、手術はしないでください」

一週間後、息子さんは島を渡って、病院からホームへ帰っていたお母さんに会いました。お母さんに、胃ろうはつけられていませんでした。けれど、鼻から胃に管を入れられ、決まった量の水分と栄養が強制的に与えられていました。そんな母親の姿を見て、息子さんは私の前で泣きながら言いました。

「島ではこんなことはしません。年寄りは食べられなくなったら、傍《かたわ》らに水だけを置いておきます。生きる力が残っていれば、自分で手を伸ばして水を飲みます。それでも一ヵ月は生きます」と。

八十年生きていれば四回噴火に遭《あ》うといわれる厳しい自然を三宅島の人びとは生き、その暮らしの中で、何もせず自然のまま静かに亡くなっていく最期を学びつないできたのです。

一方、当時の芦花ホームでは「一日一五〇〇」の水分と栄養を摂ってもらうことに介護士たちが一生懸命取り組んでいました。経鼻胃管の栄養チューブや胃ろうの人にも、決められた量の液体状の栄養が看護師によって与えられていました。経鼻胃管も胃ろうも、老人に必要な医療だと信じ切っていました。

しかし、私は息子さんの悔《く》いを聞かされて、ご家族が望まない医療をおこなう必要がいったいどこにあるのかと我に返りました。息子さんが私に教えてくれたのは、「食べないから死ぬ」のではなく、「もう死ぬのだから食べない」という、それまでの私たちの常識をすっかり覆《くつがえ》す真理でした。私たちがよいことだと信じてやってきたことは、本当は間違いだったと気づいたのです。

後になって、この息子さんが教えてくれたことは、医師ならば手にする『ハリソン内科学』第十七版（Anthony Fauci,Eugene Braunwald,Dennis Kasper, Stephen Hauser, Dan Longo, J. Jameson, Joseph Loscalzo, *Harrison's Principles of Internal Medicine,17th Edition*, McGraw-Hill Professional）にそっくり記述されているのを見つけ驚きました。

Understanding that patients stop eating because they are dying, not because they have stopped eating, can reduce family and caregiver anxiety.

死を迎える人は、命を終えようとしているから食べないのだ。食べないから死ぬのではない。それをわかっていれば、家族や介護をする人は思いわずらわずにすむ。

老いてもう体が栄養を必要としなくなっているのに、私たちはその人の状態を顧みず、意思を推《お》し量《はか》ることもなく、一律に「一五〇〇」という数字にとらわれていました。

これだけの水分と栄養は生きるのに必要だから毎日摂って生きつづけてもらわなければならない、口から食べられないのであれば管や胃ろうをつけるのもやむを得ないと、私たちは考え、行動してきたのです。

それが〝慣行〟になっていたからです。おかしいと感じることもなく、いや少しは疑問を持つことがあったにせよ、慣行を打ち破ろうとはしなかったのです。そうして、命の時間をただ引き延ばすことに精を出していたのです。

しかし、人の命はただ引き延ばすためにあるのではありません。いかに生きて、いかに逝《い》くか、終わり方も含めてその人の人生です。ところが私たちは、人生の残り時間がわずかというときにその人の望む生き方を隅に追いやって、経鼻胃管や胃ろう、あるいは点滴による栄養補給といった医療で、ただ生きながらえさせる対象にしてしまっていたのです。

特別養護老人ホームは、本来、入所者の方が最後まで穏やかに安心して暮らせる終の住まいです。生活と介護が併存した広場なのです。この広場で、住人であるご本人が人生終盤の坂をゆっくりとその方らしく下っていかれるよう、ご家族と職員が一緒になって支えるのが本来の私たちの使命です。

そうであるのに、私たちは本当の使命を見失っていました。坂を下っている人に医療を押しつけて、無理にまた坂を逆戻りさせるような苦痛を強《し》いてきたのです。

私は、今まで誰も言わなかったことをあえて声にしなければならないと自覚しました。医療で命を引き延ばせても、その人らしい生を生きていけないのならば、そんな医療を受けさせるのは間違いだ、医療を差し控えることも必要だ、と。

胃ろうを拒否したご主人

私が芦花ホームへ来て二年、看護主任が交代しました。新しい看護主任は、芦花ホームと同じ世田谷区社会福祉事業団の訪問看護ステーションで管理者をしていた人でした。

後になって、看護主任は言いました。異動の辞令が下りたとき、特養に行くくらいなら所属先を変えようかとまで悩んだ、と。それというのも、介護施設の看護は質が低いという認識を持っていたからだそうです。

病院の看護を経験した後、訪問看護師として看護のやりがいを実感していたそうですから、介護施設に行ってはたして自分の思う看護はできるのだろうかと、ずいぶん悩んだと聞きました。

そして、実際に芦花ホームへ来てみると、予想していた以上に介護職員のケアの意識や知識は乏《とぼ》しく、そもそも看護師たちの看護観の低さやばらつきにも当惑したといいます。

常勤医の私の説明を受けながらはじめて百人余りの入所者ひとりひとりの居室やベッドを回ったとき、私の説明も耳に入ってこないくらい、次から次と何の個性も違いもない、グレー一色にしか目に映らない入所者の姿にただ呆然《ぼうぜん》としたと、後になって話してくれました。

どうしよう、どこからこの組織に手をつけたらよいのだろうと、看護主任は悶々《もんもん》としたそうです。

看護主任が組織のあり方に疑問を感じていたこの頃、クレーマーご主人の心配が現実のことになりました。奥さんが誤嚥してしまい、救急車で病院へ送られたのです。

ご主人は病院の医師から言われました。

「奥さんは口から食べるのはもう無理です、胃ろうをつけましょう」と。

ご主人は答えました。

「先生、お言葉ですが、女房はもう誰のこともわからない状態です。そんな状態で胃ろうをつけていつまでも頑張らせたら、私は今まで女房から受けた恩に対して仇《あだ》で返すことになります。胃ろうはお断りします」

「ご主人、それではあなた、保護責任者遺棄致死罪《いきちしざい》に問われますよ」

「何罪だか知りませんが、とにかく私は胃ろうをお断りします」

医師との話は平行線のまま。そこで私が病院へ呼び出されました。

私はご主人から奥さんに受けた恩のことをそれまでに聞いていました。戦争で焼野原になった東京にご主人が帰ってみると、バラック建ての小屋にお母さんと妹が生きていてくれた、その二人の面倒を見てくれていたのはひそかに心を寄せていた二軒隣の年上の女性、そして思いが叶《かな》って夫婦になった、というのでした。

ご主人は胃ろうについてこうも言っていました。

「あれは生きているんじゃない、死んでいないだけだ。そんなことを女房にはできない。医療で死を先延ばしするのが愛情なのか、自然に任《まか》せて静かに逝くのを見送るのも立派な愛情じゃないか」と。そんなことを言うご家族ははじめてでした。

私は、医師に向かってこうきっぱり言いました。

「私が責任を取ります、奥さんはホームへ連れて帰ります」

こうして、胃ろうをつけないまま奥さんは退院しました。

わずか六〇〇キロカロリーの食事

ところが、今度は芦花ホームが大変なことになりました。

介護士が私に言いました。「病院が経口摂取《けいこうせっしゅ》は無理だと判断したのに、ホームへ連れて帰ってきて、いったい誰が食べさせるんだ？　結局、自分たち介護士が食べさせるしかないんだ。食べさせようとすれば、きっとまた奥さんは誤嚥する。先生、えらいことをしてくれた」と。

私と介護士たちは言いたいことを隠さず言い合える関係になっていましたから、介護士は率直な強い言葉で私を責めました。

たしかに、どうする。いつもなら介護士たちに「無理して食べさせるなよ、無理するから誤嚥するんじゃないか」と思うまま口にする私も、さすがに病院が嚥下は無理だという奥さんを誤嚥させずにここで介助しつづけられるのかと、介護士たちに返す言葉が出てきませんでした。

すると、ご主人は奥さんを椅子に座らせ、その頰《ほお》を何度も撫《な》でた後、歯のない奥さんの口の中を指でマッサージしはじめました。奥さんがご主人の指をチュッ、チュッと吸う音がします。

ご主人は、介護士が用意したお茶ゼリーをスプーンですくって、奥さんの口の中へ入れました。奥さんがモグモグした後、喉仏《のどぼとけ》が上下に動くのが見えました。ゴクリと、ゼリーを飲み込んだのです。「もう無理だ」と医師に言われていた嚥下がうまくできたのです。

それを見ていた介護士たちが驚いたように互いに顔を見合わせ、一斉に拍手しました。たまたま医療機関から見学に来ていた研修医も目に涙を浮かべていました。そこにいた誰もが、口から食べることは可能だ、と知ったのです。
「これからは皆の責任を問うようなことはしない。女房の食事介助は三食全部、私が自分でやる」とご主人は言い、その後ほとんど毎食欠かさず、食事介助のためにホームにやって来られました。

ご主人は朝早くからホームへ来て、奥さんが寝ていたら起こしません。起きてくるまで待ちます。奥さんの名前は〝マツ〟、ご主人はマツさんを待つのです。

マツさんが目を覚まして「おなかが空いた」と言えば、ご主人はマツさんが好きなものをほんの少し食べさせます。一日平均六〇〇キロカロリーのゼリー食、ときにはアイスクリームをひとなめすることもありました。

無理をしない食事介助が続けられました。ご主人の口癖は「空腹は最高のスパイス」、その方針を貫《つらぬ》かれたのです。

介護士たちは、はじめは奥さんへの食事介助を怖がって看護師に任せきりでしたが、なにしろ根がやさしい人間たちなので、ご主人の真剣な介護の様子を見て、そのうちに自分たちから申し出て食事介助を手伝いはじめました。ご主人も入れたシフト表ができ、ご主人は好きな映画を観に行く時間も持てました。ご主人と介護士たちの関係が深くなっていくのがわかりました。

胃ろうをつけないでホームへ帰ってきたら、食べられないから一週間ぐらいで死んでしまうだろう、そうでなくてもまた誤嚥して入院するに違いない、と予想していましたが、マツさんは一日わずか六〇〇キロカロリー相当のゼリーしか食べていないのに生きつづけました。

芦花ホームの夏祭りの日、マツさんは〝メパッチ〟を付けて、ご主人と写真に納まりました。メパッチは看護師のアイデアです。マツさんがご主人の顔をちゃんと見られるようにと、看護師がそっと両の上まぶたをテープでつり上げたのです。

医務室の垣根を取りはらう

どこからこの組織に手をつけようかと悩んでいた看護主任は、ある日、思い切ったことを始めました。あの医務室のレイアウトを変えたのです。つまり、ハード面から手をつけたわけです。

医務室の中央を仕切る大きな薬棚を隣の部屋に移し、部屋の真ん中に広いスペースをつくりました。そこに打ち合わせのできる大きなテーブルが置かれました。そのテーブルを囲むように、それまでは別々のところにあった看護師以外の職種の責任者の机が並べられました。

医療機関から隔週でやって来る配置医の机は、看護師からも薬剤師からも情報を聞き取りやすい位置に移動されました。そして、常勤医の私の机は隅の流しのそばから、皆の邪魔にならずに全体が見渡せる、奥のほうへ移されました。

レイアウトが変わった医務室は、まさに生きた多職種連携の広場として機能しました。この医務室にいる人間の、誰がいちばん偉くて、誰におうかがいを立てなければいけないかというような目に見えない序列がなくなって、すべての職種が同じ地平に立った気がしました。

「いいえ、まだレイアウトを変えただけで、大変なのはこれから」という看護主任の声が聞こえてきそうでしたが、私にはレイアウトを変えるという発想も行動も驚きでした。結果としては、我々が使命を全《まっと》うしていくためには、この形が必要だったことが後になってわかりました。

入り口で控えめに顔を覗かせていた介護士たちも医務室に自由に出入りするように

なりました。

介護士が医務室の中までやって来て、はっきりした声で聞いています。

「鈴木さんが汗をかいて臭うので、おふろに入れてあげたいのですけど……」

看護師が答えます。

「そう、熱が三十七度八分ね。鈴木さんはターミナルの方よね。じゃあ、私も手伝うから一緒におふろに入れましょうよ」

そうです、おふろに入れて死んでしまった人を私は今まで見たことがありません。

私はすっかり居心地がよくなりました。まるで学校の保健室です。賑《にぎ》やかです。私は少々うるさいなと正直思いながらも、こうして職員の話が耳に入ってくるだけで、入所者の様子がわかって安心します。

施設長が私に「個室を用意しましょうか」と配慮してくれましたが、私は断りました。この広場の一角で職員の様子がわかってこそ、ホームで暮らす方々の生活が見えると思ったからです。

朝のミーティングも変わりました。それ以前は、看護師と常勤医は医務室で、介護士は介護士だけで集まっていましたが、広場となった医務室に各職種が顔を揃《そろ》えて情報を共有するようになりました。

報告の内容も変わってきました。体温や血圧などバイタルサイン（生命徴候）をつらつら並べただけの報告にはもううんざりでしたが、入所者の何が今課題で、どう対応すればその方に満足のいく時間を過ごしていただけるだろうかと皆が考え、意見を述べ合う場に変わっていきました。

看護師と介護士の間にあった壁がなくなって、職種が違っても皆が同じ方向に向かって動き出したように私には思えました。

家族に投げた直球の問い

マツさんへの一日わずか六〇〇キロカロリーの食事介助を見て、こんなに少ない量で生きていけることに誰もが驚きました。介護士たちがノルマと考えていた一五〇〇キロカロリーの半分にも満たない量です。

マツさんは誤嚥もせず、食べたいときに目を覚まし、ご主人に嚥下のためのマッサージを受けた後、ほんのわずかな量を口にする毎日を重ねていました。

私は三宅島の息子さんの言葉を頭で反芻《はんすう》しながら、マツさんの毎日を目の当たりにし、ある日かねてから思っていたことをマツさんのご主人に話しました。芦花ホームの使命から考えれば現状を考え直さなければならない、そのためには職員だけでなくご家族にも一緒に考えていただかなくてはならない、と言いました。

ご主人はすぐに私の考えに理解を示してくれました。意を強くした私は、敬老の日のお祝いの会の後に家族会を開くことを計画しました。

敬老の日の午後、百歳の方のお祝いの会に引きつづいて、ご家族と職員に残ってもらいました。私は正面にホワイトボードを据えて、そこに大きく、**「口から食べられなくなったらどうしますか」**と、皆が見ている中で書きました。

「今は食べることができていても、いずれどの方も食べられなくなります。それが老衰です。目をそらさずに、今から考えておきましょう」

お祝いの空気を吹き飛ばすような重たい問いを投げたのです。

どんな反応が返ってくるのかと身構えていましたが、多くのご家族が、親や夫や妻にどこまで医療を受けさせるべきかを実は悩んでいたことがわかりました。ぎりぎりまで医療を受けさせるのが当たり前だと思ってきたけれど、今、常勤医の私の話を聞いて、それは間違いだったのだろうかと思いはじめたのです。

寿命が近づけば、終焉《しゅうえん》を迎える体は栄養も水分も必要としなくなる。それは自然の摂理なのに、無理に食べさせ、栄養や水分を体に与えつづければ、体はむくむし、本人には苦痛になる。その事実を今になって私から聞かされたご家族は、どんなにか複雑な思いだったことでしょう。

外はいつの間にか暗くなっていました。家族会は一旦終わりにしましたが、議論は尽きず、一階のデイサービスのホールに場所を移して、ご家族たちは看護主任を囲んで延々と話しつづけていました。

新施設長の思わぬ提案

人の縁《えん》というのは不思議なものです。芦花ホームに今までとは違ううねりが生まれつつあった頃、新しい施設長が赴任しました。当時は、区役所の部長級だった方が定年後に着任するのが常で、その人もそうでした。

お会いして、私は思いました。今度の施設長は体も大きい、態度もでかい、いやにむっつりした人が来たなあ。それが最初の印象でした。

その二ヵ月後の六月、施設長が私を呼びとめました。

「先生、ここで始まっていることは、全国に普遍化すべきですよ」

無愛想《ぶあいそう》に見えたこの人は、でかいのは体格だけじゃない、本当の大物だと思いました。着任してからの二ヵ月間、芦花ホームに起きていたことを観察して、その本質を見抜いていたのです。

「来年の二月に胃ろうについてシンポジウムをやりましょう。私は区民ホールを押さえます」

その提案に、私は感激しました。早速、私と一緒に登壇《とうだん》してくれる人を探しました。倫理学者、弁護士、新聞記者に快諾《かいだく》してもらうと、私は調子に乗って、「ここで起きていることを本に書きます」と、思わず口にしていました。

言った以上、後には退《ひ》けません。一気に書き上げた原稿を出版社に持ち込みました。その後の経緯は冒頭でお話ししたとおり、編集長は原稿にざっと目を通して言いました。

「最近は活字離れで、出版業界は厳しいのです。この手の記事はいっぱい出ています。先生の熱意はよくわかりますが、残念ですが、お受けできません」と断られました。

正直なところ、私はむっとしました。「この出版社でなくても、あそこの出版社なら社長の家族を手術したし、こっちの重役も治した」などと頭に浮かべていました。しかし、「待てよ、この編集長が言っていることは間違いないのかもしれない。どこの出版社でも事情は同じだろう。だったら、うろうろ他を探していたら、それこそ時間のむだだ」と考え直して、私は編集長に頭を下げました。

「書き直して、三ヵ月後にもう一度持ってきます。原稿をまた見てくれますか」

「見るだけなら、何度でも見ましょう」

こうして私は夏の間に書き直して、九月にもう一度、原稿を持っていきました。一週間後、電話がありました。「やりましょう」。私は飛び上がりました。

こうして、本は翌年二月のシンポジウムに間に合いました。それが、『「平穏死」のすすめ――口から食べられなくなったらどうしますか』なのです。

実は、施設長がこのシンポジウムに力を入れたのには理由がありました。施設長のお母さんはこのとき誤嚥性肺炎で入院していて、病院の院長から胃ろうをつけることをしつこく勧められていたのだそうです。老いた親にどこまで医療を受けさせるべきかを、施設長自身が家族として判断に悩んでいたのです。

芦花ホームで起きていたことを見ていた施設長は胃ろうを断りつづけました。業《ごう》を煮やした院長は、ついに言ったそうです。「あなたのような人を見たのは、はじめてだ」と。

結局、施設長のお母さんは胃ろうをつけないまま亡くなられました。その二ヵ月後、家の引き出しの中からお母さんの手紙が見つかりました。そこには、「最期が来たら、余計な医療をしないでほしい」と書かれていたそうです。

揺れる心

マツさんのご主人と計画した敬老の日の家族会で、私は家族と職員に「口から食べられなくなったらどうしますか」と問いを投げました。その波紋《はもん》が芦花ホーム全体に広がっていきました。

介護士にとっても、その頃が大きな変わり目でした。

私はよく介護士たちに向かって、「無理に食べさせるから誤嚥するんだ、無理するなよ」と声をかけていました。彼らはきまって、「先生、そんなに言うなら自分でやってみてくださいよ」と軽く返してきたものです。

自分たちの仕事にプライドを持ち、誤嚥させずに食べてもらうスキルを勉強会で学ぶ真面目な介護士たちでしたから、私が自分では何もしないのに傍《はた》から口をはさむのを、彼らは「まったくしょうがないなあ」と内心でつぶやき、聞き流していたことでしょう。

そんな彼らが、介護技術の上手《うま》い下手《へた》の問題ではなく、そもそもご本人にとって今の食事介助はどうなのかと自分に向かって問うようになったのです。誤嚥させずに食べさせる技術のことばかり考えてきたけれど、ご本人はどんな思いだったのか、一五〇〇キロカロリーを何がなんでも食べさせようとしてきた食事介助は本当に正しかったのか、と考えるようになっていきました。

胃ろうのことはその後の家族会でも何度も話題になりました。

あるご家族が私に詰め寄りました。「最近、ここの家族の間で、常勤の医師が変なことを本に書いたらしいと噂《うわさ》になっています。母に胃ろうをつけたのは間違いだったということでしょうか」

そう言って厳しい表情を向けたのは、胃ろうをつけている母親をよく訪ねてきていた息子さんでした。横で九十歳を超えるご主人が不安そうに様子をうかがい、お姉さんはただ黙ってうつむいていました。

六十歳になるある娘さんは、「胃ろうをつけた母の姿を見るたびに、申しわけないことをしてしまったと思うのです」と涙ながらに言いました。

その険しい表情や涙の中に、胃ろうを選択したご家族が共通して持つ苦悩といらだちと自責の念を私は感じました。「お母さんは、今、生きていらっしゃるじゃありませんか。もし胃ろうをつけなかったら、お母さんはもうこの世にいらっしゃいませんよ」と、私はそれだけを返すのが精いっぱいでした。

職員もご家族も大きく揺れていました。

無理もありません、胃ろうという延命の医療について立ち止まって考え直せ、と医療者が言ったのです。私は今まで誰も口にしなかった直球を懐《ふところ》深く投げ込んだのです。

重たい球だと知ってそうしたからには、ご家族や職員をしっかり支えてこの課題に向き合わなければならない、問題を先送りにしたりごまかしたりしてはならない、ここからけっして逃げない、と覚悟を決めていました。悩みがあればいつでも耳を傾け、腹を割って話していこうと心に決めました。

私が投げた「口から食べられなくなったらどうするか」という問いは、実は二つの事実を伝えています。

ひとつは、老いて食べられなくなり体が栄養を受けつけなくなるということは、いよいよ人生の最終章に入ったことを示すサインであるということです。「死ぬのだから食べない」のです。

もうひとつは、そのサインが現れたときに、延命医療をするかどうかをご本人あるいはご本人の意思を汲《く》んだご家族が〝選択できる〟ということです。それは裏を返して言えば、食べられなくなったら胃ろうや経鼻胃管をつけて栄養を送りつづけるのが当然だと考えてきたご家族に対して、その先の方向を自分で考え、悩み、選びとるという新たな課題を預けたとも言えます。ご家族が判断に悩み、揺れるのは当然なのです。

そして、実は私の問いにはもうひとつ事実が隠されていましたが、この時点ではまだ私自身も事実とは知らず、その可能性を想像しているにすぎませんでした。それは、「医療を何もしない最期は平穏である」ということです。

人それぞれ違って当然

ご家族とは何度も本音《ほんね》で話をしていきました。

少しずつご家族の中に変化が見えてきました。「医療で延命して、いつまでもただ生きていてほしいとは考えていません」と本音をこぼされるご家族もありました。「もちろん元気で生きていてほしい。けれど、いずれ最期が来る。それまでの間おいしいものを無理せず食べて、少しでも楽しみを持って生きていてもらいたい」、そんな思いを抱かれるご家族が増えていきました。

マツさんのご主人は、医療を受けるかどうかに悩むご家族の相談に乗ってくださっているようでした。

母親に胃ろうをつけるかどうかで姉妹がもめてしまい、「穏やかな看取りができるだろうか」と職員の間で心配していたご家族がありました。

娘さんたちはマツさんのご主人が家族会で発言されるのを何度か聞いていたので、胃ろうをなぜ拒否したのか、胃ろうをつけないマツさんをどう介助しているのかをぜひ聞かせてほしいと希望されました。

マツさんのご主人は「胃ろうはやめたほうがいい」と勧めたりはせず、「自分はこう考えて、こうしてきた」と話しておられるようでした。

そうして、姉妹の間でもめていたお母さんは胃ろうをつけないまま穏やかにホームで亡くなられました。職員たちはほっと胸をなでおろしました。

胃ろうをつけるのがよいかどうか、それはどちらが正しいかを一概に言える問題ではありません。それは生き方に関わる問題であり、人それぞれ違っていて当然です。

ところが、残念なことに、私が『「平穏死」のすすめ』を書いてから後、老衰の終末に関心が向くようになったのはよいとしても、「胃ろうはわるい」と決めつける声も聞かれるようになりました。

本来は、人生の最終章を自分はどう生きるかを自分で考え、自分で選択すべき問題です。それなのに、「胃ろうはわるい、胃ろうはダメだ」と単純な公式に勝手に置き換えて、まるで正解を見つけてきたようにそれを信じ切って人生の終《しま》い方を自分で考えるのをやめてしまう、これはきわめて残念なことです。

胃ろうという方法自体のよしあしを問題にしているのではない、それをもっとはっきり伝えなければ誤解が生じてしまうということがわかりました。その後、私は講演のたびに、この単純な誤解を解くことを頭の隅に置くようになりました。

胃ろうの適応については医学系の学会でも話題にのぼるようになっていました。

『「平穏死」のすすめ』を出版してからしばらくして、日本消化器内視鏡学会から電話がありました。「今度の学会で先生の考えを述べてほしい」と言うのです。まさに、胃ろうをつけることを研究している学会です。

登壇した私に、案の定、厳しい声が次々飛んで来ました。

「あなたはまるで胃ろうをつけることがわるいように言うが、私たちは患者さんに胃ろうをつけて、たくさんのご家族から感謝されています」と、会場からマイクを手に女医さんが声を震わせて言いました。

私は答えました。

「明らかに延命のためでしかない胃ろうを、私は問題にしているのです。胃ろう自体を問題にしているのではありません。それが、患者さんのその後の人生の役に立つのなら、胃ろうをつける選択をすべきでしょう」と。

次の年も、同じ学会から依頼を受けました。覚悟はしていましたが、前年ほど激しい批判の声は聞かれませんでした。

さらに次の年も呼ばれていくと、学会長がはっきりとこう言いました。
「単なる延命のための胃ろう造設は慎《つつし》むべきだと思う」と。

多職種がひとつになる

決められた量を無理してでも食べてもらう食事介助から、ご本人の状態を見て無理をしない方向へ、介護士たちのケアの姿勢が徐々に変わってきました。

しかし、肺炎で入院したのを機に胃ろうをつけて帰って来た人も、また肺炎を起こすということが何度かありました。胃ろうをつければ誤嚥のおそれはなくなると職員たちは思っていたのですが、現実は違っていました。

喉を介さず胃に直接栄養を入れていても、その人の体が受けつける以上の量を胃に入れれば十二指腸は逆蠕動を起こします。単純なことです、量が多すぎたのです。胃ろうであっても、体が必要とする以上の量を入れてはならないということだったのです。

そうでなくても、高齢になれば寝ている間も唾液《だえき》が気道のほうへだらだらと流れ込んでいる状態になります。いわゆる不顕性《ふけんせい》誤嚥です。唾液が十分に分泌されていれば、その抗菌作用や清浄作用で口内環境はよい状態に保たれますが、高齢になれば唾液の分泌量が減ってきます。胃ろうをつけ口から食べることがなくなると、唾液はさらに減ってしまいます。そうすると口内環境は一層わるくなり、雑菌が増えて、肺炎の危険はより高まるのです。

胃ろうや経鼻胃管の人であってもその方の状態に合わせて水分や栄養を絞《しぼ》っていくことにしました。

ちょうどその頃に、「胃ろうの人こそ口腔《こうくう》ケアが大事です」と訪問診療のたびに話してくれていた歯科衛生士が芦花ホームの常勤になりました。口腔ケアの重要性については私も認識を新たにしていたときだったのでその活動を支持すると、看護主任は「口腔ケアに全員で取り組みましょう」と職員に呼びかけ、動きはじめました。

やがて、看護師と介護士が一丸で取り組んだ口腔ケアに成果が現れはじめました。肺炎を起こす人が減ってきたのです。日を置かず聞こえていた救急車のサイレンも聞かなくなりました。

その達成感が大きな喜びにつながって、看護師と介護士の協働が進みました。ここから先は看護がやること、こちら側は介護の仕事とおおよその区別はありますが、「この方に、このケアを、このときにしてさしあげたい」という気持ちは同じなので、その実現を第一に考えて、お互いの仕事を補い合いながらケアを協働でつくり出していくようになりました。そんなことは、私がここへ来たばかりの頃には想像もできませんでした。

そこへ病院での勤務経験がある管理栄養士が加わりました。管理栄養士は、病院でのいかにも教科書的な栄養学中心の考え方をやめて、入所者それぞれの好みや食べる様子を見聞きして、味わい楽しめる献立や食感を第一に考えるようになりました。おいしそうに食べてくれる入所者の笑顔を見るうちに、病院では感じられなかった仕事へのやりがいを芦花ホームで見つけたようでした。

入所者の喜ぶ顔を見たいという共通の思いが職員をひとつにしていきました。その輪に加わりたいと、今度は理学療法士がやって来ました。

理学療法士といえばリハビリを担う中心的存在です。需要が右肩上がりの領域の人間がなぜ特養を選んで来るのかと不思議に思う私は、会うなり尋ねました。「もう坂を下っていく人たちばかりのこの世界に、あなたは何をしに来たんだ?」と。

するとと彼は、「この坂をゆっくり下らせてあげるのも、リハビリの大事な役目だと思っています」と事《こと》もなげに答えたのです。

私は大変な思い違いをしていた自分が恥《は》ずかしくなりました。そして、ゆっくり下っていただくことが芦花ホームの使命だったじゃないかと、自分に言って聞かせたのです。

職員たちの意識が変わっていくのが、その表情からもわかりました。自信と自負が見えます。

「私は介護士です、と今は胸を張って言えます」とまで言うのですから、仕事にやりがいを見出したことの証《あかし》です。介護士の離職率の高さは既に社会的課題になっていましたが、この頃には離職する職員はほとんどいなくなっていました。

介護施設のケアは質が低いと、芦花ホームへの異動を辞退することも考えていた看護主任は、今ではこう言います。

「何かあるとき、いろいろな職種がすぐに集まって、何ができるかをその場で話し合える、次の瞬間にはもう動き出している。この連携は、在宅ケアには手が届かない施設ケアの〝生命〟です」と。

まさに機動力のある、切れ目のない多職種連携が芦花ホームに生まれつつありました。

はじめて目にした自然な最期

マツさんが一日わずか六〇〇キロカロリーの食事をとりつづけて一年半になる頃、また誤嚥性肺炎を起こしてしまいました。入院先の医師は、「今度こそ本当に食べられなくなるから」と胃ろうを強く勧めたそうですが、ご主人はまたもきっぱりと断って、マツさんをホームへ連れて帰りました。

マツさんはもう六〇〇キロカロリーさえ受けつけないようでした。おなかが空いて目を覚ますこともなくなり、いつまでも眠りつづけました。そして二週間後、まるで眠りの続きをまどろむように、そのまま静かに息を引き取られました。

それは、はじめて目の当たりにした自然な最期でした。

私は感動していました。何もしないとこんなに穏やかに逝けるのか。私は自然の仕組みの素晴らしさを神の恩寵《おんちょう》だと思いました。食べないから死ぬのではない、死ぬのだから食べない、という三宅島に伝わる穏やかな最期を私はマツさんの旅立ちに重ね合わせて、本当にそのとおりだったと肯《うなず》きました。

常勤医になったとき、私は入所者の方がここで亡くなられるときにせめて苦しんで逝かれることのないようにと医療用の麻薬を手元に保管していましたが、使う必要はありませんでした。自然の麻酔がかかるのです。徐々に食べなくなって、最後は水分も栄養もまったく受けつけなくなって、眠って眠って、苦痛もなく旅立たれるのです。

食べなくなるというのは、体の中を片づけ、余計なものを捨てて、身を軽くして天に昇るためなのだと知りました。水分をほとんど摂っていないというのに最後まで排《はい》泄《せつ》があるのですから、それが何よりの証拠です。

老衰に約束されている平穏死を、私は芦花ホームではじめて知ったのです。

無理をしない食事介助が続けられました。胃ろうや経鼻胃管であっても無理をしません。

以前ならば、本当にこのまま量を減らしていけば死んでしまうと職員は恐れたでしょう。ハラハラしながら見ているくらいなら、入院して今頃は何かしてもらっていると想像しているほうが、自分たちの心理的な負担が軽くなる、と思うことさえあったかもしれません。

しかし、私たちは今、その先には平穏死があることをマツさんから教えてもらいました。むしろ、今までのように最期が近くなって病院へ送り延命医療を受けることになれば、その方らしい生とはほど遠い残念な最期になってしまうことがわかるようになっていました。ご本人が望まないことはしたくありません。

三宅島の息子さんの言葉やマツさんのご主人の信念ある食事介助から、私は「無理をしない」ことの正しさを学び、胆《きも》が据《す》わっていました。

いつまでも目を覚まさない入所者を揺り起こして食事をとらせようとする介護士がいれば、「寝ぼけた状態だと誤嚥させるだけだ。まあ、ゆっくり寝かせてやろうよ、食べたいときに食べてもらえばいいさ」と私は言って、水分や栄養の量にこだわりませんでした。むしろ、その人の受けつける量がどれくらい減ってきているかをよく見ることを職員に求めました。そしてひとこと、「何があっても責任は俺がとる」と言って、彼らの背中を押しました。

老衰の坂をゆっくり下っていると思っていた方が突然その速度を上げたり、いつもとは違う様子を見せたりすることはよくあることです。ケアに当たる介護士は病院に連れていかなくていいのかと不安になります。しかし、病院に搬送すれば、その人のふだんを知らない医師が「ただならぬ事態にある患者」と判断して、苦痛のともなう医療を施《ほどこ》すのは間違いありません。私は「もうちょっと様子を見よう」と言って、ご本人が苦しんでいないのならば、すぐさま医療に委《ゆだ》ねようとする対応に待ったをかけるようにしました。

老いの残り少ない日々を生きるその方にとって、今、医療が必要かどうかを判断するのは、常勤医の大事な役割のひとつだと思います。「様子を見よう」と言えるのは、常勤医として毎日その方を見ているからです。そして、医療に対応を委ねずに、この芦花ホームでご家族と一緒にその方を見守っていくことができるのは、何よりも実働部隊である看護師や介護士が自分たちの使命をはっきり自覚できているからです。

職員たちが考えているのはただひとつ、最後の瞬間まで入所者の〝今〟を大事にしたいということでした。かつて一五〇〇cc、一五〇〇キロカロリーにとらわれて山積みの業務に振り回されていた介護士たちに、不思議なことに笑顔が戻っていました。

すると、さらに不思議なことに、入所者の表情も柔らかくなっていきました。忙しさは以前とそう変わりないはずですが、「目の前のこの方にこうしてあげたいと考える余裕を持てるようになった」と介護士たちは言うのです。

看護主任が言っていた、こちらの態度や心に思っていることが鏡のように相手の反応の中に表れる、というのはこのことだったのかとわかりました。

「看取りプロジェクト」が始まる

無理に食べさせないでこのまま自然に、と考えるご家族が増えていきました。実際にそうしたほうが本人にとって苦痛がなく楽そうだと、他の入所者の様子を見ていて感じるようになっていたのです。自《おの》ずと、最期まで医療を受けずにこのホームで自然のまま亡くなられる方が増えていきました。

国は平成十八（二〇〇六）年から介護施設での看取りに報酬面の支援を開始していましたが、私たちははじめからホームでの看取りをゴールとして見据えていたわけではありませんでした。水分や栄養をその方の負担にならないように減らし、延命医療は受けたくないという意思を尊重していくと、その先に平穏死の看取りがあったということなのです。

芦花ホームで最期を看取ることが増えつつありましたが、特養での看取りは全国的に見てまだ例が少なく、実は私たちにとっても手探りの状態でした。はじめの頃はひとりひとり違う旅立ちまでの経過に毎回あたふたしていました。看取りに立ち会った経験のない介護士は、少し前まで一緒に過ごした入所者の最期にひどく動揺してしまうことがありました。

すると、内外の調整を担当する生活相談員と看護主任が各職種の責任者を集め、あの医務室の大きなテーブルを囲んで何やら話し合っていたかと思うと、「看取りプロジェクト」と名づけた活動を始めました。

職員だけでなく、ときにはご家族も一緒に看取りについて学び合いました。私も何度か話をさせてもらいました。その間も、自然で穏やかな最期をここで見せていただき、その看取りを振り返って共有することを重ねました。

看取りを始めた頃は看護師が中心となって対応していましたが、次第に介護士が主体となって看取りのケアがおこなわれるようになっていきました。それもプロジェクトに組み込まれた計画だったのです。

ひとりとして同じ最期はなく、どの方もその方らしい最期を生き終わることを、職員は実際の看取りの中で体験として学んでいきました。いよいよ終わりが近そうだということが、毎日の様子を見ていてわかるようになっていました。それでも、「何人の方を見送っても、看取りに慣れることはないし、慣れ仕事になってはいけない」と、介護主任はよく言いました。

実は、各職種の責任者たちがこの看取りプロジェクトを立ち上げた背景には、私が『「平穏死」のすすめ』に書いたことと自分たちの実際には差がある、連携もまだ十分とは言えない、せめて本に書かれたことや講演で話されていることに追いつかなければ、という思いがあったのだそうです。

私が芦花ホームで看取りに立ち会うたびに感動し、こんなふうに平穏死できることを広く伝えなければという思いで各地を講演してまわる中、その私の背中を前方に見据えながら、彼らは職員を引っ張って懸命に後ろから付いてきていたのです。

その甲斐《かい》あって、職員たちは実に頼もしくなっていきました。

「井口さん、もうあまり入らなくなってきています。もう少し水分も栄養も減らしてみたらどうでしょう」と、介護士にも様子を聞いて看護師が私に提案します。

「そうか入らなくなってきたのか。皆でいい知恵を出してみてくれ、頼んだよ」と私は答えます。最終的に責任は私がとることを明確にして、あとは信頼して任せる、そんなことができるのです。

介護士たちは、食が細くなった入所者の方への食事の形態を変えてみたり、眠っていたら食事時間が来ても無理に起こさず、目が覚めてから食べてもらえるものを用意したり、ご本人が好きなものをご家族にうかがって食が進む工夫をしたりと、あの手この手の試行錯誤をその方に合わせて進めていました。

私が知らぬ間に、職員が入所者やご家族のために知恵を出し合うことも何度もありました。介護士から「先生の講演は文字ばかりでダサいから」と言って手渡され、以来、講演で披露するようになった映像もそのひとつです。

おそらくケアの中で、そのご夫婦の結婚記念日が近いことを知ったのでしょう、その日、看護師、介護士、生活相談員、他のご家族も一緒になって、ベッド上のご主人と奥さんを囲んでギターの伴奏で歌を贈っていたとは、そもそも私には思い浮かばないアイデアです。ご主人はきっとあの陽気なメロディを口ずさみながら旅立たれたのだろうと私は思うのです。

人生の坂を下り切って

最期を迎えるという人生最後の大仕事は、ご本人がひとりきりで背負うには少し荷が重いようだ、その荷をご家族やホームの私たちに少し預けて成し遂げてくだされぱいいと、私は思うようになりました。

「ひとりひとり最期は違う、だから看取りに慣れることはない」という介護主任の言葉はそのとおりですが、それでもホームの私たちは看取りの経験を積むことができます。しかし、ご家族にはそれがはじめての、大切な看取りになります。そのご家族を支えることも私たちの大事な役目です。

ご家族の心は最後まで揺れるものです。老衰で食べられなくなってくれぱやがて眠るように平穏死ができると私に聞かされても、親が今ここに生きているという存在感は何にも置き換えられません。死に臨《のぞ》む人間に寄せる、それが情愛というものです。

ご家族の思いは実に複雑です。理性的に判断できる人であっても、「この世にたったひとりの私のお母さん、いつまでも生きていてほしい」と望みます。「何か方法があるなら、この命の灯《ひ》を一瞬でも長く燃やしていたい」と祈ります。

その一方で、「医療を押しつけて苦しみを長引かせることになるのではないか」と冷静になって思うのです。二つの思いのはざまで揺れます。自分では決められなくなるほど、それは苦しい決断です。

そこへ遠い親戚が突然現れて、「何もしないで逝かせるのか」と非難します。「どうして救急車を呼ばないのか、治療も受けさせないでこのままこんな老人ホームで親を死なせるのか」と、事情もよく知らないのに本気になって言うのです。その混ぜ返しの迫力に気圧《けお》されて、ご家族はさらに不安にかられます。

けれど、大丈夫です。私にはわかってきました。どう最期を迎えさせてあげるべきかをご家族が悩みに悩んで語り合うことを重ねると、見送った後にそのときの苦しい記憶が、旅立った人への誠意となって残ります。「ありがとう、これでよかった」という声が心に聞こえてきて、「ああ、よかったんだ」とほっとするのです。このホームでご家族の看取りに立ち会ってきた私には、それがわかるようになりました。「ああ、この人も、この人も平穏死だった」と、その方の人生に頭《こうべ》を垂《た》れながら私は感動すらしています。余計な医療は何もしないほうが穏やかに逝けることを、私はここで教えられたのです。

老いの下り坂は下るだけに見えて、案外大変なものです。それというのも、黙って下らせてもらえない、周囲の人間が医療にすがってご本人を引き留めようとするからです。けれど、その方のペースを大事にしてさしあげれば、どの方も人生の坂を下り切って最後にほっとした顔を見せてくださいました。

試練をくぐってひと皮むける

芦花ホームへ来るまでの十年、私は勤務する病院との間で身分保全を求める裁判を闘ってきました。それは、私にとって大きな試練でした。けれど、試練をくぐって、私は人間としてひと皮むけました。

単純な話です。胸をえぐられるような痛みを我が身に味わったことで、ひとの痛みを理解できるようになっていたのです。あの試練がなければ、こうして特養の常勤医になることも、ここで認知症の高齢者と同じ目線に立つこともできませんでした。

そして、私はこの芦花ホームで腹を割って本音で語り合える職員たちやご家族に出会い、さらに多くを教えられました。

私の経歴などまるで関心のない介護士たちは、こちらから声をかけると、素《す》のまま正面からぶつかってくる気取りのない人間たちでした。介護士たちの人間性にはじめて触れたときのことを、私は今も思い出します。

よかれと思って与えた「あともうひと口」が徒《あだ》になって誤嚥させてしまう、咄嗟《とっさ》に「しまった」と思う、と介護士は言いました。私はそれを聞いて、「上司に叱られる、家族に責められると思うのだろうな」と想像しました。けれど、違いました。「何をやっているんだ、俺は、と自分を責める」と介護士は言ったのです。

「まず自分を責める」と聞いて、私は正直驚きました。それは、若いながらも逆境を生き、苦労をしてきた人間だからこそ言える言葉です。ひとの痛みがわかるのです。そして、自分には厳しいのです。

責任からは逃れたがり、そのくせ自分をことさら大きく見せようとする、それまで私が見てきた人間とは違っていました。試練を身に受けた自分と共通するものを私は感じました。「こいつらとなら、この新しい世界でやっていける。肩を並べ、本音でぶつかり合いながら同じ目的を目指していける」と、私はそのとき直感しました。

こんなまっすぐな心を持つ介護士たちとはすぐに本音で話せるようになりました。今にして思えば、彼らの率直さや謙虚さもさることながら、彼らがまともな感覚を持ちつづけていたことも、芦花ホームの組織が変わっていくのに欠かせなかったのかもしれません。

こんなエピソードを介護士は明かしてくれました。

芦花ホームが一日一五〇〇cc、一五〇〇キロカロリーの暗黙のノルマに縛《しば》られていた頃のことです。介護士がその日担当した入所者の食事量を看護師に報告していると、看護師が尋ねました。「で、薬は？　飲ませたの？」

その方は日毎《ひごと》に食べる量が減って、もう何も食べられなくなっていました。介護士は堪《たま》らなくなって、「もう食べられなくなっている人に、薬が必要なのでしょうか」と問い返したというのです。

看護師に向かって介護士がものを言う、それは当時の芦花ホームにあった奇妙な序列からすれば、あり得ない言動でした。看護師はおそらく「扱いにくい介護士」というレッテルを彼や介護士全員に貼ったことでしょう。けれど実態は、介護士には「まともな感覚」があり、看護師はそれをなくしていたのです。

たしかに、入所者にとって大事な薬というのはあるでしょう。しかし、食べられなくなったということは、つまり終焉の徴《しる》しです。それに気づくことのほうが、むしろ今その人にとって大切なケアをすることにつながるはずです。

このエピソードが伝えるように、かつての芦花ホームには職種間に壁があり、組織は膠着《こうちゃく》していたのです。ケアを協働することなど到底できません。まともな感覚が麻痺《まひ》してしまい、ひとりひとりに寄り添ったケアではなく、定型の作業をこなすのが仕事になっていたことが想像できます。

入所者の方から表情がなくなるのも無理ありません。この停滞した空気をまともな感覚で打ち破ってくれたように、私には思えるのです。

「今」を大事にするケア

看護師にも私は教えられました。それは、「その人の生活を見る」という視点です。看護師は診療の補助など医療行為に関わることもしますが、看護の基本には「その人の生活を見る」という視点があります。生活を見るとは、その人の心も体も、ご家族をはじめさまざまな人とのつながりも、何をされてきて、何を楽しみとし、何を望んでおられるのかも、広く深く視野に入れるということです。

それに比べて外科医はいわば体の部品修理屋なので、どうしても修理する箇所に目が向きます。医師というのは疾患《しっかん》の治療に専念するので、とかく患者の生活への視点が欠けるのです。

かつて私は人工肛門をつけた大腸がんの患者さんの不安気な顔を見て、心の中でこんなことを思っていました。「なに、温泉に行くのに困る？　ぜいたくを言うんじゃない。命が助かっただけいいじゃないか」と。それは、まさに部品修理屋の言い分でした。

そんな私が芦花ホームへ来て変わりました。ここで生活されている方々の人生をまるごと見せていただくようになったのです。それは、看護の実践を間近に見て教えられたのです。

看護主任は、ケアをする自分に「この方はどんな人？」と常に問うのだそうです。医師というのは往々にして要素還元主義の医療にとらわれているので、「どんな人」というような曖昧で主観的な問いで患者さんをとらえることをしませんが、特養は生活の場なのです、入所者の方を客観的なデータの集合体のようにとらえることに何の意味があるでしょう。

「どんな人」とは、その人の存在、生活を、そのまま全体としてとらえようとする問いでしょう。その人が生きてきた長い時間の流れの突端にあるのが「今」、そういう人生の文脈の中の「今」を大事にしてさしあげたい、と言います。その考えが芦花ホームのケアに流れていることを、私は感じています。

私は思います。看取りを通して芦花ホームの職員は人の情愛をご家族と一緒に感じ、人間として崇高《すうこう》な経験を重ねていった。そして私がこのホームにはきっといると思っていた〝座敷《ざしき》わらし〟は、彼らだったのだ、と。

老人の自負

特養の常勤医になったばかりの頃には常勤医の役割さえわからず、医療行為をできないことに戸惑いを覚えました。

けれど、その制約のせいで、私の目は否《いや》が応《おう》でも入所者の方々の生活や人生のほうへ向かいました。また、その方の「今」において医療が役に立つのかどうかを、医療がわかる人間としてクリアに見極《みきわ》めることができたと思います。

私が常勤医の役目を果たせるのは、実働部隊である職員がいてくれるからです。介護士や看護師の仕事は「感情労働」と言われます。弱った高齢者を支援するのは体力勝負の一面もありますが、認知症の方やご家族の追い詰められた気持ちに対応する中で、介護士たちが自分の感情を押しとどめる場面も少なくありません。心の均衡を保っていられなければ、仕事は続きません。私と職員たちが言いたいことを本音で言い合える関係であることは、多少そのはけ口の役をなしているかもしれません。

しかし、実際のところは、そんなつもりもないのですが、私のご家族への説明がやや直截的《ちょくせつてき》になったり言葉が足りなかったりした後で、彼らは「まったくしょうがないな、先生は」とため息をつきながらも、「先生は先ほどこう言いましたが……」と言ってご家族をなだめたり、とりなしたり、不安を聞き取ったりしてフォローしてくれているのを知っています。

こうなると、どちらが支えているのだかわかりません。いや、こうしてお互いに支え合っていくのが、目的を共有するチームに違いありません。

私自身が入所者とそう歳の変わらない高齢になって、身体的に衰えていく自覚も、不自由さの実感も、老いに向かう心境も、他人事ではなく感じることができます。それも、特養の常勤医を務めるのには幸いしているかもしれません。

老人は弱いものとされていますが、老人はそのイメージよりもはるかに精神的に自立しています。その長い人生の途上でたくさんのものを失い、どれだけの涙を流したかしれませんが、そこにとらわれたままであったら今日という日にはたどり着けなかったはずです。

老人にはここまで生き抜いてきた自負があります。憐《あわ》れんでほしくなんてありません。一個の人間として対等でありたい、もう本音で生きていくことしかできないのです。ただ人間として扱ってほしいと、同じ年寄りとして私は思うのです。

「おっ、今日は腰が痛くないぞ」と気づいたときの儲《もう》けたような気分、それだけで一日をありがたく過ごせるのも老いの醍醐味《だいごみ》でしょうか。こんなことは若い人にはわからないだろうと悦《えつ》に入ったりしているのです。こうして自分自身の老いに素直に向き合うことができているのも、芦花ホームの医師になったからなのかもしれません。


私の一日は、百人の入所者に朝の挨拶をしてまわることから始まります。

私も八十歳を超えて、お互いに少々耳も遠くなっているので、挨拶は大きな声で、体全体を使って、「おはよう！」と声をかけます。

医師として入所者の健康状態を知ることも大切ですが、それよりもずっと大切なことは、人間同士として朝の挨拶をすることです。これでお互いに心の平衡を保てるのです。

若い頃に深川《ふかがわ》芸者だったおばあさんは、朝の挨拶も愛想がよく、なかなか達者です。軽く手を挙げて、「先生、いい天気ね！」と朗《ほが》らかに笑顔を見せてくれます。私も負けずに大きな声で、「いい天気ですねえ」と答えます。

外は雨が降っています。「いい天気じゃありませんよ。雨、降っているじゃないですか」なんて野暮《やぼ》なことを言えば、せっかくの明るい気分は吹っ飛んでしまいます。

認知症の方も同じ人間。人間にとっていちばん傷つくことは誇りを失うことです。天気なんかどうでもよいのです。お互いに気持ちよく、人として朝の挨拶を交《か》わすことが大切なのです。そして、おばあさんがいつもの認知症のおばあさんであることを確かめ、私も安心します。お互いに同じ人間であることを、認め合うのです。

第2章　超高齢社会の医療を問う

医療へのひたすらな過信

芦花《ろか》ホームで平穏な看取《みと》りがおこなわれるようになるまでの経緯をお話ししてきました。ここからは、老衰《ろうすい》と医療について少し考えを巡《めぐ》らしてみたいと思います。

歳をとれば誰しも食べられる量は減ってくるものです。実際、私ももう若いときのようには食べられません。うっかり食べすぎるとかえって苦しくなります。おなかが空いているぐらいが体の調子はいいのです。

老衰で終焉《しゅうえん》に向かっている体は、さらにその量を減らしてほとんど栄養を必要としなくなります。

もう体が受けつけなくなっているのに、食べさせなければ死んでしまう、それはまずいと、「あともうひと口」と煽《あお》りながら食べさせる、あるいは胃ろうから機械的に水分と栄養を送り込む。その結果起こる誤嚥《ごえん》、肺炎、病院へ送られて抗生物質を点滴され、その治療が済めば胃ろうをつけられて退院する。残り少ない人生を生きる人に、この延命のための医療はどんな役に立っていると言えるのでしょうか。

胃ろうも点滴もしないのは何もせず見捨てて死なせるようなもの、それは消極的な殺人ではないか、と言う人がいます。

しかし、もう食べなくなったら、それは穏《おだ》やかな終末に向かって体を身軽にしはじめたということです。水分や栄養を無理に体に入れても、体はもう受けつけないので、胃から内容物が逆流して、食道、気管を通って誤嚥してしまいます。それではまるで燃料を積み込みすぎて、その重みで墜落してしまう飛行機同然です。それこそ殺人行為ではないでしょうか。

その数は格段に減ってきたとはいえ、日本にはいまだに胃ろうをつけた老人が二十万人いると言われています。

もともと胃ろうは、食道狭窄《きょうさく》という先天的な障害を持つ小児のために緊急避難的に開発された医療手段です。それを老い衰えた人の延命のために用いる国は世界にも例がありません。外国ではほとんど見られない認知症の老人への胃ろうが、日本ではなぜいまだに続いているのでしょうか。

その背景にあるのは、ひとつは老衰に対する医療の無遠慮な介入であり、もうひとつはその現状を認める家族の医療への過信ではないかと思います。この二つが、我が国の人生の最終段階における医療をいびつなものにしているのです。

誰にとっても死は怖いものです。少しでも死を先延ばししたいと、病院通いと医者頼みをやめられません。そこへ行けば、自分の安心につながるからです。病院はそんな患者たちであふれています。

きついことを言いますが、迷い道に入り込んだような現状をつくっているのは、医師でもあり、患者でもあります。

老衰も死も受容できず、医学に過度な期待を寄せて、「まずは病院へ、最期《さいご》まで病院で」と、何かしてもらおうと病院に詰めかける。近頃は、死にゆく本人は「何もしないで、自然に逝《い》かせてほしい」と望んでいるのに、家族は「一分一秒でも長く生きてほしい、生かしてほしい」と、命に執着します。それをあきらめたりしたら、罪悪感に苛《さいな》まれそうで、何かしてもらわずにはおれないのです。

自分の大事な残り時間をどう生きるかを考えないで、「まず治《なお》してもらうのが先」と考えている。もう医療では治しようがない老衰の坂を下っているという現実から目を背《そむ》け、藁《わら》にもすがる神頼みに大事な時を浪費して、自分の人生を生きていないのです。そうなると、「いよいよ」の時が来て慌《あわ》てます。このような思いは、人生最終章のご本人ではなくて、そのご家族に多いのです。

日本人は戦後になって、生老病死の「死」を視界から遠くに追いやって、「命は地球よりも重い」という言葉の意味をはき違えて、今の快楽をただ追い求める安易《あんい》な、刹那的《せつなてき》な生き方にとらわれたように思います。

老いがこんなにも長いとは知らず、その先に衰えて必ず死ぬということも忘れて、愉快な今だけを求めるようになったのではないでしょうか。医学が病《やまい》の危機をいつだって救ってくれると勘違《かんちが》いしてきました。しかし、これは幻想です。

この医学、医療への過信と医師と患者、家族のもたれあいが、延命への強迫観念《きょうはくかんねん》を助長し、我々国民をかえって不幸にしているのです。皆で迷い道に入って右往左往していると私には思えてなりません。

老衰も自然死も学んでいない医師

人間も自然の一部です。老い、いずれは朽《く》ちて、行き止まります。自然の摂理《せつり》である老衰の最終章に医学はどう対応すべきか、今はそれを考えなければならなくなりました。治すことも止めることもできない老衰を相手にしているのです。「病気を治す」ことだけを考えてきた従来の医療は、老衰には通用しません。

「老衰の最期は乾かしておくほうが楽に逝ける」と、在宅で最期を看取る訪問看護師たちは経験的に知っていると聞いています。乾かすとは、水分や栄養を必要以上に与えないということです。「枯れるように死ぬ」という表現がありますが、実際そうであるほうが穏やかに最期を迎えられるということなのです。

これに対して医師は、老衰の最終章にも果敢《かかん》に医療をおこなおうとします。その結果、穏やかな死のソフトランディングを妨げ、患者に苦痛を与えているということを、医師はわかっていません。

現代の医師たちは老衰も自然死も学んでいないからです。治すことだけを学び、治すことが医療であり、それが自分たちの使命だと信じてきたのです。だから、患者を目の前にすればその相手がどうあれ、医療を施《ほどこ》し、死なせない努力をしてきたのです。

平成十三（二〇〇一）年、日本老年医学会が出した白書には当時の医師たちが持っていた認識を付記として次のように記しています。

「最期まで命は救われなければならない。死を語ることはタブーである」

つい二十年ほど前まで、医師は死をタブーとして扱い、患者の「逝き方」を考えることはほとんどなかったということです。

私自身、急性期病院の外科医であった頃には、手の施しようがなくなった患者さんであっても必ず輸液《ゆえき》の指示をしていました。「死なせてはいけない」からです。その人に後がないことがわかっていても、命は引き延ばすべきものとして疑いませんでした。何も医療をしない自然死を、私は病院では見たことがありませんでした。

そういえば、かつてはいよいよ最期というときには必ず心臓を穿刺《せんし》して強心剤を注入していた時代がありました。昨年亡くなられた日野原重明《ひのはらしげあき》先生も、若き医師としてはじめて受け持った十六歳の女工さんの最期にあたって、少女は死を受容していたのに、意味のない強心剤を打ちつづけたと述懐されています（日野原重明『死をどう生きたか』中央公論新社）。

臨終の場面で強心剤を使うことに何の意味もないことは今はわかっているので誰もしなくなりましたが、「死なせてはいけない」という医師の考えだけはいまだに尾を引いているのではないでしょうか。

日野原先生はその後、なぜあのとき少女に意味のない注射をするのではなく、その手を握って、「お母さんにはあなたのことを伝えるから、安心して逝きなさい」と言ってあげられなかったのかと、若き日のご自分に対して悔《く》いを抱かれ、終末期医療に心を向けられるようになりました。

振り返ってそう思われるようになったのは、先生が還暦《かんれき》の頃とうかがいました。日野原先生は私に、「治すことが中心の今の医療に、いつ頃から疑問を持たれたのですか」と問われ、「考えてみれば、還暦の頃からです」と答えた私に、「ああ、あなたもそうですか」とおっしゃいました。

しかし、たいていの医師はまだ若いせいなのか、終末期にある患者にも果敢に医療をおこなおうとするのです。

このとき医師が見つめるのは疾患《しっかん》あるいは病《や》む臓器であって、人間を見ていないのです。生老病死のすべてを含むのが人の一生なのに、そのうちの「老」には関心がなく、「死」については見ることも考えることも避けてきたのです。

治すこと一辺倒でいいのか

自戒《じかい》を込めて言えば、医師は自分たちを特別な存在とでも思っているのでしょう。

「我々医師は病気に関していちばん知っている、人びとが健康でいられるのは医療のおかげだ。患者が最期かどうかを判断できるのも医師だけだ。その証拠に死亡診断書を書けるのは医師だ」、そう思ってきたのです。

たしかに、病気になるというのはある意味で人生途上のピンチです。それが生死に関わる事態となれば、当人は助かりたいと必死になります。医師もそれに応えるべく治療します。

しかし、医師が疾患だけを診《み》てその人の人生を顧《かえり》みないとき、人のためになってこそ仁術《じんじゅつ》と言われる医療がその精神を失って、患者に、いや、患者の人生に無遠慮に介入する単なる「技術」となってしまいます。

高齢化が進み、人生の最終段階における医療の様相はひと昔前と今とでは違います。かつては不治の病で亡くなっていくあらゆる世代の人への医療を目指していましたが、今は「老いの終点における医療」という意味が濃厚です。平均寿命が延びたということは、ほとんどの人が老いた末に死ぬようになった、ということです。

この、老衰という自然の摂理に対してまで、それを病態の集合体とみなして、死の直前まで老衰を「治そうとしている」ことに問題があります。

私は医師たちに問いたいのです。医学や医療は万能でしょうか。老衰を治せた医師がいるでしょうか。がんも動脈硬化も老化がもたらすものです。医学の粋《すい》を集めても治せない病が増えてきているのです。

医師たちは治すこと一辺倒《いっぺんとう》の頭をそろそろ切り換える必要があります。患者の人生を見て、医療はこの人のためになるのかを考えなければなりません。その人間が人生の坂をどこまで下ってきているか、残る生命力はいかほどかという、その人の人生から見た今と、とらえた疾患を治療することの人生に対する貢献度とリスクとを、天秤《てんびん》にかけて評価しなければならないのです。老いて最終章を迎えることは、命のバトンランナーとしての個体にとっては、まさしく自然との関わり合いです。

要素還元的に疾患の原因を究明して治療を講じる現代医学は、裏返せば、人を要素の集合体としか見ていないのです。しかし、構成要素をもらさず集めてひとかたまりにしたところで、その人自身になるわけではありません。

病巣《びょうそう》という要素だけを見て、その人を見ていないので、たとえその人が人生の終わりに近づいていようとも、治すことが善だと信じている現代の医師によってお構いなく医療が押しつけられることになります。それは、人間を幸福にしません。

世界一の超高齢社会を迎えた日本の医学界は、この現状認識の誤謬《ごびゅう》に今こそ気づかなければなりません。

部品修理では間に合わない

では、医療が治そうとして向き合っている「老衰」とは何でしょうか。

かつて急性期病院の外科医であった私が考えていたこと、行動していたことに遡《さかのぼ》って、老化、老衰とは何か、そして医療がそれにどう向き合い、何をしてきたかをたどってみたいと思います。

私は五十年前、消化器外科医として医師の人生をスタートしました。医療の進歩の追い風を受けて、その滑《すべ》り出しは順調でした。腹膜炎《ふくまくえん》などの感染症との闘いは勝ち戦《いくさ》が続き、私は治すことの手応えを感じていました。

やがてがんとの闘いが増えてくると、徐々に厳しい闘いになってきました。がん細胞を一粒でも残してしまえば再発してしまう、少しでも大きな網をかけて怪しいところはできるだけ取り除かねばならない。すなわち拡大根治《こんち》術、必死の応戦が続きました。

広く網をかけるためにバラバラにした血管は再び元どおりにつなぎ合わせなければなりません。そこで、私は治すことをさらに先へ進めるために当時の西ドイツへ渡り、血管外科の技術を習得しました。

帰ってきた日本は寿命の伸長で高齢化が進み、がんやメタボリックシンドロームの患者さんが増えていました。動脈硬化との闘いも本格化しました。血管外科の技術を活《い》かす日々が続いたのです。

しかし、がんも動脈硬化も長く生きてきた結果であり、まさにそれが老化です。長く生きてきて免疫力が低下してきたのが、がんの原因です。動脈硬化も長年使ってきた血管パイプが破綻《はたん》して目詰まりを起こしているのです。

外科医はいわば壊れた体の部品修理屋ですが、患者さんが高齢化するにつれて、部品修理だけでは間に合わなくなってきました。治すことを使命としてきたのに、治せないのです。

こうして私は自分がやってきた手術の意味を問わざるを得なくなりました。ちょうど還暦を過ぎ、自分自身の老いの予感も頭の隅に浮かぶようになった頃でした。

その頃から、私は治せた患者さんの病室には行って余計な話もしてくるのに、治せなかった患者さんの部屋には足が向かなくなりました。どう言葉をかけたらよいのか、かける言葉が浮かばないのです。

患者さんには治る見通ししか話してこなかったので、「もう治せなくなりました」という正直な話ができないのです。そんな自分を恥《は》ずかしく思いました。人間として自分が嫌になりました。

同じ頃、私は病院で外科医として診療を続けながら、その病院と裁判で争うという壮絶な試練に直面していました。

発端は、株の売買で病院が多額の損失を出したという内部告発の真偽《しんぎ》を確かめるために、当時副院長であった私がその調査委員長に任じられたことに遡ります。我々病院の職員が患者を病から救う使命を全《まっと》うしているさなかに、中枢部《ちゅうすうぶ》が使命を見失った行動を起こしていた事実に私は憤《いきどお》りを覚えました。

自浄作用を働かせて職員一丸となって病院の再起を成し遂げようという意思《いし》を持って、私は調査結果を報告するはずでした。しかし、その直前に、報告の取りやめと解任、解雇を通告され、私は納得のいかない解雇に対して身分保全の裁判を起こしたのです。

地裁では勝訴しましたが、高裁では敗訴、最後に最高裁で門前払いにされました。裁判は結果として十年に及びました。その間、私は倉庫代わりに使われていた北向きの一室に追いやられ、嫌がらせや手術の妨害にも遭《あ》いました。

しかし、この境遇に身を置いたことで、私は医療の意味を真剣に問い直す時間を与えられました。医師は何をすべきなのかと自らに問いつづけました。

それはちょうど治すことに行き詰まりを感じはじめた頃と時期を同じくしていたのです。

不治の病の人に必要なもの

老衰への医療には限界がある、ただ治すことだけを考えていてはご本人をかえって苦しめることになるのではないか。医療の意味を突き詰めて考えはじめた私は、それまでは「あってはならない」と考えてきた患者の「死」をあらためて見据《みす》えるようになっていました。

これも不思議な巡り合わせです。病院を相手に裁判をしていた間のことです。静《じょう》脈血栓症《みゃくけっせんしょう》で入院されていた青山学院大学の倫理学教授小原信《おはらしん》先生が、退院後の夏休みにロンドン郊外のセント・クリストファーズ・ホスピスに行く予定だとのこと。ぜひ同行させてください、と私は思わず申し出ていました。

そのホスピスでは、こぢんまりとした気持ちのよい空間の中で、がん末期の方が葉巻を燻《くゆ》らせたり、ピアノを弾いたり、本を読んだり、それぞれが思い思いに過ごされていました。自分の人生、その終わりを、自分らしく送っておられました。

緩和《かんわ》ケアの創始者であるシシリー・ソンダース女史はご存命で、私たちにこう話してくださいました。「不治の病の人に必要なのは、もはや治療ではなく、生かされていることへの感謝、喜びであり、それが心を支え、日々の生活を支えている」と。

私が病院で当たり前にやってきたことと、このホスピスで提供されていることはまったく違っていました。私はそれまでの自分の考え方を転換させるきっかけをもらったのです。

方法があるのなら手を尽くすのが医療であり、それが誠意だと信じ、がんの術後の再発で予後の厳しい患者さんにも、医師である私たちは「頑張れ、頑張れ」と抗がん剤を点滴し、放射線を当てて、医療の手を止めることはありませんでした。

そこまでして何を患者さんに与えられたのかと言えば、最後まで苦しみを押しつけただけではなかったのか、それが人のための医療と言えるのかと、愕然《がくぜん》としました。残された時間を生きようとする人からその人生を奪っているのは、患者を治そうと挑《いど》みつづける医師たちではないかと、自分に問いました。

医療は、医師はどうあるべきなのか。医療の大きな傘《かさ》の下にその恩恵を受けて患者の命があると思ってきましたが、患者の人生を邪魔することなく、患者に必要とされるときに医療がそこにある、というのが本来の姿ではないかと思いはじめました。

そうであるならば、人生途上の病というピンチを医師である私と一緒に乗り越えたかつての患者さんたちに教えていただきたい、「その後をどう生きていらっしゃるのか」を。それがわかれば医療の意味を問い直せるかもしれないと私は思いました。

芦花ホームという特養の後任の常勤医が見つからないという話を聞いて、すぐに手を挙げたのは、その答えを見つけるためでした。

血管外科医としてやってきたこと

芦花ホームへ行って、私ははじめて老衰の果ての自然死を知りました。それはまさに「平穏死《へいおんし》」でした。

死は倒すべき敵ではなかったのです。私は外科医として患者さんを死なせてはならないと闘ってきましたが、老衰の終末においては、治そうとする医療、死なせてはならないとする医療が、その人の残り少ない大事な時間を台無しにし、苦痛さえ与えていたかもしれないということに気づきました。

人が老いてやがて死ぬのも自然の摂理なら、その秩序を医療という「外乱」で侵《おか》されなければ楽に逝けることも大いなる自然のわざだと知り、私は驚きを感じていました。「平穏死」という自然の摂理を芦花ホームではじめて目の当たりにして、私がこれほど感動したのは、患者さんを命の危機から救い出すことに全身全霊を傾けてきたという外科医だったからだと思います。

介護の世界に入るまでの三十数年を私は血管外科医として歩んできましたが、中でも私が二百人以上の患者さんにおこなってきた頸動脈内膜摘除術《けいどうみゃくないまくてきじょじゅつ》は、挑もうとする医師の少ない非常にリスクの高い手術でした。しかも、それは病巣を照準とする一般的な治療とは違って、将来予測される脳梗塞《のうこうそく》を未然に回避するための「予防手術」でした。

医療行為を「外乱」という言葉で私がとらえるようになったのは、この頸動脈の手術のエビデンス（治療の有効性を示す証拠）を評価する過程でこの言葉が使われていたからです。

予防手術をするとは、今は何の障《さわ》りもないのに将来のリスク回避のためにあえて危険を冒すということです。近づく老化によって起こり得る脳梗塞のダメージと、手術という外乱のリスクとを天秤にかけねばならない。それは患者にとっても医師にとっても、まさに医療の意味が問われる局面です。

これほどのリスクを患者も医師も背負うからには、その医療手段が医療として有効かどうかを客観的に知る必要があります。患者の自然経過とは対照的な言葉として、手術に臨《のぞ》む医師たちは「外乱」という言葉をこの医療手段の意義を問うにあたって、あえて用いてきたのです。

人は血管とともに老いる、とアメリカの内科学の父ウィリアム・オスラーは百年以上も前に言っていますが、血管は長い年月を経て傷んできます。

血管外科医の私は、血管壁にヘドロのように付着したコレステロールを取り除いて詰まりを治したり、バイパスをつくったり、破れそうな動脈瘤《どうみゃくりゅう》があれば人工血管で置き換えたりしてきました。

その血管の中でも頸動脈というのは、血液を大脳に送る通路です。長年生きてくれば、頸動脈も劣化《れっか》して内壁にはコレステロールが溜《た》まります。そのまま放っておけば、いずれ脳梗塞を起こして日常生活に重大な支障をきたす後遺症を負わせ、その後の人生をめちゃくちゃにしてしまう恐れがあります。

そこで、人間は考えたのです。なんとかこの人生の垢《あか》とも言うべきコレステロールを取り除いて脳梗塞を予防しよう、と。

多くの場合、脳梗塞は還暦を過ぎるあたりで発症します。これから始まる第二の人生に向けて立てた計画も、脳梗塞を起こせば実現がむずかしくなるばかりか、厳しい第二の人生となるかもしれない。脳梗塞によって起こる重い障害を抱えた人生を回避できるのなら、手術は大手柄です。

しかし、なにしろその手術は直接脳へ行く動脈の、コレステロールが付着した血管をいじるのですから、ひとつ間違えると手術のせいで患者さんに脳梗塞をつくることになりかねません。

手術のリスクを覚悟の上で患者さんは手術を望まれ、私も命がけで手術をするのです。中には、ひそかに遺書までしたためて私の手術を受けた方もおられました。

将来のリスクを避けるために、今あえて人生の終盤に入りつつある患者さんにリスクの高い手術をするということは、将来的に治せていなければこの医療をする意味はないということになります。そこで調査が世界的におこなわれ、手術する医師の手術成績の基準が設《もう》けられました。

過去十五年に私がおこなった約二百例を基に調査を実施し、平成十二（二〇〇〇）年の日本血管外科学会で発表したその調査の結果は、手術自体で脳梗塞を起こしたのは二百例中三例で、手術した患者さんではその後の脳梗塞の発生が少ないことが実証される内容でした。

術後の患者さんの活躍ぶりを見聞きすることは、この治療手段における医療の意味を問いつづけてきた私にとって安堵《あんど》と肯定を与えてくれるものでした。当時、関東労災病院名誉院長であった石川浩一《いしかわこういち》先生が私の手術を予防手術として評価してくださったことは、これまでの労をねぎらっていただいたような深い感慨を覚えるものでした。

患者さんの将来をこの手に預かる私にとって、この頸動脈の手術は自分の持てるものすべてを注ぎ込まなければ挑めないほど命がけの治療だったのです。

老化に対峙したことで

しかし、私は次第にこんなリスクの高い手術をいくつまでの患者さんにするのか、と疑問を抱くようになりました。実際、八十歳代の患者さんも治しました。術後の頸動脈は、八十歳の患者さんであろうと、それまでの人生の垢を取り除けば、そこだけは二十歳と見まがうまでに戻せるのです。

しかし、手術のリスクと、その人のこれから先の人生を天秤にかけて考えると、手術を躊躇《ちゅうちょ》することもありました。いや、正確に言えば、手術することは無意味ではないかと思える患者さんが社会の高齢化とともに徐々に増えていきました。既にボケてしまっている患者さんには、いくら病変を発見できても、その部分だけを治していったいどんな意味があるのかと思わざるを得ませんでした。

つまり、病と対峙《たいじ》するというより、老化に対峙するようになっていたのです。私は患者さんの将来の人生の軌道《きどう》を命がけで修正したつもりでいましたが、老化は止められないばかりか、その先には、医師としてはあってはならないと考えてきた「死」が間違いなく待っていることを意識しないわけにはいかなくなっていました。

そして、芦花ホームではじめて見た「平穏な死」。私は外科医として患者さんの持てる時間を取り戻すことに全身全霊で向き合ってきましたが、自然の為《な》す終焉《しゅうえん》はそんな人間の行為など足元にも及ばないほど静かで穏やかなものでした。医療は「外乱」でしかなかったのかもしれないと思いました。

医療は常に善《よ》いものであると、それまで私はずっと信じてきました。なぜなら、医療は患者を治すことで命を救い、患者に幸せをもたらすからです。治せたということが、よい医療をしたかどうか、患者を幸せにしたかどうかを決める、と考えてきました。

芦花ホームに転身する少し前あたりから、治しようのない老化と対峙することが増え、私は今までの自分の考えに疑問を抱くようになっていました。はたして医療は治しているのか、治すことは患者を幸せにしているのか、と。その答えが、芦花ホームの平穏死の中にあったのです。

私の頸動脈の手術を評価してくださった石川先生はその後、介護施設の医師になられたと最近になって知りました。人びとに幸せをもたらす本当の医療の意味を求めて先生は転身されたのだと、それを聞いて私は思いました。

老衰に医療をどこまで介入させるのか

所詮《しょせん》、医学は人間が考え出した科学の一部門にすぎない不完全な科学、完璧は望めません。それでも私は常に外科医として最善を尽くし、誠意を尽くすことに努めてきました。

外科的処置とは、既《すで》に起こってしまったか、あるいは近い将来に起こることが予想される健康上不都合な状況を、手術という手段によってより安全な状態に変える処置です。言うなれば、一種の危機管理であり構造改革です。

苦しんでいる患者さんの時々刻々変化する事態に対して、外科医は一刻の猶予《ゆうよ》も許されません。しかも、人体にあえてメスを入れるという手段を講じる以上、それに十分見合う結果が得られなければなりません。むずかしい手術の場合は、手術方法や手順のことが頭から離れず、寝ても覚めても繰り返し考えていました。

手術中に予想外の事態に遭遇した場合には足がすくみました。患者さんやご家族の顔が目の前にちらつきます。「どうして」と思いながら、「これは現実に起きていることなのだ」と自分に言い聞かせ、切羽《せっぱ》詰まる思いを撥《は》ね除《の》けながら、今、まず何をすべきか判断して対応し、ついで打開策を組み立てます。手術では問題を正面から受け止め、最後まで責任を持って解決する姿勢が求められるのです。

しかし、万策尽きたこともあります。

今から約二十年前、急性期病院の血管外来の私のもとへ七十七歳の男性がひとりで受診されました。脚は冷たく、脈が触れません。脚の付け根のところで動脈が詰まっていました。男性は「私は歩くことが唯一の楽しみなので、歩けなくては生きている甲斐《かい》がありません」と言いました。

「我々には詰まった動脈を通す技術があります。それによって再び歩くことができるでしょう」と私が説明すると、「ぜひ、手術をしてください」と、男性はその場で手術を受ける決断をされました。

手術前に心臓や頸動脈などを検査しましたが、なんら異常は見つかりませんでした。

五日後、手術をおこないました。順調に進んでいた手術が終わる頃になって、突然、患者さんの心電図が変化し、血圧が下がり、ショック状態に陥《おちい》りました。重篤《じゅうとく》な心筋梗塞を起こしたのです。

私は急いでご家族に事態を報告しました。病院へ駆けつけたご家族は泣き崩《くず》れ、「脚を治してもらうはずだったのに、命を奪われるなんて納得できない。どうしても助けてください」と叫ばれます。スタッフは患者さんをＣＣＵ（冠動脈疾患を管理する集中治療室）に移し、二日二晩、必死の治療を続けました。

しかし、結局、男性は亡くなられました。私はご自宅にお伺《うかが》いして心からお詫《わ》びを申し上げましたが、ご家族はあくまで私の責任を追及されます。

患者さんはたしかに「歩けなければ生きている甲斐《かい》がない」とおっしゃいました。しかし、手術のリスクについての説明を聞き、覚悟と納得の上で手術を受けられました。しかし、手術の結果、命を失いました。命あっての下肢《かし》なのに、命を失ったのです。娘さんは「お父さんの命を返せ」と言います。お父さんの声はもう聞けません。

下肢を救おうとすることは間違いだったのでしょうか。本人の意思を尊重してはいけなかったのでしょうか。いや、あくまで命が第一なのだから脚はあきらめろと本人を説得すべきだったのでしょうか。ご家族は「命を返せ」と言うのです。正しい医療とは何でしょうか。医療における正しさとは何でしょうか。私はどうしたらよかったのか。今も私の脳裡《のうり》から離れない患者さんの死です。

高齢者の下肢に突然の動脈閉塞《へいそく》が起これば、下肢の組織は徐々に生きる力を失います。血流が再開して組織が生きる力を回復するか、回復不能に陥《おちい》るか、事は血流再開までの時間との勝負になります。外科医は懸命に手術を急ぎます。その使命感には何の疑いもありません。病院はまさに戦場と化します。

しかし、その結果は下肢を救うどころか、命を失うことにつながりました。医療側は最善を尽くしましたが、ご家族から「お父さんを返せ」と訴えられる結果になりました。

病巣に医療の手を伸ばすことが、医療では太刀《たち》打《う》ち不能な老化に分け入ることになる、これが〝老衰に医療をどこまで介入させるのか〟という命題なのです。

医療技術の進歩を我々日本人は手放しで喜び享受《きょうじゅ》してきましたが、今は医療が一度きりのその人の人生に本当に役立っているかどうかを考えなければならない局面を迎えています。

実態は不完全で不確実

十分な説明とは何かということも、医療においては重要な問題です。「所詮こわれそうなものを治すのですから、何が起きるかわかりません」と医師が話して、あとは患者さんとご家族の選択に任せていればそれでよいのでしょうか。医師が医学の不確実性を確率の数字を示しながら割り切って説明することは、かえって、苦しんでいる患者さんをさらに追い詰め、不安に陥《おとし》れることになりはしないだろうかと思うこともありました。

インフォームド・コンセント、説明と同意の重要性は常に言われますが、それは見方によっては、手術をする側の自己防御、責任回避ではないのかと、さまざまに自問自答します。

私は、長い人生を歩んできた者同士として、患者さんにこれ以上の不安を与えたくないという気持ちがあります。

「医療、それは正直に申し上げて、まだ不完全な技術です。ですが、それを用いることで患者さんの直面する事態を変えようと試みる、そんな大それたことに医者は挑戦します。私は専門家として一生懸命努力します。どうか私を信頼してください。結果についての責めは負いましょう」と、誠実にお話しするのが、私にできる精いっぱいのことです。

かつて血管は手をつけられない場所とされていました。血管を切れば当然出血します。流れを止めると血液は固まってしまいます。血液の凝固《ぎょうこ》を抑える薬ヘパリンが開発され、オランダの軍医がスペイン内戦でヘパリンを使って詰まった動脈を開通させることに成功しました。

その後、第二次世界大戦の戦争外傷の治療が血管外科の発展を促《うなが》しました。外科学の発展は皮肉なことに戦争の産物です。血管は最近までは踏み込むことのできない領域でしたが、今はこの技術を使って臓器移植も可能になりました。

これほどに医療技術の発展は目覚ましいのです。しかし、いまだ不完全な技術であることを忘れてはいけません。このような不完全な技術を駆使して、神ならぬ人間が、未知の領域において人間の運命を左右しかねない作業に挑戦しているのです。

最先端の医療で治してほしい、命を延ばす方法があるのならそれを受けたいと人びとは望み、医師はそれに応えようとしますが、その実態は、不完全であり不確実なのです。それが、医療です。

「命を延ばす方法があるのなら、それをしなければならない」のは、その医療が患者さんの人生にとって役に立つ場合に限られます。まだ先があるならば、一回しかない人生のここで頑張ってもらいましょう。しかし、もう最終章に来ているのなら、頑張らせればかえって苦しめることになり、医療の意味がなくなります。

この不確実な医療の下、不測の事態は常に起こり得ます。医師、ことに外科医はどのように責任をとっていけばよいのでしょうか。

私は患者さんとご家族の悲しみを自分のこととしてとらえ、それで自分を鞭打《むちう》ちながら、将来の改善策を考えつづけるしか責任をとる方法はないと思うようになりました。問題に正面から向き合い、自分の間違いは何だったのかを反省し、二度と同じことを繰り返さないことによって、挫折の経験を乗り越える。追い詰められた断崖に立ってなお全力で闘うことであると私は思うのです。

生きていくということは、正しいと信じる自分をどこまでも貫《つらぬ》くことであり、それは自分との闘いです。責任をとるとは、最終的には自分の生き方に責任をとることにほかなりません。人間の本質はそれに尽きるのではないでしょうか。

「一回しかない人生だ、自分がこうしたいと思ったことを自分の責任でしろ。しようと思ってしないことを、俺はいちばん恐れる」と、芸術家の岡本太郎さんはよい医療をしようと意気盛んであった我々若い医療者を前にして、こう檄《げき》を飛ばしてくださいました。

その言葉に三十代の私は目が覚めた思いがしました。以来、困難にぶつかるたび、この言葉が私の背中を押してくれたのです。

終末期医療のあり方

終末期医療のあり方を日野原重明先生は四十年以上前から医師や一般の人に向けて問われ、自ら行動も起こされていました。平成六（一九九四）年には日本初の独立型ホスピスをつくられました。

また、終末期の医療の差し控えを二十年前にはっきり指摘されたのは、小児科医であり思想家でありつづけた松田《まつだ》道雄《みちお》氏です。松田氏は最晩年になって自らの老いを振り返りつつ、『安楽に死にたい』（岩波書店）と題する本を通して、老衰に医療が介入することの誤りを指摘されました。

真骨頂《しんこっちょう》は、「老人のことは老人でしかわからない」と、当事者の老人として声を上げられた点です。「国の制度も、医療も、報道も、すべて若い人の手によるもの。彼らには老人がわかっていない」という趣旨のことを語っています。

松田氏といえば、かつて安楽死法が国内で取り上げられそうになったときに異議を唱《とな》えた人です。その氏が、現状の行きすぎた医療に対して、安楽に、つまり自然に穏やかに逝く権利が我々にはあると主張したのです。

センセーショナルなタイトルに反響はあったものの、大きな支持を得るまでにはまだ当時の私たちは切迫感を持っていなかったのかもしれません。再読すると今に通じる明快な論に驚きますが、反面、二十年前から何も変わっていない現状には複雑な思いが募《つの》ります。

ほぼ同じ頃に、社会学者の広井《ひろい》良典《よしのり》氏が「死は医療のものか」と問う論文を「社会保険旬報」に発表しています（「ターミナルケア議論において真に求められる視点は何か――『死の医療化』への深い疑問について」No.1975、「これからのターミナルケアに求められる視点」No.1994）。

両氏はいずれも、老衰という必然には「キュア（治療）よりもケア」が求められる、と当時の状況に疑問を投げています。

ところが、広井氏の論文にはすぐさま反論が出ました。反論したのは、医師たちでした。「高齢者は肺炎で亡くなることが多い。肺炎は病院で治せるのに、その患者を治療しないのは、末期《まつご》とみなして見殺しにすることと同じだ」と言うのです。いわゆる「みなし末期」論です。

この誌上論争が続いていた平成十（一九九八）年一月、ＮＨＫ教育テレビの「列島福祉リポート」が北海道の老人ホーム「とよころ荘」での看取りを報道しました。すると、広井氏の論文に反論した同じ医師たちが黙っていませんでした。

下血した八十歳の男性が病院に送られることを断って老人ホームで八日後に亡くなるまでを追ったこの報道に、この医師たちは、「治療を受けないというのは医療の制限にほかならない。それを美談のように放送するとはけしからん」と、今度はＮＨＫを批判したのです。

「みなし末期」論の背景にあるのは、「弱き患者を病から救い出せるのは、我々医師をおいてほかにない」とする、医師のいびつなパターナリズム（父権主義）です。あたかも自らを神に次ぐ者として祭壇に載せて神格化するかのような、その態度です。

医師の治せる手は「神の手」と言われる。そう思われている以上、我々医師はどこまでも治さなければならない、人の最期を最後だと認めて治療の手を止めてしまえば〝見殺し〟になると、医師たちは思い込んでいたのです。最後まで手を尽くすことが〝誠意〟だと思っていたのです。

しかし、見方によっては、ただ単に治療する手を止められなかっただけではないか、そこで手を止めれば世間から非難されるかもしれないという強迫観念あるいは自己保身が働いていたのではないでしょうか。

「みなし末期」論から二十年後の今、老衰であふれる超高齢社会の真っただ中に突っ込んでもなお、医師たちは治そうにも治せない老衰といまだに闘おうとしているのです。それこそ、患者当人に何の益もない医療の介入、押しつけです。

むだな医療がなくならないことの背景に、日本の優《すぐ》れた医療保険制度が見え隠れしていることは残念なことです。

我が国は世界に誇り得る国民皆保険《かいほけん》制度を有しています。昭和三十六（一九六一）年に施行されたこの制度によって、国民の誰もが必要なときに必要な医療を受けられるという安心と平等が約束されることになりました。しかし、人生最終段階における医療に矛盾《むじゅん》の影を落としていると言える面もあります。

現制度下の医療費は基本的に出来高払いです。ここにひとつの矛盾が生じます。検査をし、薬を使えば、その行為にかかった費用は医療機関の収入となります。我が国の保険制度は性善説に立ち、倫理的、理性的に運用されることが前提となっているのです。しかし、この出来高払いが医療の過剰な押しつけにつながる現状を生んでいます。

老衰は、見方によれば「病態の百貨店」です。医療機関に対するインセンティブ（行動を誘発する意欲刺激）は医療行為を増やす方向、つまり収入を増やす方向に向かいます。医療機関が病名を書いてレセプト（診療報酬明細書）を提出すれば、保険者から支払いを受けられます。

そうなると、老衰であっても最期が近くても、それが患者本人のためにならずむしろ患者を害するだけであっても、医療行為がおこなわれることのほうに傾きます。

医療は患者さんのその後の人生を左右します。その人生に役に立ってこその医療であるべきなのに、患者さんの人生が医療によってその後どうなるのかという最も大事なことが忘れられてしまうのです。

やめにしたい高齢者検診

医療費の自己負担が少なく抑えられているので、人びとは元どおりに治してもらおうとして安易に病院に駆け込みます。病院で病名をつけられ、治療の選択肢を並べられると、その選択肢の中からひとつの治療法を選びとります。医療を受けないという選択肢があることは、このとき患者の念頭にありません。病院で治療を受ければ、おそらくたいていはどんな病気も元の状態に戻してもらえるという過度な期待、はっきり言えば錯覚を抱いているのです。

病院側もその患者がもう治せない老衰であろうと終末期であろうと、医療をおこなうのです。患者が駆け込む先がいろいろならば、それに応じて老人の自宅にはあちらこちらでもらった薬が溜まっていきます。

四十二兆円超の我が国の医療費のうち、三分の一以上を七十五歳以上の後期高齢者の医療費が占めています。その支出が本人のためになっているのであれば、いくらかかっても問題はありません。けれども、過剰というだけでなく、最後の最後まで本人を苦しめているだけだとすれば、とんでもない話です。

がんも動脈硬化も、元をたどれば老衰です。医療で病の危機を乗り越えるべき段階と、そうではない段階があるのではないでしょうか。その医療を受けることが自分のこれから先の人生においてどう役に立つのか、ひとりひとりが問う必要があります。

医療の押しつけということで言えば、高齢者検診もそのひとつです。検査結果が基準値とかけ離れた数値になることは明らかなのに、若い頃の夢を引きずってどうするのでしょう。

老衰の坂をもう終点近くまで下ってきた人の血液を採って、コンピュータで正常な成人のデータと比較し採点するのですから、芦花ホームの入所者なら平均年齢は九十歳、当然若い人の基準値からすれば並外れた結果が出ます。

しかも、採点者はコンピュータですから状況の判断などしません。「異常」と判定します。ごていねいにも「医療機関へ行って詳しい検査をしてください」という一文付きで、検査結果が家族へ届けられます。この通知を見た家族はきまって、「先生、病院へ行かせないでよいのでしょうか」と聞いてくるのです。

「九十歳の方が、三十代、四十代の方と同じ値だったら、そのほうがおかしいのではないでしょうか」と、私は毎回答えます。「せっかくこのホームで残り少なくなってきた日々を平穏に送っていらっしゃるのに、いまさら病院に行って、余計なものを見つけられて、治りもしない病態に医療行為を押しつけられて、本人を苦しめるのですか」と私は率直に言うのです。

「ついでにしておきましょう」という医師のひとことで、しなくてもよい検査がおこなわれる。患者は費用を一部負担するだけで済むので、むしろ検査してもらうとありがたがる。多くの高齢者は「こんなことしても」と首を傾《かし》げながら、それでも検査に行くのです。検査にお金を使うよりも問診の精度を上げることに取り組むべきでしょう。

また、つい最近まで効きもしない抗生物質を風邪に処方する医師がいました。風邪は症状緩和《かんわ》はできても、治す薬はありません。治まるのを待つしかないのです。こんなむだが医療の中で当たり前におこなわれているのです。もう、やめにしましょう。

日本人と違って、私がかつて三年間働いたドイツでは国民が自立していました。

「血管外科の技術の習得に行きたい」とドイツに向かう三十代の私に、研究室の責任者が「しゃかりきになって勉強しようなんて思うなよ。それより外の空気を吸って、人間の生き方、文化を見てこい」と言って送り出してくれました。

この言葉の重みが今になってわかるのです。たしかに、考え方、価値観、人生への向き合い方が日本人とは違っていました。当然、医療も違っていました。

検査といえば、ドイツではこうでした。病院で当直だったときに、子どもの手首の骨折を整復してギプス固定をしました。翌朝の報告で整復前後のレントゲン写真を提示したところ、教授にひどく叱られたのです。

「子どもの手首の骨折はコーレ（Colle）の骨折と言って定型的なものだ。整復後の写真があれば、正しく整復されたかどうかはわかる。それで十分だ。整復前の折れた写真など、検査のための検査、むだである」というわけです。

ドイツは医師の権威が日本に比べて格段に高いところですが、責任についても厳格でした。医師が「もうこの老人は治せない」と判断したら、ひとことカルテに「医療の対象ではない」と書けば、そのまま最終章を静かに送ることが認められるのです。

国民も日本人と違って自立していました。医療は国民のためにあるべきものという考えが確立していて、医療に支払う対価への意識も相応に高いのです。役に立たない、むだな行為は否定します。つまり、ドイツにおいては、老衰の最終章に医療が役に立たないことは誰もが知る自明の理なのです。

延命措置について実態と乖離する法律

老衰は自然の過程に違いありませんが、病態としてそれをとらえようと思えば、あらゆる病態の集合体です。医師の目には、老衰は「病の百貨店」と映ります。老衰を病態に置き換えて、医療で治す対象として見ていることが、そもそもおかしいのです。治すことを第一義に置く医療では対応し切れないのが、老いの世界なのです。

それにもかかわらず、従来の医療のあり方に追従する法律がいまだに残っているために、実態との間に矛盾が生じています。最期を迎えるというときにも、どこまでも延命措置をしなければならないと思わせる法律がそのままにされているのです。それが刑法二一八条です。

「老年者、幼年者、身体障害者又は病者を保護する責任のある者がこれらの者を遺棄し、又はその生存に必要な保護をしなかったときは、三月以上五年以下の懲役に処する。」

ここにあげられた幼年者、身体障害者、病者は、人生の先がある人たちです。ただ、老年者はそう遠くない将来に最期を迎えます。法は文言ですから、文言どおりにとらえると、「生命を延ばす方法があれば、老年者、それが終末の近い人であっても、延命措置をしなければならない」ということになります。

これに続く刑法二一九条では、前条の二一八条に違反すれば、遺棄致死罪《いきちしざい》として重刑を科す、というのです。となれば、胃ろうも点滴も含めて、延命につながる医療行為はどこまでもしなければならない、ということになります。

この法律をそのまま介護現場に当てはめれば、職員が高齢者に医療を受けさせせないで死亡させた場合、業務上過失致死罪、保護責任者遺棄致死罪に問われることは論を俟《ま》ちません。

この法律があるがために、法律家はそこに真実が存在しているとみなして、「終末期において延命につながる医療があるのなら、しなければならない」とする、現実とかけ離れた違和感のある判決を下してしまいがちです。

一方、老衰による自然死に法律の文言を適用して、延命治療にストップをかけることに躊躇する今の医療は、私から見れば、自己矛盾を抱えつつ自己保身に走っていると思わざるを得ません。

そもそもこれらの法律が成立した時代と今とでは、時代背景が大きく異なっています。本来は、医療のあるべき意味も、時代に即して問い直されなければならないはずです。若くして病で死ぬことが多かった時代に医療が果たした「治す」という役割は、老衰の果てに死が来るようになった現代には通じません。延命治療が無意味に終わることが多くなったのが、現代なのです。

終末期にむだな医療を押しつけないために

ここで、殺人とは何かを見てみましょう。刑法一九九条の「人を殺したる」とはどういう意味でしょうか。

法律学の研究においては、「自然の死期に先立って、他人の生命を絶つこと」（前田雅英『刑法各論講義　第五版』東京大学出版会）と言われます。要するに、「自然の死期」よりも前に他人の生命を絶つことです。

これに拠《よ》れば、既に自然の死期が来ている場合には、「自然の死期に先立つ」には当たりませんから、延命医療をせずにその人が亡くなった場合、殺人にならないことになります。そうとらえれば、延命措置は、自然の死期が来ている場合にはしなくてもよいことになります。

体が胃ろうからの水分や栄養を受けつけない状態にあると判断できる場合、それは死期が来ているという徴《しる》しです。となれば、仮にその人に胃ろうをつくらなくとも、殺人罪に問われることはない、と言えないでしょうか。

いや、自然の死期が来たかどうかは「事後的にしかわからない」という意見もあるようです。しかし、私はそうは思いません。ご本人、またはその人の人生を伴走している者には、いよいよ終わりが近いことはわかります。

いかに生きるか、いかに逝くかは、人それぞれの人生観、死生観、そのときの本人の意思によります。公序良俗で括《くく》るものではありません。

低酸素性脳損傷で意識不明となった患者の気管内チューブを外した医師が、保護責任者遺棄致死罪、不作為の殺人に問われた川崎協同病院事件の第二審で、東京高裁の裁判官は判決の理由書で次のように述べています。

「この問題は裁判所に持ってこないでください。国民レベルでしっかりと議論してコンセンサスをつくりなさい。これは、人の生き方の問題です。法は国民のためにあります。だから、法は国民のコンセンサスに従います」

こうした裁判官がいる一方で、終末期医療が、時代背景が大きく異なる古い法律にいまだにとらわれているのも、事実です。

法の世界には前例に従っておけばよいという旧態依然《きゅうたいいぜん》の伝統がはびこっているのではないかと思うことが、しばしばあります。法曹界は罪刑法定主義による事後処理的業務から脱却できていないと聞くことがあります。

前例に倣《なら》うというだけでは、人がほぼ寿命まで生きて死ぬという「人生一〇〇年時代」を迎えるこれからの日本人の生き方に、法が暗い影を落としかねません。

法の世界といえども、もっと現実に即し、その変化に応えられるようより創造的で柔軟でなければ、法が人の役に立てなくなってしまうのではないかと心配になります。

老衰による自然死のことも、認知症の人の介護における問題にしても、法を扱う人びとに正しい認識がありません。終末期にむだな医療を押しつけるという時代錯誤を法が許しているのではないかと、私には思えてしまうのです。

人間の一生のためになってこその法であるべきだと思います。日本は世界で最も安全な国とされていますが、その内実は権威主義的法制度によって自縄自縛《じじょうじばく》に陥っているとすれば、むしろ危険な国と言えます。

国民が共通して持つ倫理的観念を補強するならまだしも、それにそぐわない、実情に合わない法では、国民を守ることはできません。裁判官も人の子です。法は国民のためにあるべきです。国民を守る法なら、国民も法を守ります。

我々国民も、自分たちの生き方を自ら考え、おかしいものにはおかしいと声を上げ、自分の考えを何ものをも恐れず主張すべきではないでしょうか。それは、人間の権利であり、人間が負うべき責任です。それが自立です。

人の一生は医学では割り切れない

医療が医術あるいは医と呼ばれた時代とは違って、現代の医療は医学という科学を土台にし、そこに付随して発展した技術とによって成立しています。「病む人」を診ていたのは医術で、医学は疾患、病巣、さらにその先の組織、細胞と、要素還元的に原因を追究して発展してきました。

現代の科学は、経験した知識に基づいて理論を打ち立て体系化することによって、客観的真実（法則）を追究します。絶対的な客観が存在することが前提とされ、客観の中に真実を見出そうとします。それが科学信仰となって、人間は科学が示す真実に従うべきだという構図をつくり上げます。

その考えが医療に持ち込まれた結果、あたかも正しい医療、こうあるべき医療、こうすべき終末期医療が存在すると考えてしまう。それが現代の私たちが陥っている誤《ご》謬《びゅう》ではないでしょうか。

人間は本来、主観を通して考え、理論という客観を打ち立てます。客観といえども、あくまでも主観を通して現れる現象にすぎません。客観的真実の存在を疑わない客観至上主義に警告を発するのが、現象学という哲学です。現象学をもってすれば、主観とは多様なものであり、さまざまな視点を設けることによってこの「生」の意味を考え直すことになります。客観そのものなど、どこにもないのです。

こうあるべきという治療の客観的真実は存在しません。終末期の医療も、人によって異なって当然です。「人の生」の多様性を許容する視点に立って、人生の最終段階における医療の問題も解決されるべきです。

人間の思いとは、主観から、いわば心から発するその人固有のものであり、一律に定義できるものではありません。人の一生を、客観的合理性の上に成り立つ科学、医学で割り切ろうとするところに誤りが生じるのです。人の営《いとな》み、その深さは、医学という科学だけでは到底汲《く》みつくせません。

第3章　豊かな老いを実現するために

なぜ介護施設に常勤医が必要なのか

人生一〇〇年時代といわれます。生命体として最大限の寿命を生きることになった今、最期《さいご》までどう生きるのか、私たちは生き方の問い直しを迫られています。

老いをどう生き、どう支え合っていけるか。医療と介護の両方の世界を見てきた目で考えてみたいと思います。

介護ということを考えるとき、それに関わる人間として家族や介護士などが頭に浮かび、それが提供される場として在宅や介護施設を連想します。制度的に見れば、医療と介護は区別されており、あたかも目的を異にしているかのように見えますが、それぞれの目的をさらに突き詰めれば、「ひとりひとりの幸福の実現」という最終目標にたどり着きます。

幸福の実現という最終的な目的から考えると、介護にはあらゆる職種が協働で関わっていくのが望ましいと言えます。家族が家で介護する形が最もよい形とはかぎらず、医療と介護が目的にかなうべく柔軟にその人の生活を支えていくのが望ましいことがわかります。

まずは、全国の特養にいまだ一％しか置かれていない常勤医について、私がなぜ常勤医の設置が必要と考えるのか、その期待される役割を述べたいと思います。

常勤医の役割①　医療の仕分け

特別養護老人ホームという、いわば終《つい》の住処《すみか》には、その住人の人生が終焉《しゅうえん》近くなったときに、「この人にどんな医療が必要か、医療はこの人のためになるか」を判断できる人間が必要です。

そうでなければ、かつての芦花《ろか》ホームがそうであったように、いつもとは様子が違うというだけで、すぐに救急車を呼ぶことになりかねません。病院へ搬送されれば、その時点からその人は〝住人〟ではなく〝患者〟となり、その高齢の急患をはじめて診《み》る医師によって医療がおこなわれます。病院で何もしないということはありません。苦痛をともなう、無理で、むだに終わる延命医療も当然おこなわれるでしょう。

これ以上の医療はご本人を苦しめるだけだと見極《みきわ》め、医療の差し控えや中止を切り出せるのは、常勤医をおいてほかにありません。常勤医はその方の生活を毎日見ています。しかも、常勤医は経験的に医療がわかっています。この二つを併《あわ》せ持つ常勤医だからこそ、医療の仕分けができるのです。

特養には配置医を置くことは義務づけられています（20ページ参照）が、配置医が医療機関から出張して薬を処方したり検査をオーダーしたりするのは、二週間に一回程度です。その頻度では、入所者の生活まで見通せません。

その人がどんな健康状態かを、配置医は看護師からの報告と体温や血圧などのバイタルサインや各種の検査値、体重の変化、ＡＤＬ（生活基本動作）などのデータから把握するのです。それが、外から来る医師の役目です。

しかし、外部から時どき来る配置医がいるだけでは、特養の入所者がここで満足のいく生活を送っていくことはなかなか望めません。配置医は日々直接入所者と接しているわけではないので、その方の変化やその流れを知りません。その方が何を喜ばれ、何を嫌だと思われるのかについてはまったく把握していません。

それらをわかっているのが、常勤医です。また、常勤医はそうあるべきだと私は考えています。

私は毎日、入所者ひとりひとりの居室を訪ね、介護士や看護師から様子を聞き、ケアの様子も実際に見て、入所者の健康状態を、老年者ならではの生理や、老いの最終

愛読者カード

ご購読ありがとうございました。今後の参考とさせていただきますので、ご協力をお願いいたします。また、新刊案内等をお送りさせていただくことがあります。

【1】本のタイトルをお書きください。

【2】この本を何でお知りになりましたか。

1.書店で実物を見て　2.新聞広告(　　　　新聞)
3.書評で(　　　　)　4.図書館・図書室で　5.人にすすめられて
6.インターネット　7.その他(　　　　)

【3】お買い求めになった理由をお聞かせください。

1.タイトルにひかれて　2.テーマやジャンルに興味があるので
3.著者が好きだから　4.カバーデザインがよかったから
5.その他(　　　　)

【4】お買い求めの店名を教えてください。

【5】本書についてのご意見、ご感想をお聞かせください。

●ご記入のご感想を、広告等、本のPRに使わせていただいてもよろしいですか。
□に✓をご記入ください。　□ 実名で可　□ 匿名で可　□ 不可

郵便はがき

切手をお貼りください。

102-0071

東京都千代田区富士見
一―二―十一
KAWADAフラッツ一階

さくら舎 行

住所	〒　都道府県		
フリガナ		年齢	歳
氏名			
		性別	男　女
TEL	（　）		
E-Mail			

さくら舎ウェブサイト　www.sakurasha.com

章を生きていらっしゃるその方の人生の文脈の中で総合的につかむことに努めています。

日常的に入所者を見ている常勤医がいれば、医療のわかる者同士として配置医と話し合い、過剰な医療がおこなわれないように調整をすることができます。常勤医と配置医はたいてい親子ほども年齢が離れているので、常勤医が先輩として意見を述べれば、配置医はその意見に耳を傾けるものです。

常勤医の役割② 家族を支える

特養で最期まで過ごされる方が全国的に増えています。おそらく少し前までは、特養に対する不安の最大のものは「医療がない」という点であったかもしれませんが、今は最期まで自然のまま穏《おだ》やかであることを望まれるご本人やご家族が増えてきました。

それでもご家族は見送る日が近くなると、その先の決断に悩まれます。数ある治療法のうちどれかを選ぶというのではなく、「医療を受けない」あるいは「医療を中止する」という選択をするとなると、ご家族の心は揺れます。そのご家族を医療やケアの専門職が支えていく必要があります。

まさにそれを、国は平成三十（二〇一八）年に約十年ぶりの改訂となる「人生の最終段階における医療・ケアの決定プロセスに関するガイドライン」で示しました。

本人の意思を第一に尊重し、本人と家族、そして多職種からなる医療・ケアチームが繰り返し話し合うことを通して（アドバンス・ケア・プランニング、略してACP）、延命医療の差し控えや中止をも含んだ本人の最善の選択を実現しようというものです。

医学的観点に立った〝最善〟が本人にとっての〝最善〟とはかぎらず、医学的には〝無益〟なことが必ずしも本人や家族にとって〝無益〟とはかぎらないということが考慮されたといえます。決定に至るまで何度も話し合うという〝プロセス〟が、医療を受けるか受けないかという〝決定〟そのものよりも重要であると考えられているのです。

本人も家族もその意思は不変ではありません。状態が変化すれば、心も揺れます。何度もお話しします。しかし、ホームに入所されたばかりという時点で「最期をどこで迎えたいか」というようなお話をするのは時機を誤っています。けっして事務的に進めるべきことではありません。

芦花《ろか》ホームでは、そろそろ終わりが近いとなれば、生活相談員や看護主任、介護主任も同席して、常勤医である私がご家族に切り出します。医療の差し控えや中止も話題にします。医療をしないという方向性をご家族の視野に入れるのは、医療をわかっていて、なおかつ入所者の毎日をよく知っている常勤医の役目だと私は考えています。最終的な決断をされるご家族に伴走し、「一緒に乗り越えていきましょう」と言って支えます。うかつな決断をしてしまったり、反対に迷っているうちに後悔で終わったりすることのないように、最期まで施設の職員皆で支えるのです。配置医だけでは、ご家族の心を十分に支え切れないように思います。

常勤医の役割③　スタッフを支える

ケアの実働部隊である職員たちにとっても常勤医の存在は大きなものです。

常勤医がいれば、介護士は不安なく自信を持ってケアに取り組めます。特養には老弱な入所者の方が多いので、介護士はいつ何が起きるかわからない、何があってもおかしくない全身状態の方々に対して、常に不安を抱えながらケアをおこなっています。常勤医がいれば、介護士は疑問や不安をその場で解消しながら、その方が満足されるケアを考え、実践することができます。

　そもそもケアというものは、その方に合わせて提供されるものです。画一的なマニュアルをなぞるだけでは対応し切れません。その方の意向や様子を推し量りながらケアをしていくのですから、「このケアは適切か」という問いや不安は常にあります。

　そのときに、「それはやってみてもよさそうだね」と背中を押し、最終的な責任をとることを約束する存在が必要です。常勤医がケアの方向性を示し、その責任を負うことを明確にしたなら、介護士や看護師は安心して、やりがいを維持しながら、最善のケアに専念できます。

　ひとつ例を挙げれば、入浴です。おふろに入ればきっとさっぱりされるだろうとは思っても、入浴は身体的に負担をかけますから、全身状態が低下した方には万が一のことが起こりかねません。しかし、私は教科書的に見れば入浴は避けるほうが無難《ぶなん》と思われる状態の方であっても、その方の満足感を思う職員の提案を後押しすることが多くあります。

　「安全」の名のもとに何もしないよりも、その方の「満足」を実現してさしあげることのほうが大事だと、私も思うからです。そのゴーサインを出せるのも、常勤医として日頃からその方の様子をよく見ているからです。もちろんご家族の同意はいただきますが、「こうしてさしあげたい」という私たちの思いは、ご本人の状態をふまえてご説明すれば、ご家族に通じるものです。

末期のがんを患《わずら》われ、次第に発語《はつご》もなくなっていった男性を、看護師と介護士がストレッチャーに乗せて入浴していただいたことがありました。久しぶりのお湯にその方が「気持ちいい」と声を発されたと聞いて、私は「よかったな」と思うのです。

常勤医がいることで、ケアの質は上がってきます。それは、ケアに従事する職員が不安なく、自信を持ってケアを実践できる環境があることが理由の第一でしょう。やりがいを感じているので、芦花ホームを辞《や》めていく人はほとんどいません。介護施設には多職種協働が欠かせませんが、それをうまく機能させるには、スタッフのために環境を整えられる常勤医の存在が欠かせないと私は思います。

常勤医の役割④　フラットな組織をつくる

私が言う常勤医と似た役割はフランスには既にあり、「コーディネーター医師」として一定の成果まで認められているようです（カンディダ・デルマス「フランスの介護施設におけるケア」、『生存科学』27（2））。

フランスのコーディネーター医師は、介護施設の入所者へのケアの質を高める目的で二十年も前に誕生しています。日本の常勤医と同様に、入所者の健康を維持する役目を担《にな》っていますが、薬の処方など医療行為はしません。

ケアの全体計画をつくり、ケアに従事する各職種が自分たちの任務を全《まっと》うできるように環境を調整します。さらに、外部のかかりつけ医、日本で言えば配置医と、医療の適用について意見交換をし、医療が適切かどうかも確かめています。

いずれも私が思う常勤医の役割と一致しています。さまざまなプロフェッショナルからなるケアのチームが最大限に力を発揮できるように目配りをする役割が、常勤医にはあります。

常勤医が職員全員で目指すべき方向、目的を明確に示し、その先の具体的な実践についてはそれぞれの専門家を信頼して任《まか》せるのです。そうすれば、スタッフはケアが目的にかなっているかどうかを自分で考え、自らの腕を発揮できる行動をとることができます。

私が芦花ホームに着任したばかりの頃、職員は自分たちの使命を見失い、目に見えない慣行やルール、ノルマ的な作業にただ追われていました。そのくせ責任の所在は曖昧《あいまい》で、責任を負わされることへの恐れがありました。

そんな環境を生む原因は、組織にあります。職種間にはあからさまな序列がありました。職種を超えて意見を述べ合う機会や場もありませんでした。これでは多職種協働どころか、それぞれの専門性も十分に発揮されません。

「底辺にあった介護士の位置を、他の職種と同じところまで引き上げてくれた」と、介護士たちは私のことを言うのですが、それは、私が病院の組織に対してやってきたことと実は同じで、多職種がその専門性を発揮することが求められる医療やケアの組織においては、本来、職種間に上下関係があってはならないのです。

医師が階層の頂点に立つことは間違いです。常勤医はチームを支えるリーダーですが、上から指示や命令を出す上司ではありません。あえて言えば、コーディネーターでありファシリテーター（調整役）なのです。

医師、看護師、介護士はじめあらゆる職種、そしてご本人、ご家族の誰もが、入所者の幸せを実現するために、対等に意見を言い合える関係が必要です。そのようなフラットな組織をつくり、風通しをよくしておくことが介護施設には必要で、その調整役は常勤医が適任だと考えます。

以上の四点が、私が考える、常勤医を介護施設に置く意義です。

「心を支える」役割に気づく

現行の介護保険制度では、常勤医を置く施設には一日一人あたり二十五点の加算が付くようになっています。私が受けとる報酬のほとんどはその加算で賄《まかな》われています。施設には介護保険から助成金が入るというのに、常勤医を置いている特養は全国約一万ヵ所のうちわずか一％にすぎません。なぜ、常勤医を置かないのか、正直なところ、私は不思議に思います。

そもそも、我が国の医療制度は妙な二本立てになっています。介護施設に所属する常勤医は、医療保険を使った診療ができません。つまり、介護施設は医療をしてはいけない仕組みになっています。医療をする場所と介護する場所は一緒ではいけないという考えなのです。それは、医療界と介護界のせめぎ合いという不幸な過去の産物です。その結果、医療と介護が分断されてしまいました。

そして、人生の最終章における延命医療に疑問が吹き出した今になって、医療と介護の連携が叫ばれるようになったのです。しかし、今なおいびつさが残っています。いまだに医療界と介護界は互いの領域を侵《おか》されないことに必死で、本来その恩恵を受けるべき人びとの幸福や利益はないがしろにされています。

特養という介護施設に常勤医を置けば何もかも医療の論理で事を進められかねない、それはまずい、なにしろここは介護の世界なのだから、という恐れを介護施設側は抱いているのでしょうか。そうだとすれば、医師を頂点とする間違った序列を忌《い》み嫌いながら、それを信じて怯《おび》えているとしか言いようがありません。

特養はここに住む人にとっての「生活の場」という最も大事なことを見失わないでください。何のための施設なのか、自分たちの使命は何かを見据《みす》えていれば、こんなおかしな幻想に怯えることもなくなるはずです。

片や、医師のほうの認識も手に負えません。実は二年前に、常勤医の設置に関して、都内に新設されたある特養の責任者の方からこんなあきれるような話を聞きました。

常勤医を置きたいと考えたその責任者は、区の医師会長のところへまず相談に行き、そこでこう言われたそうです。

「常勤医を置くかどうかはそちらさんのご自由ですが、こちらの既得権益《きとくけんえき》を損《そこ》なわない範囲でお願いします」と。

私は耳を疑いました。今どき「既得権益」という言葉を口にするのもどうかと思いますが、こんな時代錯誤の考えが現実にあることに驚きました。

この話からわかることは、医療者ことに医師は、老衰の坂を下っている人を相変わらず〝患者〟、つまり医療の対象として見ているということです。老化や老衰が自然の摂理《せつり》であることもわかっておらず、その態度は不遜《ふそん》としか言いようがありません。

さらにひどいことには、介護を医療よりも一段下に見る偏見を持っているように思います。そういえば、私が外科医から芦花ホームの常勤医に転身したとき、「ついに都落ちか」と憐《あわ》れむような、蔑《さげす》むような目を向けられました。

けれど、憐れむべき残念な人は、むしろその人たちです。介護という世界は、頭が下がるほど崇高《すうこう》です。私はここで献身的に働く人間味にあふれた人たちに出会い、生き返りました。生き直す喜びを私は日々味わっています。

病院しか知らない医師であっても、介護の世界で老衰の最終章に向き合い、自然の摂理を知れば、医療の限界にも気づき、価値観が変わるはずです。医師には、患者さ

ん の病《やまい》という人生途上のピンチを体を修繕して救い出すという役割のほかに、「心を支える」というもうひとつの大事な役割があったことに気づくはずです。

老衰の方の最期を支える介護は、その方がご自分の人生を穏やかに振り返りながら、だんだん夢の中に浸っていって、「ああ、よかった」と満足して幕を閉じていただくための仕事です。

その方だけの物語を、ご家族やケアに従事する私たちは一緒にたどり、その最終章を味わうのです。これほどありがたい経験があるでしょうか。

現代の駆け込み寺

特別養護老人ホームは、入所される方々の人生終盤の生活を支える終の住処です。ご家族にとっては認知症の親やつれあいの介護で始まった生活、往々にしてはまる〝介護地獄〟からようやく解放されて、心身の平安を取り戻す場所、いわゆる〝現代の駆け込み寺〟です。

特養には、要介護度の高い方が多く入所されています。ＡＤＬ（生活基本動作）は低く、認知症が進行している方が少なくありません。程度の差はあれ、芦花ホームの入所者のほとんどが認知症を抱えておられます。

お迎えが来る前のご本人はだんだんと夢の中、神様の言葉をしゃべりだします。話すことも行動も支離滅裂《しりめつれつ》に感じられます。それでも、その方も私たちと同じように誇《ほこ》りを持った人間です。

体が思うように動かず、頭がボケてしまったというだけで、何もできない人間として扱われる、その対応にご本人はいらだち、恐れや不安を抱きます。こちらがお世話をしているつもりでも、その方が激しく抵抗されるのは無理もありません。

「昔は何でもできた。世の中の役にも立った。それが今では何でもやってもらわなきゃ何もできない人間になってしまった」と、既に心を痛めておられます。心は敏感になっていますから、誇りを傷つけないよう配慮は欠かせません。人間として尊重して遇《ぐう》されれば、残り少なくなった時間を穏やかに豊かに過ごすことができます。

それを可能にするのは、血を分けたご家族よりも、その道のプロフェッショナルである場合が多いのです。他人ではありますが、いえ、少し距離のある関係だからこそ、冷静に、穏やかに、適度な温《あたた》かさで対応できます。

介護士はじめ職員たちは入所者の心に寄り添いながら関わります。特養は人生最終章を生きる方々が住まう、いわば広場です。歳をとって思いどおりに動くことができなくなった方と、まだ若く手を貸すことができる職員とが、たまたま今そういう関係で出会い、ここでしばらく同じ時間を共有するのです。

「人生物語の出会い」です。「やってもらう人」と「やってあげる人」という関係ではありません。同じ人間同士なのです。

「困ったときは持ちつ持たれつ、お互いさま」と若い介護士が言います。ケアの関わりの中で、人生の先輩からたくさん学ばせてもらっていると感謝の言葉を口にするのです。そんな崇高な姿に私は何度も教えられてきました。

介護こそは超高齢社会を迎えた我が国においてこれから先もなくてはならない仕事です。しかし、周知のとおり、その労働条件は不当に低く労働環境もよくありません。

介護には大変な肉体労働もあります。忙しさや過重な労働については、いずれＡＩ（人工知能）が負担をカバーしてくれるようになるかもしれません。しかし、介護は心を支える仕事でもあります。自分の感情を調整することによって相手の感情に働きかける「感情労働」なのです。

これは機械が取って代わることはできません。人にしかできない貴重な仕事ですが、働く当人は精神的な負担感が積もって、その結果辞めていく人が後を絶ちません。これは、介護界のみならず社会にとっても大きな課題です。

働いている当人が仕事にやりがいを持てるような環境であれば、精神的負担はかなり解消されます。上からコントロールされ、定型の作業をやらされている感覚しか持てなければ、やりがいは生まれません。自ら使命を自覚し、「頼んだよ」と信頼され、「ありがとう、あなたのおかげ」という反応を感じて、「もっとできるようになりたい」と自分からスキルを磨きはじめるようになると、やりがいは充実していきます。環境が大事なのです。

介護の仕事の中で感情を押し殺す場面が日常的にあることを、職場の中で認め合い、本音で話せる組織になっていれば、芦花ホームの職員たちのように辞めていかなくなります。

あとは、社会が彼らの役割を認めて、働きに見合う待遇の改善を保証してくれることです。そうすれば、国民は安心して老いていけます。老いても最期まで心豊かに生活しつづけるためには、介護職の存在がこれからの社会にとって最も大事な条件になることをぜひ考えてください。治せない老衰の最終章では、医療の必要性は限られて、介護の力が何倍も必要なのです。

認知症は「人間の心の問題」

アルツハイマー病の原因を究明して薬を開発し、治療の道を拓《ひら》きたいと、ボケの防止や治療に医療界は躍起《やっき》です。しかし、ボケてしまった当人にとって、治療はたして幸せをもたらすのでしょうか。

認知症は、私からすれば「ボケ」でよかったのです。認知症だなんて、少し聞こえのいい、もっともらしい病名をつけて、治す対象にしてしまったように思えるのです。たしかに、今は治らないとされる認知症も、科学的、病理学的に究明されていくのでしょう。しかし、この先、画期的な治療法が見つかって、それまで夢の中にあった頭がはっきりしてくるようになれば、それを境に、人生の終末を生きる厳しさにまともに直面せざるを得なくなります。当人にとってはむしろ夢の中で終わりに向かうほうが苦がありません。

ボケは厳しい現実をぼんやりやわらげてくれる、「神様からの贈り物」だと私は思うのですが、介護する家族はそんな生易《なまやさ》しいことは言っておれない心境にさいなまれます。

認知症の最も大きな問題は何かと言えば、それは原因がいまだにわからないということでもなければ、記憶が障害されたり徘徊《はいかい》したりといった症状でもありません。当人とご家族を苦しめている認知症の本体は、「人間の心の問題」という点なのです。この問題にこそ、もっと焦点を当てなければなりません。

「認知症は叱ってしまうからよくない。本人も家族もそのせいで苦しみから抜け出せなくなる」と、精神科医の知人、出雲《いずも》市の高橋幸男《たかはしゆきお》さんは言います。「誰のこともわからなくなった親やつれあいの面倒を核家族化した現在の家族が二十四時間自宅で見るのは、美談のように言われるが、現実にはそれが悲劇を生む」と言っています。

芦花ホームの入所者のご家族も、そんな体験を経た人が少なくありません。

しっかり者で皆が頼りにしていた、尊敬していたお母さんがある日、わけのわからないことを言うようになる。行動もおかしい。娘さんはついきつく注意してしまう。お母さんは、あんなにやさしかった娘が繰り返し自分を叱るので、追い詰められ混乱して、「私の娘がこんなに自分をいじめるはずがない」と思いはじめる。やがて、「これは私の娘ではない」と確信する。そして、ついに言うのです、「あんた誰よ！」と。娘さんはぎょっとして、「何、言ってるのよ、私よ。お母さん、しっかりしてよ！」とお母さんの肩をつかんで揺さぶる。お母さんは知らない女が自分をいじめていると思い、「助けて！」と叫び暴れる。もう、パニックです。

血のつながった間柄なので、遠慮がありません。家族はずけずけと注意し、きつく叱ります。そうしているうちに、これまでの人生で表には出てこなかった心の奥の古傷が疼《うず》き出します。

血のつながりの奥底に閉じ込めていた思い、さまざまな感情が一気に吹き出します。途方に暮れるような目の前の事態と、鬱積《うっせき》していた感情とが絡《から》まり合って、どうしようもなくなります。

変わってしまうのは認知症の当人だけではないのです。家族をも変えてしまう、それが、現代の核家族の介護地獄です。

認知症介護のカラクリ

介護による離職も深刻な問題です。

よくあるのは、やはり認知症の親の面倒を子がひとりで自宅で見るケースです。娘さんあるいは息子さんは、認知症の親の面倒で一晩中一睡もできません。へとへとな状態で会社へ行って仕事をして、帰宅すればまた朝まで親の世話が待っています。心ならずも虐待《ぎゃくたい》が起きるのです。

ここに介護職の手が入れば、孤立した状態で介護に向き合うご家族に心の余裕ができます。「お母さんは夢の中、それもお母さんの心の余裕だ」と受けとめられるようになれば、叱ることもなくなります。そうすれば、親を虐待してしまうという悲劇は生まれません。

先の精神科医の知人は認知症介護のカラクリを教えてくれました。

「治そうと思うから、本人を追い詰めてしまう。当人も家族も混乱する。パニックになってお互いを傷つけ合う。治そうとしてはいけない、叱ってはいけない。そのボタンを押してしまうと、介護地獄の蓋《ふた》が開いてしまう」と言います。

そのカラクリにはまらないようにするには、認知症の人も誇りある人間だと認めること、そしてその思いを持って本人を支え、家族をも支えることだと教えてくれました。

私にもこのことがよくわかります。認知症の本人と家族の間に入って、このカラクリから本人と家族を引っ張り出して、もう一度心を取り戻していただくのが、我々介護施設の役割です。

入所して二週間ぐらい経った日曜日に、ふと見ると、家族の複雑に絡んだ気持ちが解《ほど》けて、穏やかな表情のお母さんとご家族が午後のお茶の時間を久しぶりに共にしていらっしゃる。その団欒《だんらん》を垣間見《かいまみ》て、「組織化された介護施設の役割は大きいなあ」と私はほっとするのです。

もちろん特養は、その人が暮らしていた家やその日常には及びませんが、認知症や老衰で何もかも失ってしまうのではなく、せめてご家族とのつながりや人として尊重されて生きることにおいては回復していただきたいと思うのです。

老いをこんなふうに泰然《たいぜん》と受け入れることができますよう、自分の切なる願いも込めて、江戸後期の仙厓和尚《せんがいおしょう》の「老人六歌仙」をご紹介しましょう。

なんと見事に、自らを笑いつつ老いをとらえておられることでしょう。

しわがよる　ほくろができる　腰まがる　頭ははげる　ひげ白くなる
手はふるう　脚はよろつく　歯はぬける　耳は聞こえず　目はうとくなる
身に添うは、頭巾《ずきん》　襟巻《えりまき》　杖《つえ》　眼鏡　たんぽ　おんじゃく（温石）　しゅびん
孫の手
聞きたがる　死にともなかる　淋しがる　心がひがむ　欲ふかくなる
くどくなる　気短になる　愚痴《ぐち》になる　出しゃばりたがる　世話やきたがる
またしても同じはなしに子を誉《ほ》める　達者自慢に人はいやがる

高僧仙厓の臨終《りんじゅう》には、最期のありがたい言葉を待つ弟子たちが集《つど》ったと伝えられています。

そこで仙厓は繰り返してこう言われたとか、「死にともない」と。これもまた、私には何ともありがたい気がしてくるのです。

「死ねない時代」のジレンマ

八十年、九十年生きてきて、メタボもあり、がんもあるけれど、なかなか死ねない、そういう人たちが増えてきました。寿命が延びるとは、皮肉なことですが、「あっさり死ねない」ということです。

この人たちに神様はこうおっしゃるのではないかと、私はついこんなことを思ってしまいます。

「この世でだいぶ苦労したな。もうボケてきて夢の世界に入ってきたようじゃないか。そろそろ三途《さんず》の川を渡ってこちらで休むがよい」と。おそらく当人も、「いったいいつまで生きりゃいいんだ」と思うこともしばしばではないかと思うのです。

あっさり死ねなくなったのは、病院で最期を迎えるようになったからです。病院死が八割近い現状です。最期が不安な家族はどうしても病院に頼ります。人が死ぬところを日常的に見なくなったので、死を知りません。知らないから余計に怖くなります。だから、叶《かな》わぬ神頼みだとわかっていても、最期まで医療にすがりつきます。

しかし、そう焦《あせ》らなくても、神や仏は我々人間を見守ってくれています。役に立たない医療を押しつけずに自然に任せていれば、最期は食べなくなって、眠って眠って、夢の中であの世に逝《い》けるのです。

僧侶であり社会学者でもあった大阪大学名誉教授の大村英昭《おおむらえいしょう》先生の言葉を借りれば、それは「鎮《しず》めの文化」です（『死ねない時代――いま、なぜ宗教か』有斐閣）。その逆が、今我々日本人がはまっている「煽《あお》りの文化」です。「もっと頑張れ、まだ頑張れ、こんなのじゃだめだ」と煽るのです。叱咤激励《しったげきれい》のつもりが、結局は人間を崖《がけ》っぷちに追い詰めてしまいます。

私は大村先生が亡くなられるまでの足掛け六年、大阪大学の山中浩司《やまなかひろし》教授の計《はか》らいで、大村先生を囲んだ有志の勉強会で学ぶ機会をいただきました。私が芦花ホームの常勤医になって四年になる頃からです。

医療の手を止めてはならない、治さなければならないと信じ切っていた外科医の私は、言うなれば煽りの文化の権化《ごんげ》でした。平穏死《へいおんし》を知って、ようやく煽りの文化から抜け出せました。

文化とはよくもわるくも慣れであり、その中にどっぷり浸かっていると、それが正しいのか間違っているのかさえわからなくなってしまうものです。だから、時どき自分が今どこに拠《よ》っているのかを立ち止まって吟味《ぎんみ》する必要があります。

煽りと鎮めの文化を思う中で、ふと読んでいた本の文章に目が止まりました。地球惑星物理学の松井《まつい》孝典《たかふみ》氏のお話です（倉本聰、林原博光著『愚者が訊く』「宇宙から環境問題を解く」双葉社）。

それによると、地球システムという視点から見れば、人類が一万年前に農耕牧畜を始めたときから、地球という星の、たとえば太陽光や水や土壌といったエネルギーの流れを変える生き方を始めた、つまり自然のエネルギーに依存する「生物圏《けん》」の中のひとつではなく、新たに「人間圏」をつくったといいます。

その人間圏の活動が過去二百年の間に急拡大した結果、地球システムはその拡大を抑えるための負のフィードバックをかけはじめているというのです。

人類は生物の中で唯一、欲望を解放しても生きていける状態を手に入れてしまったために、欲望をさらに肥大化させ、加速させている。我々は惑星規模でこれからの文明のあり方を考えなければならない、これ以上加速しない、減速していく生き方を選びとらなければならないということなのです。

まさに煽りの文化の行き詰まりを見る思いがします。鎮めの文化に移行していくべき時が差し迫っているのです。

鎮めの文化を説かれた大村先生は私より七歳お若かったのですが、大腸がんが肝臓に転移して、端正《たんせい》な容姿のその肌には少し黄疸《おうだん》が現れていました。それでも先生はハイライトを吸うし、お酒は飲むし、実に泰然とされていました。そして、こうおっしゃるのです。

先生が主治医に「お酒、飲んでも大丈夫でしょうか」と聞くと、京都大学医学部附属病院のその医師はこう言ったのだそうです。「先生は抗がん剤という猛毒を飲んでいるんですよ。お酒なんて、それに比べればかわいいものです」と。先生は安心してお酒を楽しまれました。私はその主治医は名医だと思います。

私はつい気を許してしまって、大村先生に遠慮のないことを言ったものです。「先生は、もう死ぬ、もう死ぬとおっしゃっていながら、なかなか死なないですね」と。

お会いしてから六年、先生は洒落《しゃれ》た語り口で生きていることの素晴らしさを語られ、そして逝かれました。たくさん学ばせていただきました。

先生、私もそのうちそちらへ逝きますから、またお会いできることを楽しみにしています。

「煽りの文化」から「鎮めの文化」へ

私は外科医として半世紀、患者さんの人生に対して「外乱」とも言うべき手術という方法で医療をおこなってきました。足が震え、逃げ出したくなるほどの重い責任を引き受け、背には何本もの十字架を背負ってきました。私が医師でありつづけるには、医療の意味を問いつづけないわけにはいきませんでした。

医療の意味を突き詰めて問うことは、まさしく人間の生き方を考えることにつながっていました。そして、介護の世界を知るに至って、私は医師として、人間として、たどり着くべき答えにようやく到達した気がしています。それが、私にこんな物語を語らせているのかもしれません。

振り返ってみると、私が通ってきたのと同じような道を芦花ホームの看護師、管理栄養士、歯科衛生士、理学療法士などの医療職も通ってきて、私と同じ疑問や思いを抱いてここにたどり着いたのだとあらためて思います。

皆、病院などの医療機関で働いた経験があり、高齢の患者さんが増えていく中、老い衰えた患者さんにも治そうと挑《いど》む今の医療の矛盾《むじゅん》と、結果としての医療の限界を間近に感じてきたはずです。医療現場を覆《おお》っているのは、命を救え、いつまでも健康であれと、煽る文化です。

その彼らが医療から介護の現場に転身してみて、私と同じように気がついたのです。その人らしく人生の終末を豊かに生き終えることを大事にしようとするなら、「まだ生きろ」と煽ることは害で、むしろその人の内なる自然のリズムを聞くことが自分たちの役目だと知ったのです。

ご本人のためにならない無理な医療はしない、命をただ引き延ばすのではなく、その方の人生の物語が豊かに語り終えられることを支えたいと心から思えるようになって、皆、仕事にやりがいを取り戻したのです。私もまったく同じです。

超高齢社会を迎えて老衰終末の医療のあり方が問われていますが、医療にまだ希望があるとすれば、その答えは、その人の豊かな物語の流れを汲み、その人の傍《かたわ》らに立つ医療であるように思います。それこそ、煽る文化ではなく、鎮めの文化の中にある医療です。

進学先の大学を選ぶとき、私の生家であった〝北屋呉服店〟の番頭さんが言いました。「医者になっておきなさいよ。食いっぱぐれがないから」と。

この言葉が意味深長だとわかったのは、医者になってからずいぶん経ってからでした。「金勘定《かんじょう》で苦労をしないように」という親心のようにもとれましたが、そうではなかったと、今になってありがたく思っています。

医者の役目は「金勘定ではない世界」であるべきですよ、そのような医者になりなさい、という意味だったのだと思います。番頭さんは金勘定が必須の商《あきな》いの世界を通ってきただけに、自分の願いを私に託《たく》したのかもしれません。

第４章　死をどう生きるか

不自然な終末期

老いて死ぬという誰もが通るプロセスを、医療の管理下から自分自身の人生の中へ取り戻すにはどうすればよいのか。死とは何かを見つめつつ、命のバトンランナーとして最後の瞬間まで生きる使命を、本人、家族のそれぞれの視点から確認したいと思います。

「老いてからの死は最も苦痛が少ない」と古代ギリシャの哲学者アリストテレスは言っています。十六世紀の哲学者モンテーニュは「老衰による死は稀《まれ》だ、単独に起こる例外的な死だ」と記しています。老いるよりもはるか以前に病気や戦傷で亡くなっていた当時の人びとの様子が、この言葉からわかります。日本でもかつて多くの若者が結核で儚《はかな》く一生を終えた時代がありました。

それが今や抗生物質の出現で感染症は減り、医療技術の長足の進歩のおかげで日本は世界に誇る長寿国になりました。老いるまで生きられる、つまりアリストテレスの言葉によれば、「最も苦痛が少ない死」を迎えられるようになったはずでした。

ところが実際は、楽に逝《い》かせてもらえない、不自然な終末期を迎えるようになっていました。

世界でトップレベルの長寿国に生まれたことを我々日本人は手放しで喜べるかと言うと、そうでもないのです。健康寿命は平均寿命よりも何年も短く、寝たきりの状態で生きながらえている期間がかなり続くのですから、まるで粉飾決算、表向きと実態に乖離《かいり》があるのです。

老衰で楽に逝けなくなったのは、最期《さいご》を病院で迎えるようになったからです。死が医療下に置かれ、死なせてはいけないと医療の限りを尽くされるようになったことが最大の理由です。

昭和三十年頃、一九五〇年代までは、かかりつけ医による往診があり、家で死を看《み》取《と》ることは少なくありませんでした。昭和五十（一九七五）年頃を境に、病院で亡くなる人が増えていき、今は八割近くが病院で最期を迎えています。

生活感のない管理されたベッドで亡くなっていくのです。最期は病院で終わるものと、いつの間にか誰もが当たり前のように思うようになりました。

終《つい》の住処《すみか》といわれる特別養護老人ホームの職員たちでさえ、私が芦花《ろか》ホームに着任したばかりの頃は、入所者が急変すれば病院へ搬送していました。入院先で亡くなられたことをご家族からその後知らされるということが普通でした。特養は終の住処だと言っても、最後の最後はここではなく病院、と職員たちは認識していたのです。

いつかは死ぬ定め

我々は生きものです。例外なくいつかは死にます。それなのに死を見ないように避けてきたのです。若いこと、壮健なこと、愉快なことといった陽《ひ》の当たる面だけを見て、その影の面には目を背《そむ》けてきたのです。見なければ無《な》いことにできるかのように錯覚しつづけました。

幸いと言うべきか、皮肉と言うべきか、老いの時間が長く延びたことで死が先送りされ、見ないで済ます時間を稼《かせ》げました。しかし、いよいよ最期が迫ったときに慌《あわ》てるのです。命の灯が消えるときにどんなことが起きるのか、まるで知らないからです。人が死ぬさまを誰も知らないので、死への恐怖だけが大きくなっていきました。

人間の一生がどんな形で終わるかはわかりません。一寸先は闇《やみ》、事故に遭《あ》うかもしれない、天災に巻き込まれるかもしれない、病《やまい》であってもどんな終わり方かは知れません。

けれど、老衰死がどんなふうに坂を下っていくのかについては、私は芦花ホームで見せてもらいました。老衰の場合はゆるやかに全身の機能が落ちていき、安楽に自然死できるのです。

「そろそろゆっくりあちらに逝こうと思う」と、ご本人がその意思を伝えてくださっているかのように、食べる量が次第に減って、食形態を変えても体が受けつけなくなって、徐々に体重が落ちていきます。身を軽くしはじめるのは、終わりのときがそう遠くないことのサインだということを、芦花ホームの職員たちは今では理解していきます。

体重が減少してくることは比較的知られていますが、睡眠時間が長くなることも兆候のひとつです。一日が二十四時間の周期ではなく、三日間寝つづけ三日間起きた状態が続くというような百四十四時間のサイクルになることもあります。

七十二時間寝つづけ、七十二時間起きつづけるのです。このようなサイクルになった人に誤って睡眠薬や鎮静剤などを使うと、平穏《へいおん》な最期を迎えられなくなってしまいます。

人間は生きものです。機械ではありません。機械のように電源がオフになったら一度にパタリと命が停止するのではなく、死のサインが徐々に全身に伝わっていきます。

いよいよ死が近くなってくると、血圧が下がってきます。血管がゆっくり締まり、心臓から遠いところから酸素が届かなくなって、脚の色が紫色に変わり冷たくなります。やがて呼吸中枢《ちゅうすう》にも酸素が届かなくなります。

死にゆくさまを見たことのない人にとっては喘《あえ》ぐような下顎《かがく》呼吸は苦しそうに見えますが、ご本人にはもはや意識はなく、実際には苦しみはありません。苦しそうだ、放っておけないと、ここで気管内挿管《そうかん》や気管切開をして人工呼吸にしてしまうと、静かにランディングしようとしているご本人を強引に叩き起こして、「まだ頑張れ、もっと頑張れ」と煽《あお》ることになってしまいます。

私たちが想像するよりも、人間の体は脆《もろ》いように見えて、実はよくできています。苦しまずに楽に死ねる、意外にもしたたかなのです。

家族の苦悩

芦花ホームで看取りをさせていただくたびに思うことがあります。一生をどう仕舞《しま》うか、その考えは人それぞれなのだ、と。

かつて床屋さんだった九十三歳の認知症の男性が心筋梗塞《しんきんこうそく》であっさりあの世に逝ってしまいました。息子さんはお父さんをホームに預けたきりで会いに来ることはほとんどありませんでした。

「どちらも正直なところ、ほっとしたのではないか」と私が思っていると、「先生、人はそんなに死を割り切れるものではありません」と看護主任が言います。

こんな割り切ったものの見方をする、いかにも外科医らしい私の考え方に肯《うなず》いてくれる職員もいますが、いざ自分の親の終末となると、普通のご家族と同じように心が揺れて、客観的に事態をとらえることができなくなります。同じようなことが何度もありました。そうして私は「ああ、やっぱり、これが人間なのだ」と思い直すのです。

平成二十七（二〇一五）年のＮＨＫスペシャル「老衰死《ろうすいし》」で、芦花ホームでの実際の看取りが取り上げられたことがありました。

そのうちのひと家族は、お母さんの最期をどうするかでお姉さんと弟さんとで意見が割れていました。

弟さんはお母さんをホームで自然死させることに疑問を捨て切れません。そうして「やっぱり病院で胃ろうをつけてもらおう、点滴ぐらいして少しでも命を延ばしたい」と、いよいよという日が迫って一層悩んでおられました。それを、お姉さんや奥さんに反対され、私にまで説得されて、結局、芦花ホームで自然なまま看取られました。その一部始終をカメラは追っていたのです。

撮影は春で、番組として放送されたのは秋でした。放送後、息子さんから私に手紙が届きました。

お母さんを看取ってから番組を見るまでの半年間、お母さんに何も医療を受けさせずに逝かせてよかったのかと、息子さんはずっと悩んでいたのだそうです。それが、番組を見て、「すうっと悩みが消えた」と書いてありました。

番組の中で、自然な死には苦痛がないという欧米の学術的な知見も紹介されていましたから、悩みが消えたのはそのせいもあるのかもしれませんが、私は、息子さんはテレビの中に映し出された自分と母親を客観的な目でたどることができたからではないかと思いました。

少し距離を置いて自分を見つめることによって、自分の思い、エゴにとらわれていた自分から離れて、お母さんの願いのほうに心を寄せることができたのだと思います。

命のバトンを受け渡す場

「情念なんて捨ててしまえ。人間いくつになっても変われる」とおっしゃったのは、酒井雄哉大阿闍梨《さかいゆうさいだいあじゃり》です。師は比叡山《ひえいざん》の門を叩く前に、職を転々とされましたがどれもものにならず、齢《よわい》五十を過ぎてあの荒業《あらぎょう》、千日回峰行《せんにちかいほうぎょう》を二回も果たされました。人間いくつになっても変われる、まさにそう言える方です。

しかし、我々凡人《ぼんじん》はそう簡単にはいきません。情念を捨てるとはどういうことか、思いを断ち切ることか、感情を捨てることか。客観的に理性的に親子の絆《きずな》、夫婦の絆は割り切れるのか。いくら理屈でわかっていても、親との別れ、夫婦の別れに迷うのが人間です。

あえてわかりやすくするために大雑把《おおざっぱ》にとらえれば、家族の終末にあたって人は両極端の考え方をするようです。一方は、もう寿命が来たのだから、命の時間をただ引き延ばすのは本人のためにならないと割り切る人、もう一方は、命を一瞬でも延ばせるならどんなことをしてでもそうしたいと思う人です。後者は、師の言葉を借りれば、情念を捨てきれない人と言えるのでしょう。

しかし、理性的に客観的に対応できる芦花ホームの職員でも、対象が自分の親のことになると気持ちが揺れ、こう言うのです。「親にいつまでも生きていてもらいたいと思う気持ちは、人間として当たり前だし、そこに自分の〝存在〟を感じる」と。

相手の存在より自分の存在を思うのはエゴだ、自立していない証拠だと、割り切れる側の人は言うかもしれませんが、それと反対の思いを抱く家族にしてみれば、それほど太い絆なのかもしれません。

大切な親や伴侶《はんりょ》をどう見送るかに悩むご家族を目《ま》の当たりにするたびに、医療をしないで逝かせるという選択は、今の日本ではこれほどまでにむずかしいことなのだと、私はあらためて思います。

しかし、親の最期を看取ることでしか、我々は死に稽古《げいこ》ができません。誰もが間違いなく死にますが、自分の死は一回きりです。死に接する機会は乏《とぼ》しく、死に方の上達を試みる機会は親の看取りしかないのです。それが、命のバトンを受け渡す、人生最大の山場です。

仕事が忙しい、遠く離れている、死は怖い。逃げ出したくなる理由はいろいろかもしれませんが、目をそらさずに親の最期に関わることが大事です。それを人間の最大の仕事として社会全体で認め合えるようであってほしいと、私は思うのです。

介護や看取りは、親のために「してあげる」のではなく、自分のために「させてもらう」のです。

もちろん、迷うのが人間です。だからこそ、終の住処である介護施設を守る私たちは、ご本人の心だけでなくご家族の心もしっかり支えていかなければならないと思っています。

悠然と人生を全うしてきた日本人

かつての日本人には悠然と人生を全《まっと》うする姿がありました。常に死を見据《みす》え、いずれ自分にもお迎えが来ることを覚悟して生きる姿勢は、そのまま老いの余生を楽しむ余裕として表れていたように思います。

お年寄りに向ける心持ちも違っていました。老いを見て、自分にも訪れる定めとして受けとる諦念《ていねん》がありました。それゆえにやさしく、おっとりとしていたように思います。お互いに同じ人間であることを認め合い、おばあさんがいつもの認知症のおばあさんであることを確かめて安心する、それはひとつの文化でした。

死が日常から姿を消して以来、日本人は生き方も、逝き方も、わからなくなってしまったのではないでしょうか。宗教を生き方の信条とする欧米人はそのあたりが違うと言いますが、日本にも仏教があり、キリスト教があり、神道もあります。宗教のあるなしではなく、日本人は生きる意味を死から考えることをしなくなったからではないかと私は思うのです。

私たちがこの世に生を受け、やがてその生を閉じるのは、大いなる自然の定め。我々人間も自然の一部なのです。いずれ終わりが来る、ただ一回きりの生であることを認識して、自分に与えられた命を存分に味わい、最後には「ああ、私らしい人生だった」と感謝と納得の諦念で幕を下ろすことが生きるということではないでしょうか。

自分の命のあり方を医療にたのむのではなく、自分で引き受けていく覚悟が必要なのです。人生の主体は自分であって、医師でも医療でもありません。命の消滅に怯《おび》え、死を視界から遠ざけて生きる生き方を、日本人はあらためなければならないと思うのです。

死から生を見つめた人

私の心を打つ、星野《ほしの》富弘《とみひろ》さんの詩（『花の詩画集　鈴の鳴る道』偕成社）があります。

体育の教師だった星野さんはクラブ活動の指導中に誤って頸髄《けいずい》を損傷し、首から下が麻痺《まひ》してしまいました。それでも失意の淵《ふち》から立ち直り、口でくわえた筆で絵を描き、詩を書かれました。

いのちが一番大切だと
思っていたころ
生きるのが苦しかった

いのちより大切なものが
あると知った日
生きているのが
嬉しかった

この詩を読んだとき、私ははっとしました。目が覚める思いでした。
人間、いずれは死が訪れます。死んでしまったらすべては無に帰《き》します。しかし、問題は生きている今の過ごし方なのだ、と教えられました。

星野さんは一回しかない自分の人生で、その体に取り返しのつかない大きな傷を与えてしまった自分が許せなかった。悔《くや》しかった。健康が大事、障害がないことが大事、そういう世界で回復不可能な障害を抱えて生きることが苦しかった。

けれど、まだ自分は生きていると思ったとき、生きているのが嬉《うれ》しかった。生かされているとわかってありがたかった。

それは、今を生きるという生き方です。一回きりの人生を生かされていると知れば、感謝もなく漫然《まんぜん》と生きることなどできません。

身体的な極限の中で生きてみて、生きること自体の意味に気づいたのです。絶望の淵から立ち上がり、努力をして生きている自分を客観的に見て、自分を許せたのだと思います。「今、生きている」と自覚して生きることそのものが、生きる力を与えてくれるということなのです。

この詩を読んで誰もがはっとする理由は、命は長さではない、命は生きることそのものに価値がある、ということに気づかされるからではないでしょうか。

死の恐怖と苦悩について問われて

一回しかない自分の人生が終わる、それに直面したとき自分はどうするだろう。老いて誰しもそれを思うでしょう。

人生の最終章について思い巡《めぐ》らすとき、ふっと思い出すことがあります。それは、広島の高校の同級生のことです。

六十七歳のときに脳腫瘍《のうしゅよう》に罹患《りかん》した彼は、パソコンを使うことができなくなったと言って、私のところへ相談に現れました。私が紹介した脳外科医のもとで手術を受けましたが再発し、自分の病気のことを正確には理解できないまま、不安と苦悩のうちに亡くなりました。私は亡くなった彼に対して責任を感じていました。

その追悼《ついとう》の式に参列していた同級生から、死の恐怖と苦悩について医者として思うことを聞かせてほしいと、私は尋《たず》ねられました。その場で咄嗟《とっさ》に何か答えたものの、その質問がずっと気になっていた私は、後日、その同級生にこんな手紙を出しました。

先日、貴兄が死について深く考えておられる事を知り、追悼の席ではお話しできなかったので、少し付け加えさせて頂きます。

考えてみますと、私は長年外科医として、患者さんの病と対峙《たいじ》して来ましたが、死の淵に追い込まれた方の気持ちをどれだけ支えることができたか、改めて忸怩《じくじ》たる思いがあります。

病気を治《なお》すことしか私は考えず、命を救えたのだからよいだろうと、ある意味では大変思い上がったところがありました。患者さんは死を免《まぬか》れて生きていればよい、多少生きていくうえに不自由があってもよいではないかと、私は生きていることへの配慮が欠けていました。

共に病と闘い、生き抜いて来られた方も、おそらく高齢になられて老いに直面しておられるはずです。特別養護老人ホームで高齢者をお世話してみますと、そこにあるのは厳しい老いの現実であり、人生の無常であります。そして自分自身も遠からず終焉《しゅうえん》を迎えるであろうと思うと、死を直視せざるをえません。

私が携《たずさ》わってきた外科的治療と言うと、何か科学の最先端にあって、自然の流れを変える画期的手段のように思われがちですが、実際に治しているのは自然の仕組みであり、外科医のしていることは、体の仕組みのある部分の方向を少し変えているだけのことかもしれません。

すべてのことは自然の仕組みの中でのことであって、我々はその中で右往左往しているに過ぎず、それこそ仏の手の上で騒動していただけの孫悟空《そんごくう》と同じかもしれません。

認知症の方と日々付き合っていますと、独自の主観的世界にどっぷりと浸《つ》かって居《お》られる方はまだ救いがありますが、なまじ客観的判断が残っている方は、やりがいの無い日々の中で、不自由になっていく自分の体の惨《みじ》めさに心を苛《さいな》まれ、死にたくても死ねない、絶望の淵に佇《たたず》んで居られるように思えてなりません。

率直に申して、これこそ生き地獄、ましてや殆《ほとん》ど意識の無い人に胃ろうを造設して無理矢理命を長らえさせるのは拷問《ごうもん》としか思えません。ご家族にしてみれば、親が、妻が、夫が、どんな形でも一日でも長く生きていて欲しいと思うのは人情でしょうが、それも大変悩み多い世界です。

こうしてみてくると、人生の苦難を乗り越える道は、心の持ち方でしかなく、それは自分で納得する生き方を通してしか得られないように思います。精一杯生きてきたという自負、結局のところ、自分なりの開き直りでしかないというのが現時点での私の結論です。

しかし、これは正直なところ願望であり、これからの残った人生の中で最期までこの気持ちを堅持《けんじ》できるかどうか、私には自信がありません。丸三年間、特養で約三十名の方を看取ってきて、肉体的に苦痛の少ない死に方については多少道が見えてきましたが、心の道は険《けわ》しく、その幕の引き方の難《むずか》しさ、大切さを痛感する毎日です。

私はこんな手紙を芦花ホームへ行って三年後に書いていています。それからさらに十年近くが経ちました。この思いは今でも変わりません。どこまでこの気持ちを堅持できるかはわかりません。自分の納得できる生き方を通して、ああこれでよかったと思って逝けるかどうか、それはあくまで願いです。

老いの坂を下りながら

今、あらためて私は思います。

現役の外科医として働いていた頃の私は、患者さんの体に起きた変化、その時間軸を元に戻すために闘ってきました。

患者さんの時間をそれ以前に戻そうとするのは、そこがその後の人生を左右する分岐点だからです。人生の残り時間を稼ぐためには譲《ゆず》れない闘いを、患者さんと共に闘うのです。

一方、八十年、九十年生きてこられていずれ終着となる坂をゆっくり下っているその時間は、医師が介入して無理に逆行させる時間ではなく、何者も侵《おか》すべきではない、その人だけの大切な時間です。

人生途上ならば、傷んだ体の不具合は修理して先に行かねばなりません。しかし、もう人生の最終章に近い人には部品修理という考えは改めなければなりません。何が何でも治さなければならないのではありません。

問題は、何が壊れたか、どの程度か、今の医療で治せるのか、治すためにはどの程度のリスクがあるのか、苦痛の程度はいかほどか、そして、だんだんと老いの坂を下って最期を迎えるというこの一回きりの人生において、治して先へ進むことはどれほどの意味があるのか、そのすべてを考え合わせなければなりません。

それは、人間の考える科学である医療の力と、その人の人生における医療の貢献度を評価して考えるべき問題です。

それを決めるのは本人です。その人の人生ですから、本来は最終的に本人が自分の人生における意味を問い、自分で決めるべき問題なのです。

第5章　「平穏死」に至る原点

人間の強さを教えてくれた患者さん

全力で走りつづけてきた私も、気がつけば八十年以上も生きてきました。考えてみれば、人生はつくづく不思議なもの。いくつもの節目があり、そこに出会いがあり、要所要所で導きがありました。それは、私の人生をひとつの方向に向かわせてくれたように思います。

外科医としての私は自分なりに患者さんとの気持ちの通じ合いを大事にしてきましたが、同時にいくつもの十字架を背負っています。それは外科医の宿命です。死ぬまで背負っていかなければなりません。三十年余り勤めた病院を去るにあたって、患者さん、中でも治《なお》せなかった患者さんに会わなければならないと私は思いました。

吉田さん（仮名）は、実に三十五年も私に自分の運命を託《たく》してくださった忘れられない患者さんです。

吉田さんは先天性動静脈瘻《どうじょうみゃくろう》という病気で、私が知る最も過酷な経過をたどられた患者さんでした。

吉田さんが病院の形成外科を受診したのは、彼がまだ二十代の頃でした。唇《くちびる》に一センチ大の血管腫《けっかんしゅ》ができていました。有名な電気器具メーカーの技師として新製品の開発を手掛ける彼は大変聡明で明るい人でした。

唇にできたふくらみを手術で切り取ることになりましたが、どうも出血の勢いが強そうだということで、血管外科の私が手術のサポートに入りました。はじめはそんな大変な病気だとは思わず、手術で簡単に血管腫は取れ、じきに退院されました。

それから半年くらいして、吉田さんがまた来院しました。以前よりもふくらみの大きい血管腫が前回取った手術創《そう》の上にできていました。それを手術で取る、しかし、またふくらんで、数ヵ月後にはさらに大きな血管腫ができるのです。

いくら取っても、どんどん広がっていく。ふくらみを取ればよくなると思っていたのですが、それはそういう単純な病気ではなかったのです。

普通、人間の血液というのは、動脈から毛細血管を通って体の組織に流れていって仕事をして、静脈を通って心臓に返ってくる仕組みになっています。ところが、吉田さんの場合は、動脈から毛細血管を通らず、そこで仕事をしないまま短絡《たんらく》して静脈へ返ってきてしまうのです。電気で言えば、ショートするのです。それも一ヵ所、二ヵ所ではなく、無数の小血管で網状につながって、その組織が広がるのです。

静脈部分はとても柔らかくできています。その静脈の中に動脈血が直接どんどん入ってくるので、柔らかな静脈はふくらんでいき、壁は薄くなり、破れて大出血を起こすのです。

一種の形成不全ですが、広がってくる性質からすると悪性です。おそらく生まれたときから因子はあったのでしょうが、大人になって活発化したと思われます。それが唇から下顎部《かがくぶ》、上顎部、頸部《けいぶ》と広がって、手術で取り除いても数ヵ月すると周りが盛り上がってくるのです。

いつ爆発するかわからない血管の薄い膜が、どんどんふくらんで組織が崩《くず》れてきます。それを止める手術というのは、まるで風船を縫うようなもので、血管外科医が特殊な針で縫わなくては止まりません。それが無数にあるのです。

顎《あご》の骨の中にもできて骨はぼろぼろ、歯もグラグラ、下顎の部分を切って取ろうかという話も出ましたが、首の骨にまでその血管組織が入っているので取れません。手足なら切断してこの因子を切り離す手もありますが、首から上ではそういうわけにはいきません。

その状況が年々、加速度的に進んでいきます。とんでもなく恐ろしい症例でした。病気がどういう進行を見せるのかわからないので、先はまったく見えません。生涯ずっと続くのか、これが原因で死が近づいているのか、それすらもわかりません。

本人は肉体的にも精神的にも本当につらかったはずです。仕事ももっとバリバリやりたかったと思います。家族のこともいろいろ考えたと思います。自分の運命を呪《のろ》いたくなったと思います。しかし、彼は「考えてもしようがないことだから」と病気に対して非常にクールで、いつも前向きでした。

そのうち、ついに失明してしまいました。会社もいろいろ手厚く配慮して生活の保障をしてくれてはいましたが、結局辞《や》めざるを得なくなりました。それでも落ち込むことなく、次々湧《わ》いてくる新しい仕事のアイデアを私に話してくれました。

家族を養わなければいけないと言って、目の見えない状態でパソコンを打つ練習をし、インターネットを使って健康食品や健康グッズを扱う仕事を始めて、奥さんと二人三脚でやっていました。

音楽が好きで、病院で定期的におこなわれていたクラシックコンサートを楽しみにしていました。病室では、骨伝導《こつでんどう》のイヤホーンを探してきて、それでクラシックを聴《き》いていました。

六十歳で亡くなるまで、三十五年以上にわたって、この病気と闘いつづけました。受けた手術の回数は四十数回に及びました。どれだけ厳しい試練であったことでしょう。

口を完全にやられて食べることができないので、胃ろうをつけました。呼吸がむずかしくなり、気管切開をしました。声帯も取られて声も出せなくなりました。それでもパソコンで意思《いし》を伝え、強く生きていました。すごい精神力の持ち主でした。

私は定年で病院を去ることになり、信頼する茂木《もてき》克彦《かつひこ》先生に主治医をお願いしました。

私は病院を去ってから数ヵ月後、吉田さんの病室を訪ねました。しばらく顔を見せていない私にどんな反応をされるか、私は内心、不安でした。彼はもう失明していたので私の顔は見えなかったはずですが、私の様子はすぐにわかったようです。

「先生、心配しないでほしい。私は大丈夫です」と言うように、手探りで引き出しからA４の紙を取り出し、私が見つめる中、マジックで四枚にわたってこう綴《つづ》ってくれました。

お元気そうで何よりです。とても嬉《うれ》しいです。
もう三十年来のことで、この病院と石飛先生は私の人生の一部です。
もう何回手術をしたでしょう。数え切れません。本当にお世話になりました。
私も去年還暦《かんれき》となりました。このベッドの上で誕生日となり感無量です。
茂木先生もベストを尽くしてくださり、とても感謝しています。
これも石飛先生のご指導だと思っています。
障害者になり、第二の人生をどうやって送るか、これからが正念場です。
頑張りますので、ご心配なく。
会社を退社してからは、楽天でネット通販をやっています。
パソコンが使えなくなったのはとても悲しいです。
明日盲人用のソフトを研修し、もし使えるならと願っています。
先生もいつまでもお元気で。

彼は強かった。むしろ、私のことを気づかってくれたのです。なぜこんなふうに強く生きられるのだろう、その強さに私はただただ頭が下がりました。
吉田さんのことを思い出すたびに浮かぶのは、ナチスのホロコーストを生き延びたオーストリアの精神医学者、『夜と霧』の作者としても著名なヴィクトール・エミール・フランクルが講演の中で引いた言葉（『宿命を超えて、自己を超えて』春秋社）です。

医師は、物質が虚弱であり、それに対して精神が強力である、ということを認識する機会に他の誰よりも恵まれている。

吉田さんは病院から自宅に戻って生活していたとき、気管に痰《たん》が詰まって、朝、家族が気づいたときには息を引き取っていたそうです。三十五年余の闘病の幕が静かに下りました。

告知できなかった悔い

私が病院で働いていた三十三年間、患者の高齢化とともにがんとの闘いが増えていきました。

がんが見つかって、最初の手術では「うまく取れましたよ、よかったですね」ということで退院していかれます。ここまでは、めでたしめでたしです。

しかし、早い場合は一、二年で再発して、また入院となります。家族には最初のときから告知していることがほとんどですが、本人には告知していない場合がありました。家族は告知をためらわれることが多く、それにかこつけて、こちらも本人には病名を伏《ふ》せておくことが少なくありませんでした。

ご兄弟してお坊さんのご家族がありました。上越《じょうえつ》の高田市（現・上越市）から東京港区のお寺の和尚《おしょう》になられたお兄さんとは以前からおつきあいがあり、お兄さんに頼まれて弟さんの胃がんの手術を担当しました。お兄さんのご意向を汲《く》んで、弟さんには告知しませんでした。幸い、弟さんはその後も元気に過ごされました。

しかし、今度はお兄さんに胃がんが見つかりました。弟さんに病名はお知らせし、お兄さんの手術もさせていただきましたが、二年後に体調を崩されて入院されました。

実はがんの再発でした。手術はせず対症療法をおこないました。ご本人は勘《かん》づいておられるだろうかと思ったり、余命いくらもないので、それをお伝えすべきか思い悩み、正直に話し合いたいとたびたび思いました。僧侶でいらっしゃるのですから、死生観や人生観についても突っ込んだお話ができると思いました。しかし、お兄さんとお話ししたいと部屋を訪ねるものの、がんのことには触れないまま部屋を出てしまったのでした。なかなか切り出せないまま日が過ぎて、ついに退院していかれました。

しかし、いまだに正直なところ心残りなのです。自分が再発のがんに侵《おか》されていることはご存じに違いない、ご存じだとすれば、自分の一生、その最終章を前にしてどのようなお気持ちでおられるのか、私としてはぜひともお聞きしたかったのです。なぜ率直にお声をかけなかったのか、こんなまたとない機会を逃してしまった自分が悔《くや》しいのです。

ところが、なんという偶然でしょうか。告知できなかった悔《く》いをこの本に書き留めておきたいと思っていた矢先、家の整理をしているときに不意に二十年ほど前にお兄さんから頂戴《ちょうだい》した手紙が出てきました。そのときも読んだはずなのに、私は今やっとその文面からお兄さんの心の内を知ったのです。

手紙は、妹さんのご主人のご病気に際して私が言ったことへのお礼が述べられていました。

僭越《せんえつ》と思いつつ、妹の夫の病気に際しご相談申し上げたところ、わざわざお出かけ頂き、御言葉を頂戴し、妹は「途方に暮れていた一家にとり、何よりの励みになりました」と涙ながらに申しておりました。

大変難《むず》かしい事態であると素人の私にも推察できますが、家族と本人が事実を事実として受け止められるまで、今後とも何卒《なにとぞ》お力添えください。

私も六十五歳、何時どうなっても不思議のない年齢と自覚しております。一日、一日の命を頂戴して生きねばならんと思っております。合掌《がっしょう》

この手紙に添えられていたのは、前にご紹介した仙厓禅師《せんがいぜんじ》の「老人六歌仙」でした。がんの再発はとうにご存じだったのだと、この手紙は教えてくれていました。しかも、私が悩んでいたのはご本人に病名と予後を告知するかどうかでしたが、お兄さんは治らぬがんをその身に得たご自分の運命を既に静かに見つめておられたのです。

そこに至るまでには人間としての苦悩や迷いがあったことでしょう。しかし、それを超えて、穏《おだ》やかな悟りの境地にまで到達されたことが、私には今になってやっとわかりました。

ピカドン、十歳の日々に

十歳を迎える夏、広島に原爆が落とされました。爆心地から山を隔《へだ》てて、私は閃光《せんこう》と衝撃を体験しました。あれから七十三年、毎年原爆の日を迎えて、式典の様子をテレビで見ながらあの日のことを思い出します。

私が生まれて小学生時代まで育った広島県高田郡吉田町（現在の安芸高田《あきたかた》市吉田町）は、広島から北に約十里（約四十キロ）離れています。

昭和二十年八月六日の八時十五分、暑い夏の朝、学校の校庭の真ん中で我々が見たのは虹色のキノコ雲でした。

国民学校初等科の四年生だった私たちは、午後からの開墾《かいこん》作業に行くのに履《は》く草履《ぞうり》を編んでいました。校舎を背に広島の方向の南を向いて、校庭に横六列で座って、伸ばした両足の親指に藁《わら》の紐《ひも》を巻きつけて、これを縦軸とし、藁を左右に編んで草履をつくっていたそのとき、うつむいていた目の前が突然真っ白になりました。

咄嗟《とっさ》に見上げた空全体が真っ白に輝き、それが南の方向に次第に赤みを帯びて狭《せば》まり、最後は広島の方向の山の上に赤い火の玉となって消えていきました。

続いて激しい地響き、校舎の窓ガラスが割れんばかりに揺れました。何かとんでもない爆発が起きたと感じました。頭の上を北に向かってB29が一機、悠々《ゆうゆう》と飛んでいきました。

間もなく広島の方向の山の上に白い雲が湧《わ》き出て、どんどん上に伸びて、ある高さから横に広がって、さらにまた一段伸びてまた広がって、結局、二段構えのキノコ雲になったのです。それは全体が虹色でした。

夕方から次々傷ついた人が運ばれてきて、その日から校舎は収容所になりました。非戦闘員であった市民を突然襲った、この世のものとは思えない生き地獄。理性もあり知性もあった世界の指導者たちがおこなったあの人間の狂気。それはどう考えても信じられないことですが、しかし、たしかにあったことでした。

それが戦争というものなのか。しかし、この人間の憎悪《ぞうお》は今もまさに世界のどこかで止《や》むことなく続いているのです。

一番上の兄貴は激戦地のフィリピンに出征《しゅっせい》し、昭和二十年四月に亡くなりました。長兄の死を、父はことさら悲しみ、自分の所為《せい》だと責めつづけていました。

「山に登るなら、できるだけ高い山に登れ」

国民学校時代の恩師、日山龍登《ひやまたつと》先生の言葉です。今も私の胸に深く刻まれています。原爆投下の昭和二十年の春から、国民学校の四年から小学校卒業まで三年にわたって先生は担任をしてくださいました。

古稀《こき》になったかつての同級生が日山先生を囲んで同窓会を開いたとき、先生は教え子ひとりひとりに、当時のご自分の心境を手書きで綴《つづ》った手づくりの冊子をくださいました。そこではじめて、終戦をはさんで十歳の私が教えを乞《こ》うた二十代終わりの先生の心の内を知りました。

貧農の次男であった十代の先生は、石原莞爾《いしわらかんじ》（関東軍参謀の陸軍軍人）の唱《とな》えた五族協和（満州国の民族政策）に共鳴して満蒙開拓団に身を投じましたが、関東軍の現実を見て夢破れ、極寒の地で結核に倒れ、九死に一生を得た後、心ならずも本国に強制送還されました。その後、吉田町国民学校の教員として採用され、我々四年生の担任になられたのです。

日の山に龍が登るというそのお名前からして迫力があり、眼光鋭く、声は胸を突く響きがありました。

「おまえの目は死んだ鯖《さば》の目だ」

先生から私が最初にもらったこの言葉も、先生に教えていただいた多くとともに今も懐かしく思い出すのです。

親父との約束

冬の空気の澄んだ十二月の夕暮れに芦花《ろか》ホームの屋上に上がると、関東平野の西、丹沢《たんざわ》の山並みの向こうに、富士山がくっきりと見えます。

私は時折、凍《い》てつくような寒さの中を屋上に出て、富士の裾《すそ》に沈む夕日を眺めます。そんなときときまって思うのが、父のことです。

私は父が四十歳のときの六番目の末っ子、怖い父でしたが可愛がってくれました。私が「医者になりたい」と言うと、黙って許してくれました。しかし、父は一冊の手帳を用意して、私を東京に出して慶應の医学部を卒業させるまでにいくらお金がかかったか、すべてをそこに記録していました。

私の生まれ故郷は、出雲《いずも》大社から出雲街道（国道54号）を南に下って広島まであと十里のところにある吉田町、三人の息子に結束の必要性を諭《さと》した三矢《さんし》の教えの戦国の武将、毛利元就《もうりもとなり》の居城があった城下町です。

生家は呉服屋でした。「誰のお陰で学校に行けるのか、それは店で働いている店員のお陰だ」といつも親父に言い聞かされていました。なので、学生時代には休暇に入ると、私は店の人たちを少しでも助けるために呉服を届け、売上金の集金をしました。今のように舗装《ほそう》されていない砂利道を、自転車を漕《こ》いで埃《ほこり》まみれになって、ときには十里先まで行きました。

大学を卒業して医者になって、ドイツで働いて血管外科の技術を身につけて、いつの間にか三十代も終わり近くなった頃のことです。

久しぶりに広島に帰ってのお正月、奥の部屋の炬燵《こたつ》で両親とみかんを食べながら話になりました。父はそろそろ自分の老いを感じはじめていたのだと思います。

「いくら給料をもらっている？」

「月三十万ぐらいだよ」

「おまえを東京へ行かせたのは失敗だった。そんなことでは元が取れないな。広島へ帰って開業しないか、資金の援助はするぞ」

かなり真剣なやりとりでした。

私は、「今の研究を投げ出すわけにいきません。お金は返せませんが、別な形で世のためになってお返しします」と言いました。

するとと、突然、母が横から言いました。

「お父さんがこんなに頼んでいるのに、それが聞けないのならもういい。あんたの墓はこちらにないと思いなさい」

久しぶりに聞いた強いお袋の一喝《いっかつ》でした。親父の手前、私を叱《しか》りながら、結局はかばってくれたのだと思います。

それから数年後、父がもう八十歳近くになった頃でした。

父は私に言いました。

「俺は糖尿病だ。いずれ心筋梗塞《しんきんこうそく》か脳梗塞で倒れるだろう。〝よいよい〟（麻痺《まひ》状態のこと）になったら、俺に余計なことをするんじゃないぞ」と。私は「ああ」と答えました。

数年後、父はまさに脳梗塞で倒れました。一旦は入院してある程度回復し、自宅の離れで在宅介護を受けていたところ、再度脳梗塞を起こし、母から電話が入りました。

「向かいの先生に診《み》てもらっているが、呼吸が苦しそうだ。一刻も早く帰って来てほしい」と。

私は咄嗟《とっさ》に気管切開の道具をカバンに詰め、羽田空港で事情を説明して、それを貨物室に預かってもらい、夕方、実家にたどり着きました。

自宅の離れで父は苦しそうに喘《あえ》いでいました。呼びかけても応答はありません。「なんとかして」と母や姉から懇願《こんがん》された私は、親父の気管切開をしました。呼吸は楽になったので、母も姉もほっとしたことを思い出します。

しかし、結局、親父の意識は戻りませんでした。経鼻胃管で栄養を補給しつづけましたが、三ヵ月後に父は息を引き取りました。

あのとき父の容態を見た私は、医者として、家族として、気管切開をして呼吸を楽にできてよかったと思ったのですが、その後、父のことを考えるたびに、本当にあれでよかったのかと今も思います。「意識不明になったら、俺に余計なことをするんじゃないぞ」という父の命令に背《そむ》いたのですから。

男の約束、それは何があっても破ってはならないものです。親父との約束を破った自分が許せないのです。人生の意味を考えれば考えるほど、その約束の重さを感じます。いくらでも約束を破った言いわけはできるでしょう。「苦しそうな様子を見過ごすわけにはいかなかった。お袋にも頼まれた。あれは医者として当然の処置だった」と。

しかし、あのときの私は、本当は親父との約束を忘れていたわけではなかったのです。医者としての自分の立場を考え、お袋や、姉や、生きている人との関係を優先して「賢く」振る舞ったのです。

本当の男はそんな妥協はしない。バカだと言われようが、損をしようが、自分だけが許せる道を行く。男の値打ちは自分が一番わかっている。結局、私はそれができなかった、それだけの人間でしかなかったのです。そのことが、やはり今でも許せない。その思いが、その後の自分にいつまでも重くのしかかっているように思います。

本当のことはわからない

いつの間にか自分の終わりも近くなってくると、思うことは親のことです。親から子へ、子から孫へ、代々つながっていく命。濃く、しかし、ときに淡い。ときに離れ、自立して旅立ち、また最期《さいご》につながっていく。結局は甘い、懐かしいもの。子としての自分を親の中に感じるのです。

子どもの頃から、私はいつも父の言うことを素直に聞く息子でした。だからこそ、父は私に言い残したのではなかったか。その私が最後にやったことは、父の意思に背くことだったのではなかったか。

人生なんて本当にあっという間です。いつの間にか私も傘寿《さんじゅ》（八十歳）を過ぎ、遠からず親父に会いに行くでしょう。会ったら、親父は開口一番、こう言うに違いありません。

「なんだ、おまえは。俺との約束を破ったじゃないか」と。

約半世紀、外科の医者として「なに、手術を受けない？ 命を粗末《そまつ》にするんじゃない！」と偉そうに患者さんを頭ごなしに煽《あお》ってきた私は、十三年前から老衰に医療がどこまで介入すべきか疑問を感じ、特別養護老人ホームの医師になって働いています。

私が死というものと真剣に向き合い、〝当人の意思〟を深く考えるようになったのは、親父との約束に対する自分自身のジレンマがきっかけになったと思います。「平《へい》穏死《おんし》」という死の迎え方を世の中にわかってもらおうとする私の気持ちの底には、私自身の葛藤《かっとう》があるのです。

今、私は機会があれば帰省して墓掃除をします。そして思います、自分の墓をこの隅に置かせてもらえるだろうか、と。

親とのつながりはいかに濃いものかと感じずにはいられません。我々はまさしく親から子、そして孫へと命をつないでいく生きものです。命のバトンランナーです。誰も皆その一齣《ひとこま》、その命の長さは長くて百年前後、必ず最期が来ます。そうして、先に逝《い》った親父やお袋に会います。

会えば説教を食らうはずです。身に覚えがいっぱいあります。この世のことは、あの世では皆バレているに違いありません。しかし、この歳になると、怖いという気持ちよりも、久しぶりに親に会える懐かしさのほうが先に立ちます。

私も科学者の端《はし》くれですから、死んだら無だ、暗黒だと先刻承知していますが、それではあまりにも味気ない。あの世に行って帰って来た人はいないのですから、本当のことはわかりません。

久しぶりに、親に会ってこの世の報告ができるかもしれない。そう思ったほうが得ではないでしょうか。これは人としての生き方を喩《さと》す宗教の原点かもしれません。

おわりに――「これでよかった」と誰もが穏やかに逝くために

私は、外科医として約半世紀、介護施設の常勤医になって十数年、医療と介護の両方の道を通ってきました。この道のりを経て、結局、我々医師は本当の意味で人の命を救えていない、とんだ迷い道に入り込んでいたのだと気づきました。

死は敗北だ、患者を死なせてはいけない、栄養は最後の瞬間まで与えつづけなければならないと思っていたのです。医師の目は老いた患者のその後を見ていませんでした。

一方、超高齢社会を迎えて多くの人が老衰《ろうすい》で人生を終えるようになり、多死社会の名のとおり、死ぬ人がどっと増えてきました。戦後の日本人は死を思うことを遠ざけ生の享受《きょうじゅ》をひたすら追い求めてきましたが、老いに続く死に次々直面する今になって、家族の看取《みと》りや我が身の最期《さいご》にどう向き合えばよいのかわからず立ちすくんでいます。

これまですがってきた医療は死をただ先送りしていたにすぎないということに、多くの人がようやく気づきはじめました。

医学がどんなに進歩しようとも我々の個の命には限りがある、これは自然のことわりです。生きものは、自然界では最期には食べものを求めません。もう死ぬのだから、食べないのです。食べなくなって、自然の麻酔がかかって、静かに眠って、穏《おだ》やかな最期を迎えます。これが自然の仕組み、大いなる自然の力、神の恩寵《おんちょう》なのです。自然の摂理《せつり》に従って無理な延命医療をしなければ、穏やかな死は約束されます。

いかに逝《い》くかは、その時代の文化を示すといわれます。老いてやがて消える自然の摂理にどう対応するか、どう生き、どう締めくくるか。超高齢社会の中で、我々は今まさに生き方を問われているのです。

幸せに暮らしている中で死のことを考えろというのか、面倒だ、もっと後になってからでいい、と多くの人は思っています。だから、死を話題にもしません。いつか人生に終点が来ることはわかっているから大丈夫、と思っているのです。

しかし、死を見据《みす》えていなければ、たとえ穏やかな死を望んでいても、胆《きも》が据《す》わらず、土壇場《どたんば》になって慌《あわ》てます。目の前で苦しそうに喘《あえ》ぐ老いた家族を見れば、うっかり救急車を呼んでしまいます。その先の無惨《むざん》な顚末《てんまつ》は既《すで》に述べたとおりです。

誰も皆、本当のところは、このまま死から目をそらしたままではいけないともう気づいているはずです。今こそ、死と正面から向き合う時です。避けていれば、余計に怖くなるだけです。死を日常的に語り合える事柄にしてしまえばよいのです。それが穏やかな死を実現するための道につながります。

ここにひとつ、妙案があります。

五年ほど前に、ある国立大学医学部の臓器移植の特任教授が私にこう言いました。

「被保険者証の裏面を見てください。臓器提供の意思《いし》を表示できるようになっています。でも、先生は後期高齢者でしょう。七十五年も使ってきた臓器は、提供されても使いものになりませんよ」

なるほど、そのとおりでしょう。その教授は「いっそのこと」と言って、後期高齢者の被保険者証の裏には「臓器提供の意思」に換えて、「平穏死《へいおんし》か、延命医療か」の終末期のあり方を意思表示できるようにすればよい、と言うのです。

私は講演のたびにこの話を紹介します。会場からは大賛成の拍手が起こります。

まだ生きている親に対して「最期をどうしたい？」と話題にしにくいのはよくわか

ります。いよいよ最期が近づいて、本人の意思を確かめようにも認知症が進んでしまって答えを聞けないということもよくあることです。

自分の逝き方の希望を日頃から携帯しておけるようにすれば、アドバンス・ケア・プランニング（ACP）が動き出す前から、家族の間で日常的に死を考えたり語ったりできます。老いと死を、医療の中で取り扱うのではなく、日常の生活の中に取り戻すのです。そうすれば、日本人の生き方も変わってくるのではないでしょうか。

国の制度や社会システムは超高齢社会の現実に対応すべく常に見直されてはいますが、現実の変化のスピードに対応し切れず、ほころびをふさいでまわるだけで精いっぱいのようです。現実に見合わない法律もあれば、身寄りのない人の死後の弔《とむら》いや始末を誰がどうするのかなど取りこぼされたままの課題も多くあります。

このままでは我々日本人は安心して死んでいくことができません。ひとりひとりが望む生き方と、社会の現実と、そして国の制度や社会システムとがうまく呼応する未来をつくることに向けて、今こそ国民はひとつになるべきです。

穏やかな死を実現できるのであれば、死を怖がることはありません。死を見据えていれば、今、生きていること、いや、有難《ありがた》くも生かされていることに気づきます。今を大切に生きることにもつながります。それができれば、どんなにか心落ち着いて過ごせることでしょう。

不治の病《やまい》の床で、死の二日前まで書くことを続けた俳人・歌人の正岡子規《まさおかしき》はこんな言葉（『病牀六尺《びょうしょうろくしゃく》』岩波書店）を遺《のこ》しています。

「悟《さと》りといふ事は如何《いか》なる場合にも平気で死ぬる事かと思つて居《い》たのは間違いで、悟りといふ事は如何なる場合にも平気で生きて居る事であつた。」

今を生きている自分と向き合う真剣さが伝わってきます。それは死を見据えているからです。

自らの死を見つめ、家族の最期を看取る。それは人生最大の仕事です。そして、日常の延長にあるべき事柄なのです。

自分の死に先立ってあるのは親の死です。誰しも、親を思います。まだ親が生きている人にとっては、こちらが歳をとればますます親との距離が近づいてきます。

私はお袋に時に厳しく躾《しつ》けられ、親父《おやじ》の脛《すね》をさんざんかじって、恵まれた青春を送らせてもらいましたが、恩返しできないうちに親は他界してしまいました。自分が夢中で生きているときには親のことが一時遠退《とおの》くこともありますが、ふとしたことで親の存在を身近に感じます。いつも自分に纏《まと》わりついているのです。

「親のない子は夕日を拝《おが》む」といいます。親は何か特別な対象なのです。血が繋《つな》がっているからそれは当然だと、単純に言い切れない何かなのです。

信州の山村を描いた『楢山節考《ならやまぶしこう》』（深沢七郎　中央公論社）、『遠野物語』（柳田國男角川学芸出版ほか）の中の「デンデラ野」、いずれも昔日本にあった姥捨《うばす》て伝説です。近くは「養老院」、年寄りはまとめて社会から隔離《かくり》され三途《さんず》の川を渡りました。特養に親を預けなければならない子にはさまざまな事情があり、悲喜こもごもの感情が去《きょ》来《らい》します。

老いに続く死は、親にとっても子にとっても、人生の山場なのです。親子がそれぞれの立場で人生の終末を共有し、苦悩し、己《おのれ》の人生の終《しま》い方を見つめながら命のバトンを受け渡すのです。

振り返れば、私の人生にもいろいろなことがありました。

六十代にして受けた試練は、私を確実に強くしてくれました。自分を最優先に考える、人一倍格好を気にして生きる人間が、試練の歳月を経て、自分よりも周《まわ》りの、何かの、誰かのために何ができるかを考える人間に変わるきっかけを与えられました。人の気持ちは同じ目の高さで見ようとしなければわからないことを教えられ、人を上から見下す目線は実は力のなさの表れであることも知りました。

この世に生を受けたことに使命を感じて生きる諸先輩方の中には、私とは比べようのないほどの苦しみや悲しみをくぐってこられた人生もあります。厳しい人生を送った人ほど何かをつかむように思います。そのような人にはきまってオーラがあります。

人生まさに塞翁《さいおう》が馬。思わぬ巡《めぐ》り合わせがつながって、一回きりの人生を味わい深いものに変えてくれるのだと思います。

経糸《たて》と緯糸《よこ》が交差するように、人生にはさまざまな出会いがあります。恩師の日山《ひやま》先生は十代の若き日に四十代の石原莞爾《いしわらかんじ》の思想に影響を受け、そのほぼ十年後、十歳の私は日山先生に出会い、今も私の芯《しん》として残る多くを教えていただきました。その後も、世代も立場も違うさまざまな人との出会いがありました。

多くの出会いに影響を受けて人生は色をなし、独自の紋様《もんよう》を浮かびあがらせてくれます。人生は、それぞれのかけがえのない人生物語との出会いです。

ありがたいことに私は今も生かされています。残りの人生はそう長くなくとも、これから先をどう生きるかが大切です。一回しかない自分の人生をこの世にひとりしかいない自分を持ちつづけて生きる、それこそ生きることの醍醐味《だいごみ》ではないでしょうか。

その一回きりの人生にも、終わりの時が来ます。

生と死は表裏一体と覚悟して、生き方の総括《そうかつ》として、最期を「これでよかった」と思って迎えたい。終わるときは余計な邪念《じゃねん》にとらわれない、食べない、眠る、心も鎮《しず》まる。

これこそが「平穏死」です。

石飛幸三《いしとびこうぞう》

著者略歴

世田谷区立特別養護老人ホーム・芦花ホーム常勤医。一九三五年、広島県に生まれる。慶應義塾大学医学部を卒業後、同大学外科学教室に入局。ドイツのフェルディナント・ザウアーブルッフ記念病院、東京都済生会中央病院で血管外科医として勤務。二〇〇五年一二月より現職。二〇一〇年に「平穏死」を提唱し、以来、人として穏やかな最期の迎え方「平穏死」を芦花ホームから発信しつづけている。

著書には『「平穏死」のすすめ――口から食べられなくなったらどうしますか』（講談社）、『「平穏死」という選択』『こうして死ねたら悔いはない』（以上、幻冬舎ルネッサンス）、『家族と迎える「平穏死」』（廣済堂出版）、『「平穏死」を受け入れるレッスン』（誠文堂新光社）、『平穏死という生きかた』（幻冬舎）、共著に『看護の時代』（日本看護協会出版会）などがある。

穏《おだ》やかな死《し》のために

――終《つい》の住処《すみか》 芦《ろ》花《か》ホーム物語《ものがたり》

二〇一八年一一月九日 第一刷発行

著者 石飛幸三《いしとびこうぞう》

発行者 古屋信吾

発行所 株式会社さくら舎 http://www.sakurasha.com

東京都千代田区富士見一-二-一一 〒一〇二-〇〇七一

電話 営業 〇三-五二一一-六五三三 FAX 〇三-五二一一-六四八一

編集 〇三-五二一一-六四八〇

振替 〇〇一九〇-八-四〇二〇六〇

装丁 長久雅行

装画 Bridgeman Images／アフロ（ウィリアム・モリス）

編集協力 上村直子

印刷・製本 中央精版印刷株式会社

©2018 Kozo Ishitobi Printed in Japan

ISBN978-4-86581-171-1

本書の全部または一部の複写・複製・転訳載および磁気または光記録媒体への入力等を禁じます。これらの許諾については小社までご照会ください。落丁本・乱丁本は購入書店名を明記のうえ、小社にお送りください。送料は小社負担にてお取り替えいたします。なお、この本の内容についてのお問い合わせは編集部あてにお願いいたします。定価はカバーに表示してあります。

さくら舎の好評既刊

吉沢久子

100歳の生きじたく

今日をいちばんいい日にする！　いま望むのは
悔いの残らない生き方をすること。ひとりでも
孤独にならない暮らし方を実体験から語る！

1400円（＋税）

定価は変更することがあります。